BERNHARD KAY

Ans Ende der Welt und darüber hinaus

BERNHARD KAY

Ans Ende der Welt und darüber hinaus ...

Das Abenteuer, die Welt mit dem Schiff zu entdecken

VERLAG JOSEF KNECHT · FRANKFURT AM MAIN

Die Deutsche Bibliothek – CIP-Einheitsaufnahme

Kay, Bernhard:
Ans Ende der Welt und darüber hinaus ... : das Abenteuer, die Welt mit dem Schiff zu entdecken / Bernhard Kay. – Frankfurt am Main : Knecht, 1995
ISBN 3-7820-0715-8

1. Auflage 1995.
Satz, Druck und Schwarzweißreproduktionen: Druckerei Wagner, Nördlingen.
Farbreproduktionen: Findl + Partner, Icking
Bindung: Großbuchbinderei Monheim, Monheim
♾ Gedruckt auf alterungsbeständigem Papier.
ISBN 3-7820-0715-8

INHALT

Anhang

FÜR CÄTHY

Ich habe mit meinem Spiegelsextanten
die ganze Kompaßrose vermessen.
Doch der Nabel der Welt blieb mir verwehrt,
dafür kam ich den Schlägen meines Herzens auf die Spur.

Hans Döös

VORWORT

Die Grenzen der Welt

5000 Jahre nautische Navigation

1655 erschien in Hamburg das erste in deutscher Sprache verfaßte Handbuch der Navigation. Es trug den Titel *»Wechwyser tho de Kunst der Seevaert«,* sein Verfasser war *Hans Tangermann.* Alles, was ein gut ausgebildeter Seemann zur Kurs- und Ortsbestimmung wissen mußte, war darin enthalten: Koppelrechnung, Mißweisungsbestimmung, Gezeitenberechnung, Errechnung der geographischen Breite und Argumente zur Überlegenheit der Mercator-Projektion gegenüber früheren Seekarten.

Es überrascht zunächst, daß das erste Navigationslehrbuch in Deutschland erst in der Mitte des 17. Jahrhunderts erscheinen konnte, gehört doch die Seefahrt aus deutschen Häfen mit zu den traditionsreichsten der Welt. Die Hanse war lange Zeit hindurch die mächtigste Beherrscherin der nördlichen Meere. Deutsche Steuerleute segelten seit alters her nach Skandinavien, zum Walfang ins Nordmeer, trieben Handel mit den Häfen in Irland, aber auch in Polen und Rußland, fuhren nach England, Frankreich, Portugal und Spanien. Ihre Hauptfahrgebiete waren also die Ost- und Nordsee, der Kanal, die Biskaya und die atlantischen Küsten der iberischen Halbinsel. All diese Routen waren ihnen seit Jahrhunderten vertraut und wurden von Generation zu Generation überliefert. Navigation war Erfahrung!

Anders war es mit der Navigation der Entdecker: Für Routen über fremde Meere und zu neuen Erdteilen konnte man auf keine Erfahrung zurückgreifen und war gezwungen, neue Methoden der Kursfindung zu entwickeln. So gibt es seit Anfang des 15. Jahrhunderts schriftliche Aufzeichnungen über navigatorische Erkenntnisse in portugiesischer und spanischer Sprache. Als dann aber Schiffe aus deutschen, holländischen und britischen Häfen am zunehmenden Handelsverkehr auf den Weltmeeren teilnahmen, entstand auch hier das Bedürfnis nach *materialisierter* Information über fortgeschrittene Navigationstechniken. Man kann aber davon ausgehen, daß den deutschen Seefahrern schon vor 1655 schriftliche Aufzeichnungen über neuere Navigationsmethoden zugänglich waren. Die Gründe dafür liegen auf der Hand. Mit den Holländern, die eine offensive Seefahrtspolitik betrieben, war man nicht nur benachbart, gemeinsam mit ihnen gehörten die norddeutschen Seefahrer zur niederländisch-niederdeutschen Sprachgruppe. Seefahrt zwischen den Ländern und Kontinenten – da Handel treibend und Wohlstand bringend – war seit jeher international. Auch nautisches Wissen wurde weitergegeben. Zwar haben die Urheber früher Entdeckungsreisen mehrfach versucht, das gerade erworbene Wissen für sich zu behalten und zu monopolisieren: Es wurden Verbote erlassen, Angaben über die soeben entdeckten Länder und über die Wege dorthin zu verbreiten. Doch für die Seeleute stand schon sehr früh die Gemeinsamkeit in der Auseinandersetzung mit Meer und Wetter im Vordergrund, so daß derlei Verbote meist kurzlebig waren. In den Häfen traf man sich in den traditionellen Seemannsschenken oder besuchte sich gegenseitig an Bord der Schiffe. Das eigene Wissen wurde dort mitgeteilt, fremdes übernommen.

Die Ursprünge aller nautischen Mathematik liegen weit in der Antike. *Plato*[1] lehrte, daß Geometrie die höchste Übung sei, welcher der Mensch seine Mußestunden widmen könne. Trotzdem war es noch lange nicht möglich, die von *Francis Drake*[2] 1580 erstmals vollständig umsegelte Welt zu messen. Dabei hat schon zweihundert Jahre vor Christus die Euklidsche Lehre einen *Eratosthenes*[3] in die Lage versetzt, ihren Umfang zu berechnen. Schließlich ebnete das Wissen, das aus *Euklids*[4] Lehre erwuchs, den Weg für große Schiffahrten. Was bedeuten schon 1800 Jahre, die zwischen ihm und Kolumbus liegen?

Heute fliegen Superjets von Kontinent zu Kontinent. Auch ihre Navigation wurzelt in den frühen Erkenntnissen der Schiffsführer seit dem Anfang der Neuzeit. Die großen Entdecker benötigten Monate und Jahre für ihre historischen Fahrten ins Ungewisse. Ein Flug von Europa nach Japan dauert – auf der Polroute – nur ein paar Stunden. Schiffe und Flugzeuge sind mit Steuercomputern bestückt, doch ihre Programme sind nichts anderes als materielose, energetische Navigationsmathematik, wie sie vom 15. bis 17. Jahrhundert entwickelt wurde. Und keine Hochseeregatta, kein Jachttörn kann ohne Kenntnis des gesamten nautischen Handwerks stattfinden.

Die seefahrende Menschheit mußte einen langen Weg zurücklegen, um sich das Wissen über die *Kunst der Seevaert* anzueignen. Die ersten bekannten Schiffsreisen fanden zirka 3000 Jahre v. Chr. in Ägypten statt; erst 5000 Jahre später – im 19. und 20. Jahrhundert – hatten *Fridtjof Nansen, Roald Amundsen* und *James Clark Ross* die Pole erforscht. Dazwischen aber, wie man noch sehen wird, war es ein stetiges, Jahrtausende währendes Fortschreiten. Und immer machten sich die kühnen Männer das aktuellste Wissen ihrer Zeit zunutze; ihre berühmtesten Vertreter waren daher fast immer auch kluge und

»Durchbruch des Menschen durch das Himmelsgewölbe und Erkenntnis neuer Sphären« (Bild eines unbekannten Holzschneiders um 1530). Im Privileg des Zuganges zu astronomischen Erkenntnissen drückte sich der höchste Bildungswert aus, den die Naturwissenschaft zu vergeben hatte, nämlich die Teilhabe an der himmlischen Mechanik. Der Sternenhimmel ist Sinnbild göttlicher Ordnung im Ablauf allen Naturgeschehens.

belesene Zeitgenossen, die mit ihren Taten bahnbrechend für viele Nachahmer wirkten. Immer wieder drangen sie an das vermeintliche Ende der Welt vor, um zu erleben, daß sich dahinter eine andere Unendlichkeit mit wiederum unerforschten Meeren und fernen, geheimnisvoll-lockenden Küsten auftat. Aber durch Mut und Tatkraft alleine kam die Seefahrt nicht an ihr Ziel: die Grenzen der Erde.

Neue Erkenntnisse der Wissenschaften – vorab der Mathematik, der Physik und der Astronomie – erweiterten das theoretische Wissen, welches nur auf seine praktische Umsetzung wartete und mit sich stets verbessernden Schiffsbautechniken, mit fortschreitender Kenntnis der Erdgeometrie und fehlerfreieren Sternentabellen den Seefahrern immer vollkommenere Hilfsmittel an die Hand gaben.

Über all diese Dinge berichtet das Buch, natürlich auch über markante Rückschläge, welche die Wissenschaft durch Kriegseinwirkung, religiösen Fanatismus oder Dummheit der Herrschenden erleiden mußte. Manch abgesichertes Wissen geriet dadurch in Vergessenheit, um oft genug erst Jahrhunderte später wiederentdeckt zu werden. Der Leser hat weder ein Lehrbuch zur Hand genommen noch muß er in der Mathematik bewandert sein.

Viele Menschen beschleicht bereits ein Schauder, wenn sie das Wort *Mathematik* nur hören! Vielleicht erging es ihnen während ihrer Schulzeit wie dem Autor, der in seiner Jugend allzu lange allzu vielen lebensfremden sogenannten »Pädagogen« ausgeliefert war, die es nicht verstanden haben, Freude an diesem faszinierenden Wissensgebiet zu wecken. Erst viel später im Berufsleben und in meiner Navigationsausbildung als Segler kam ich darauf, daß Mathematik eine weite und großartige Landschaft ist, die allen Menschen offensteht, denen das Denken Freude macht. Die Welt ist voller Mathematik! Schon als unsere Vorfahren als Höhlenbewohner gemeinsam zur Jagd gingen und die Horde in Treiber und Jäger einteilten, folgten sie mathematischen Gedankengängen. Der Mensch der Urzeit begann früh zu zählen und zu messen. Dazu benutzte er anfänglich seine Finger *(so viele)* und Arme *(so groß)*. Er teilte die Jagdbeute auf und schuf damit die Brüche. Der nahende Winter zwang ihn zur Anlegung von Vorräten und machte ihn so mit Mengenbegriffen vertraut. Man schnitt sich eine Keule zurecht, Waffe und Werkzeug zugleich, die eine bestimmte Länge und Dicke haben mußte, den Körperkräften angemessen. Dabei wurde die Physik, eine mathematische Wissenschaft, geboren, der die Gesetze des Hebels und der Kraft zugeordnet sind. Zu der Zeit, in der dieses Buch einsetzt, war die Mathematik schon weit entwickelt. Das zweite Kapitel wird noch darauf eingehen.

Nein, Mathematik muß man nicht können, um dieses Buch zu lesen, wenn es auch unvermeidlich ist, daß es mathematische Gedankengänge enthält. Es genügt, wenn der Leser etwas Interesse an dieser Materie mitbringt; hin und wieder wird ein wenig Mitdenken verlangt. Aber dieses Mitdenken dient der Bereicherung des eigenen Wissens – oder der Erinnerung an Vergessenes. Zuallererst will dieses Buch unterhalten! Es will zeigen, seit wann die Menschheit zur See fährt und dabei die historisch abgesicherten Tatsachen nur in Ausnahmefällen – die dann auch erwähnt und begründet werden – verlassen. Dies trifft ausschließlich auf Ereignisse der Frühzeit und dann wieder des frühen Mittelalters zu, deren Quellen oft verschüttet sind. Schließlich können wir unsere Zeit nur begreifen und bewältigen, wenn wir wissen, was früher war, auf welcher Vergangenheit die Gegenwart aufbaut, warum die Menschen so und nicht anders dachten und warum sich etwas so und nicht anders verhielt.

Der Autor scheut sich nicht, sich hie und da zu wiederholen: jedem Kapitel wurden die zum allgemeinen Verständnis nötigen Informationen mitgegeben, dadurch können Kapitel übersprungen oder einzeln gelesen werden. Die Stoffsammlung erhebt auch nicht den Anspruch auf Vollständigkeit. Das Buch wirft eher Schlaglichter auf einzelne, aber bedeutende Gebiete der Seefahrt und die angewandten Wissenschaften. In erster Linie möchte ich den interessierten Laien ansprechen. Aber auch der erfahrene Nautiker könnte hier die eine oder andere Episode entdecken, denn das Buch bringt geschichtliches Hintergrundwissen, wie es selbst dem Führungsnachwuchs der Berufsseefahrt nicht mehr vermittelt wird. Gelegentlich müssen im Laufe der Schilderungen Fachausdrücke der Seeleute der begrenzten Alltagssprache weiterhelfen. Gängige Ausdrücke sind oft schwerfällig und unklar; sie verwirren manchmal mehr, als daß sie Klarheit schaffen. Da alle nautischen Fachausdrücke erklärt werden, rückt die Realität der Seefahrt näher, werden die Schilderungen und Beschreibungen genauer, zögert der Slang des Seefahrers die Spannung hinaus, um sie dann durch die atmosphärische Wirkung zu erhöhen. Das Ziel wäre erreicht, wenn die eine oder andere *Landratte*[5] Spaß und Unterhaltung an der abenteuerlichen Geschichte der Weltentdeckung mit dem Schiff fände. Sollten in Einzelfällen nicht alle Begriffe verstanden werden, so wird trotzdem jede Leserin und jeder Leser das Buch ohne Schwierigkeiten mit Nutzen zu lesen vermögen.

Die Leserinnen und Leser unternehmen eine Reise durch die Epochen. Werden in der Folge auch manchmal ein paar Jahrhunderte übersprungen, so reihen sich die Ereignisse doch chronologisch aneinander. Dabei wechselt die Schilderung der zeitgenössisch-politischen Situation sowie der Fortschritte in Wissenschaft und Seefahrt immer wieder ab mit erzählenden chronikartigen Beschreibungen geschichtemachender Schiffsexpeditionen. Mit ihnen veränderte sich das Wissen der Menschen von den Grenzen der Welt! Wo war die Welt zu Ende? Diese Frage mußte sich die Menschheit immer von neuem stellen, wenn wieder ein mutiger Zeitgenosse ihren *Rand* überwunden hatte und ein weiteres Stück darüber hinaus vorgestoßen war. In fernen, in der Antike zurückliegenden Zeiten waren das vor allem Seefahrer des Mittelmeerraumes, deren Taten bis heute nachklingen. Vor tausend Jahren machten dann die Wikinger weite Reisen und besiedelten auf ihren Vorstößen über den Nordatlantik Island, Grönland und Nordamerika. Mit Beginn des 14. Jahrhunderts treten Portugal und Spanien in Wettbewerb auf den Meeren, um im 16. Jahrhundert von Holland und England in der Dominanz verdrängt zu werden. Am längsten verteidigte die Natur die Polregionen vor dem Zugriff der Menschen. Erst an der Schwelle des 20. Jahrhunderts erreichte Fridtjof Nansen den Nordpol. Damit ist der Rahmen dieses Buches abgesteckt: es ist vor allem eine Darstellung der historischen europäischen Schiffahrt, doch geht es an den großen Leistungen der arabischen und chinesischen Seefahrt nicht vorbei.

Navigation hat im deutschen Sprachraum die Bedeutung, ein Schiff auf dem kürzesten oder sichersten Weg – unter ständiger Kontrolle von Kurs und Schiffsort – an ein Ziel zu führen. Im Englischen und Französischen bedeutet *Navigation* darüber hinaus auch noch das, wozu die Deutschen *Schiffahrt* sagen. Die Kenntnisse, Fertigkeiten und Erfahrungen des Seemannes hingegen, die ihn befähigen, auf See jede Situation zu beherrschen, werden als *Seemannschaft* (seamanship) bezeichnet.

Ägyptisches Schiff, 2500 v. Chr. (Grabrelief).

1. KAPITEL

Mythen und Märchen, Forscher und Fakten

Pytheas sah dieselben Sterne wie Magellan und Cook

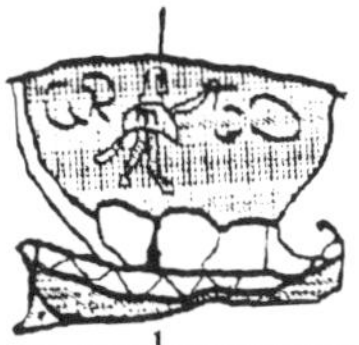

Die Wurzeln der Seefahrt gehen bis ins Halbdunkel der Sagen- und Märchenwelt zurück und haben wahrscheinlich einen verborgenen Kern längst vergangener Ereignisse. Aber Sagenund Märchen sind nicht Geschichte und deshalb historisch nicht belegbar. Weit in die Bronzezeit hinein reicht die *Argonautensage* von den griechischen Helden, die unter ihrem Anführer Jason mit einer Galeere namens *Argo* von Thessalien aus durch den Bosporus und entlang der heutigen türkischen Schwarzmeerküste ins Königreich Kolchis (heute Republik Georgien) ruderten und segelten, um das *Goldene Vlies*, ein golddurchwirktes heiliges Widderfell, zu rauben. Das soll 1250 Jahre vor Christus stattgefunden haben. Weil aber der Überlieferung gemäß an der Fahrt der *Argo* viele bedeutende Helden der griechischen Mythologie teilnahmen, gehörte die Reise der Argonauten bis heute in den Bereich der Sagen. Doch gibt es eine geschlossene Beschreibung dieser Expedition aus dem 3. vorchristlichen Jahrhundert, die *Argonautica* des alexandrinischen Bibliothekars *Apollonius von Rhodos.* Darin werden so viele detaillierte Schilderungen und Einzelheiten zu den Ländern und Völkern auf dem Wege nach Kolchis sowie Hinweise zur Geographie und über die See- und Wetterverhältnisse gegeben, daß das innerste *Atom* der Argonautensage möglicherweise doch auf eine wahre Begebenheit zurückgeht. 1984 hat der irische Geograph und Kulturhistoriker *Tim Severin,* der schon 1977 auf Brendans Route[1] gesegelt war, auch diese Reise nachvollzogen. Mit einer nach antikem Vorbild gebauten zwanzigplätzigen Galeere und einer Freundescrew ruderte er nach der Beschreibung des Appolonius auf dem Kurs der *Argo*; sein als spannender Bericht veröffentlichtes Buch läßt den Schluß auf vorgeschichtliche Seereisen zu.

Fast zur gleichen Zeit, da Jason mit den Argonauten nach Kolchis fuhr, entstand ein anderes Werk klassischer Literatur. Das vom griechischen Dichter *Homer* überlieferte Epos, die *Odyssee*, erzählt von der Heimfahrt des Helden *Odysseus* nach dem Trojanischen Krieg. Odysseus, König der Insel Ithaka, war zur Teilnahme am Trojanischen Krieg verpflichtet, wo er nicht nur durch Tapferkeit, sondern mehr noch durch Klugheit, List und Skrupellosigkeit hervorragte. Sein Rat, im Bauch des hölzernen *Trojanischen Pferdes* Krieger in die zehn Jahre lang belagerte Stadt zu schmuggeln, führte schließlich zur Eroberung und Zerstörung von Troja. Odysseus Heimreise über das *oceanus* genannte Mittelmeer dauerte nochmals zehn Jahre; er erlebte Stürme, Schiffbrüche, kriegerische Verwicklungen, Gefangenschaft, aber auch Gastfreundschaft, Liebesfreuden und immer wieder Hilfe in der Not! Schließlich gelangte er noch rechtzeitig heim zu seiner Frau Penelope, die Odysseus für tot hielt. Sie wurde ständig von Freiern bedrängt, einen aus ihrer Mitte zu heiraten. Schließlich hat sie eingewilligt, demjenigen die Hand zu reichen, der den Bogen des Odysseus zu spannen vermochte, was bisher nur Odysseus fertigbrachte. Odysseus, als Bettler verkleidet, wird Zeuge der vergeblichen Versuche, bis er die Waffe für einen Versuch, von den Freiern verlacht, in die Hand bekommt und gemeinsam mit seinem Sohn *Telemachos* die Schmarotzer tötet.

Troja war eine prähistorische Stadt auf der türkischen Nordwestspitze von Kleinasien, nahe der Meerenge der Dardanellen. Die ersten Besiedelungen der einst mächtigen Stadt gehen auf das dritte Jahrtausend v. Chr. zurück, Homer schrieb seine Epen aber erst um 700 v. Chr. Die Ruinen der Stadt wurden 1870–94 vom deutschen Archäologen Heinrich Schliemann aufgrund der topographischen Angaben Homers entdeckt und ausgegraben. Auch wenn die neuere Forschung davon ausgeht, daß der Trojanische Krieg zwischen 1900 und 1200 v. Chr. stattgefunden haben könnte, so ist er doch durch Grabungsresultate nicht belegt. Die Frage ist deshalb erlaubt: wenn Homer seine Handlungen auch in den griechisch-mythologischen Sagenkreis einwob, ist nicht doch ein wahrer Kern in seinen Darlegungen enthalten?

Auch in der Märchenwelt kommen häufig Schiffe, Seefahrer, Piraten und Seeabenteuer vor. Als Beispiel mag eine der ergiebigsten Erzählungssammlungen herhalten: die sowohl in orientalischen als auch in europäischen Versionen bekannten Geschichten von *Sindbad*, dem Seefahrer. Diese Märchen – Bestandteil der *Geschichten aus Tausendundeine Nacht* – sind persischen, indischen und arabischen Ursprungs und etwa 600 bis 900 n. Chr. entstanden.[2] Sindbad hat es wohl nie gegeben. Er ist der Held einer Sammlung von Seemannsgeschichten, die auf verschiedene Gegebenheiten mit wechselnden Akteuren zurückgeht und zu einem Seefahrerroman umgestaltet wurden. Die Geschichten von Sindbads sieben Reisen wurden wahrscheinlich zwischen 780 und 810 n. Chr. von ein und demselben Autor in die heutige Form gebracht. Er hat sich dabei der alten Quellen bedient und zeitgenössische Reiseberichte, Geographiewerke und Seemannserzählungen mit einbezogen. Die Geschichten

Noah baut die Arche. Holzschnitt aus der Nürnberger Chronik von 1493.

fielen bei den Menschen der Zeit auf fruchtbaren Boden. Die arabische Mathematik hatte gerade große Fortschritte durch die Entwicklung der Algebra zu verzeichnen. Die frühe Astronavigation ist eine arabische Kunst; die Karawanenführer bedienten sich ihrer bei der Wüstendurchquerung ebenso wie die Kapitäne auf den schier unendlichen Wüsten der Meere. Zur gleichen Zeit breitete sich der Islam in schwindelerregendem Tempo aus und beeinflußte die Welt von Spanien bis Indien. Die arabische Hochsprache wurde zur *Mutter aller Sprachen,* der Koran – das heilige Buch der Mohammedaner – war ein arabisches Buch! Die arabische Sprache wurde zur Klammer, die alle Völker islamischen Glaubens verband. Hinzu kommt das gelassene Gottvertrauen, das ein wesentlicher Bestandteil des Islams ist: *»Mach dich auf den Weg und vertraue auf das Ziel, das Allah dir zeigen wird!«* Arabische Schiffe fuhren bis an die Grenzen Chinas, ihre Kapitäne waren auf dem Meer so zu Hause wie die

Kameltreiber in der unwirtlichen Wüste. Auch Sindbads Abenteuer spielen in den Ländern vom Persischen Golf und Arabischen Meer über den Golf von Bengalen bis hin zum Südchinesischen Meer. Alle Fakten zusammen lassen vermuten, daß die Erzählung von Sindbad dem Seefahrer mehr als ein Märchen ist.

Sindbad vom Meer, wie er in der arabischen Fassung heißt, war ein reicher Erbe aus Sohar im heutigen Sultanat Oman. Er lebte ausschweifend in den Tag hinein und hatte bald den größten Teil seines Reichtums durchgebracht. Dann aber besann er sich, kaufte für den Rest seiner Habe ein Handelsschiff und reiste als Kaufmann über die Meere. In jener Zeit grenzte es an ein Wunder, wenn ein Schiff von einer Reise nach China zurückkehrte; doch wer dieses Wunder vollbrachte und eine Schiffsladung Seide, Gewürze, Perlen und andere begehrte Dinge des Ostens an die Küsten Arabiens brachte, der war ein gemachter Mann und hatte für sein Lebtag ausgesorgt! Sindbad unternahm insgesamt aber sieben Seereisen! Er besuchte die Häfen an der Malabarküste, trieb Handel auf Serendeeb (heute Sri Lanka), war auf Sumatra und auf der Halbinsel Malakka, kannte den Hafen von Singapur und gelangte mit dem Südwestmonsun bis zu den Perlenbänken am Unterlauf des Si-Kiang und zum Umschlagsplatz für Seide, nach Kanton. Immer wieder erlitt er Schiffbruch, wurde ausgeplündert, gefangengenommen, erlangte auf meist abenteuerliche Art die Freiheit zurück und erlebte – gegen seinen Willen – neue tollkühne Begebenheiten.

Die Geschichte von Sindbad ist ein Musterbeispiel orientalischer Fabulierkunst. Darüber hinaus enthält sie aber wie in einem *Periplus*[3] vielfältige Anweisungen und Informationen für den Seemann: Belehrungen über ferne Länder und ihre Bewohner, Hinweise zu Wind und Wetter in den verschiedenen Seegebieten, Warnungen vor Seeräubern und unsicheren Küsten, Erwähnungen von Navigations- und Steuerproblemen (Untiefen, starke Strömungen usw.), Aussagen zur Routenwahl und Tips zu landesüblichen Gepflogenheiten in den besuchten Häfen.

Dem Leser bleibt nicht verborgen, daß der Weg Sindbads die Reisen der europäischen Entdecker und Eroberer des 15. und 16. Jahrhunderts vorzeichnet: Sindbad erhandelte dieselben kostbaren Waren an den gleichen Küsten, wie die Portugiesen siebenhundert Jahre später. Arabische Wissenschaftler gehörten auch zum Hofstaat von Prinz *Heinrich dem Seefahrer,* der in Sagres die portugiesischen Entdeckungsfahrten vorantrieb.[4] Ihnen waren die Geschichten von Sindbad sicher bekannt. Die Märchen aus Tausendundeiner Nacht – in denen die Sindbad-Story nur ein Teil ist – wurden im Laufe der Jahrhunderte immer wieder bearbeitet; es gibt weder eine verbürgte Urform noch eine endgültige Fassung. Historiker und Ethnologen weisen aber übereinstimmend auf viele Einzelheiten in den Erzählungen hin, die trotz wunderbar-phantastischem Inhalt einer gewissen Glaubwürdigkeit nicht entbehren, auch wenn kein zeitlicher Bezug zu erkennen ist. Und man darf nicht übersehen, daß in Zeiten, in denen die einfachen Menschen Analphabeten waren, den Märchen nicht nur unterhaltende, sondern mehr noch moralische und belehrende Bedeutung zukam.

Historisch besser abgesichert scheint da schon eher die Bibel zu sein. Viele Menschen wissen nicht, daß sie eine ergiebige Quelle praktischer Seefahrt aus der Zeit des Römischen Kaiserreiches ist. Ein interessantes Beispiel ist der vom Evangelisten Lukas im Kapitel 27 der *Apostelgeschichte* wiedergegebene Bericht. Er schildert dort die Überführung des Staatsgefangenen *Paulus* von Jerusalem über Kreta und Malta nach Rom, und man spürt bei der Lektüre, wieviel vertrauter den Menschen damals im allgemeinen die Seefahrt, die Seeleute und Schiffe als normales Verkehrsmittel waren. Sie gehörten zu ihrem Alltag, denn die Fortbewegung zu Schiff war die einzige Art, über das Meer zu gelangen. Man kann lesen, wie Besatzung und Passagiere – auch die Gefangenen – während der langen Seereise ein persönliches Verhältnis zueinander entwickeln; der Bericht gibt aber auch eine eindrückliche Schilderung über seemännische Details und über die Gefährlichkeit des Mittelmeeres. Man war bereits auf Kreta angelangt, und es war im Oktober. Nachdem Paulus vor den bevorstehenden Herbststürmen gewarnt hatte, heißt es in der Apostelgeschichte:[5]

»Aber der Hauptmann gab mehr auf das Drängen des Steuermanns und des Kapitäns als auf das, was Paulus sagte; und weil auch der Hafen zum Überwintern ungünstig war, stimmte die Mehrzahl für die Weiterfahrt, um womöglich zum Überwintern nach Phönix zu gelangen, einem kretischen Hafenplatz, der gegen Südwest und Nordwest offen liegt. Es wehte ein leichter Süd, und so glaubte man, bei dem Vorsatz beharren zu können, lichtete die Anker und fuhr ganz nahe der kretischen Küste weiter.

Aber bald brach von dort her ein Sturmwind los, der sogenannte ›Euraquilo‹ (Nordost), und das Schiff wurde mitgerissen, ohne dem Ansturm standhalten zu können, so daß man den Widerstand aufgab und das Schiff treiben ließ. Während wir an einer kleinen Insel, Klauda, vorbeifuhren, vermochten wir nur mit größter Mühe des Rettungsbootes[6] *habhaft zu werden. Endlich ward es aufgezogen, und man bediente sich noch eines Notbehelfs, indem man das Schiff mit Tauen umgürtete, und nachdem man aus Furcht, auf Sandbänke aufzulaufen, auch die Segel eingezogen hatte, ließ man es weitertreiben.*[7] *Schwer vom Sturm bedrängt, entschloß man sich am folgenden Tage, einen Teil der Ladung über Bord zu werfen, und am dritten Tage warfen sie mit eigener Hand auch noch das Schiffsgerät hinaus. Mehrere Tage hindurch waren weder Sonne noch Sterne zu sehen; der Sturm tobte unvermindert weiter, und die letzte Hoffnung auf unsere Rettung schwand vollends dahin. ...*

Es war die vierzehnte Nacht, seit wir in der Adria umhertrieben, als die Matrosen nach Mitternacht den Eindruck hatten, es komme Land auf sie zu. Sie loteten und stellten zwanzig Faden fest, und als sie nach kurzem Abstand es wiederholten, fanden sie nurmehr fünfzehn. Da fürchteten sie, wir gerieten auf Klippen, und liessen von Steuerbord vier Anker nieder, mit dem sehnlichen Wunsche, es werde bald tagen. Schon machten sich die Matrosen daran, aus dem Schiff zu fliehen und das Rettungsboot niederzulassen, angeblich, um auch vom Vorderteil aus die Anker zu legen – da sagte Paulus zum Hauptmann und zu den Soldaten: ›Wenn diese nicht im Schiff bleiben, könnt ihr nicht gerettet werden!‹ Da hieben die Soldaten die Taue des Rettungsbootes durch und liessen es ins Meer fallen.[8]

Als es Tag wurde, erkannten sie das Land nicht, bemerkten aber eine Bucht mit flachem Ufer und beschlossen, wenn möglich, das Schiff dort auf den Strand auflaufen zu lassen. Sie machten die Anker los und ließen auch sie ins Meer fallen; zugleich lösten sie die Riemen der Steuerruder, hißten das Vordersegel vor den Wind und hielten auf die Küste zu, wo sie auf eine Landzunge gerieten und das Schiff auflaufen ließen. Das Vorderteil bohrte sich ein und saß fest, das Hinterteil aber drohte unter der Wucht der Wogen zusammenzubrechen. Schon machten die Soldaten Miene, die Gefangenen zu töten, damit keiner davonschwimmen und entrinnen könne;[9] *der Hauptmann aber, der entschlossen war, Paulus zu retten, hinderte sie an ihrem Vorhaben. Er befahl, wer schwimmen könne, solle sich ins Meer werfen und voraus an Land gehen, die andern sollten auf Planken oder irgendwelchen Schiffstrümmern folgen. Und tatsächlich konnten sich alle ans Land retten. Nach unserer Rettung erfuhren wir, daß der Name der Insel Malta war.«*

Man muß sich bewußt sein, alle geschichtlichen Ereignisse immer unter den zeitgenössischen Gegebenheiten, den politischen und gesellschaftlichen Umständen der jeweiligen Epoche zu sehen und zu verstehen – auch den Glauben an Fortschritt, die Gier nach Reichtum, die religiöse Besessenheit und Intoleranz, den selbstgerechten Anspruch auf Dominanz der weißen Rasse! Wer die Geschichte nur mit den Augen der Gegenwart, vielleicht gar noch durch die Brille einer persönlichen Weltschau betrachtet, wird dem Geist der Zeit nicht auf die Spur kommen und die großen Leistungen der Vergangenheit kaum zu würdigen wissen. Ein Beispiel: nur wer die feste Überzeugung der Menschen des 15. Jahrhunderts akzeptiert, die Welt sei hinter *Kap Bojador* an der Westküste Afrikas zu Ende, der kann den Mut ermessen, der zur Umsegelung dieses Kaps nötig war!

Es ist wahr, den bitteren Nachgeschmack jeden Triumphes ließ man damals noch nicht gelten, bedauerte noch nicht die Unterlegenen, die jeder Sieg hinterläßt. Man wußte noch nicht, daß Fortschritt auch Abschied vom Hergebrachten, Traditionellen, Vertrauten bedeutet. Fortschritt heißt auch Gleichschaltung, Egalisierung; mit seiner Hilfe gibt es heute Fahrpläne, Normen, Massenproduktion, Handel und manches, was jetzt eher mit Distanz zur Kenntnis genommen wird. Haben wir doch inzwischen gemerkt, daß Fortschritt auch »fort schreiten«, einem Ende entgegengehen, bedeuten kann. Doch ein Kolumbus, ein Magellan, auch Cook, handelte nach den Gesetzen seiner Zeit; sie glaubten an einen von Gott erhaltenen Auftrag: *»Mach dir die Erde untertan!«*

Keiner von ihnen konnte jedoch die wirtschaftlichen und politischen Folgen ahnen, die ihre Reisen nach sich ziehen würden. Weder die Entdeckung der Neuen Welt noch die Erdumsegelung Magellans brachten Spanien unmittelbar große Gewinne. Doch kaum fünfzig Jahre später war Spanien das reichste Land der Welt! Kaiser Karl V. konnte mit Recht sagen: *»In meinem Reich geht die Sonne nicht unter!«;* er herrschte über ein Weltreich, das ein Drittel Europas umfaßte und nach Westen über große Teile Mittel- und Südamerikas und über den Pazifik bis zu den Philippinen reichte. Die Länder und ihre Reichtümer wurden aber mit brutaler Gewalt annektiert, fremde Kulturen, wie die der Inkas und der Azteken, wurden zermalmt und die Völker unterjocht. Die sagenhaften spanischen Goldschiffe brachten unvorstellbare Schätze ins Mutterland. Die Portugiesen verfolgten dieselbe Politik; die portugiesischen Kolonien in Indien und die molukkischen Gewürzinseln waren eine wahre Schatzkammer. Immer weiter tasteten sich die Portugiesen nach Osten vor; 1542 erreichten sie Japan und berichteten wahre Wunderdinge aus dieser fremden Welt. Damals handelten die Spanier und Portugiesen so, als gehörte die Welt ihnen. Tatsächlich hatten sie durch den *Vertrag von Tordesillas* mit Billigung des Papstes die Welt in ihre Interessenssphären aufgeteilt.[10] Aber England, Holland und Frankreich wollten bald auch ihre Teile des großen Kuchens. Noch ehe weitere hundert Jahre vergangen waren, kämpften auch diese Nationen untereinander um Kolonialbesitz.

Nach *Cook*, als der größte Teil der bewohnten Welt entdeckt war, wendete sich das Interesse der Entdecker den Polen zu. Die Antarktis ist ein gebirgiger Kontinent, zweimal so groß wie Australien und von einer dicken Eisschicht bedeckt. Der Südpol liegt auf 2700 Meter Höhe. Die Arktis hingegen besteht größtenteils aus vereistem Meer, umgeben von den arktischen Gebieten Kanadas, Grönlands, Spitzbergens und Sibiriens. Auch diese menschenfeindlichen Zonen konnten dem menschlichen Forschergeist auf die Dauer nicht verschlossen bleiben. Viele Namen von Forschern sind im Buch der Geschichte zu finden, die die Gewässer und Landmassen der Polregionen bereisten, beispielsweise *James Wedell, Robert F. Scott, Roald Amundsen, William Edward Parry, James Clark Roß, George W. De Long, Adolf Erik Nordenskjöld* und noch viele andere; einige von ihnen kamen nie zurück. Aber ihre Taten haben in der Literatur reiche Spuren hinterlassen.

Einer von ihnen – wie Barents ein Vorläufer der Polarforscher, aber ein Zeitgenosse Cooks – war *Vitus Johannsen Bering;* er wurde 1680 in Dänemark geboren, wurde Seeoffizier, trat in russische Dienste und fand 1728 als Leiter einer Forschungsexpedition das schon 1648 entdeckte asiatische Nordkap wieder, das heutige Kap Deshnjow auf der Tschuktschen-Halbinsel. Bei der Durchfahrt der Meerenge nach Norden (heute Beringstraße) stellte er fest, daß – entgegen der damals verbreiteten Meinung – Asien und Amerika keine Landverbindung haben. Dreizehn Jahre später, 1741, entdeckte er Alaska und die Alëuten und löste damit eine rege Besiedelung Alaskas von Sibirien her aus. Doch seine Heimat sollte er nie wiedersehen; Bering starb auf der Rückreise auf einer der östlich von Kamtschatka liegenden Kommandeurinseln am Rande des Beringmeeres, die seither Beringinsel heißt.

Selbst an der Wende zum 20. Jahrhundert gab es noch echte Abenteuer. Der Name des norwegischen Zoologen und Polarforschers *Fridtjof Nansen* hat bis heute einen magischen Klang. Als Siebenundzwanzigjähriger durchquerte er 1888 erstmals und unter ungeheuren Strapazen die 3000 Meter hohen Binneneisgletscher Grönlands von Ost nach West. 1893 ließ er sich zwecks Erforschung der polaren Meeresströmung mit seinem vom Eis eingeschlossenen, heute ebenfalls berühmten Schiff *Fram*[11] polwärts treiben und gelangte über den 84. Breitengrad hinaus. Kein anderes Schiff[12] kam bis heute dem Pol so nahe – und kehrte auch wieder heim (1896). Nansen machte später noch eine Diplomatenkarriere. 1922 erhielt er den Friedensnobelpreis wegen seiner Verdienste um staatenlose Flüchtlinge; er starb 1930 im Alter von 69 Jahren.

Die moderne Technik hat die Navigation in vielfältiger Weise beeinflußt. Und wie so oft in der Geschichte der Menschheit, förderten Kriege die Entwicklung neuer Methoden oder Hilfsmittel. Ein bekanntes Beispiel ist die Erfindung des Radars. Weniger bekannt ist, daß der Bombenkrieg im Zweiten Weltkrieg einen großen Bedarf an Flugzeugnavigatoren nach sich zog; die großen Verluste an Menschen und Material riefen nach einer einfachen Ausbildungsmethode, denn nicht jeder Soldat war so gut vorgebildet, um verhältnismäßig schnell die umständlichen astronomischen Berechnungen nach der

Semiversusmethode zu erlernen. Außerdem war das Verfahren für die schnellen Flugzeuge zu zeitraubend. Dieser Notstand rief nach Abhilfe; das Resultat war die Entwicklung der heute jedem Navigator geläufigen H. O.-Tafeln sowie der Ephemeriden,[13] welche die Astronavigation heute so einfach machen. Schifffahrt und Luftverkehr profitierten in der Folge auch von Erfindungen für die Raumfahrt, so die Einrichtungen der Satellitennavigation. Aber der durchschnittliche Sportschiffer wird aus Kostengründen in vielen Fällen weiterhin auf traditionelle Weise navigieren, wird Kurs und Fahrt durchs Wasser mit Kompaß und Logge kontrollieren; Standortbestimmungen werden nach wie vor durch Peilungen vorgenommen werden und bei der Ozeanüberquerung können Sextant, nautische Tafeln und Chronometer auch fernerhin ihren Platz behaupten. Satellitennavigation, bei der ein kleines Gerät von der Größe eines Taschenrechners auf Knopfdruck die Position in einem Sichtfeld bekanntgibt, ist schon preiswert und damit jedermann zugänglich geworden, doch ohne die Kenntnis des navigatorischen Handwerks – bei radikaler Abstützung nur auf hochentwickelte Technik – kann man schnell ins Verderben fahren; Gutgläubigkeit war schon immer auch Dummheit.

Schiffsnavigation ist ein interessantes, vielfältiges und verantwortungsvolles Gebiet, sie benutzt verschiedene Hilfsmittel, verlangt aber vom Navigator neben Erfahrung und Spürsinn auch ein umfangreiches nautisches Wissen. Dieses Wissen beruht auf jahrhundertelangen Entwicklungen, die Navigationsverfahren sind historisch gewachsen. Am Anfang der Seefahrt war das Meer eine menschenfeindliche Wasserwüste; dort lauerten viele Gefahren, die es zu entschärfen galt. Schon früh stellten z. B. die Seefahrer fest, daß ihr Schiff vom Strom versetzt werden konnte; die korrigierenden Stromdreiecks-Berechnungen lösten das Problem! Oder: obwohl der Lauf der Gestirne schon seit dem Altertum bekannt war und ihre Bewegungen vom Seemann seit Menschengedenken als Richtmarken benutzt wurden, machte die Entwicklung der Astronavigation erst echte Fortschritte, als sich die Menschheit auf den Weg über die großen Ozeane begab, wo keine Landmarken als Anhaltspunkte zu finden waren. Und um die wirkliche Größe von Land und Meer zu messen, war neben der Breite auch die zuverlässige Kenntnis der geographischen Länge unerläßlich; der Chronometer war die Antwort des menschlichen Forschergeistes! Für jedes Problem wurde im Laufe der Zeit eine Lösung gefunden und bis zur Vollendung verbessert. Nicht zuletzt profitiert auch der Sport- und Freizeitskipper von der Jahrtausende währenden Entwicklung.

Noch immer werden Segel und Wind von vielen Schiffen als Antrieb benutzt. Beim Sport und im Urlaub vertauschen Tausende ihren Arbeitsplatz mit der Ruderpinne, studieren Seekarten statt Umsatzziele, lassen auf See die

Zwänge des Alltags hinter sich, atmen tief durch und spüren den *Hauch der Freiheit.* Auch Entdeckungen finden noch immer statt; zwar werden keine unbekannten Länder mehr gefunden, aber oft genug unbekannte Gefilde in der eigenen Seele. Und noch immer läßt das Meer nicht mit sich spielen. Segelschiffe sind nichts für seefahrende Touristen, da wird kein Abendkleid und kein Dinnerjackett in umfangreichen Schrankkoffern mitgeführt. Auf einer Segeljacht gibt es keinen Swimmingpool, kein Promenadendeck und keine Bordkapelle. Du hast gerade Platz für deinen Seesack im Schapp unter der Koje. Auf einer Segeljacht gibt es den Bordrhythmus von Wachen und Schlafen, gibt es Ruderwache, Navigationsarbeit, Segelsetzen und -trimmen, Segelwechsel und -bergen. Dort verlangt man die freiwillige Einordnung in eine ungeschriebene Schiffsdisziplin und in die kleine Gemeinschaft. Nicht immer ist das Wetter schön; aber auch dann mußt du deine Leistung erbringen. Die Gesetze der See sind ewig und unerbittlich; das gilt für dich, wie es für Cook und seine Leute galt. Freiheit der Meere: das heißt Bordkameradschaft, gute Seemannschaft, harte Arbeit – aber auch intensives Erleben, Natur aus erster Hand bei Tag und Nacht, bei Sonne, Wind, Regen und Sternenlicht. Und wenn du dann nachts deine Wache gehst, allein oder zu zweit, wenn der Wind schräg von hinten in den Segeln steht, das Schiff knarrt, während die Wellen behäbig achterlich heran und unter dem Schiffsrumpf hindurchlaufen, wenn Plankton grün phosphorisch in der Gischt schimmert, dann schaue hinauf zum Nachthimmel, beobachte den Großen Wagen, der sich langsam, nur während Stunden wahrnehmbar, um die eigene Achse dreht, suche den Nordstern, versenke dich in den Anblick der ewigen Gestirne. Wie klein bist du, wie nichtig sind deine Probleme! Aber die Sterne über dir sind noch immer die dieselben, die Eratosthenes sah – auch Pytheas, Leif Eriksson, Kolumbus, Magellan und Cook.

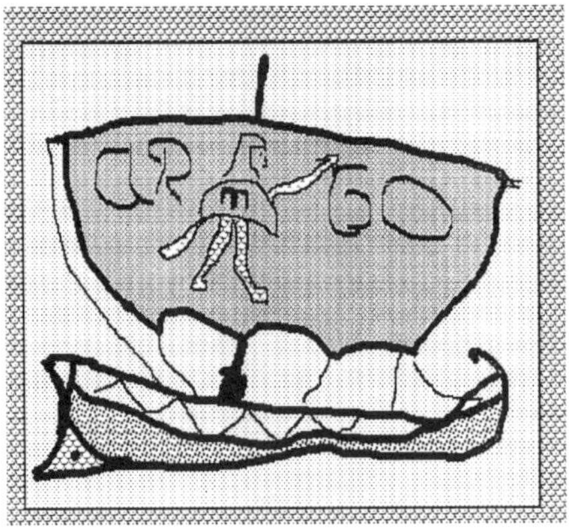

2. KAPITEL

Fortschritt durch Zählen und Messen

Praktische Naturwissenschaft von Thales bis Newton

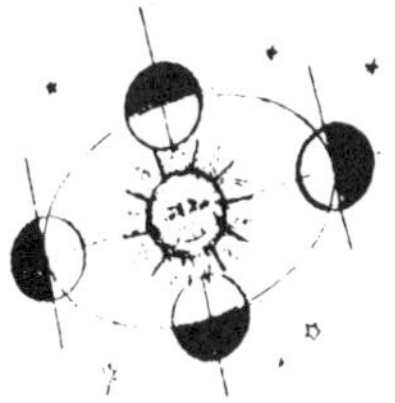

In der antiken Welt war Schreiben und Lesen eine geheime Kunst – nur den Gebildeten zugänglich. Der einfache Mann konnte den Papyrus des ägyptischen Schreibers *Ahmes*[1] (um 1650 v. Chr.) über die Meßbarkeit der Dinge nicht entziffern, ja – er hätte ihn auch nicht begriffen. Erst viel später entwickelten die Inder Zahlwörter, die den Menschen halfen, eine Größensprache zu benutzen. Aber noch den Griechen, die wohl die Multiplikation beherrschten, bereitete eine Division große Schwierigkeiten. Die Technik des Messens und Zählens ist den Karawanen und Galeeren der Handelsstrassen zu Lande und zu Wasser nachgefolgt und hat sich gar langsam entwickelt. Mindestens 4000 Jahre liegen zwischen der Zeit, als der Mensch die nächste Sonnenfinsternis vorauszuberechnen lernte, und der Zeit, als er ermitteln konnte, wieviel Eisen in der Sonne vorhanden ist. Zwischen den ersten überlieferten Beobachtungen der Reibungselektrizität und den Messungen der Anziehungskraft zweier elektrisierter Körper liegen 2000 Jahre.

Im 6. Jahrhundert v. Chr. mißt *Thales*[2] die Höhe der ägyptischen Pyramiden. Er beobachtete, wie die Länge eines Schattens, den ein im Sand aufrecht stehender Stock warf, sich täglich veränderte, nämlich – je nach Jahreszeit – länger oder kürzer wurde. Als eines Tages Stock und Schatten gleich lang waren, schloß er daraus, daß auch die Schattenlängen der Pyramiden gleich ihrer Höhe sein müßten. Was auch den Tatsachen entspricht! Thales war es auch, der die Anziehung leichter Körper durch geriebenen Bernstein (griechisch: elektron) verzeichnete; die Chinesen wußten schon 300 Jahre früher einiges über den natürlichen Magneten.

Um aber auf größere Entfernungen Dinge messen und ihre Beschaffenheit feststellen zu können, reichten Augen und Ohren bald nicht mehr aus. Lange bevor sich der Mensch *neue Sinnesorgane* wie den Sternhöhenmesser (Astrolabium) oder das Fernrohr schuf, wies *Eratosthenes von Kyrene* (ca. 276 bis ca. 194 v. Chr.) rein gedanklich, jedoch mit mathematischer Logik die Kugel-

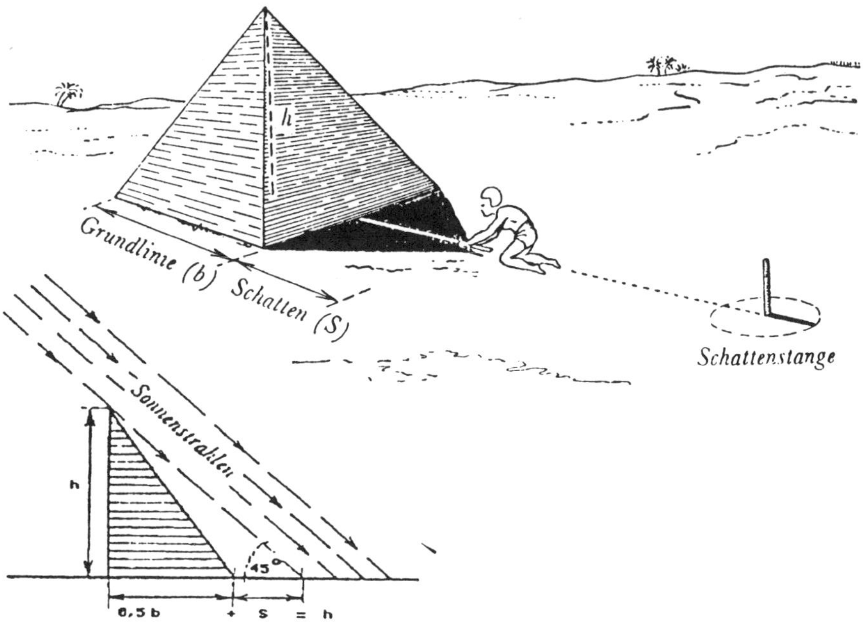

Wenn der Schatten den Kreis berührt, dessen Radius gleich der Höhe der Schattenstange ist, so erhält man die Höhe h der Pyramide, indem man die Länge des Schattens S zur halben Grundlinie b addiert.

gestalt und den Umfang der Erde nach – seine Fehlerqoute betrug 330 Kilometer bzw. weniger als 1 Prozent. Die Geometrie, von *Pythagoras*[3] und *Euklid*[4] zur Reife gebracht, wird bei der Auslotung des Himmels angewandt. Die Trigonometrie taucht auf, die Vermessung der Erde beginnt, die Entfernungen zu Sonne und Mond werden bestimmt.

In Alexandria, dem Zentrum der Wissenschaft seit dem 3. Jahrhundert v. Chr., wo die neue *Sprache* der Sternmessungen ihren Ursprung hat, denken Gelehrte über Zahlen nach, die so unvorstellbar groß sind im Vergleich mit den Zahlen, den der griechische Verstand zu damaliger Zeit erfassen konnte. *Anaxagoras* (ca. 500 bis 428 v. Chr.) hatte den Hof des Perikles durch die Erklärung erschüttert, daß die Sonne so groß wie das griechische Festland sei. Die Berechnungen, die Eratosthenes 200 Jahre später zum Umfang der Erde anstellte, ließen Griechenland nun zur Bedeutungslosigkeit herabsinken. Und als *Aristarch von Samos* (ca. 310 bis 230 v. Chr.) die Sonne gemessen hatte, war die Erde nur noch ein Staubkorn! Mathematik ist auch immer ein Spiegel der Kultur; jede neue gesicherte Erkenntnis schuf auch die dafür unerläßliche Größensprache.

Man wird sich vor diesen großen geistigen Leistungen mit Respekt verbeugen, wenn man weiß, daß die Zahlenschriften der Griechen, Hebräer und Römer nicht zum Rechnen taugten. Das wird ersichtlich, wenn man sich vor Augen führt, daß 64 : 16 = 4 einfacher zu rechnen ist als LXIV : XVI! Die neuen Zahlensymbole der Inder, die mit den zehn Zeichen 0 bis 9 auskamen und die von den Arabern nach Europa getragen wurden, fügten der griechischen Meßtechnik eine verbesserte Methode der Rechentechnik hinzu, die wir heute noch mit ihrem arabischen Namen bezeichnen: *Algebra.*

Heute ist es jedem Zweitklässler ersichtlich, daß die Null im Dezimalsystem eine Sonderstellung einnimmt, können wir doch mit ihrer Hilfe eine unmißverständliche Stellenwertschreibung vornehmen: 0,3, 300, 5010, 10001 usw., da gibt es keine falsche Auslegung! Die *Definition der Null* – so selbstverständlich uns heute dieses Zeichen erscheint – gehört ganz sicher zu den größten Fortschritten menschlichen Geistes. Mit dem neuen, dezimalen Rechensystem wurde nicht nur die Multiplikation einfacher und die Division möglich, sondern die stetige Entwicklung der Naturwissenschaften und der zunehmende Handel zwischen den Völkern stellten auch immer höhere Anforderungen an ein entwicklungsfähiges Rechensystem.

Die neue Arithmetik wird durch jüdische Gelehrte der maurischen Universitäten Spaniens und, den Handelsstrassen entlang, durch christliche, mit der Levante Handel treibende Seefahrer und Kaufleute weiterverbreitet. Die Kreuzzüge haben – oft ungewollt – den Horizont mancher mächtiger Adliger erweitert, die nun Wissenschaft und Forschung fördern. Europa steht an der Schwelle zu großen Seefahrtsunternehmungen! Die Seefahrer lernten vor allem von jüdischen Astronomen, mit neuen Sternjahrbüchern umzugehen, die arabische Gelehrte vorbereitet hatten. Der Bedarf an immer genaueren und rascher zu handhabenden Unterlagen schaffte eine noch heute faszinierende Neuerung: Die Logarithmen – im 16. Jahrhundert entwickelt – führen die Multiplikation auf die Addition, die Division auf die Subtraktion zurück; sie machten die große Welterforschung mit Segelschiffen erst möglich, weil mit dieser Rechentechnik die Sternenhöhenmessung zu einem Standort auf hoher See – oft genug eine feindliche Wasserwüste – umgewandelt werden konnte. 1687 schreibt *Isaac Newton*[5] in seinen *Mathematischen Prinzipien der Naturwissenschaft: »Das Buch der Natur ist in mathematischer Sprache geschrieben, und seine Buchstaben sind Dreiecke, Kreise und andere geometrische Figuren; ohne sie ist es für den Menschen unmöglich, nur ein Wort zu verstehen.«* Man weiß inzwischen, daß die Erdkugel keine runde Sache ist, auch sind die Planetenbahnen keine Kreise. Die elliptischen Himmelsbahnen sind durch Newtons Gravitationslehre mathematisch erklärlich geworden. Die Gedanken der Mathematiker kreisten um See- und Landkarten und um deren Einteilung in geographische Längen und Breiten. Der Seekompaß wurde zur Brauchbarkeit auf schwankendem Schiff entwickelt und gewann rasch an praktischer Bedeutung. Eine neue Art von Geometrie, von *René Descartes* zur Zeit des Dreißigjährigen Krieges vervollkommnet, erlaubte graphische Darstellungen von Zeit- und Bewegungsabläufen; die Berechnung von Kurven und Ellipsen mittels Lineal und Zirkel wurde möglich. *Kopernikus, Kepler, Galilei* bestimmten damit exakt die Planetenbahnen. Und so wurden die Erfolge der Reformationskriege auch von jenen davongetragen, die in engem Kontakt zu den Neuerungen standen: eine mathematische Erfindung, welche die Bewegung des Pendels, die Bahn der Kanonenkugel, die Lage eines Schiffes in bewegter See und den Lauf der Himmelskörper darstellen konnte.

Aus dieser *Geometrie der Zeit* heraus entwickelte sich auch das Zeitverständnis. Die gemächliche Welt des Altertums brauchte keine Uhren. Die Menschen erlebten Tod und Zeugung, Schlafen und Wachen, die Rhythmen der Fruchtbarkeit und des Verfalls im Spiegel der wechselnden Himmelsbilder. Das Aufgehen und die nächtliche Wanderung der Sternbilder, das Länger- und Kürzerwerden des Sonnenschattens verkündeten die Geburt der Lämmer, das Aussäen und das Dreschen des Getreides. Sonnenuntergang und Sonnenaufgang waren die Signale fürs Schlafen und fürs Aufstehen. Erst als man Monate, Wochen und Jahre, Tage und Stunden festhalten konnte, sollte sich die Menschheit aus der zyklischen Monotonie der Natur lösen. Auch die geschäftige Welt der Schiffahrt, von Handel, Gewinnstreben, Krieg und Ruhmsucht angetrieben, kam eines Tages ohne genaue Stundenangaben für die Gestirnsnavigation nicht mehr aus. Die Pendeluhr, bald darauf der Chronometer, waren die konsequenten Erfindungen. Keine andere Gattung auf der Erde als der Mensch verfügt über den Zeitbegriff. Ein Tier erinnert sich: an den besten Futterplatz, selbst im Dschungel findet der Vogel seinen Brutbaum, jeder Hund erkennt seinen Herrn oder auch den Plaggeist. Tagaktive Tiere suchen ihren Schlafplatz auf, wenn die Dunkelheit herabsinkt, nachtaktive werden munter und gehen auf Futtersuche. Aber eine Vorstellung von *Zeit* haben Tiere nicht. Ist es Zufall, daß von allen Kulturen gerade die abendländischen sich des Begriffes *Zeit* am meisten bewußt sind? Wir kennen die Dauer einer Sekunde, berechnen die Bahnen der Gestirne und die Zeitpunkte ihrer Auf- und Untergänge. Der Navigator mißt die Höhen der Himmelskörper, um mit ihrer Hilfe seinen Weg über die Ozeane zu bestimmen. Und er braucht dazu die Kenntnis von Tag und Stunde.

Aber wer hat uns gelehrt, *Zeit* zu erfassen, ja Zeit überhaupt zu begreifen? Dahinter liegt ein Jahrtausende langer Entwicklungs- und Lernprozeß der Menschheit; die Anfänge reichen weit zurück ins Dunkel archaischer Epochen.

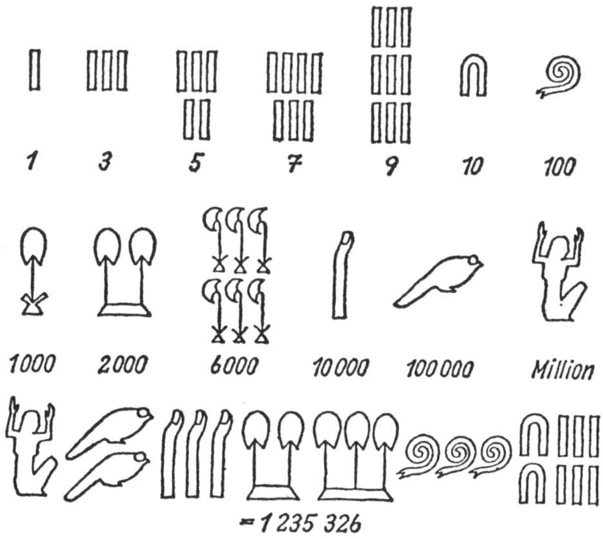

Ägyptische Zahlenschrift.

Es kann kein Zweifel bestehen: die erste Maßeinheit für die Zeit war der Tag. Und doch war der Tag schon für die Meßbedürfnisse primitiver Völker nicht sehr geeignet. Unterstellt man eine anfängliche Lebenserwartung der ersten Menschen von nur 35 Jahren, dann zählte die Lebensdauer unübersichtliche 12700 Tage. Und wenn die Sonne den Tag bestimmte, war es nur natürlich, daß sich die Menschen auf der Suche nach einer weiteren Meßsymbolik dem nächtlichen Himmelskörper, dem Mond, zuwendeten. Vom weit im Nordwesten liegenden Grönland bis hinab in den antarktischen Süden Patagoniens begrüßten die Menschen den Neumond. Die Eskimos tischten ein Festmahl auf und tauschten die Frauen. Tungusische Schamanen beschwörten den Mondgott und tanzten sich beim rhythmischen Schlag der Trommeln in Ekstase. Und die alten Germanen, so berichtet *Tacitus* vor zweitausend Jahren, hielten ihre Versammlungen bei Neumond oder Vollmond ab. Die Mondphasen boten sich sogar förmlich für die Messung größerer Zeiteinheiten an: vom unsichtbaren Neumond über das erste Viertel zum Vollmond und wieder zurück über das letzte Viertel zum Neumond verfließt eine immer gleichbleibende Anzahl Tage. Aber gerade wegen seiner einfachen Verwendung als Zeitmaß erwies sich der Mond als Falle für die naive Menschheit. Zwar sind seine Zyklen für jeden sichtbar und bilden einen Monat. Der Name *Monat* geht eindeutig auf den Mond zurück. Genau genommen ist es ein Mondmonat; er zählt grob 29½ Tage, ist exakt 29,5306 Tage lang oder 29 Tage, 12 Stunden, 44 Minuten und 2,8 Sekunden!

1	α	א	10	ι	י	100	ρ	ק	1000	͵α	א̈
2	β	ב	20	κ	כ	200	σ	ר	2000	͵β	ב̈
3	γ	ג	30	λ	ל	300	τ	ש	10000	M	י̈
4	δ	ד	40	μ	מ	400	υ	ת	30000	M̌	ל̈
5	ε	ה	50	ν	נ	500	φ	ך			
6	ϛ	ו	60	ξ	ס	600	χ	ם			
7	ζ	ז	70	ο	ע	700	ψ	ן			
8	η	ח	80	π	פ	800	ω	ף			
9	ϑ	ט	90	ϙ	צ	900	ϡ	ץ			

Beispiel:
344 = τμδ = שמד

Griechische und hebräische Zahlenschrift.

Zur Zeit der Jäger und Sammler diente der Monat eigentlich nur der einfachen Messung längerer Zeitabschnitte. Die Lebenserwartung der Urmenschen betrug um die 400 Monate, und das ist eine wesentlich handlichere Zahl als 12 000 Tage. Vielleicht liegt hier eine Erklärung dafür, daß jemand »so alt wie Methusalem« wird? Denn nicht nur in der Schöpfungsgeschichte, auch an anderen Stellen des Alten Testaments werden die Gestirne als Schöpfungswerk Gottes erwähnt, z. B. 1. Moses 1, 16: *»Und Gott machte zwei große Lichter: ein größeres Licht, das den Tag regiere, und ein kleines Licht, das die Nacht regiere, dazu auch Sterne.«* So liegt es im Bereich des Denkbaren, daß die ebenfalls bei Moses beschriebene erstaunliche Lebensdauer der Patriarchen von der Verwechslung der Jahre mit den Mondmonaten herrührt.

Mit Beginn des Ackerbaus und der Seßhaftwerdung der Völker erreichte der Monat eine wichtigere Bedeutung. Was Jäger und Bauern am dringendsten brauchten, war ein Kalender der Jahreszeiten. Man muß zu bestimmten Zeiten säen, sollte zur richtigen Jahreszeit die Ernte reifen. Um die Ernten wiederum zu steigern, war es wichtig, Regenzeiten und Wärmeperioden zu kennen und zu berücksichtigen; Fehlplanungen konnten zu Mißernten und damit zu Katastrophen führen. Die Menschen lernten, auf die Zyklen der Jahreszeiten zu achten. Wurde das Korn zur richtigen Jahreszeit gesät, dann konnte man damit rechnen, daß bei einer Aussaat zwölf Monate nach der vorhergehenden Ausaat wieder alles wohl verlaufen würde. Falschrechnungen allerdings hatten verheerende Wirkungen! Darum wurde der für das Überleben wichtige Vorgang des Zählens einer privilegierten und spezialisierten Gruppe übertragen: den Priestern. Diese widmeten sich aber nicht nur dem Zählen, sondern nutzten ihr Können und die wachsenden Erfahrungen dazu, die Götter günstig zu stimmen. Diese Funktionen waren für die Menschen der Frühkulturen von größter Wichtigkeit, mußten doch – wie man glaubte – göttlich beeinflußte Wetterfehlschläge wie Spätfrost, Dauerregen oder Trockenheit abgewendet werden.

Die Abfolge der Jahreszeiten nennt man das *Jahr*. Zwölf Mondmonate ergeben daher ein *Mondjahr;* es besteht – wie schon gesagt wurde – aus 12 mal 29$^1/_2$ Tagen oder insgesamt 354 Tagen. Das wirkliche Mondjahr, an den astronomischen Erdumläufen gemessen, enthält jedoch 354,37 Tage. Insofern steht es nicht mit den Zyklen der Jahreszeiten in Einklang. Wäre es möglich gewesen, die Wiederkehr der Jahreszeiten lediglich durch Multiplikation der Mondzyklen zu errechnen, wäre der Menschheit viel Mühe erspart geblieben. Diese Tatsache stellten schon babylonische Sternenforscher an der Wiege der historisch belegbaren Astronomie fest. Sie merkten, daß sich die Sonne anders bewegt als der Sternenhintergrund und daß ein vollständiger Sonnenzyklus nahezu mit dem Ablauf der Jahreszeiten übereinstimmt. Die Sonne durchläuft ihre Jahresbahn den Tierkreisen entlang in ungefähr 365 Tagen. Das Sonnenjahr ist also elf Tage länger als das Mondjahr. Drei Mondjahre fallen um 33 Tage kürzer aus und bleiben um mehr als einen Monat hinter dem Sonnenjahr zurück. Diese Beobachtung war äußerst wichtig. Denn wer den Mondkalender benutzt und zur rechten Zeit aussät, der pflanzt drei Jahre später mehr als einen Monat zu früh, nach zehn Jahren mitten im Winter! 33 Jahre später ist der Jahresbeginn wieder dort, wo er eigentlich hingehörte, und die Verschiebung beginnt von vorne. Denn die Jahreszeiten auf unserer Erde werden vom Sonnenjahr diktiert.

Die *Babylonier* entwickelten schon 500 Jahre v. Chr. einen Kalender, in dem das Mondjahr im ungefähren Gleichklang mit dem Sonnenjahr lag. Die einfachste Lösung läge darin, dem Ende des Mondjahres elf Tage hinzuzufügen. Aber dann würde das darauffolgende Jahr nicht mit dem Neumond beginnen, und der war den Babyloniern heilig! Sie verteilten daher die Zeitunterschiede zwischen Sonne und Mond auf einen Zyklus von 19 Jahren: jeder Zyklus erhielt zwölf Jahre zu 12 Monaten und sieben eingestreute Jahre zu je 13 Monaten. Das babylonische Kalenderjahr befand sich gegenüber der Sonne nie mehr als 20 Tage im Rückstand, aber auch der Vorlauf war immer kleiner als 20 Tage. Dieser Kalender – auf den Mondmonaten beruhend, doch mit Geschick dem Sonnenlauf angepaßt – wird *Lunar-Solar-Kalender* genannt: er war den

Jahreszeiten weitgehend angepaßt, und die Heiligkeit des Mondes blieb unangetastet.

Die *Ägypter* konnten sich irgendwie der Lockung des Mondes entziehen. Sie waren die ersten, die die Länge des Sonnenjahres entdeckten und praktisch handhabten. Unser heutiger Kalender entstand im alten Ägypten! In diesem Sonnenland hatten die Jahreszeiten keine besondere Bedeutung. Das außerordentliche Ereignis im Jahr war die Nilflut, die durchschnittlich alle 365 Tage eintrat und die den fruchtbaren Schlamm auf den Feldern zurückließ. Der Nil ermöglichte drei Ernten, den Handel und die Architektur. Als Handelsstraße war der Nil auch Frachtroute für das Baumaterial der riesigen Tempel und Pyramiden. Ein granitener Steinblock von dreitausend Tonnen konnte in Assuan aus dem Steinbruch gehauen und dann dreihundert Kilometer südwärts nach Theben geflößt werden. Der Nil ernährte die Städte, die an seinen Ufern lagen. Es ist verständlich, daß er den Ägyptern heilig galt.

Mit Sicherheit wurde die an den Mond gebundene Zeitrechnung vor dem Jahre 4241 v. Chr. aufgegeben. An ihre Stelle trat ein *Sonnenkalender* mit zwölf Monaten zu je 30 Tagen. Dieser Kalender war nicht mehr am Neumond orientiert, denn der war den Ägyptern nicht wichtig. Dafür fügten sie dem Ende jeder 360-Tage-Periode fünf Feiertage hinzu und erhielten so ein Jahr von 365 Tagen. Das Sonnenjahr ist aber nicht 365 Tage lang, sondern es dauert $365^1/_4$ Tage. Das fanden allerdings erst die Griechen im Jahre 380 v. Chr. heraus, und zwar durch *Eudoxos von Knidos.* So gerieten die Ägypter Jahr für Jahr um einen Vierteltag in Rückstand und die Nilflut trat zu einem jeweils späteren Zeitpunkt ein.

In Rom, dem inzwischen zur Weltmacht aufgestiegenen Stadtstaat, galt ein *Mond-Sonnen-Kalender,* in den man ab und zu einen Schaltmonat einfügte. Die zuständigen Beamten waren gewählte Politiker und hinsichtlich Kalenderproblemen weniger gewissenhaft als die Priester früherer Kulturreligionen. So war der römische Kalender im Jahre 46 v. Chr. gegenüber der Sonne um 80 Tage im Rückstand. *Gaius Julius Caesar,* auf der Höhe seiner Macht, befahl, diesem Mißstand ein Ende zu bereiten. Er hatte während seiner Feldzüge in Ägypten die Nützlichkeit und Einfachheit des ägyptischen Sonnenkalenders erkannt und von dort den alexandrinischen Astronomen Sosigenes mit nach Rom gebracht. Auf dessen Rat wurde das Jahr 46 v. Chr. um 80 Tage auf 445 Tage verlängert, so daß es als das *Jahr des Durcheinanders* in die Geschichte einging.

Damit wurde das Jahr wieder mit der Sonne in Einklang gebracht. Der neue, modifizierte ägyptische Kalender – nach Caesars Familiennamen der *Julianische Kalender* genannt – war viel besser als jeder andere damals bekannte; er überdauerte das Mittelalter und wurde noch im 16. Jahrhundert von *Kopernikus*[6] für seine Planetentabellen benutzt. Er enthielt, über das ganze Jahr verteilt, die fünf fehlenden Tage, und seither haben wir verschieden lange Monate. Der Februar galt bei den Römern als Unglücksmonat, weshalb er verkürzt wurde. Das ergab sieben Monate mit 31 Tagen, vier Monate mit 30 Tagen und einen Monat mit 28 Tagen. Der noch fehlende Vierteltag wurde alle vier Jahre als Schalttag dem Februar angehängt.

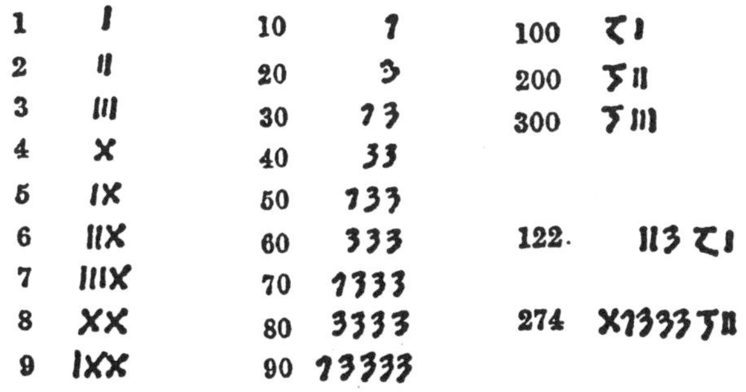

Indische Zahlenschrift.

Die christliche Kirche übernahm diesen Kalender auf dem Konzil von Nizäa im Jahre 325, an dem auch der Weihnachtstag auf den 25. Dezember fixiert wurde. Darum wandert dieser Feiertag nicht hin und her. Ostern hingegen wurde auf den Sonntag nach dem ersten Frühlingsvollmond gelegt und kann daher früh im Jahr auf den 22. März oder spät auf den 25. April fallen. Die Einführung des Julianischen Kalenders war ohne Zweifel eine kulturelle Großtat! Und trotzdem sah die Menschheit einer ungeordneten Zukunft entgegen, denn der Julianische Kalender war zwar der genaueste aller bisherigen, doch war das Jahr nun allgemein 11 Minuten und 14 Sekunden (0,0078 Tage) zu lang. Dies mag zwar als gering erscheinen, macht aber in 128 Jahren einen vollen Tag aus. Ostern, eigentlich an die Frühlings-Tagundnachtgleiche gebunden, wäre irgendwann einmal erst mitten im Sommer gefeiert worden und Weihnachten im Frühling. 1582 hatte Caesars Kalender bereits zehn Tage Vorlauf auf den Frühlingsvollmond.

In seinem Vorwort zu *De Revolutionibus* schrieb *Nikolaus Kopernikus: »Die Mathematiker … sind über die Bewegung der Sonne und des Mondes so im Ungewissen, daß sie die ewige Größe des vollen Jahres nicht abzuleiten und zu beobachten vermögen.«* Doch hatten mittlerweile mächtig gewordene Stadtstaaten der Renaissance und ein Seehandel, der um die Welt reichte, einen neuen Bedarf an einem genauen und zuverlässigen Kalender entstehen lassen. So war

1600 Jahre nach Caesar die Zeit für eine neuerliche Kalenderreform gekommen. Papst *Gregor* XIII. setzte zu jener Zeit durch, daß der Oktober 1582 um zehn Tage verkürzt wurde: auf den 4. folgte sogleich der 15. Oktober. Dann versuchte man, durch eine dauerhafte Korrektur den Julianischen Kalender ins Lot zu bringen. Um zu verhindern, daß sich die Diskrepanz von 11 Minuten und 14 Sekunden jährlich kumuliert, übergeht der *Gregorianische Kalender* das Schaltjahr in allen Jahren mit der Endziffer Hundert, wenn dessen beide erste Zahlen nicht durch vier teilbar sind (1800 und 1900 waren keine Schaltjahre, 2000 ist eins, 2100 wiederum nicht!). Hieraus ergab sich der heutige Kalender, nach dem sich die abendländische Kultur immer noch richtet. Aber auch dieser neue Kalender ist nicht genau, sondern läuft der astronomischen Zeit um 0,12 Tage pro Jahr (zirka drei Stunden) voraus. So leicht läßt sich die Schöpfung nicht erwischen! In 3400 Jahren wird der Gregorianische Kalender einen Tag Vorsprung auf die Sonne haben und man wird sich um das Jahr 5000 überlegen müssen, ein zusätzliches Schaltjahr ausfallen zu lassen.

Der Vollständigkeit halber sei vermerkt, daß zu Zeiten Gregors viele Nationen zum Protestantismus überwechselten, die lieber auf die Harmonie mit dem Sonnenlauf verzichteten, als sich von einem Papst berichtigen zu lassen. Sie behielten daher den Julianischen Kalender noch lange bei. Und auch die Juden haben beispielsweise ihren Mondkalender beibehalten und jeder jüdische Monat fängt immer noch mit dem Erscheinen eines neuen Mondes an.

Als *Isaac Newton*, der große englische Mathematiker und Vater sowohl der *Gravitationslehre*[7] als auch der *Optischen Gesetze*,[8] 1727 starb, waren die Grundlagen der modernen Mathematik entdeckt und die exakten Naturwissenschaften begründet. Seither wissen wir, daß die Schwerkraft im Quadrat zu seiner Entfernung abnimmt, daß sich die Planeten in Ellipsenbahnen um die Sonne drehen und daß sich Licht gradlinig fortpflanzt. Zumindest glaubten wir das bis *Einstein!* Aber der Nautiker muß nicht die exakte Lage der Nebel im Sternbild des Großen Bären kennen. Für ihn ist die Geometrie des Euklid immer noch die bestmögliche Art, den Raum auszumessen.

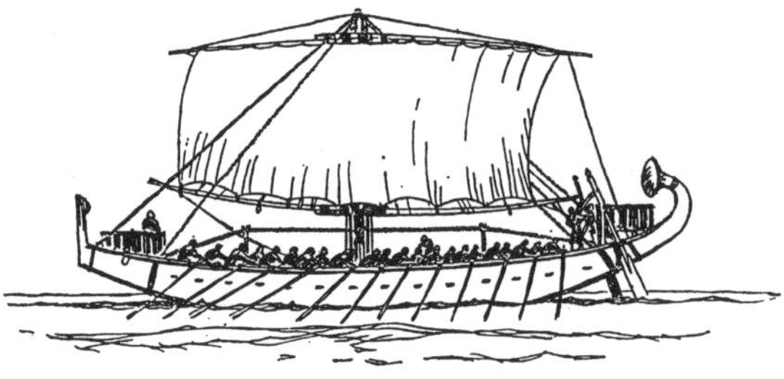

Ägyptische Segelgaleere, ca. 1500 v. Chr.

3. KAPITEL

Aufbruch zu immer neuen Horizonten

Nautische Großtaten ermöglichen Schiffahrtswege überallhin

Die Geschichte der Seefahrt ist eingebettet in die politischen und wirtschaftlichen Schicksale der Völker – und sie ist fast so alt wie die Menschheit selbst. Seefahrt spiegelt den Willen des Menschen wider, seine Umwelt in Besitz zu nehmen, zu sehen, was hinter dem Horizont zu finden ist. Meist diente sie den Interessen der Mächtigen, aber sie ist auch die Anwendung immer besserer Technik und stets reiferer naturwissenschaftlicher Kenntnisse: vom Ruder zum Segel, von der Küstenskizze zur Seekarte, von der Kenntnis des Magnetismus zum Kompaß, von der Gestirnsbeobachtung zur astronomischen Navigation, vom vorbeigleitenden Landschaftsbild zur Schiffslogge,[1] vom Sonnenlauf zur Zeitmessung …

Jahrtausende hindurch war der Transport zu Schiff jedem anderen Transportsystem überlegen; das Wasser war seit jeher die einzige natürliche Straße! Und die Wasserstraße wurde zu einer der wesentlichen Voraussetzungen für die Bildung antiker Zivilisationen und Staaten. Anhand von Grabfunden ist nachgewiesen, daß den Ägyptern nicht nur über 1000 Kilometer des Nils dazu verhalfen, vor mehr als 6000 Jahren ein einheitliches Gemeinwesen zu gründen, sie hatten auch im 4. Jahrtausend v. Chr. schon den Weg zum Libanon gefunden, der ihnen Zedernholz für den Schiffsbau in großen Mengen bot. Nicht weniger wichtig war es, die zur Ausübung der Religion unerläßlichen *Materialien* Weihrauch und Myrrhe sowie Gold und Elfenbein aus dem sagenhaften Lande *Punt* herbeizuschaffen. Punt heißt soviel wie Süden und wird aufgrund ethnologischer Beschreibungen in der Gegend des heutigen Moçambique vermutet.

Während die frühägyptische Seefahrt vorwiegend zum Roten Meer hin ausgerichtet war, beherrschten in der ersten Hälfte des 2. Jahrtausends die Kreter das östliche Mittelmeer; sie wurden jedoch bald durch die Phönizier – die im heutigen Syrien lebten – überflügelt. Phönizische Niederlassungen und Städtegründungen entstanden im ganzen Mittelmeerraum; Karthago, die bekannteste unter ihnen, bedrohte zeitweise sogar das mächtige Rom. Die Umschiffung Afrikas um das Kap der Guten Hoffnung durch die *Phönizier* von Ost nach West um 600 v. Chr. gilt als erwiesen. Schon zweihundert Jahre vorher begann die große Auswanderung der Griechen, wahrscheinlich durch das Anwachsen der Bevölkerung verursacht und aus der damit verbundenen sozialen Not heraus. Tarrent, Messina, Syrakus, Marseille und Rom wurden gegründet sowie die Küsten des Schwarzen Meeres und der britischen Inseln besiedelt: alles auf dem Seeweg![2] Im 5. Jahrhundert v. Chr. segelte der karthagische Seefahrer Hanno durch die Straße von Gibraltar, entlang der westafrikanischen Küste und an Senegal vorbei bis zum Golf von Guinea und wieder zurück. Und 300 Jahre vor der Zeitenwende gelangte *Pytheas* aus Marseille mit einer segelbesetzten Galeere bis an den Rand des nördlichen Eismeers; dabei entdeckte er wahrscheinlich Island, das er Thule nannte. Auch andere Völker entwickelten sich zu seefahrenden Nationen: Mazedonier, Babylonier, Perser, Römer, Araber. Kriegerische Auseinandersetzungen um konkurrierende Interessenbereiche folgten in endloser Kette. Und schon früh wurde ein Übel festgestellt, das die Sicherheit der Seewege bis heute bedroht: die Seeräuberei! Selbst die »edlen« Griechen machten da keine Ausnahme, heißt es doch schon in Homers *Ilias:*

> *»Gleich von Ilios trieb mich der Wind zur Stadt der Kikonen,*
> *Imeros, hin. Da verheerte ich die Städte und würgte die Männer.*
> *Aber die jungen Weiber und Schätze teilten wir alle*
> *Unter uns gleich, daß keiner leer von der Beute mir ausging.«*

Die ersten nachweisbaren Entdeckungsreisen begannen etwa um 3000 v. Chr. in Ägypten. Zuerst tasteten sich die Seefahrer an den Küsten entlang in unbekannte Länder vor. Dabei spielten Wasserstellen eine wichtige Rolle. Trinkwasser war für das Überleben unerläßlich; das Wissen, wo frisches Wasser zu finden war, gehörte von Anbeginn zu den wichtigsten Kenntnissen der Kapitäne. Im Altertum galten Quellen als heilige Orte, die zu schützen waren. Wasserversorgungsstellen wurden so auch bald zu Angelpunkten der frühen Seefahrt; aus ihnen entwickelten sich nicht selten Treffpunkte und Handelsumschlagsplätze.

Die Umrisse der Kontinente und Ozeane sind in der Folge allmählich deutlicher hervorgetreten. Wir wissen heute, daß während der berühmten Reisen des 15. und 16. Jahrhunderts nicht »die Welt entdeckt« wurde, sondern daß *Christoph Kolumbus* und *Bartholomäus Dias* nur wiederentdeckten, was Jahrhunderte vorher schon anderen Seefahrern bekannt war: der irische Mönch

Brendan war um zirka 570 der erste Mensch, der aus Europa nach Amerika und wieder zurück gelangte. Etwa um das Jahr 1000 folgen ihm die *Wikinger*. Und die *Phönizier* umschifften – wie gesagt – 2000 Jahre vor Dias die Südspitze Afrikas! Den Weg nach Indien, zu den märchenhaften Gewürzinseln (Malakka) und ins Seidenland *Ts'in* (China) aber hatten die Araber – unter geschickter Ausnützung der Monsunwinde – schon im 7. oder 8. Jahrhundert gefunden.

Die Tatsache, daß für fast jede Reise vor 1000 n. Chr. nur wenige Dokumente erhalten geblieben sind, erlaubt es, derart vielfältige Interpretationsmöglichkeiten zuzulassen, daß es nicht eben schwer fiel, die wenigen zu Gebote stehenden Fakten so zu bearbeiten, daß sie in eine vorher aufgestellte Theorie hineinpaßten. Das hat zur Veröffentlichung einer Flut von »gelehrten« Phantastereien geführt; ein klassisches Beispiel ist jene These, die anhand von Schiffsfrachtenbüchern beweisen wollte, das schon seit alters von den Ägyptern besuchte sagenhafte Goldland Punt läge in Peru, obwohl man doch weiß, daß die ägyptischen Schiffe der Antike sich nie auf das freie Meer hinauswagten und auch von ihrer Konstruktion her, wie wir noch sehen werden, nicht für das Befahren großer Ozeane gebaut waren. Deutungen wie diese machen klar, daß seemännische Kenntnisse ebenso wichtig sind wie Geschichtskenntnisse, wenn man die alten Reisen rekonstruieren will.

Allerdings versuchte man einige Zeit hindurch auch, »die Welt« auf dem Landweg zu erkunden. Die ersten drei *Kreuzzüge* des 11. und 12. Jahrhunderts waren von der Kirche ursprünglich als Massenpilgerfahrt zur Befreiung der von »Ungläubigen« besetzten Stadt Jerusalem propagiert. Sie wuchsen sich aber rasch zu räuberischen und mordbrennenden Land-Raubzügen aus. Das war ja auch nicht zu verwundern. Man stelle sich vor: ein vom Gedanken des »gerechten Krieges« beseelter Heerwurm mit einem riesenhaften Troß von Pferden und Wagen wälzte sich von Frankreich aus auf zwei Hauptachsen nach Osten: einer durch Oberitalien, Kärnten, Bosnien, Serbien nach Konstantinopel; der andere durch Deutschland, Österreich, Ungarn, Bulgarien ebenfalls nach Konstantinopel. Von dort gings gemeinsam weiter via Kleinasien nach Jerusalem. Der stetig anschwellende Menschenstrom war in seiner fanatischen Religiosität eine wahre Heimsuchung für die Menschen. Drei bis vier Jahre war man unterwegs. Für die Versorgung aller dieser Ritter, Knappen, Geistlichen, Soldaten, Huren und Glücksritter erzwang man sich das Notwendige von der geplagten Bevölkerung.

Im Jahre 1201 hatte der Doge von Venedig mit den Führern des Vierten Kreuzzugs einen Vertrag über den Flottentransport für die unvorstellbar große Summe von 180 000 Pfund Silber abgeschlossen. Doch die Kirche war für die Sparsamkeit der Landreise. *»Wir sind, wenn wir die Straße nehmen, nicht den*

Weltkarte des Hecateus, zirka 500 Jahre v. Chr.: Afrika und Asien bilden eine Landmasse und die Welt ist eine Scheibe.

Gefahren des Meeres oder der Willkür der Seeleute ausgesetzt«, heißt es in einem Brief an Papst Innozenz II. Aber die weltlichen Kräfte setzten sich durch und so fanden die weiteren vier Kreuzzüge von nun an auf dem Seewege statt.

Doch Jerusalem lag am Ostrand der christlichen Geographie; bald dahinter war die Welt zu Ende! Erst als 1241 die Tataren, aus der unbekannten Tiefe des Ostens aufgetaucht, Polen und Ungarn verwüsteten und ihr Vormarsch nach Westen in der Schlacht bei Liegnitz zum Stehen kam, ging den Abendländern auf, welche riesigen und unbekannten Gebiete im Osten, *jenseits der Morgenröte,* zu entdecken seien. Im Bestreben, weitere Tatareneinfälle zu verhindern, schickte Papst Innozenz IV. im Jahre 1245 einen Gesandten an den Hof des Großkhans *Kuyuk Khan:* den Franziskaner *Johannes von Pian de Carpine.* Der Bericht dieses Mannes über seine zweijährige Reise zu Lande ist heute noch die beste Beschreibung des Tatarenreiches im Mittelalter. Ihm folgten weitere Reisende, von denen der Venezianer *Marco Polo* (1254–1324) der Berühmteste wurde und der für *Kublai Khan* (1215–1294), dem Enkel von Dschinghis Khan, mehrere ehrenvolle Missionen ausführte. Zwar benutzten diese Reisenden für Teilstrecken manchmal das Schiff, aber stets nur als Passagiere und nicht als verantwortliche, entdeckende Schiffsführer.

So war die *Seidenstraße*, der Landweg in das *Mongolenreich* (China), schon im 14. Jahrhundert gut beschrieben und dokumentiert. Doch das Mongolenreich, deren Herrscher seit 1280 selber Okkupanten auf dem chinesischen Kaiserthron waren, ging 1368 in einem blutigen Aufstand unter und die neuen Ming-Kaiser ließen den Landvorhang nieder. Die sicheren Handelsstraßen wurden unterbrochen, Nachrichten aus dem lockenden Osten reduzierten sich auf Gerüchte und Wunschbilder.

Die Sperrung der Landwege erwies sich als Segen für die Seefahrt. Angesichts der Gefahren und Widrigkeiten jeder Landreise setzte sich immer mehr die Überzeugung durch, daß der gewinnbringende und ersehnte Handel mit den reichen Ländern des Ostens auf lange Sicht nur auf dem Seewege erfolgversprechend sein kann. Auf See hatte man es »nur« mit den Naturgewalten – schlimmstenfalls noch mit Seeräubern – zu tun, nicht aber mit den Armeen der Araber, Türken, Perser, Mongolen und Chinesen. Und der Gütertransport über das Meer war billiger als auf dem Landwege. Von unwiderstehlichen Anreizen gewinnträchtigen Handels verlockt und mit der Aussicht auf Gewinnung heidnischer Seelen für die Kirche, sollten die Europäer in der Folge Schiffahrtswege nach überallhin entdecken. Zuerst jedoch – wenn sie sich in die

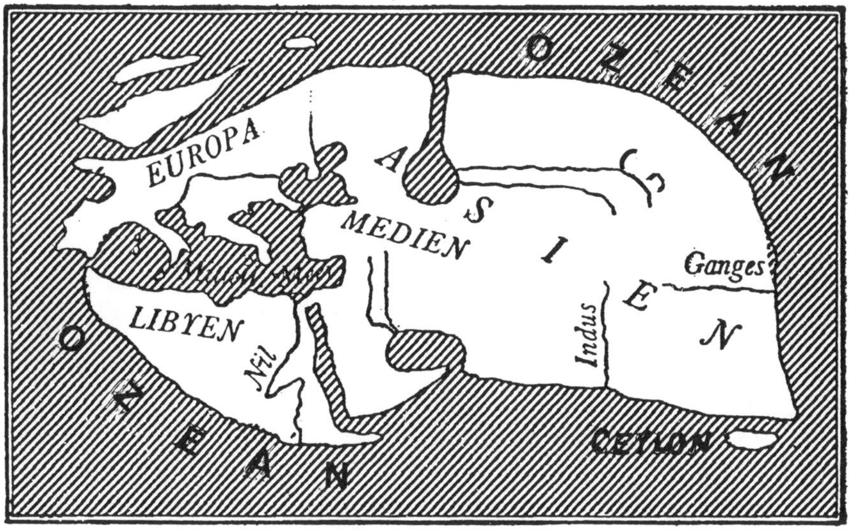

Weltkarte des Eratosthenes um 250 v. Chr.: Afrika ist von Wasser umgeben und von Asien durch das Rote Meer getrennt. Lediglich in Ägypten besteht eine schmale Landverbindung.

Weite des Ozeans hinauswagten – stellten die Seefahrer fest, daß sie im Grunde wenig, zu wenig über unseren Planeten wußten. Die Wissenschaft der Kartographie erblühte zuerst auf den Meeren. Die Seefahrer mußten die genauen Orte der Klippen und Tiefen außerhalb der Häfen kennen; sie sollten ihre Überfahrt sicherer, schneller, zuverlässiger zurücklegen, denn Rom, Athen, Venedig, Lissabon, Genua und alle im Laufe der Geschichte wechselnden Mächte waren gefräßig, mußten ernährt und ihre Bedürfnisse befriedigt werden. Die Europäer nutzten als erste den Magnetkompaß, um eine neue Welt der Richtungsempfindung zu erschließen. Richtungen waren seither nicht mehr relativ; der Schiffskompaß ermöglichte es dem Seemann plötzlich, ohne komplizierte astronomische Berechnungen überall auf dem Erdball eine absolute Richtung zu finden. Seinen Ort auf dem Ozean bestimmen hieß auch, diesen Ort auf dem Raster der Breiten- und Längengrade zu finden. Die erstaunlich spät erfundene Logge befähigte die Schiffsführung zur *Koppelnavigation* auf der Seekarte und erlaubte damit eine, wenn auch nur ungefähre Kontrolle von Fahrt und Kurs.

Die Leere und Homogenität des Meeres, die ewige Gleichheit der Meeresoberfläche trieb die Seeleute schon immer dazu, sich auch am Himmel – an Sonne, Mond und Sternen, vor allem an den Sternbildern – zu orientieren. Statt der Seezeichen suchten sie Orientierungszeichen am Nachthimmel. Zweihundert Jahre nach Kolumbus reiften dann die Geräte und Fähigkeiten der Himmelsnavigation. Zu ihnen zählt auch der Chronometer, dieser zuverlässige Messer der Zeit, der dem Navigator heute für die Längenbestimmung unermeßlich ist. In der Zwischenzeit gab der einfache Kompaß den Seeleuten ein unbedingtes Vertrauen darauf, daß sie wieder nach Hause finden konnten.

Griechische Galeere um 750 v. Chr. (Vasenmalerei).

Schiffahrt war seit der Antike bis in die Neuzeit hinein nicht denkbar ohne die Muskelkraft der Männer an den Rudern. Die Skaverei – Verbrecher, gefangene Soldaten sowie politische und persönliche Gegner – sorgte für den Nachschub. Zwar war das Segel seit Menschengedenken bekannt, aber bei Windstille war es nutzlos. Auch arbeitete es, bedingt durch die meist primitiven Takelagen und geringes aerodynamisches Wissen, noch im Mittelalter sehr uneffizient. Doch der Schiffbau machte Fortschritte, und immer umfangreicher wurde das Wissen zur Navigationskunst. Seefahrt war stets geprägt von Besessenheit, von den Ideen und zähem Forschen einzelner Männer, deren Namen untrennbar mit der Entdeckung und Eroberung der Welt verbunden sind. Sie waren Glücksritter oder Wissenschaftler, Soldaten oder Kaufleute, Flüchtlinge oder Eroberer. Und die antreibenden Kräfte hießen Habgier oder Wissensdurst, Not, Ruhmsucht oder Reichtum. Aber eines war allen gemeinsam: sie alle waren hervorragende und mutige Seeleute; ihre unvergessenen Fahrten brachten Licht in das nebelhafte Wissen der Menschheit und Stück um Stück mehr Klarheit in das Bild, das sich die Menschen von ihrer Erde machten.

4. KAPITEL

Die Reise ins Goldland Punt

Die Expedition Königin Hatschepsuts von 1483 vor Christus

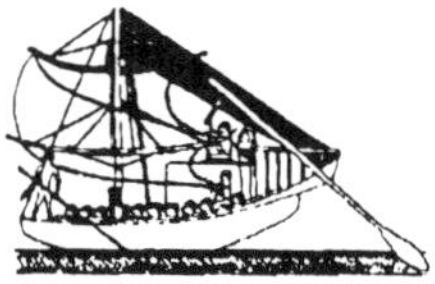

Der Nil ist einer der bedeutendsten Ströme Afrikas. Er entsteht bei Khartum im Sudan aus dem Zusammenfluß des Blauen und des Weißen Nils, durchbricht in weitem Bogen die Tafel des nubischen Sandsteins und stürzt dabei über sechs mächtige Katarakte ins ägyptische Wüstengebiet. Ein schmaler Oasenstreifen säumt seinen mehr als 6000 Kilometer langen Lauf nach Norden. Unterhalb Kairos mündet der Nil in einem großen Delta ins Mittelmeer. Der 1970 fertiggestellte Assuandamm hält seither die vom Wasser mitgeführten Schwebestoffe zurück, wodurch die Fruchtbarkeit der Felder rapide zurückgeht.

Das war nicht immer so. Seit Jahrhunderten führten tropische Sommerregen im äthiopischen Hochland alljährlich zu Überschwemmungen der ägyptischen Oasen. Nach dem Abfließen der Wasser blieb Nilschlamm zurück und sorgte für Fruchtbarkeit und Erntesegen. Seit dem 3. Jahrtausend v. Chr. wurde die Höhe des Hochwassers in die Annalen der königlichen Steuerlisten aufgenommen und waren maßgebend für die Besteuerung der Felder. Die Ernten und alle Waren wurden auf dem Nil transportiert; sein fast gradliniger Verlauf von Süd nach Nord machte ihn zu einem idealen Verkehrsweg, besonders auch, da der Wind fast immer von Nord nach Süd bläst. Für die alten Ägypter war der Nil der *Strom der Ströme,* Sinnbild der Fruchtbarkeit und des Lebens. Und wie alle Völker, die ständig das Wasser vor Augen hatten, begannen auch die Ägypter schon früh, Schiffe zu bauen und Strömung und Wind als Antriebe zu benutzen. Die alten Ägypter waren ein intelligentes, sinnliches und mystisch veranlagtes Volk. Ihre Hieroglyphenschrift war ein früh entwickeltes Medium, mit der sie ihre Gott-Könige verherrlichten und eine gewissenhafte Staatsverwaltung dokumentierten. So bezeugen viele Inschriften und Fresken besonders an den Königsgräbern, daß schon seit mehr als 5000 Jahren Segel- und Ruderboote mit breiten Rahsegeln auf dem Nil zwischen der Mündung und den Wasserfällen in Ober-Nubien hin- und herfuhren.

Die träge Strömung des breiten Flusses trug die Schiffe nach Norden, wenn man es eilig hatte, wurden Ruder zu Hilfe genommen; stromaufwärts war der Wind stets kräftig genug, um mit den Booten nach Süden zu segeln. Tempelreliefs und Vasendekore liefern uns anschauliches Material. Und die Schiffsmodelle, die in ägyptischen Gräbern gefunden wurden (die Seelen der Verstorbenen sollten die Gewässer der Unterwelt überqueren können), waren sicher getreue Verkleinerungen der antiken Wirklichkeit. Aber Ägypten war ein Binnenland mit agrarischen Gesellschaftsstrukturen, und die Schiffe des Nils eigneten sich kaum für das Meer; dort war der Wellenschlag zu kräftig für die kurzen Planken, die Verbundtechnik außerdem noch unzureichend entwickelt. Das einzige Rahsegel eignete sich nicht für Kurse *am Wind.*[1] Die Ägypter waren keine Seefahrernation!

Und doch gab es Kunde vom fernen Lande *Punt*. Eine Inschrift an den Pyramiden von Sakkara berichtet, daß unter der Regierung von *Sahuré* in der 5. Dynastie (um 2460–2320) eine Flotte dieses Land unter dem Kommando des Admirals Hannu besuchte und nach vier Jahren mit einer unvorstellbar wertvollen Ladung *»Weihrauch, Myrrhen, Silber, kostbaren Hölzern, Gold und Zwergen«* zurückkehrte. Das diese Reise stattgefunden hat, wird heute nicht mehr bezweifelt. Im Gegenteil, vom Erfolg ermutigt folgten noch weitere Reisen. Auf einem bei der Nilinsel Elephantine gefundenen Grabstein wird berichtet, daß der Steuermann *Khnemhotep* mit einem Kapitän *Hmj* um 2350 v. Chr. elfmal nach Punt gefahren sei. Aber nach einiger Zeit fanden diese Reisen ein abruptes Ende, weil die Holzvorräte für den Schiffbau in Ägypten durch Raubbau erschöpft waren. Tausend Jahre lang gab es keine ägyptische Hochseeschiffahrt mehr! Es gab nur noch Palmen, und diese eignen sich nicht für den Schiffbau; Palmenholz splittert leicht und läßt sich nur zu kurzen Brettern zersägen.

Das Leben der Menschen war auf den Pharao zentriert. Politisches Bewußtsein gab es nur in der Umgebung des Gott-Königs und in der Führungskaste des straff verwalteten Staates. Der einfache Bürger hatte mit sich selbst genug zu tun und nahm die Obrigkeit als gottgewollt hin. Der »kleine Mann« hatte keine Ahnung von der Existenz einer Welt außerhalb Ägyptens; sein Wert und seine Lebensart waren von einer komplizierten Stufenleiter der Ränge innerhalb der Gesellschaft abhängig. Und die Priester – nach dem Pharao die mächtigste Kaste – hatten kein Interesse, das Augenmerk der Menschen auf fremde Länder zu lenken. *»Von Ägypten fortsegeln«*, heißt es in einem Papyrus aus dem 2. Jahrtausend vor Christus, *»ist eine frevelhafte Tat!«* Das Leben der Menschen war abhängig vom Nil, dem *Strom der Ströme,* der mitten durch ihr Land floß und als *Mutter aller Bedürfnisse* verehrt wurde. Solch ein Land verließ man nicht freiwillig! So war es jedenfalls bis zirka 1700 v. Chr. Dann aber lebte der Handel mit Phönizien auf und die ägyptischen Schiffbauer hatten reichlichen Zugang zu erstklassigem Holz, vor allem Eiche und Zeder, das den Bau seetüchtiger Schiffe ermöglichte.

Königin *Hatschepsut* kam 1490 v. Chr. auf den Pharaonenthron. Es heißt, daß sie *»schön, begabt und voller Ehrgeiz«* gewesen sei. Schon unter Hatschepsuts Vorgängern waren die Goldbergwerke in Oberägypten wegen Ertragslosigkeit stillgelegt worden. Der für die Ausübung der Tempeldienste notwendige Weihrauch mußte teuer aus Südarabien importiert werden. Da schlug ihr der Kanzler *Senmut* eine Expedition nach Punt vor, dessen Existenz und geographische Lage die Priester über viele Jahrhunderte als Staatsgeheimnis gehütet hatten. Neben anderen Schätzen könne man in Punt den begehrten Weihrauch einhandeln und das arabische Monopol über diese unentbehrliche Handelsware brechen. So bot sich Hatschepsut eine einmalige Gelegenheit, ihren Ehrgeiz zu befriedigen und gleichzeitig die Staatskasse zu sanieren.

Vorbereitungen und Verlauf dieser Expedition sind gut dokumentiert, denn Hatschepsut verewigte die Triumphe der Reise in den Tempeln *Deir al Bahri* und *Hierakonpolis:* Wir können dort in herrlichen Reliefs und Fresken die fünf großen Schiffe ihrer Expedition sehen, wie sie zuerst leer von Koptos abfuhren, dann an den Weihrauchterrassen von Punt luden und schließlich ihre reiche Fracht an den Ufern des Nils löschten.

Die Galeeren hatten jeweils eine Besatzung von 28 Mann, wovon 24 gleichzeitig rudern konnten. Mit Hilfe des großen Rahsegels am Mast in der Schiffsmitte war bei *achterlichem* Wind das Segeln auf *raumen* und *Vorwind-Kursen* möglich.[2] Es war eine phönizische Takelage; unter den Schiffsbaumeistern und wohl auch unter den Besatzungen werden mit an Sicherheit grenzender Wahrscheinlichkeit Phönizier gewesen sein, von deren nautischen Erfahrungen die Ägypter profitierten. Die Länge der Schiffe betrug etwa 30 Meter, die größte Schiffsbreite 6,60 Meter, der Tiefgang 1,35 Meter, und sie hatten eine Wasserverdrängung um die 90 Tonnen. Das Steuerruder war ein außen am Schiffsrumpf montiertes Seitenruder, eine Technik, die noch über fünfundzwanzig Jahrhunderte üblich sein sollte.

Wir kennen auch den Namen des Expeditionsleiters: er hieß *Nehsi.* Mehr wissen wir nicht von ihm, aber es muß ein fähiger Mann gewesen sein, da ihm der Kanzler Senmut ein derart wichtiges Unternehmen anvertraute. Denn die Schiffe verfügten nur über wenig Laderaum; die Besatzungen mußten unterwegs an Land gehen, um Lebensmittel zu besorgen und von den Flüssen des Festlandes Wasser zu schöpfen. Fast nie werden die Schiffe das Land außer Sicht verloren haben. Aber das Wagnis, ohne Gewißheit der Heimkehr ins

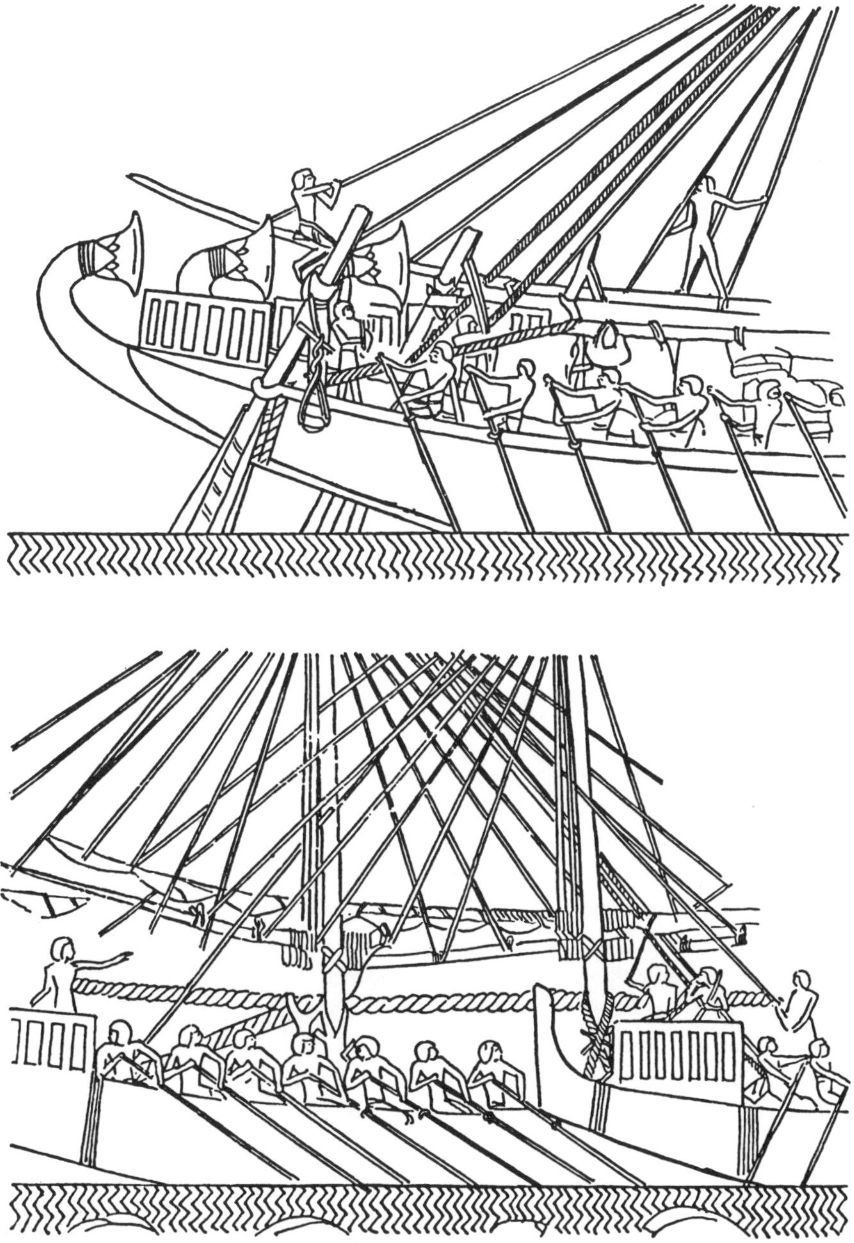

Abfahrt der Schiffe von Koptos (zwei Ausschnitte aus einem Relief im Tempel Deir al Bahri).

Unbekannte zu reisen, nötigt noch heute Respekt ab. Der spätere Erfolg stellte Nehsis Zuverlässigkeit und Können auch unter Beweis.

Am 1. Juli 1483 v. Chr. legten die Schiffe in Koptos ab. Welche Gefühle werden die 130 Mann beseelt haben? Sehen sie das freundliche Gestade der Heimat jemals wieder? Wieviele werden durch Krankheit, Erschöpfung und feindliche Angriffe den Tod finden? Doch selten nur lassen sich die Mächtigen von derlei bangen Fragen beirren. Aber das Datum können wir sehr genau angeben, denn die Ägypter kannten die Wetterverhältnisse im Roten Meer: ab Mitte Juni beginnen die Nordwinde zu wehen und bringen mehrere Monate hindurch schönes Wetter. Damals gab es einen Kanal vom Nil zum Roten Meer; durch diesen Kanal wird man die Schiffe gerudert haben. Doch dann ging es bei Rückenwind unter Segel die Küste Hedschas südwärts. Drei Jahre sollte die Reise dauern, Tausende von Seemeilen sollten die Schiffe das Meer durchpflügen, bis sie bejubelt und voller Freuden an den Nil zurückkehrten.

Nach etwa fünf Wochen werden sie das *Bab el Mandeb*, das »Tor der Tränen«, erreicht haben, die schmale Meerenge, die das Rote Meer und den Golf von Aden verbindet. Das Bab el Mandeb ist ein tückisches Gewässer; zwischen Riffen und Gezeitenströmungen können hier selbst moderne Schiffe in Schwierigkeiten geraten. Es braucht erfahrene Lotsen, und Nehsi wird nur am Tage seine zerbrechlichen Schiffe durch die Inseln und Riffe hindurchgerudert, bei Einbruch der Nacht jedoch auf die Sandbänke am Strand gesetzt haben. Den Golf von Aden hat man wohl mit raumen Winden aus achterlich Backbord in zügiger Fahrt bis zum Kap Gardafui durchquert. Dieses *Horn Afrikas* werden sie gegen Ende August erreicht haben. Der Schönwettermonsun aus Nordost trieb dann die Schiffe fast auf Vorwindkurs vor sich her, und als sie sich dem Äquator näherten, werden die Ruderer wieder etwas mehr Arbeit bekommen haben; sie wurden jedoch von der nach Süden fließenden Moçambiquedrift unterstützt. Nehsi nahm immer wieder ortsansässige Lotsen an Bord, Männer, die die Küstenstriche kannten und die Fremden ein paar hundert Meilen durch die Gewässer lavierten, ehe sie wieder an Land gesetzt wurden. Diese Leute waren tüchtige Nautiker, denn ein zeitgenössischer Bericht rühmt ihre Geschicklichkeit: *»Sie beobachten die Sterne. Sie beobachten die Anzeichen für gutes und schlechtes Wetter. Sie vermögen, die Regionen des Ozeans nach den Fischen, der Farbe des Wassers und der Art des Meeresgrundes zu unterscheiden, auch nach den Vögeln und der Form des Landes.«* Das ist der erste überlieferte Hinweis auf einen Wissenszweig, der später Eckstein der Seefahrt werden sollte: der Navigation!

Wo war das sagenumwobene Goldland Punt eigentlich zu suchen? Lange Zeit hindurch hat man es an der Küste von Somaliland vermutet. Aber Somalia liegt an der Route nach Südarabien, aus dem man seit jeher den Weihrauch importierte; Somalia hätte den Aufwand einer drei Jahre dauernden Reise nicht gerechtfertigt. Alle Anzeichen deuten eher darauf hin, daß Punt von Ägypten weit entfernt und eine Seereise dorthin ein ruhmreiches Unternehmen war. Die Schiffsladelisten der heimkehrenden Flotte nannten die Fracht; unter anderem Gold, Weihrauch, Edelsteine, wertvolle Hölzer und das nicht überall vorkommende Antimon. Antimon war als Zusatz für die unentbehrliche Schminke vornehmer Damen wichtig und wurde am Ufer des Sambesi im heutigen Moçambique gewonnen. Gold wird seit Menschengedenken in Simbabwe geschürft, wo auch ägyptische Statuetten und Papyri ausgegraben werden konnten. In der gleichen Gegend finden wir auch die anderen erwähnten Dinge, so daß doch alle Indizien dafür sprechen, Punt am Sambesi in der Gegend um Sofala zu suchen. Und die Fresken am Tempel von Deir al Bahri zeigen den Fürst und die Fürstin von Punt mit unverkennbar negroiden Merkmalen.

Der ägyptische Gesandte beim Empfang durch den Fürsten und die Fürstin von Punt. Das ausgeprägte Gesäß der Fürstin weist auf Angehörige der Hottentottenrasse hin.

Anfang November wird Nehsi den Äquator überquert und mit seinen Leuten staunend den Farbenfrohsinn der Weihrauchküste betrachtet haben, eines der lieblichsten und üppigsten Gestade der Welt. Welch gewaltiger Unterschied zu den kahlen Hügeln und sanften Pastellfarben des Niltals! Und Ende Dezember endlich konnten sie dann nach einer Reise von fast genau 5000 Seemeilen südlich des Sambesideltas, wahrscheinlich im Hafen des heutigen Sofala auf 20° S und 35° E, Anker werfen.

Ungefähr fünf oder sechs Monate mögen sie hier geblieben sein, um Kontakte zu den Eingeborenen aufzunehmen, ihre Schiffe auszubessern und vom vernichtenden Bohrwurm zu befreien, Handel zu treiben und auch alles ein wenig zu erforschen. Es ist sicher, daß es in Punt kein Blutvergießen gab, keine Eroberungen und Plünderungen, wie sie 3000 Jahre später die Ureinwohner Amerikas erleiden mußten. Nehsi wurde mit großen Ehrungen vom Fürsten

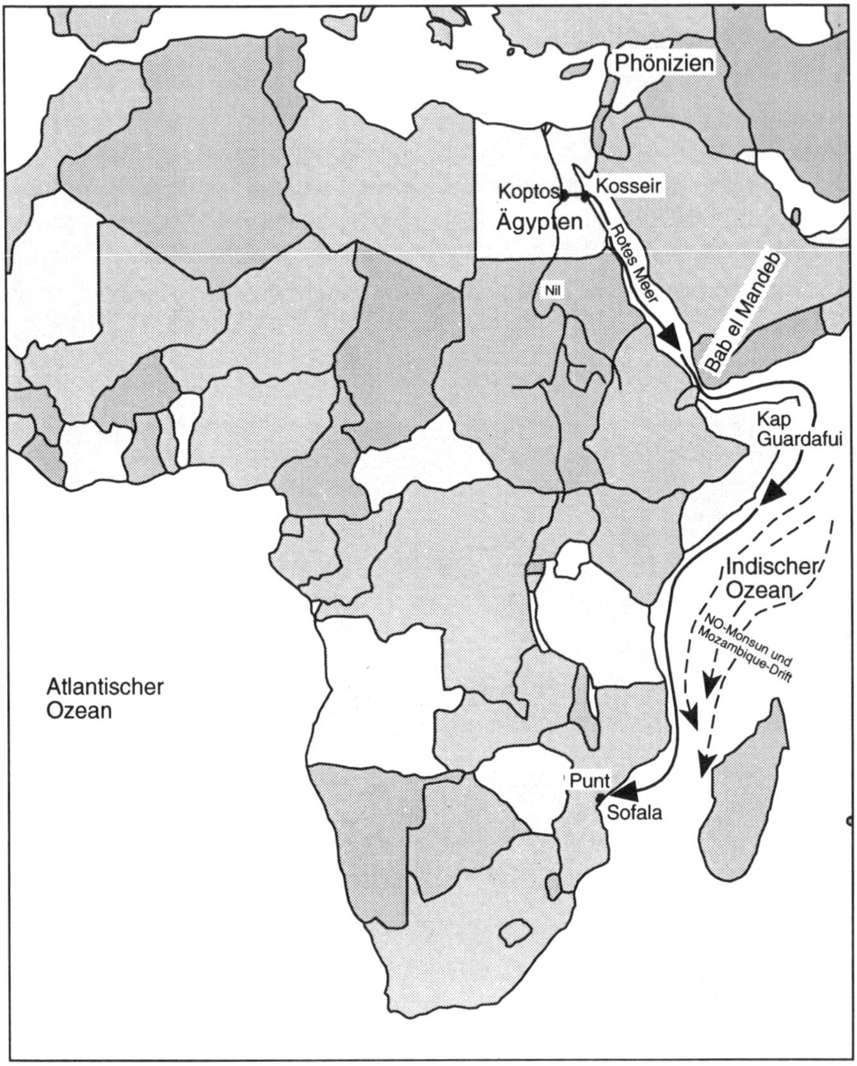

Hatschepsuts Expedition nach Punt, 1493 v. Chr.

und der Fürstin von Punt, höchstwahrscheinlich dynastische Mitglieder einer Hottentotten-Königsfamilie, empfangen und mit Geschenken für seine Königin überhäuft. Aber dann mußte die Rückreise angetreten werden, denn mit schwerbeladenen Schiffen gegen die Strömung wird die Rückreise gut und gerne zwei Jahre gedauert haben. Auf dem größten Teil des Weges werden ihnen die Segel nichts genützt haben, sondern sie mußten rudern, Tag für Tag, Woche für Woche, Monat für Monat. Wieviele Männer auf dieser entsetzlichen Reise an Erschöpfung, Sonnenstich, Fieber oder Dysenterie starben, werden wir nie erfahren, aber wir wissen, daß sich alle fünf Schiffe irgendwie zum Nil zurückkämpften, denn die Fresken zeigen, wie sie im Sommer 1480 v. Chr. im Triumph in Theben einlaufen. Ihre Rückkehr löste eine Welle der Begeisterung aus, deren Widerhall für uns noch nach Jahrtausenden vernehmbar ist:

»Die Schiffe kehrten zurück, vollbeladen mit den sagenhaften Erzeugnissen des Landes Punt: mit vielen wertvollen Hölzern, mit sehr viel süß duftendem Harz, Weihrauch, Ebenholz und Elfenbein, eingefaßt in reines Gold aus dem Lande Aamau; Silber und Gold und Antimon; mit langschwänzigen Affen, einem lebendigen Panther aus dem Süden und Eingeborenen des Landes mit ihren Kindern. ... Niemals war derartiges heimgebracht worden seit Anbeginn der Welt!«

Hatschepsut pflanzte 31 Myrrhenbäume um das Grab des Pharao Thutmosis I., ihres Vaters. *»Schaut nur«*, soll sie voller Entzücken ausgerufen haben, *»ich habe ihm ein Punt in seinem Garten geschaffen, groß genug, um darin herumzuwandern.«* So war ein kleiner Winkel des »goldenen Gotteslandes« an die Ufer des Nils verpflanzt worden: eine Mahnung an ein seßhaftes Volk, welche Wunder diejenigen finden können, die Mut genug haben, *»mit Schiffen zu Meer zu fahren und auf großen Gewässern ihre Aufgabe zu erfüllen«*.

5. KAPITEL

Vom Arabischen Golf zu den Säulen des Herakles

Die Umschiffung Afrikas von Osten nach Westen 600 vor Christus

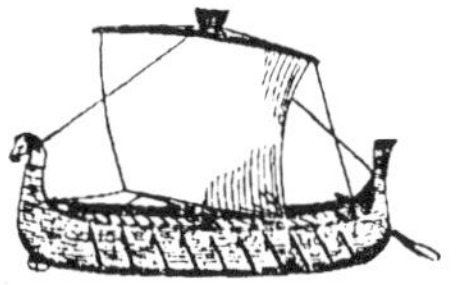

Der Nordwind riß und zerrte an den Schiffen, schwer schlugen sie gegen ihre steinernen Anker. Sie lagen im Hafen von Kosseir, am Golf von Suez, und man schrieb das Jahr 600 v. Chr. Diese Schiffe sahen ganz anders aus als die umgebauten Flußkähne, die an Hatschepsuts Expedition nach Punt teilgenommen hatten. Zuerst einmal waren sie größer; Fachleute haben nachgewiesen, daß sie etwa 40 Meter lang waren und eine größte Breite von etwa 10 Meter hatten. Ihr Tiefgang reichte 2,10 Meter und sie hatten eine Wasserverdrängung von 360 Tonnen. Das einzige Segel hatte eine Fläche von 334 m^2, und ihre Besatzung zählte 30 Mann. Aber die größte Verbesserung war, daß sie hinter einem hohen Freibord ein Deck besaßen; sie waren, mit anderen Worten, nicht für die Küstenfahrt, sondern für die offene See bestimmt. Die Schiffe warteten darauf, die Anker zu lichten und zu einer der bemerkenswertesten Entdeckungsreisen der Geschichte auszulaufen: der ersten Umsegelung Afrikas, und zwar von Osten nach Westen!

Worauf stützt sich unsere Annahme, daß diese phantastische Reise wirklich zweitausend Jahre vor der Umsegelung des Kaps der Guten Hoffnung durch *Bartholomäus Dias*[1] stattgefunden hat, welche doch allgemein als die erste angesehen wird? Unser erster Beweis ist die Landkarte des Eratosthenes von Kyrene[2]. Sie zeigt, daß Afrika außer am Isthmus von Suez von Wasser umgeben ist und daß sich an der afrikanischen Südspitze der Atlantische und der Indische Ozean treffen. Alle Landkarten jener Zeit sind ebenfalls in diesem Punkt genau. Und wenn wir uns fragen warum, dann ist die einleuchtende Antwort: es war damals bekannt, daß Afrika vom Meer umgeben ist, weil der Kontinent wirklich umsegelt worden war!

Erst später, als römische und danach arabische Heere die phönizischen, karthagischen und ägyptischen Reiche zerstört hatten, ihre Archive vernichtet und das Wissen und die Taten der Seeleute vergessen worden sind, kamen neue Karten auf, quasi von *Landratten* gezeichnet, die den Indischen Ozean in ein

Binnenmeer verwandelten und die in den nächsten eintausendfünfhundert Jahren die Machwerke der Karthographie verunstalten sollten. Typisch für diese späteren Landkarten ist die Karte des *Claudius Ptolemäus* (zirka 150 n. Chr.),[3] und wir müssen sie nur mit der Karte des *Eratosthenes* vergleichen, um zu sehen, wie sehr es in der Zwischenzeit mit der Kartographie abwärts gegangen war. Das Landkartenindiz wird durch die Literatur bestätigt. Der weitgereiste griechische Geschichtsschreiber *Herodot*[4] hat tatsächlich einen Bericht über eine solche Reise hinterlassen. Leider ist Herodots Bericht äußerst kurz; viele Menschen haben ihn daher angezweifelt. Aber Herodot war ein gewissenhafter und genauer Historiker: Lügenmärchen fanden keine Aufnahme in seinen Historien, und deshalb hat er wohl selbst aufgrund mündlicher Überlieferungen, etwa 150 Jahre nach der Reise, die Umsegelung als eine unbezweifelte Tatsache angesehen. Sein Bericht lautet folgendermaßen:

»Es ist klar, daß Libyen (Afrika) *vom Meer umflossen ist, mit Ausnahme des Teils, der an Asien grenzt, und dies hat Necho, der König von Ägypten, soweit wir wissen, zuerst bewiesen. Als dieser nämlich die Arbeiten an dem Kanal einstellen ließ, der aus dem Nil in den Arabischen Busen führen sollte, sandte er phönizische Männer zu Schiff ab mit dem Befehl, auf der Heimreise durch die Säulen des Herakles zu fahren und so über das nördliche Meer* (Mittelmeer) *nach Ägypten zurückzukehren. Die Phönizier segelten demgemäß aus dem Roten Meer ab und fuhren in das Südmeer. Sooft die Saatzeit kam, landeten sie, bestellten das Feld, wo gerade in Libyen sie waren, und warteten die Ernte ab. Wenn sie aber das Korn eingebracht hatten, fuhren sie weiter, bogen nach Verlauf von mehr als zwei Jahren durch die Säulen des Herakles und gelangten nach Ägypten. Sie erzählten aber – was mir zwar nicht glaublich ist, vielleicht aber einem anderen –, daß sie bei ihrer Fahrt um Libyen die Sonne zur Rechten gehabt.«*

Nach einem Blick auf die Landkarte wird man sehen, daß es der bei weitem einfachste Weg ist, Afrika in dieser Richtung zu umschiffen, weil die dann vorherrschenden Strömungen und Winde auf drei Vierteln der Reise günstig sind. Die Zeitangabe von gut zweieinhalb Jahren, die sie fortgeblieben waren, die Entfernung, die sie hätten zurücklegen müssen, und die Geschwindigkeit, mit der sie vermutlich vorankamen, erscheinen realistisch. Und schließlich der Satz über die Sonne. Genau der Punkt, den Herodot an der phönizischen Geschichte unglaubwürdig fand, weist darauf hin, daß sie wahr ist. Denn für einen gebildeten Menschen aus der Zeit Herodots war es undenkbar, daß ein Schiff, wenn es nach Westen segelt, die Sonne zur Rechten haben könne. Das gab es nicht in der nördlichen Hemisphäre! Und dennoch: als die Schiffe in westlicher Richtung das Kap der Guten Hoffnung rundeten, müssen sie die Sonne zur

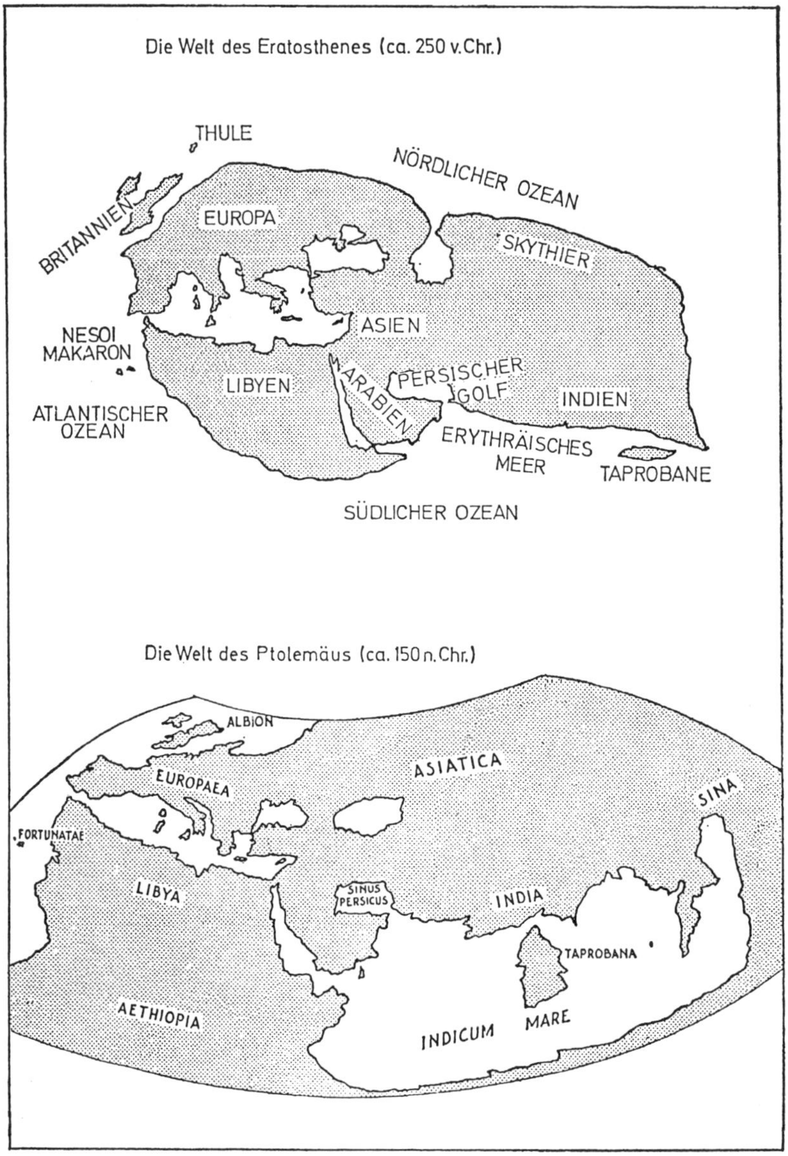

Die Darstellung oben zeigt noch einmal die Weltkarte des Eratosthenes im Vergleich mit der Karte des Ptolemäus, die 400 Jahre später entstand. Nun ist der Indische Ozean wieder ein Binnenmeer und Asien grenzt »ans Ende der Welt«. Eratosthenes hingegen kennt schon einen nördlichen Ozean!

Rechten gehabt haben, weil sie sich südlich des Äquators befanden. Der Satz also, der den Alten die Reise unglaubwürdig erscheinen ließ, macht sie uns gerade glaubwürdig.

Der Kanal der Hatschepsut war mittlerweile versandet. König *Nechos* begann mit dem Bau eines neuen Kanals, der in dem Bericht von Herodot erwähnt wurde. Nechos war durch ein Orakel gewarnt worden, sein Kanal könne nur seinen Feinden, den Persern, nützen. Darum wurden die Arbeiten eingestellt. Der Expedition *rund um Afrika* könnten wirtschaftliche Motive zugrunde gelegen haben: Nechos glaubte, neue Handelsplätze zu erschließen und mit dem Unternehmen seinem Lande Ruhm zu bringen. So vergab er den Auftrag an die kühnsten Seefahrer seiner Zeit, an die Phönizier aus dem heutigen Syrien. Die Phönizier waren ein wortkarges Volk; an Entdeckungsreisen aus Forschergeist lag ihnen nicht viel, sie interessierten sich vor allem für den Handel. Und den gedachten sie vermutlich auch für sich zu nützen.

Wer waren diese *Phönizier?* Seit dem 2. Jahrtausend v. Chr. entwickelten sich im Dreieck Palästina-Libanon-Syrien städtische Siedlungen, deren Namen uns meist heute noch geläufig sind: Byblos, Tyrus, Sidon und Beirut. Früh entwickelten sie rege Handelstätigkeiten mit Zypern, Ägypten, in den Ägäisraum und über Land nach Syrien und weiter. Zu einer Zeit, die die germanische Geschichte weit zurück in den Sagenkreis einordnet, führte bereits eine Land-Handelsroute von Indien über Pakistan und den Südiran ins Land an Euphrat und Tigris und weiter nach Syrien ans Mittelmeer. Als städtische Gesellschaft waren ihre Bewohner keine Ackerbauern, sondern Händler. Man nannte ihr Siedlungsgebiet Phönizien, das heißt *Purpurland.* Die wichtigsten Handelsgüter waren die den Königen und anderen Herrschern vorbehaltenen Purpurstoffe (deren Färbemethode Staatsgeheimnis war), Edelhölzer aus dem Libanon und eigentlich alles, was damals selten und teuer war. Die phönizische Kultur hat uns die erste Buchstabenschrift hinterlassen: die Urmutter aller westlichen Schriften.

Ab zirka 1200 v. Chr. errichteten die geschickten Kaufleute und wagemutigen Seefahrer Handelsniederlassungen und Kolonien auf Zypern, Kreta, Sizilien, Malta und an der nordafrikanischen Küste, wo sie die später Rom bedrohende Stadt Karthago (heute Kart Hadasht) gründeten. Die nordafrikanische Küste war ihr Hauptnachschubgebiet der Purpurschnecke, die in einer Drüse den begehrten, tiefroten Farbstoff produziert. Die Phönizier stießen auch über die Straße von Gibraltar vor, entdeckten die Kanarischen Inseln und siedelten in Cadiz. Von hier aus begannen sie einen lebhaften Zinn- und Silberhandel mit der Iberischen Halbinsel. Nach Osten kauften und verkauften sie Glaswaren, wertvolle Hölzer sowie Güter, die die geschäftliche Phantasie der

Kaufleute noch fast zweieinhalbtausend Jahre beschäftigen sollte: Gewürze aus Indien und China.

Die Seefahrer dieses Volkes galten zu Zeiten von König *Nechos* II. als größte Kenner der Meere. Leider blieb unbekannt, wieviele Schiffe hinausfuhren. Ebensowenig ist uns der Name ihres Anführers überliefert, aber er muß ein tüchtiger und entschlossener Seemann gewesen sein. Die Schiffe waren seetüchtig, konnten gesegelt oder gerudert werden, sie hatten Laderäume für Vorräte und Frachtgut und konnten auch schlechtes Wetter auf offener See überstehen. Vom griechischen Schriftsteller Xenophon[5] stammt eine lebendige Schilderung eines solchen Schiffes und von der schon zu der damaligen Zeit vorbildlichen Seemannschaft:[6]

»Ich war an Bord eines phönizischen Handelsschiffes; eine so gute Ordnung wie dort habe ich nirgends gesehen. Ich war erstaunt über die ungeheure Anzahl von Geräten, die gebraucht werden, um das Fahrzeug zu bedienen. Wieviele Riemen, Bootshaken, wieviele Brassen, Taue, Trossen! ... Und was für riesige Mengen Proviant! All das war so säuberlich verstaut! ... Indes fiel mir auf, daß die Anordnung von allem und jedem so genau eingehalten wurde, daß trotz der großen Vielzahl der Dinge nichts an Bord war, was die Seeleute nicht im Handumdrehen finden konnten; auch wußte der Kapitän über diese Einzelheiten nicht weniger gut Bescheid als seine Mannschaft. Darüber hinaus mußte der Kapitän seine Aufmerksamkeit vielen Problemen zuwenden: welches Gerät am dringendsten repariert werden mußte, wie lange seine Vorräte reichen würden, wann die rechte Zeit für das Auslaufen des Schiffes aus dem Hafen gekommen sei usw. Denn er sagte zu mir: ›Wenn ein Sturm aufkommt, bleibt keine Zeit, erst nach Dingen zu suchen oder festzustellen, daß unser Takelwerk ausgebessert werden muß. Denn die Götter sind jenen nicht gewogen, die nachlässig oder faul sind; vielmehr ist es nur ihrer Güte zu verdanken, daß sie uns nicht vernichten, selbst wenn wir fleißig sind.‹« – Im letzten Satz liegt die Weisheit derer, die das Meer kennen. Und wie *modern* mutet uns das ganze Zitat in seiner Jahrhunderte überdauernden Aktualität an.

Der alten Tradition folgend, die schon auf die Zeit von Hatschepsut zurückging, werden die Schiffe im Sommer 600 v. Chr. ihre Reise angetreten haben. Ende November werden sie wohl Sofala erreicht haben, den letzten Vorposten der bekannten Welt im Lande Punt. Auch sie werden zweifellos ihre Schiffe an Land gezogen, sie gründlich gereinigt und neue Vorräte an Bord genommen haben, ehe sie in den letzten Tagen des Jahres den Kurs nach Süden fortsetzten: in Gewässer, die auf noch keiner Karte verzeichnet waren! Hier gab es keine Umkehr mehr für sie. Strömungen und Winde waren zu stark, als daß sich ein Schiff nach Norden hätte zurückkämpfen können. Es *mußte*

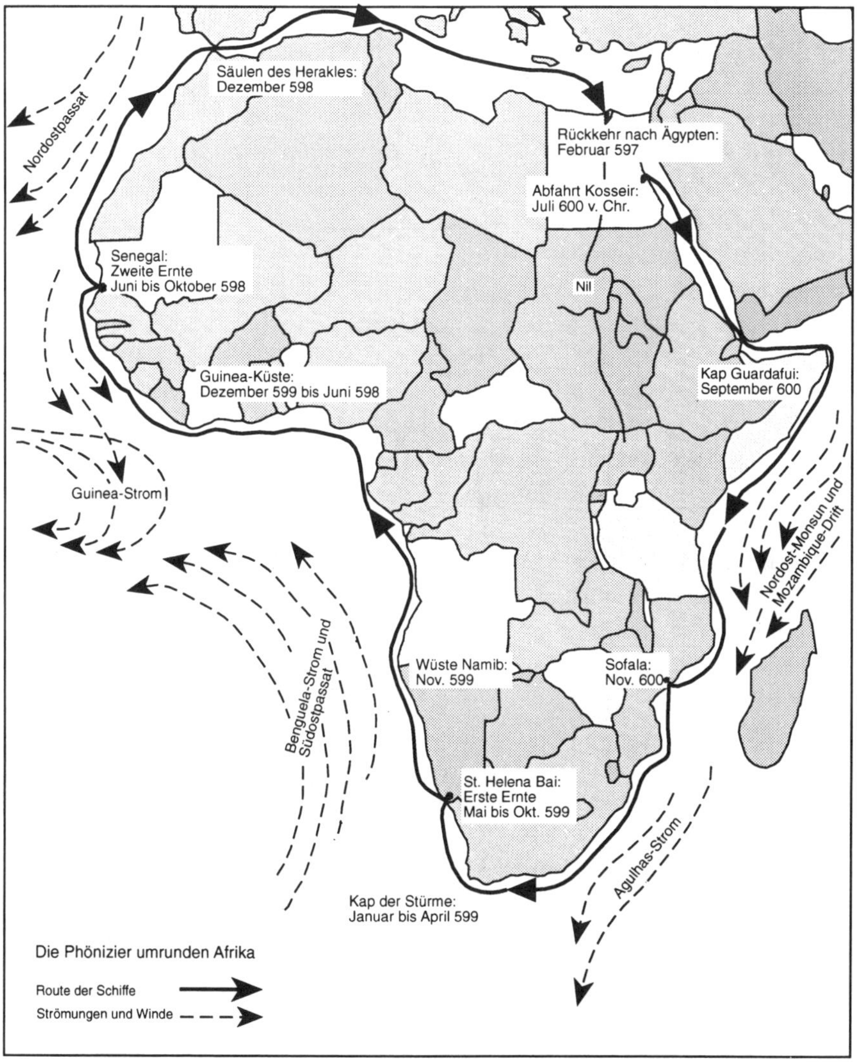

Die Umsegelung Afrikas durch die Phönizier, 600 bis 597 vor Chr.

Afrika umschiffen! Der Nordostmonsun und der Agulhãsstrom werden ihnen gute *Etmale*,[7] um die 100 Seemeilen, beschert haben, so daß sie die Küste von Natal ohne Schwierigkeiten passieren konnten. Aber südlich von Durban wird die Küste steiler, die Granitklippen bringen Sturmböen und Seegang, die Seetüchtigkeit der Schiffe wird gründlich auf die Probe gestellt worden sein. Man näherte sich dem *Kap der Guten Hoffnung*, das nicht ohne Grund auch *Kap der Stürme* heißt. Für die rund tausend Meilen von Port Elizabeth bis Kapstadt werden drei bis vier Monate vergangen sein. Und wie dankbar müssen sie gewesen sein, als sie hinter Kap Agulhãs feststellten, daß die Küstenlinie endlich nicht mehr nach Süden, sondern nach Norden verlief!

Und dann, etwa 150 Meilen nordwärts die Westküste hinauf, bot sich ihnen ein geschützter Ankerplatz, eine ausreichende Trinkwasserversorgung und fruchtbares Hinterland, um ihr Getreide anzubauen. Hier, in der St. Helena-Bai, an der Küste des heutigen Namibia, werden sie ungefähr im Mai 599 an Land gegangen sein. Noch heute ist dort das beste Anbaugebiet für Getreide in Südafrika. Fünf Monate an Land in einem gemäßigten Klima müssen für ihre Gesundheit Wunder gewirkt haben; dann war das Korn reif. Aber gewiß haben die Phönizier in der übrigen Zeit Beschäftigung genug gehabt, ihre Schiffe auszubessern und die Takelage in Ordnung zu bringen.

Dann waren wieder Strom und Wind ihre Verbündeten, denn der kühle Benguelastrom wird sie mit steter Geschwindigkeit von zwei bis drei Knoten nach Norden getragen haben. Auf diesem Teil der Reise wird nur eine große Sorge die Seefahrer geplagt haben: das Trinkwasser! Denn sie fuhren an der Wüste Namib entlang; hier gibt es keine Flüsse und auf einer Stecke von 900 Meilen kein nennenswertes Frischwasser. Drei Wochen wird dieser Reiseabschnitt gedauert haben. Zur Winter-Sonnwende 599 wird man den Äquator überquert und in den Golf von Guinea eingeschwenkt haben. Doch jetzt waren Wind und Strömung gegen sie! Der Kurs ging wieder westwärts und der Guineastrom drohte, sie auf den Südatlantik hinauszutragen. Nechos Schiffe entgingen ihrem Schicksal nur deshalb, weil sie gerudert werden konnten. Die Besatzung ruderte buchstäblich um ihr Leben! Wenn sie Glück gehabt haben, betrug ihr Etmal zehn Seemeilen; und das bedeutet, daß sie fünf bis sechs Monate gebraucht haben, um die Guineaküste zu umschiffen.

Irgendwann im Juni kamen sie nach Senegal, dem Schauplatz ihrer zweiten Landung. Hier fanden sie wiederum fruchtbaren Boden und ein Klima, in dem ausgezeichnet Getreide in vier Monaten reifen kann. Aber ihre Reihen werden nun schon von den vergangenen Strapazen gelichtet worden sein. Ende Oktober können sie geerntet und ihre Reise fortgesetzt haben. Endlich dann, nach zweieinhalb Jahren, erblickten sie die Westküste der Sahara, die den Seeleuten aus Phönizien schon vertraut war. Ihre Freude und Erleichterung, die Vorposten der zivilisierten Welt wieder erreicht zu haben, muß unbeschreiblich gewesen sein. Der letzte Abschnitt ihrer Reise durch die Säulen des Herakles ging auf bekannten Routen flott vonstatten; zum Jahresende 598 oder in den ersten Monaten 597 v. Chr. erreichten die tapferen Männer den ägyptischen Hafen Alexandria. Die Reise war zuende!

Ohne große Feierlichkeiten wurden die Seefahrer verabschiedet. Denn ihre Reise muß finanziell ein absolutes Verlustgeschäft gewesen sein: keine mitgebrachten Schätze, kein zweites Punt unterwegs entdeckt! König Nechos hatte gerade einen Krieg mit Persien begonnen, die Dinge standen nicht gut für ihn. Selbst die Phönizier, denen nur der Handel am Herzen lag, betrachteten diese Reise als Mißerfolg und ließen sie dem Vergessen anheimfallen. Weil sie auf Geheimhaltung so erpicht waren, besitzen wir keine abgesicherten Unterlagen ihrer Reise. Aber sie waren hervorragende Seefahrer, besaßen seetüchtige Schiffe und ihre ausgedehnten Seereisen machten sie für tausend Jahre zu den Herren der Meere. Dabei waren sie Meister der Verheimlichung. Die Welt war für das Kaufmannsvolk ein Markt, den es zu beherrschen galt und von dem die Konkurrenz möglichst fernzuhalten sei. Im Gegensatz zu den Griechen war ihr Interesse nicht von Wissenschaftlichkeit, sondern von Soll und Haben geprägt. Wir können ihre Taten deshalb nicht in dem ihnen gebührenden Glanz sehen; sie erscheinen nebelhaft wie auf einer verblaßten Photographie, bei der man das unbehagliche Gefühl hat, sie könnte irgendwie verzerrt oder verfälscht sein, obwohl man weiß, daß die Menschen darauf irgend einmal gelebt und große Taten vollbracht haben.

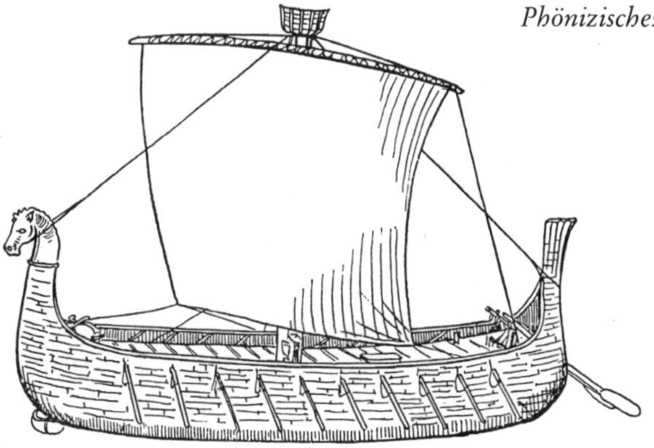

Phönizisches Schiff.

6. KAPITEL

»Hier ist der längste Tag genau neunzehn Stunden!«

Pytheas von Massalia – eine Reise nach Thule
300 Jahre vor Christus

In der zweiten Hälfte des 4. Jahrhunderts v. Chr. gelangte der erste Seefahrer des Mittelmeerraumes über Britannien hinaus bis an den nördlichen Polarkreis. Seine Berichte über die langen Tage im Sommer, über Gezeitenunterschiede von bis zu 16 Meter sowie Beschreibungen der Eisgrenze stempelten ihn lange Zeit hindurch zum Lügner und Märchenerzähler ab. Aber in den letzten Jahren ist sein Ruf wiederhergestellt worden: *Pytheas von Massalia.*

Pytheas war ein Zeitgenosse Alexander des Großen. Er unternahm ab zirka 310 v. Chr. eine sechs Jahre währende Forschungsreise und schrieb darüber zwei Bücher: *Über den Ozean* und *Eine Beschreibung der Erde.* Leider sind beide Werke nur fragmentarisch erhalten geblieben und – wie *Fridtjof Nansen* es ausdrückte – *»als Bruchstücke auf dem Strom der Zeit zu uns gelangt, zufällige Wrackteile, verzerrt und entstellt durch feindliche Kräfte«.* Mit anderen Worten: Will man seine Reise rekonstruieren, muß man aus einer Reihe bruchstückhafter Informationen die Beweise sammeln und zu einem Bild zusammensetzen.

Pytheas wurde um etwa 350 v. Chr. in Massalia, dem heutigen Marseille, geboren; auf dieses Datum können wir aus der Tatsache schließen, daß bei Aristoteles, der im Jahre 322 starb, nicht die Rede von ihm ist, während dessen Schüler Dicäarchus ihn als Zeitgenosse erwähnte. Als Knabe erhielt Pytheas eine gute Erziehung und studierte dann Astronomie und Geographie bei *Eudoxos von Knidos.* Pytheas war zuerst und vor allem Gelehrter. Es heißt von ihm, er sei der erste Mann gewesen, der die Lage des Himmelspols genau zu bestimmen vermochte, auch habe er eine überaus genaue Methode zur Berechnung der geographischen Breite mit Hilfe eines kalibrierten *Gnomons*[1] entwickelt. Seine Vaterstadt Massalia war eine griechische Kolonie und etwa um 600 v. Chr. gegründet worden. Die Bevölkerung bestand aus meererfahrenen Kaufleuten, die mit ihren Rivalen in Karthago, Sidon und Tyros viel gemein hatten. Aber außerdem waren sie Griechen, und als solche empfanden sie Hochachtung vor der Wissenschaft und schätzten ganz allgemein das Wissen um seiner selbst.

So kann man sich sehr wohl vorstellen, daß Massalia eine rein wissenschaftliche Expedition ausrüstete, denn seine Bewohner waren sich durchaus darüber im klaren, daß die Welt größere Wunder zu bieten vermag als ein ausgeglichenes Schiffsfrachtenkonto. Auch ist es glaubhaft, daß die Massalier die Leitung ihrer Expedition einem Mann anvertrauten, der weder Händler noch Seemann war, sondern reiner Wissenschaftler; einem Mann, der auf seinem Fachgebiet Hervorragendes geleistet hatte und höchstwahrscheinlich durch seine Reise die Wissenschaft fördern würde. Allerdings – und das muß man sich bewußt sein – gehörte ein gewisses seemännisches Grundwissen in damaliger Zeit zum Allgemeinwissen der Bevölkerung, war doch der Seehandel der Lebensnerv in einer Hafenstadt. So wie heute über das Autofahren jedermann sachverständig mitreden kann – ohne daß man Automechaniker zu sein braucht –, genauso wird Pytheas praktische seemännische Grundkenntnisse gehabt haben.

Die Vorbereitungen zu dieser Expedition sind ein weiteres Argument dafür, mit was für einer Reise wir es zu tun haben. Denn es heißt, nachdem Pytheas das Kommando übernommen habe, sei sein erster Schritt gewesen, seinen Ausgangspunkt genau zu orten! Dazu bediente er sich seines Gnomons und errechnete, daß der Sonnenstand am Tag der Sonnenwende von der massalischen Werft aus 70° 47′ 50″ und die geographische Breite von Marseille 43° 03′ 25″ zuzüglich des Sonnendurchmessers betrug; eine bis auf 40 Bogensekunden genaue Berechnung, die auch in den nächsten 500 Jahren nicht exakter aufgestellt werden sollte. Seine zweite Maßnahme war, einen Leitstern zu bestimmen, nach dem sein Schiff gesteuert werden sollte. Und auch hierbei war Pytheas seiner Zeit weit voraus. Denn während die Mehrzahl seiner Zeitgenossen nach dem Großen und Kleinen Bären steuerten, entdeckte Pytheas, daß es am Himmelspol gar keinen Stern gab, sondern daß der wirkliche Norden inmitten eines sternenleeren Dreiecks lag, das aus den Sternbildern Großer und Kleiner Bär sowie dem Drachen gebildet wurde.

Dennoch muß Pytheas mit Bangigkeit erfüllt gewesen sein, als er im Frühjahr 310 v. Chr. sein Schiff nach Norden in unbekannte Gewässer steuerte. Denn in der Antike war eine Seereise über die *Säulen des Herakles* genannte Straße von Gibraltar hinaus nicht weniger ein Sprung ins Dunkle wie für uns der erste bemannte Raumflug: Die Welt war in jenen Tagen das Mittelmeer; dahinter lagen Finsternis und all die Schrecken, die durch die Unwissenheit der Geographen und die Schauergeschichten der phönizischen Seeleute aufgebauscht worden waren.

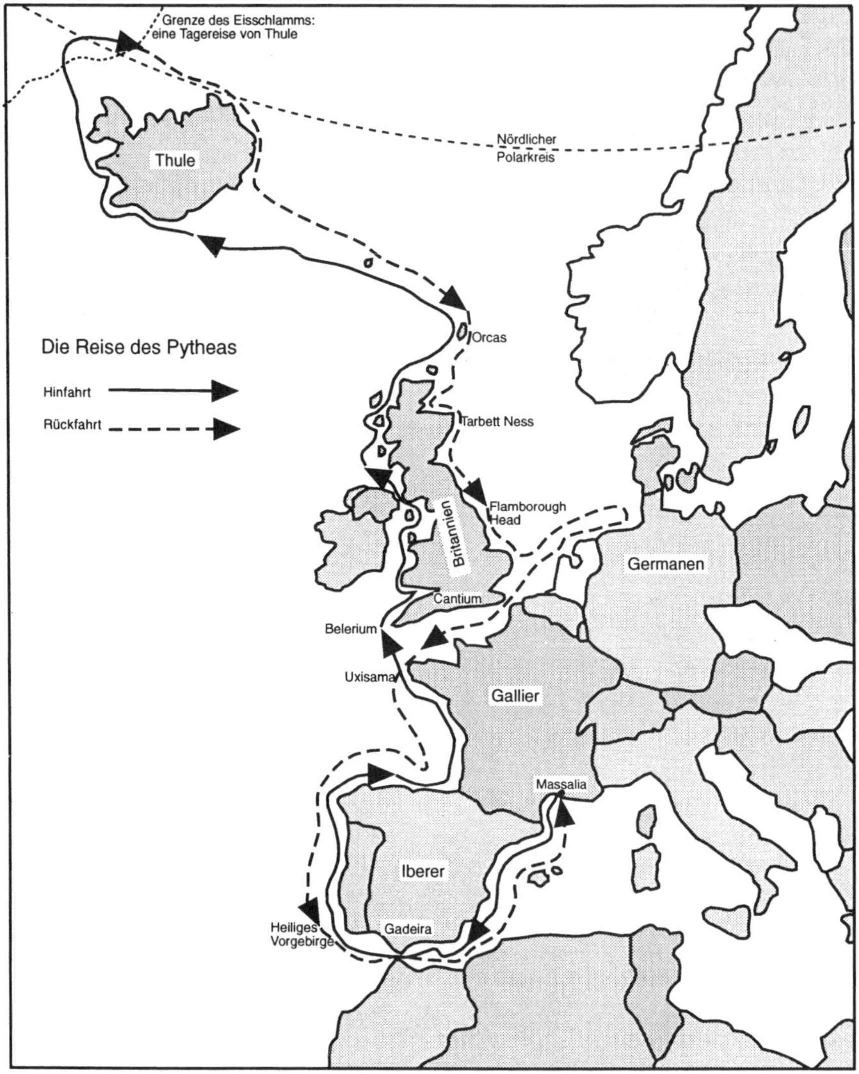

Die Reise des Pytheas von Massalia.

Damals waren die Phönizier die Herren der Meere: ein Kaufmannsvolk, verschlossen gegen Fremde, und gute Rechner. Sie beherrschten auch die nordafrikanischen und iberischen Atlantikküsten und hatten bereits die Kanarischen Inseln kolonisiert. Verständlich, daß sie nicht an Konkurrenz interessiert waren. So stützten sie die landläufige Meinung, die Welt sei hinter Gibraltar zuende und jedes Schiff, das darüber hinaus in den Atlantik auslaufe, stürze ins bodenlose Nichts. Doch den Griechen waren Gerüchte bekannt, die der phönizischen Darstellung widersprachen; nun wollten sie Nachschau halten!

Pytheas war es, der die Landkarte nach Norden aufrollte, durch eine einzige große Reise die Küsten des heutigen Spanien, Portugal, Frankreich, Großbritannien, Dänemark und den Niederlanden enthüllte und der erste Mensch der Geschichte werden sollte, der über den nördlichen Polarkreis hinaus gelangte. Es ist eine Ironie des Schicksals, daß seine Berichte nach seiner Rückkehr keinen Glauben fanden. Zwar schien er sich, solange er lebte, eines guten Rufes zu erfreuen; aber nach seinem Tode hatten geringere Männer mit geringerer Begabung nichts Eiligeres zu tun, als Zweifel an seiner Wahrhaftigkeit auszustreuen. Man konnte nicht begreifen, daß Wahrheit manchmal viel seltsamer klingt als Dichtung!

Nach dem Auslaufen aus dem Hafen von Massalia passierten sie unangefochten die Straße von Gibraltar, segelten die 150 Meilen von *Gadeira* (Cadiz) bis zum Heiligen Vorgebirge (Kap Sao Vicente) dicht an der Küste entlang, und zwar nur nachts. Denn sie mußten den in der Meerenge patrouillierenden phönizischen Kriegsschiffen aus dem Wege gehen. Aber danach war die von dem Unbekannten drohende Gefahr größer als die durch phönizische Kriegsgaleeren. Pytheas blieb auf Nordkurs, dicht unter Land an der spanischen Küste, und benutzte seine Riemen, damit er nicht auf Legerwall[2] geriet und an die Leeküste abgetrieben würde. Mit ihren kurzen, stoßartigen Wellen und den schweren Stürmen, die unablässig von Westen über das felsige Ufer fegen, ist die Küste von *Beira* (Biskaya) wahrlich eine Todesfalle für Segelschiffe.

So muß sich bereits auf diesem Teil der Reise die Seetüchtigkeit seines Schiffes erwiesen haben. Wahrscheinlich handelte es sich um eine Bireme mit etwa 45 Meter Länge, einer größten Breite von 7,60 Meter und einem Tiefgang von zirka 3 Meter; es wird 50 bis 60 Ruderer gehabt haben und 16 bis 20 Matrosen zur Bedienung von Steuer und Segeln. Vermutlich hatte es ein volles Deck, einen Schwanenhals an Heck und Bug und drei Masten, mit einem großen viereckigen Segel am Großmast und kleineren Lateinersegeln in Schonertakelung. Immerhin muß es größer und auch besser gebaut gewesen sein als die Nußschale Santa Maria, mit der Kolumbus 18 Jahrhunderte später in die Neue Welt aufbrach.

Der Historiker *Strabo* schreibt 250 Jahre nach Pytheas' Reise, daß *»der Massalier eine praktische Kenntnis der Schiffahrtsverhältnisse vor der spanischen Nordküste erlangte und Informationen lieferte über den besten Weg, von Iberia nach Gallia zu gelangen, und unterwegs Beobachtungen über die Strömungen und Gezeiten anstellte«.* All das deutet darauf hin, daß er dicht am Ufer blieb und die Biskaya-Küste kartographisch aufnahm. Und das scheint er gut gemacht zu haben, denn er erkannte richtig, daß das bretonische Vorgebirge nach Westen in den Atlantik hineinragt. Aber später schenkte man seinen Berichten keinen Glauben mehr und die Bretagne verschwand von der Landkarte. Ähnlich erging es übrigens auch Irland, das Pytheas völlig korrekt als westlich von England und Wales liegend bezeichnet hatte, während es später nach Norden verlagert wurde.

Dann hören wir wieder von Pytheas vor der Insel *Uxisama* (Ouessant vor der Halbinsel von Brest), wo er beobachtet haben soll, daß der längste Tag genau 16 Stunden dauerte. Der längste Tag hat auf dem 49. Breitengrad 16 Stunden, wodurch die Identifizierung der Insel vor der Halbinsel von Brest leichtfällt. Dort sind gefährliche Gewässer, und Pytheas kann sich nur kurz dort aufgehalten haben, ehe er auf *Lands End* Kurs nahm. Lands End war der letzte Vorposten der bekannten Welt; noch nie in der verbürgten Geschichte war ein Mann aus dem Mittelmeerraum weiter nach Norden vorgedrungen. Wahrscheinlich hielt er sich hier mehrere Monate auf, hat im geschützten Bereich des Helford River sein Schiff ausgebessert und neu verproviantiert und die Kniffe des Zinnhandels gelernt. Über diesen Handel hat er uns einen Bericht hinterlassen, der interessant genug ist, um uns bedauern zu lassen, daß seine Bücher nicht vollständiger erhalten geblieben sind.

Nach Lands End wird es schwierig, seine Reiseroute zu rekonstruieren. Pytheas umschiffte Großbritannien! Aber fuhr er rechts oder links herum? Und wo war die Insel *Thule*, von der er sagt, sie liege *»sechs Tagereisen zu Schiff von Britannia nach Norden«?* Daß er wirklich die britischen Inseln umschiffte, wird durch eine Reihe unbestreitbarer Tatsachen untermauert. Erstens gibt er eine sehr genaue Beschreibung der Inseln: *»Britannien hat wie Sizilien die Form eines Dreiecks mit ungleichen Schenkeln und liegt schräg zu Europa. Das Cantium* (Kent) *genannte Vorgebirge ist elf Meilen vom Kontinent entfernt; an diesem Punkt bildet das Meer einen Strom. Das Belerium genannte Vorgebirge liegt vier Tagereisen zu Schiff vom Kontinent, und das Dritte Vorgebirge Orca ragt in das offene Meer hinein. Der kürzeste Schenkel des Dreiecks ist derjenige, der Europa gegenüber liegt ...«*

Ein weiterer Beweis ist die Tatsache, daß er uns Beobachtungen von unterwegs mitteilte: *»Hier ist der längste Tag genau neunzehn Stunden«* (das muß in den Shetlands gewesen sein); *»hier war der längste Tag achtzehn Stunden«* (vor Tarbett Ness in Ross-Shire); und *»hier war der längste Tag genau siebzehn Stunden«* (vor Flamborough Head, Yorkshire). Die langen Sommertage des nördlichen Europa müssen den Mittelmeerbewohnern schon wundersam vorgekommen sein! Und die Reihenfolge, in der diese Beobachtungen gemacht wurden, läßt erkennen, daß die Reise wahrscheinlich im Uhrzeigersinn vonstatten ging. Manche seiner Beobachtungen haben den unverkennbaren Klang von Augenzeugenberichten: *»Infolge des häufigen Regens und weil die Sonne fehlt, benutzen die Eingeborenen keine offenen Tennen, sondern dreschen ihr Getreide in großen Scheunen. ... Sie trinken keinen Wein, sondern ein gegorenes Getränk aus Gerste, das sie ›curmi‹ nennen«* – der erste Hinweis der Geschichte auf das Bier. Und an anderer Stelle heißt es: *»Wenn man weiter nach Norden kommt, verschwinden allmählich Getreide- und Obstanbau, ebenso die Haustiere, und die Bewohner müssen sich von Hirse und Wurzeln ernähren.«* Dieser Beschreibung kann man entnehmen, daß Pytheas eine gewisse Zeit an Land verbrachte.

Einige seiner Berichterstattungen müssen seinen mittelmeerischen Zeitgenossen so phantastisch vorgekommen sein, daß sie sie einfach nicht ernst nahmen. Wer am gezeitenlosen Mittelmeer könnte sich schon *Ebben von fünfzig Fuß* oder *Wellen und Gischt achtzig Fuß hoch* vorstellen? Und doch ist es heute allgemein bekannt, daß das Meer im Bristol-Kanal über 16 Meter steigt und fällt, und wenn Sturm und Gezeitenstrom in Opposition sind, türmen sich im Pentland Firth die Wellen 30 Meter hoch. Aber vor 2300 Jahren hätte sich kein Bewohner des Mittelmeers solche Wunder in seiner Phantasie vorstellen können.

Schließlich warf das Schiff Anker vor Unst, der nördlichsten der Shetland-Inseln, die Pytheas *Orcas* taufte, ein Name, der später auf die Orkney-Inseln überging. Und hier in den Shetland-Inseln hörte er zum erstenmal von Thule, einer Insel, die sechs Tagereisen entfernt im Norden lag: eine Insel am äußersten Rand der Welt, umgeben von Nebel und einem geheimnisvollen, halb gefrorenen Meer!

Später erklärten manche Historiker, die ganze Insel sei nur eine Ausgeburt von Pytheas' Phantasie, andere verlegten sie zu den Orkneys oder Shetlands, wieder andere hielten gar einen Teil Norwegens dafür. Heute sind jedoch die meisten Geschichtsforscher der Ansicht, daß Pytheas Island umrundet habe. Viele Aussagen und Argumente sprechen dafür; es ginge zu weit, sie hier alle darzulegen. Doch die wichtigsten lauten:

»Einen Tag, nachdem wir von Thule losgesegelt sind, kommen wir zu dem zugefrorenen Meer.«[3]

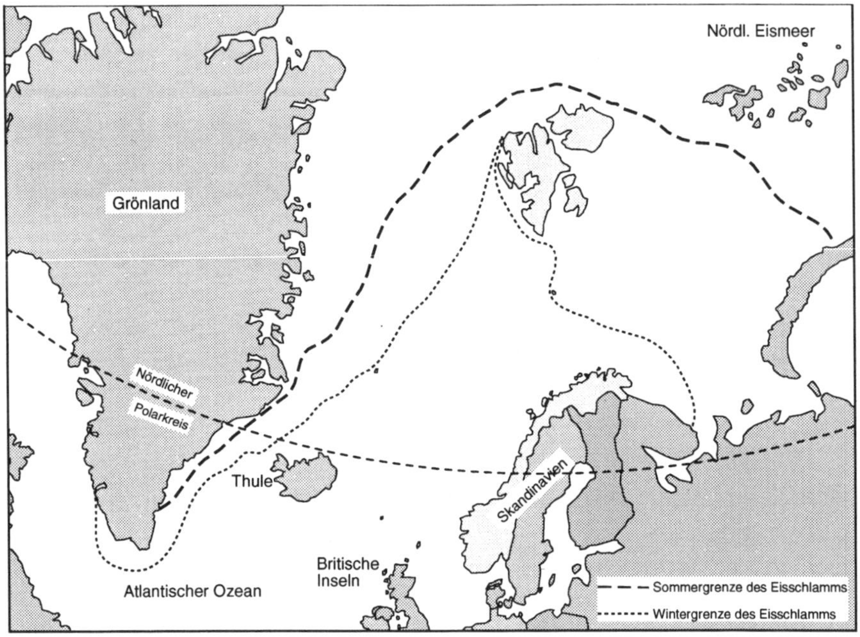

Die Lage von Ultima Thule.

»Pytheas berichtete, Thule liege eine Tagereise mit dem Segelschiff von dem erstarrten Meer entfernt. In dieser Region, sagt er, gebe es keinen Unterschied mehr zwischen Land und See und Luft, sondern eine Mischung von allen dreien wie eine ›Seelunge‹, die alles verbinde und weder zu Fuß noch mit dem Schiff überquert werden könne; und das hat Pytheas mit eigenen Augen gesehen – oder will es uns jedenfalls weismachen!«[4]

Strabo hat also kein Wort von dem geglaubt, was Pytheas geschrieben hatte. Er macht sich lustig über die »Seelunge«. Aber zu Beginn unseres Jahrhunderts stellten die Forschungsreisenden, die die Arktis kannten, einige Überlegungen an. Einer von ihnen, der 1930 verstorbene norwegische Polarforscher *Fridtjof Nansen*, hatte folgendes dazu zu sagen: *»Was Pytheas gesehen hat, kann sehr wohl der Eisschlamm gewesen sein, der sich am Rande von Treibeis bildet, wenn dieses durch die Wellen zu Brei zermahlen wird. Die Beschreibung: ›kann weder zu Fuß noch mit dem Schiff überquert werden‹, ist absolut zutreffend für diesen Eisschlamm. Und wenn wir hinzufügen, daß es in der Nähe von Treibeis sehr oft Nebel gibt, dann ist Pytheas' Bemerkung, auch die Luft gehöre zu der Verquickung von Land, See und Luft, gar nicht so absurd, sondern sogar sehr* *anschaulich.«* Und das scheint auch der springende Punkt zu sein: Es ist viel wahrscheinlicher, daß Pytheas vor Island und nicht – wie auch oft vermutet wird – vor Norwegen auf Eisschlamm gestoßen ist. Wenn wir unterstellen, daß er seine Reise nach Thule im Sommer unternahm – was wohl eine vernünftige Folgerung ist –, dann wäre er etwa 100 Meilen nördlich der isländischen Küste (also nach *einer Tagereise zu Schiff*) in Eisschlamm geraten. Im Bereich des Polarkreises gibt es aber vor der norwegischen Küste wegen der Wärmewirkung des Golfstroms auf 800 Meilen keinen Eisschlamm (vergleiche die Karte). Und es ist höchst unwahrscheinlich, daß Pytheas 800 Meilen weit bis zu den Eisfeldern jenseits des Nordkaps gefahren sein soll. Thule war also fast gewiß Island!

Dieser letzte Teil der Hinreise, von den Shetlands nach Thule, muß als eine der kühnsten Taten in der Frühgeschichte der Seefahrt eingestuft werden. Tausend Jahre später sollten Iren und Wikinger westwärts über den Atlantik nach Island, Grönland und den Küsten Nordamerikas vorstoßen. Diese Reisen sind längst als großartige seemännische Leistungen anerkannt,[5] und doch waren sie weniger bemerkenswert als die des Pytheas. Denn Pytheas war den Iren und Wikingern nicht nur um fast 1000 Jahre voraus, sondern besaß auch nicht deren ererbte Kenntnis nördlicher Meere.

Wie seine Überfahrt vonstatten ging, können wir nur vermuten. Wahrscheinlich haben ihm irgendwelche Helfer den Weg nach Thule gewiesen: Fischer von den Shetland-Inseln, die mit dem Segeln auf dem Atlantik vertraut waren und die die Inseln schon früher besucht hatten. Trotzdem muß seine Fahrt äußerst gefahrenreich gewesen sein, denn Pytheas wagte sich vom Land weg, weit in einen unbekannten Ozean hinein. Und deshalb nimmt seine Reise eine Sonderstellung in der Geschichte ein. Bisher hatte es sich bei allen Seereisen »nur« um Küstenfahrten gehandelt, und in den wenigen Fällen, in denen sich die Menschen vom Lande entfernten, war es entweder unbeabsichtigt geschehen oder zu einem bestimmten wirtschaftlichen Zweck. Pytheas gebührt die Ehre, der erste *Forscher* zu sein, der sich zu einer reinen Entdeckungsfahrt in das offene Meer wagte.

Wie lange Pytheas sich in Thule aufhielt, vermögen wir nicht zu sagen. Auch können wir seinen Rückweg nach Massalia nicht mit Gewißheit verfolgen. Wir nehmen, wie gesagt, an, daß er an der Ostküste Großbritanniens entlangsegelte, dann zum Kontinent hinüberfuhr und die Küsten der Niederlande erforschte. Als erster Mensch aus dem Mittelmeerraum kam er hier mit den Teutonen in Berührung: *»ein großgewachsenes, blondes Volk, in Tierhäute gekleidet«*. Hier fand er auch das *Elektron*, den in der Antike zur Herstellung von Kunstgegenständen begehrten, honig-leuchtenden Bernstein. Vor fast 2300

Jahren sah Pytheas, wie dieser Bernstein an der Küste der Helgoländer Bucht angeschwemmt wurde; nicht viel anders als heute.

Erst 304 v. Chr., nach einer Reise von über sechs Jahren, kehrte er heim durch die Meerenge von Gibraltar und warf Anker vor der Marseiller Reede. Den Rest seines Lebens scheint er damit verbracht zu haben, seine beiden großen Bücher zu verfassen und seine Entdeckungen gegen die unablässig steigende Flut von Skepsis und Ungläubigkeit zu verteidigen. Ein Zitat des römischen Geschichtsschreibers *Tacitus* (ca. 55 bis 116) faßt die Einstellung der antiken Welt zu Pytheas' Entdeckungen zusammen: *»Im Norden der Suionen*[6] *liegt ein anderes Meer, träge und fast ohne Bewegung. Die Annahme, es schließe den Erdkreis ringsum ab, findet ihre Bestätigung dadurch, daß der letzte Schein der bereits sinkenden Sonne stets so hell bis zu ihrem Wiederaufgang weiterleuchtet, daß er die Sterne überstrahlt. Außerdem ist, so glaubt man noch, das Klingen der aus dem Meer auftauchenden Sonne zu hören und es sind Umrisse von Pferden und ein strahlenumkränztes Haupt* (Nordlicht?) *zu sehen. Hier, heißt es und das darf man glauben – ist das Ende der Welt!«*

Griechische Bireme.

7. KAPITEL

Die Größe der Welt

Wie Eratosthenes die Erde maß

Im Jahre 332 v. Chr. unterwarf sich Ägypten *Alexander dem Großen.* Um dem Sieg ein Denkmal zu setzen, wurde an der Stelle, wo der heilige Nil sich ins Meer ergießt, eine Stadt gegründet: *Alexandria.* 323 v. Chr. starb Alexander, und Ägypten wurde wieder ein unabhängiger Staat unter *Ptolemäus I. Soter,* der sich 305 den Königstitel beilegte.[1] Die ptolemäische Dynastie hielt sich so lange, bis Ägypten 48 v. Chr. an die römischen Heere fiel.

Alexandria, an der äußersten Westspitze des Nildeltas gelegen, entwickelte sich im Altertum zu einer Weltstadt. Von einer Ringmauer umschlossen, bildete die Stadt ein 6 km langes und 1,5 km breites Rechteck; zeitweise wohnten dort bis zu 300 000 Bewohner. Zur Insel *Pharos* mit dem berühmten, 120 Meter hohen Leuchtturm – der als Weltwunder galt und dessen Laterne 30 Seemeilen aufs Meer hinaus leuchtete, – hatte man einen 1300 Meter langen Steindamm angelegt, der den *Großen Hafen* vom *Hafen der guten Heimkehr* schied. Ptolemäus I. schuf – als erster in der Geschichte der Menschheit – in Alexandria ein Zentrum westlicher Gelehrsamkeit. Das Wissen der Antiken Welt, die Künste des Heilens, des Maschinenbaues, des Färbens, Kalenderwissenschaft, Landvermessung, Astronomie und gewichtige Erkenntnisse aus der Seefahrt vereinigten sich in der jungen Stadt am Nil. Die berühmte *Bibliothek von Alexandria* beherbergte auf unzähligen Schriftrollen das gesamte Wissen der damaligen Zeit. 973 Jahre nach der Stadtgründung, am 10. Dezember 641, mußte die Stadt den Arabern unter General *Amr* übergeben werden. Die Universitätsgebäude wurden zerstört, kostbare Sammlungen vernichtet. Über 700 000 unersetzliche Manuskripte wurden ein Raub der Flammen.

Nach dem Einmarsch der Truppen des Kalifen meldete der General *Amr Ibn al-Ass* nach Medina: *»Ich habe eine Stadt erobert, die 4000 Paläste, 4000 Bäder, 400 Theater, 1200 Händler und 40 000 Juden zählt, die Kopfsteuer zahlen.«* Elfeinhalb Jahrhunderte später, 1798, beim Einzug Napoleon Bonapartes lebten hier nur noch 6000 Einwohner. Die Angriffe der Kreuzfahrer im

14. Jahrhundert, mehrere Pestepidemien und Erdbeben hatten die Bevölkerungszahl stark dezimiert. Der *Pharos* war zerfallen, Alexandria, das einst Athen als Hort der Künste und Wissenschaften abgelöst hatte, zur Bedeutungslosigkeit degradiert. Aber in der Mitte des 19. Jahrhunderts belebte der Baumwollhandel Stadt und Hafen und brachte einen neuen Aufschwung: Briten, Franzosen, Griechen, Italiener, Deutsche und Schweizer ließen sich hier nieder und verdienten in kurzer Zeit riesige Vermögen. Zur Jahrhundertwende lebten über 200 000 Menschen in der Stadt, davon 50 000 Europäer, und mehr als 2000 Villen und Herrschaftssitze wurden in jener Zeit erbaut. 1948 hatte Alexandria eine knappe Million Einwohner; heute sind es mindestens 5 Millionen.

Viele bekannte Namen sind mit der alexandrinischen Universität verbunden. *Aristarch von Samos* (310–250 v. Chr.) schätzte als erster die Entfernungen des Mondes und der Sonne zur Erde und behauptete, daß die Erde kreise und nicht das Zentrum des Universums bilde. Es dauerte fast 1800 Jahre, bis der Astronom *Nikolaus Kopernikus* die Richtigkeit dieser Theorie bewies. Hier in Alexandria wurde der erste Kalender vorgelegt, der Schaltjahre berücksichtigte. *Herophilos* nahm die Entdeckung des Blutkreislaufes durch den Briten William Harvey vorweg und *Archimedes*,[2] der sich besonders mit Mechanik befaßte, zeigte, wie die Kreiszahl *Pi* mit hinreichender Genauigkeit ermittelt werden kann. Seine wichtigsten Beiträge sind die Hebelgesetze und das Gesetz von der Masse der Körper. Archimedes verbesserte den Stapellauf der Schiffe, indem er die Verwendung von Zahnrädern vorschlug. Er erfand eine Bewässerungs-

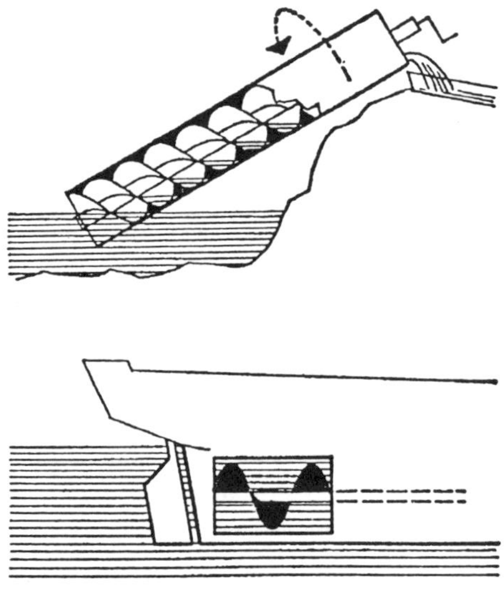

Zwei von vielen Erfindungen des Archimedes:
Oben die »Schraube des Archimedes«, mit der Flüssigkeiten bergauf transportiert werden können.
Unten ein Schiffsantrieb. Die Schiffsschrauben der ersten Dampfer wurden nicht zufällig »Archimedes« genannt.

pumpe, die durch Drehung einer Schraubenschnecke funktionierte und die unter der Bezeichnung *Archimedes'sche Schraube* bis heute Verwendung findet. Um 100 v. Chr. beschrieb *Heron* die Prinzipien von rund einhundert mechanischen Anwendungen, unter anderem einen Drehzahlmesser, einen Theodoliten für geographische Vermessungen und das erste Modell einer Dampfmaschine. Etwa 50 Jahre früher hatte schon *Hipparch* die erste Sternenkarte mit über 1000 Gestirnen geschaffen, für deren Berechnung er eine selbstentwickelte Sinustafel verwendet hatte.

Der genaue Inhalt der Bibliothek gibt der Wissenschaft immer noch Rätsel auf. Nach einer von Experten zusammengestellten Liste lagerten in Alexandria alle Gedichte Homers aus dem 9. Jahrhundert v. Chr., die Originalmanuskripte von Euklids *Elementen,* die die Grundsätze der Geometrie festlegen, die Manuskripte von Theaterstücken der griechischen Autoren *Äschilos, Sophokles* und *Euripides,* die *erste griechische Grammatik* und die *Septuaginta,* die erste Übersetzung des Alten Testaments vom Hebräischen ins Griechische, und wahrscheinlich auch *verlorene Werke von Aristoteles,* dem Begründer der Philosophie und der politischen Ideenlehre.

Schon die seefahrenden Völker der Alten Welt hatten die Kugelgestalt der Erde und die feste Beziehung der Sterne untereinander erkannt. Daß die Erde rund sei, konnten sie den eigenen Beobachtungen entnehmen, sahen sie doch den kreisförmigen Schatten der Erde während der Mondfinsternisse. Daß Schiffe hinter dem Horizont versinken, sahen sie täglich, und während ihrer Reisen beobachteten sie, wie neue Sternbilder aufstiegen und bekannte unter den Horizont sanken.

Doch bevor man das wußte, hat die menschliche Phantasie der Erde verschiedene symmetrische Formen angedichtet. Die alten Ägypter hatten die Vorstellung der Erde von einem großen Ei. Daher mag es kommen, daß auch die frühen christlichen Mystiker des ersten und zweiten Jahrhunderts Himmel und Erde als *Weltei,* von einer riesigen Schlange umschlungen, sahen. *»Die Erde ist ein Element inmitten der Welt«*, schrieb St. Beda (genannt *»venerabilis«*) im 7. Jahrhundert, *»wie der Dotter im Ei; draußen ist die Luft, wie das Häutchen des Eies; darum herum das Feuer, das es einschließt wie die Schale.«* Herodot schon hatte sich lustig gemacht über Homers Vorstellung, die Erde sei eine kreisrunde Scheibe, umgeben vom Strome Okeanos. Es lag für ihn auf der Hand, daß die Erde von einer großen Wüste umgeben sein müsse. Die Azteken teilten ihre Welt in fünf Quadrate ein – ein Mittelquadrat und vier an jeder Seite. Andere Völker sahen das Weltall als Rad und die nordische Germanendichtung, die *Edda,* berichtet von der Vorstellung der Welt als riesiger Baum, der den Himmel trägt.

Trotzdem hatten griechische Gelehrte schon im 5. Jahrhundert vor Christi erklärt, die Welt sei eine Kugel. *Plato* argumentierte, da die Kugel die vollkommenste geometrische Form ist, müsse die Erde selbstverständlich Kugelgestalt besitzen; die Begründung war also vor allem ästhetischer Natur. Trotzdem haben seither ernsthafte Gelehrte aufgehört, sich die Erde als flache Scheibe, in einem Meer der Finsternis schwimmend, vorzustellen. Die beobachtbaren Erscheinungen bei Mondfinsternissen bestätigten diese Annahmen.

Bis etwa 250 v. Chr. hatten die antiken Wissenschafter jedoch nur wenige Kenntnisse von weiten Entfernungen – bis *Eratosthenes* die Erde vermaß! Seine Erdmessung verbindet Gesetze der Geometrie mit Geographie und Astronomie. Das Außerordentliche an seiner Erkenntnis ist die *Einfachheit.* Um das Prinzip Eratosthenes' Erdmessung zu verstehen, bedarf es keiner großen mathematischen Kenntnisse; vier elementare Beobachtungen, die jedermann einleuchten, genügen. Sie haben noch heute Gültigkeit und werden Astronavigatoren bekannt vorkommen:

1. Lichtstrahlen, die von einer sehr weit entfernten Lichtquelle herkommen, scheinen sich parallel fortzubewegen.
2. Eine Gerade, die zwei Parallelen schneidet, erzeugt korrespondierende gleiche Winkel.
3. Befindet sich ein Himmelskörper direkt über dem Kopf (lotrecht im Zenit), so verlängert sich die Gerade, die den Himmelskörper mit dem Beobachter verbindet, durch den Erdmittelpunkt.
4. Am Mittag steht die Sonne auf irgendeinem Punkt über dem Längenmeridian des Beobachters.

Eratosthenes lebte von 276 bis 194; er war Bibliothekar in Alexandria und hatte somit auch Zugang zu den Aufzeichnungen wichtiger Ereignisse, die in Verbindung mit Kalenderfestlichkeiten standen. So erhielt er Kenntnis davon, daß sich die Sonne mittags an einem gewissen Tag des Jahres in einem tiefen Brunnen in der Nähe von *Syene*[3] spiegelte. Syene liegt in der Nähe des Wendekreises des Krebses; demnach steht dort die Sonne an einem Tag im Juni direkt im Zenit des Beobachters und wirft keinen Schatten mehr. Die Spiegelung im Brunnen erfolgt also, wenn die Sonne senkrecht zum Horizont steht und die Verbindungslinie von der Sonne zum Erdmittelpunkt durch den Brunnenschacht verläuft.

Der Schatten einer Säule in Alexandria, genau 500 (antike) Landmeilen, sogenannte Stadien, nördlich von Syene zeigt nun am gleichen Tag mittags, daß die Sonne $7^1/_2$ Grad südlich des Zenits steht. Nimmt man die Sonnenstrahlen als Parallele an, so heißt das, daß die Radien, die die Enden eines Bogens von 500 Meilen Länge mit dem Erdzentrum verbindet (Syene und Alexandria),

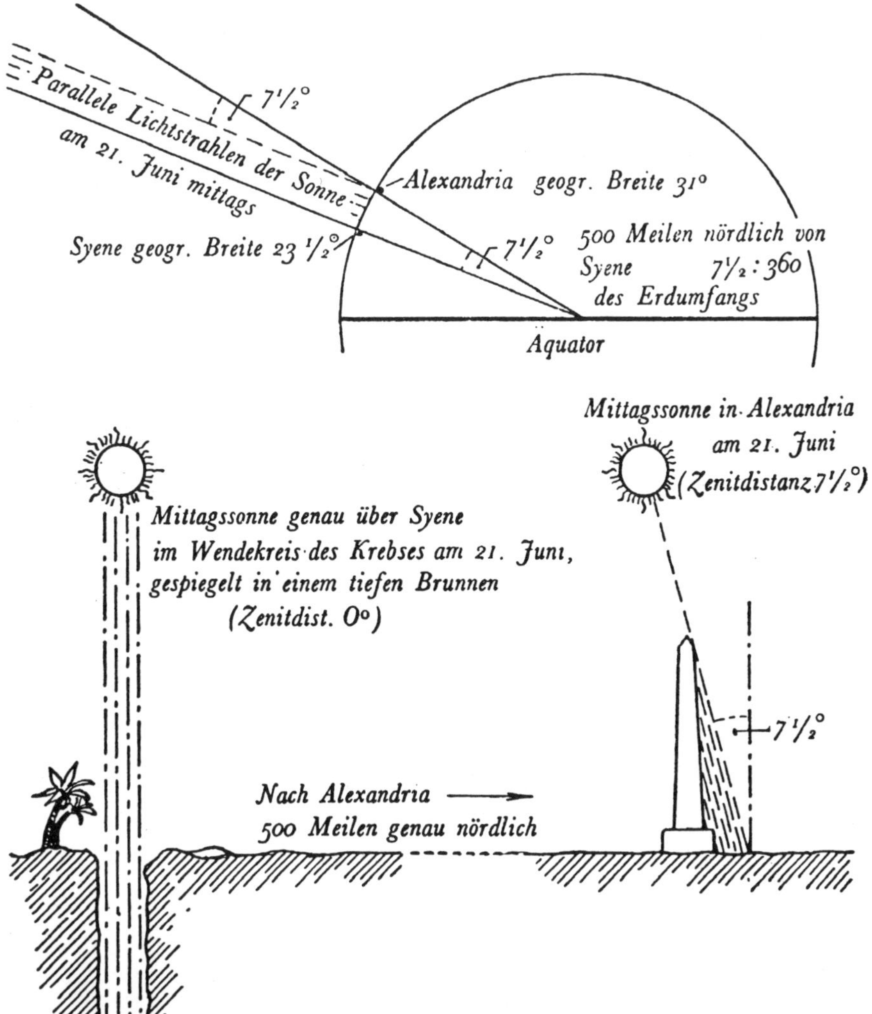

Wie Eratosthenes die Erde maß.

einen Winkel von 7 1/2 Grad einschließen. Es handelt sich also um korrespondierende Winkel mit dem Säulenschatten.

Nun sind 7 1/2 Grad in den 360 Grad des ganzen Kreises achtundvierzigmal enthalten. Es ist zweifelhaft, ob die Stadien, in denen Eratosthenes die Distanz Alexandria–Syene angab, mit dem olympischen oder mit dem ägyptischen Längenmaß übereinstimmen. Man neigt jedoch der Ansicht zu, daß er *ägyptische Stadien* meinte. 500 ägyptische Meilen (»stadia«) entsprachen einer Länge von 828 Kilometern. Demnach beträgt der Umfang der Erde 48mal 828 Kilometer, d. h. 39 744 Kilometer, und die »Messung« des Eratosthenes fiel nur um 330 Kilometer fehlerhaft aus![4]

Die Kunst des Schattenrechnens war eine der großen geistigen Leistungen des Altertums. Heute müssen Versuche ersonnen werden, um der Schuljugend beizubringen, daß Licht, das durch eine Spalte fällt, einer geraden Bahn folgt und daß die Sonnenstrahlen parallel verlaufen. Die Menschen der Antike, deren Fenster nur schmale Öffnungen waren, lebten in einem Überfluß von Sonnenschein, der sehr saubere Schatten mit scharfen Rändern auf den Boden warf. Sie mußten nicht darüber belehrt werden, daß Licht in geraden Linien wandert oder daß Lichtstrahlen, die von einer weit entfernten Lichtquelle stammen, so wenig zueinander geneigt sind, daß wir sie als Parallele auffassen dürfen. Sie konnten das immer und immer wieder sehen.

Schon *Thales* maß um 600 v. Chr. die Höhe der Pyramiden mit Hilfe ihrer Schattenlängen. Sein Zeitgenosse *Pythagoras* erarbeitete die Gesetzmäßigkeit des rechtwinkligen Dreiecks mit Schatten, die Türme bekannter Höhen warfen. Und *Euklid*,[5] der im 4. Jahrhundert v. Chr. lebte, brachte die Geometrie, die die Landvermessung ermöglichte, zur Vollendung. Mit der praktischen Anwendung dieser Erkenntnisse durch Eratosthenes ging der Menschheit auf, welch großer Teil der Erde noch der Entdeckung harrte. Denn Eratosthenes selber erkannte schon die Möglichkeit, Indien auf dem Seeweg in westliche Richtung zu erreichen. Aber er warnte auch vor der Länge der Reise.

8. KAPITEL

Der Periplus des Erythräischen Meeres

Seewege vom Roten Meer nach Indien im 1. und 2. Jahrhundert

Kurz nach der Zeitenwende erließ der römische Kaiser Augustus[1] ein Dekret, das jedem Bürger, jedem Seßhaften und jedem Reisenden, Sicherheit und Rechtsschutz innerhalb der Reichweite kaiserlich-römischer Macht garantierte. Die *Pax Romana* beruht auf für die damalige Zeit sehr fortschrittlichen Rechtsnormen. Nach vielen Jahren der Unsicherheit und Willkür begann nun eine lange Zeitspanne, in der durch Staatsmacht geschütztes ziviles Recht sich entfalten konnte und auf das jedermann Anspruch hatte. In der Folge entwickelten sich rege Handelskontakte mit allen Teilen der damals bekannten Welt.

Am üppigsten blühte in jener Zeit der Handel zwischen dem Mittelmeer und Indien. Denn Indien hatte alles, wonach es die vornehme römische Welt gelüstete: Seide und Musselin, Pfeffer und Weihrauch, Elfenbein und Schildpatt, Perlen, Saphire und Smaragde, Bdellium, Kostwurz und Nardenöl, aus denen die »*wohlriechenden Salben*« hergestellt wurden. Das riesige Ausmaß dieses Handelsverkehrs können wir uns heute nur schwer vorstellen, weil in der Zwischenzeit vergessen ging, daß schon lange vor *Bartholomäus Dias* die Phönizier Afrika umschifften, daß fünfhundert Jahre vor Kolumbus die Wikinger in Amerika gelandet waren und daß der Handelsweg nach Indien nicht von *Vasco da Gama*, sondern von unbekannten Seeleuten im 1. Jahrhundert nach Christus erkundet worden war. Damals gab es – was heute fast nicht vorstellbar ist, weil wir den Menschen der Antike und ihren einfachen Techniken das schlicht nicht zutrauen – einen regelrechten Liniendienst zwischen dem Mittelmeer und dem Osten, den jährlich 120 Schiffe durchführten; dabei handelte es sich nicht nur um Frachtkähne, sondern auch um Passagierschiffe, die alle nach einem festen Fahrplan fuhren. Am Ende des 2. Jahrhunderts existierte in Rom ein Verzeichnis aller Schiffahrtslinien mit den festgelegten Abfahrtszeiten, das *Itinerarium Antoninianum*. Die Bedeutung ihrer Reisen können wir nach Zollunterlagen, Frachtverzeichnissen und Segelanweisungen beurteilen, die alle

Wirren der Zeit bis heute überdauerten. Das aufschlußreichste Dokument kennen wir unter der Bezeichnung *Periplus des Erythräischen Meeres.*

Es war schon immer die erste Pflicht des Kapitäns, sein Schiff sicher und schnell ans Ziel zu bringen. Im Mittelmeer, dem antiken Hauptschiffahrtsgebiet, mußte der Seemann durch die vielen kleinen Inseln und vorbei an gefährlichen Klippen und Untiefen der griechischen oder adriatischen Küste seinen Kurs finden; ohne Motor und nur unter Segeln oder mit der Ruderkraft der Galeeren. So sammelte man Wissensbruchstücke, die eine Überfahrt zuverlässiger machen konnten, und zwar in einer Form, die an Bord brauchbar war. Zahllose Einzelheiten über den Verlauf der Küsten, charakteristische Landmarken, auffällige Strömungen und weitere Fakten wurden aufgezeichnet und für zusammenhängende Fahrtgebiete aufbereitet. Eine derartige *geschriebene* Aufzeichnung, Vorläufer der heutigen Küstenhandbücher, hieß *Periplus,* das »Zu-Umfahrende«. Da sie schriftlich niedergelegt waren, waren sie nur den Kapitänen nützlich, die lesen konnten, was der Kunst des Lesens wiederum förderlich war und den Schiffsführern gegenüber der eher analphabetischen Mannschaft ein großes Prestige verlieh. Außerdem war die kürzeste und sicherste Passage von einem Hafen zum anderen nicht nur das Handelsgeheimnis eines Kapitäns, sondern oft auch ein wertvolles Staatsgeheimnis. *»Die ganze Küstenfahrt von den Säulen des Herakles bis zur Insel Cerne erfordert 12 Tage. Die Teile jenseits der Insel Cerne sind nicht schiffbar wegen Untiefen, Schlamm und Seetang«*, heißt es im ältesten erhalten gebliebenen *Periplus von Scylax,* der im 6. Jahrhundert vor Christus für den Perserkaiser Darius der Große erstellt wurde.

Zur Zeitenwende waren *peripli* allgemein gebräuchlich. Der Periplus des Erythräischen Meeres ist ein präziser und ausführlicher Lotsenführer für die Route vom Roten Meer durch den Indischen Ozean. Er wurde um das Jahr 60 von den Kaufleuten von Berenike verfaßt und hat den großen Vorzug, daß er sich auf persönliches Wissen stützt. Es handelt sich um einen Ratgeber für Kapitäne, von Seeleuten für Seeleute geschrieben. Als solcher vermittelt er eine Menge praktischer Kenntnisse über die Lage von Orten, über Hafenanlagen und ihre Infrastruktur, über Wetter, Bewohner, Export- und Importgüter verschiedener Handelsplätze zwischen der ostafrikanischen Küste und dem Golf von Bengalen.

Wenn man diesem Periplus Schritt für Schritt folgt, kann eine Seereise rekonstruiert werden, wie sie für die ersten nachchristlichen Jahrzehnte charakteristisch waren. Die meisten dieser Reisen wurden von privaten Kapitänen durchgeführt, die zugleich auch Händler waren, oder durch Schiffsführer, die für einen der unvorstellbar reichen Handelsherrn fuhren, welche das unersättliche Rom mit allen erdenklichen Luxusgütern versorgten. Denn nicht nur aus

Indien gelangten die Waren nach Rom, die Schiffe brachten auch Schildpatt aus Malaya und Seide aus China mit, die in Indien eingehandelt worden waren. Als später fast gleichzeitig das Römische Reich und die mächtige Han-Dynastie zugrunde gingen, wurde die Handelsflut im 4. Jahrhundert schwächer und kam im 5. Jahrhundert völlig zum Erliegen.

Den Teil der Reise vom Tiber nach Alexandria in Ägypten legten schon damals Tausende von Handelsschiffen zurück, etwa 400 Tonnen schwere, kleine Kauffahrteischiffe mit bunt zusammengewürfelten Mannschaften aus Ägypten, Phönizien, Arabien und Griechenland, aus Mazedonien, Kreta und Dalmatien – denn die Römer liebten das Meer nicht! Von Alexandria mußte man nilaufwärts nach *Koptos* (dem heutigen Koft) reisen und die Wüste mit Kamelen nach dem großen Handelsplatz *Myos Hormos* an der Küste des Roten Meeres durchqueren. Keine Spur ist von diesem großen Hafen geblieben, der einmal einer der wichtigsten am Roten Meer war. Selbst seine Lage ist strittig: manche Gelehrte meinen, er lag am Golf von Akaba, andere am Golf von Suez.

Das Schiff, das sich zu Beginn unserer Zeitrechnung zu einer so gewagten Reise nach Indien aufmachte, war recht groß, denn aus den erhalten gebliebenen Frachtverzeichnissen geht hervor, daß es eine beachtliche Ladung an Bord nehmen konnte. Wir wissen, daß es seetüchtig war, denn es ist erwiesen, daß es auch während der Südwestmonsune den Indischen Ozean überquerte, also in einer Jahreszeit mit heftigen Stürmen und schwerer See. Wir wissen außerdem, daß es ein reffbares Rahsegel hatte, denn Schiffe dieser Art sind auf zeitgenössischen Münzen, Reliefs und Vasen abgebildet. Das Rahsegel gab dem Schiff bei schlechtem Wetter Stabilität und bei gutem Wetter und achterlichem Wind verlieh es ihm Schnelligkeit. Es hatte zusätzlich das arabische Bugsprietsegel, das für bessere Manöverierfähigkeit sorgte. Die Wasserverdrängung wird auf 750 Tonnen geschätzt, die Länge auf etwa 42 Meter, die größte Breite auf 10 Meter, der Tiefgang auf 3,60 Meter und die Segelfläche auf etwas über 330 m^2.

Die günstigste Jahreszeit für den Reisebeginn, so heißt es in dem Periplus, ist der Spätsommer, und die Route führte die Küste des Roten Meeres entlang in das heute bedeutungslose *Berenike* (siehe Karte), dann weiter nach *Adulis* (heute Massaua), und in beiden Häfen mußten Vorräte und Wasser gebunkert werden. Erst wenn das Schiff das *Bab el Mandeb,* das »Tor der Tränen«, hinter sich gelassen und den Golf von Aden erreicht hat, werden die Stoffballen und Weinfässer aus dem Schiffsbauch herausgehievt und gegen die begehrten Gewürze und Juwelen des Ostens getauscht worden sein. Später segelte man langsam die *Somaliküste* hinunter, trieb Handel und wartete auf gutes Wetter, um sich erst dann nach Osten in den Indischen Ozean zu wagen.

Der Periplus gibt uns eine lebendige Beschreibung von den Häfen des Somalilandes, ihren Importen und Exporten: »*In Malao* (heute Berbera) *ist der Ankerplatz eine offene Reede, nur geschützt durch eine sich von Osten erstrekkende flache Landzunge. Die Eingeborenen sind friedfertig. Eingeführt werden unverarbeitete Stoffe aus Ägypten, Eisen, Wein aus Italien, Olivenöl und fertig genähte und gefärbte Tuniken und Umhänge. Ausgeführt werden Myrrhen, Weihrauch, die schärfere Sorte Zimt, Kopalharz und Sklaven. ... Zwei Tagereisen weiter, in Mundus* (heute Bandan Haïs) *sind die Leute streitsüchtig, doch kann man wohlriechende Harze, Gewürze, auch schon Schildpatt und Elfenbein einhandeln.*«

Das sind wertvolle Waren, aber unser Kauffahrteischiff hatte die noch märchenhafteren Schätze Indiens im Sinn; der Kapitän wird sich mit dem Handel zurückgehalten haben. So kam man langsam weiter nach Osten voran, bis schließlich das *Kap der Gewürze* (Kap Guardafui) erreicht wurde, das *Horn Afrikas,* einem ständig von den Stromwellen der Gezeiten umbrandeten, im Hitzedunst flimmernden Vorgebirge.

Von Kap Guardafui führten zwei klassische Handelsrouten in das Erythräische Meer: die eine entlang der afrikanischen Küste nach Aden und von dort durch den Persischen Golf nach Pakistan und Indien. Die andere führte ostwärts über das offene Meer nach Indien.

Die erste Strecke war die klassische Route, sie wird im Periplus ausführlich behandelt. Sehr lebendig wird zum Beispiel die Küste von Saudiarabien geschildert, »*bergig und unwirtlich, eingehüllt in Nebelwolken; hier wird das Harz der Weihrauchbäume gehandelt*«. Und von der Insel Zenobia heißt es, sie sei »*bewohnt von Fischessern, einer Bande von Schurken, die Gürtel aus Palmblättern tragen*«.

Schließlich der Fluß Sinthus, »*der größte aller Flüsse, der sich hier in das Meer ergießt*«. Nach dem Periplus war der Handel an dieser ganzen Strecke besonders lebhaft, was die nachfolgende Aufstellung bestätigt. Importiert wurden Weizen, Wein, Stoffe, Kupfer, rote Korallen, Zinn, Bernstein, Messing und Goldmünzen. Der Export umfaßt Weihrauch, Aloe, Schildpatt, Zinnober, Perlen, Gold, Sklavinnen, Sandelholz, Ebenholz, Teakholz, Datteln, Reis und Bdellium.

Die hier aufgeführten Waren sind Luxusgüter und waren zu allen Zeiten ein Vermögen wert. Aber die Küstenroute nach Indien hatte trotz der Möglichkeiten, Reichtum zu erwerben, einen großen Nachteil: sie war, wie es im Periplus heißt, »*langwierig und schwierig wegen der ungünstigen Winde*«. Die Fahrt von Myos Hormos nach Bombay dauerte bis zu 15 Monate; eine sehr lange Zeit, auch nach den Reisemaßstäben des 1. Jahrhunderts. Das war der

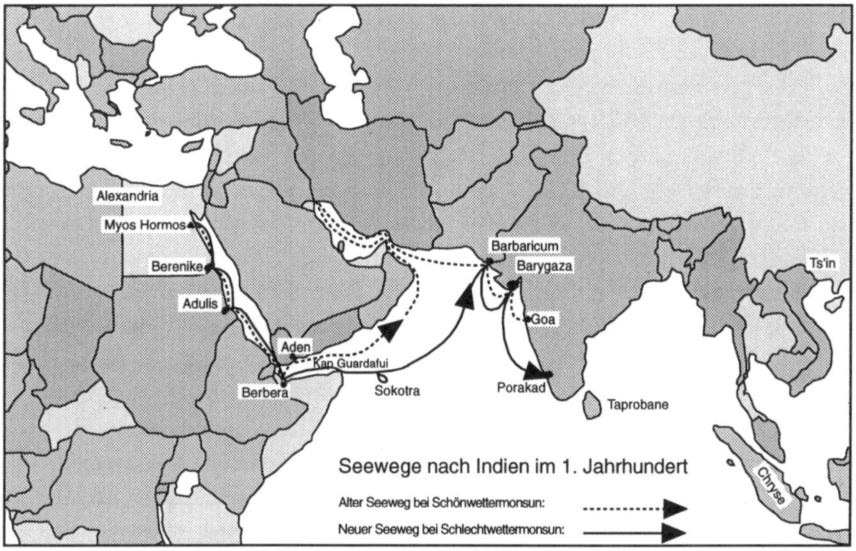

Seewege nach Indien im 1. Jahrhundert.

Grund, warum die zweite Route von Kap Guardafui erkundet wurde: die direkte Route über den Indischen Ozean!

Die Araber segelten bereits damals seit mehreren hundert Jahren in ihren *Dhaus*[2] über den Indischen Ozean, und immer haben die Monsune mit der Genauigkeit eines Uhrwerks für den nötigen Wind gesorgt. Nun lebte im 1. Jahrhundert ein griechischer Steuermann, *Hippalus;* er war *»der erste, der aus dem Südwestmonsun Nutzen zog«.*

Aber diese Theorie ist unter kritischen Beschuß geraten, denn erfahrene Seeleute wie *Alain Villiers* haben darauf hingewiesen, daß *»der Südwestmonsun eine Schlechtwetterperiode ist; wenn er eingesetzt hat, sind die Verhältnisse so, daß primitive Fahrzeuge nicht segeln können. In Wirklichkeit ist der Nordostmonsun die Segelsaison, und die Schiffe*[3] *fahren dann in beiden Richtungen über den Indischen Ozean. Ich muß es schließlich wissen, denn ich bin ein Jahr lang in diesen Winden gesegelt.«*

Und doch behauptet der Periplus kategorisch, daß die Kaufleute im ersten Jahrhundert nach Christus im August von Afrika nach Indien zu segeln pflegten, das heißt zur Zeit der stärksten Südwestwinde. Die Lösung des Rätsels ist einfach: In ihren Dhaus mit Lateinersegeln überquerten die Araber den Indischen Ozean während der sanften Nordostmonsune, die von November bis

April wehen. Die schweren griechisch-römischen Koggen mit Rahsegel hingegen während der Südwestmonsune (Juni bis Oktober), und das ist tatsächlich die Jahreszeit heftiger Stürme, starker Regenfälle und schwerer See. Unter solchen Bedingungen suchten die Araber mit ihren zerbrechlichen Dhaus Schutz in den Häfen. Und weil sie nur in See stachen, wenn die Winde aus Nordosten wehten, mußten sie eine Takelage entwickeln, die es ihnen erlaubte, auf jedem Kurs, also am Wind und vor dem Wind zu segeln. Mag das Lateinersegel dem westlichen Auge auch plump erscheinen, es verlieh den arabischen Dhaus die Segeleigenschaft einer modernen Jacht, wie man heute noch gelegentlich im arabischen Raum feststellen kann. So konnten im 1. Jahrhundert die Araber sechs Monate im Jahr den Indischen Ozean in beiden Richtungen überqueren. Die Schiffe aus dem Westen gerieten von November bis April in den Nordostmonsun, also Wind *von vorn*, gegen den sie nicht vorankommen konnten. Geschah das hingegen in der Zeit von Juni bis Oktober, dann wurden die Schiffe von den heftigen Südwestmonsunen gepackt. Deshalb hielten sich die nach Indien fahrenden Schiffe nicht mehr dicht unter einer gefährlichen Leeküste, sondern stießen kühn in das Meer hinaus, mit Kurs nach Osten. Dieses Verhalten ist auch logisch, denn die unveränderliche Weisheit galt damals wie heute, daß ein Schiff bei schwerem Wetter auf offenem Meerraum sicherer aufgehoben ist als unter einer Küste in Lee! So kam es, daß der Südwestmonsun als *Hippalus* bekannt wurde nach dem Namen desjenigen, der als erster mit Hilfe dieses Windsystems die direkte Überfahrt wagte.

Durch die Entdeckung des Hippalus verkürzte sich die Seereise nach Indien von vierhundert auf vierzig Tage! Der Handel erhielt dadurch einen phantastischen Auftrieb. Römische Kaufleute, die bisher gezögert hatten, ihre Schiffe auf eine drei Jahre dauernde, risikoreiche Reise zu schicken, stuften richtigerweise die Gefahren einer viermonatigen Reise über das offene Meer als geringer ein als die Fahrt entlang der Küste. Im Laufe eines Menschenlebens hatte sich dann auch die Zahl der zwischen West und Ost Handel treibenden Schiffe verzehnfacht. Die Kapitäne steuerten zuerst die Insel *Sokotra* an, die 150 Meilen vor der Küste liegt. Folgendes berichtet der Periplus: *»Weit draußen im Meer liegt eine Insel mit Namen Dioscordia; sie ist groß, besteht aber hauptsächlich aus Wüste und Sumpf. Es gibt Flüsse dort mit Krokodilen.... Auch wird auf der Insel Zinnober erzeugt, der in Tropfen von den Bäumen gesammelt wird.«* Heute wird der Zinnober nicht viel anders auf Sokotra gewonnen: die Kügelchen des getrockneten Saftes werden von den Bäumen abgeschlagen und in einem Musselinsack aufgefangen.

Nach Sokotra aber führte der Kurs aufs offene Meer. Voraus lag auf 1000 Meilen kein Land, auf der Brücke der Schiffe gab es weder Sextant noch Kompaß, im Ruderhaus keine Seekarte. Gut sechs oder sieben Knoten legte das Schiff pro Stunde zurück, und der Kurs war ein großer Bogen, der sich über die Wasserwüste des *Erythräischen Meeres*[4] spannte. Doch nach weniger als einem Monat näherte man sich der indischen Küste. Wieder gibt uns der Periplus eine lebendige und zutreffende Beschreibung der Küste: *»Der Sinthus* (Indus) *hat sieben Mündungen, die so flach und sumpfig sind, daß nur der mittlere Flußarm schiffbar ist. Hier liegt die Marktstadt Barbaricum, von der aus die Waren mit Booten flußaufwärts zur Hauptstadt gebracht werden. Importiert werden gemustertes Leinen, Korallen, Weihrauch, Gold- und Silbergeschirr und -münzen sowie Wein. Exportiert werden Kostwurz, Bdellium, Türkis, Lapislazuli, Pelze, Seiden und Indigo.«* Beide Seiten kauften und lieferten Luxuswaren von großem Wert! Die Verfasser des Periplus erwähnen dann den Schiffsbohrwurm und die Schlammzonen, zwei damals wie heute für Seeleute höchst wissenswerte Charakteristika des Indus-Deltas.

Nachdem die handeltreibenden Seefahrer den Indus verlassen haben, machte das Schiff, nun wieder der Küste folgend, einen weiten Bogen um die Wildnis von Kutch und fuhr nach Süden in den Golf von Canbay. Hier bedurfte es großer Seemannskunst, um den Handelsplatz *Barygaza* (das

Römisches Kauffahrteischiff des 1. nachchristlichen Jahrhunderts.

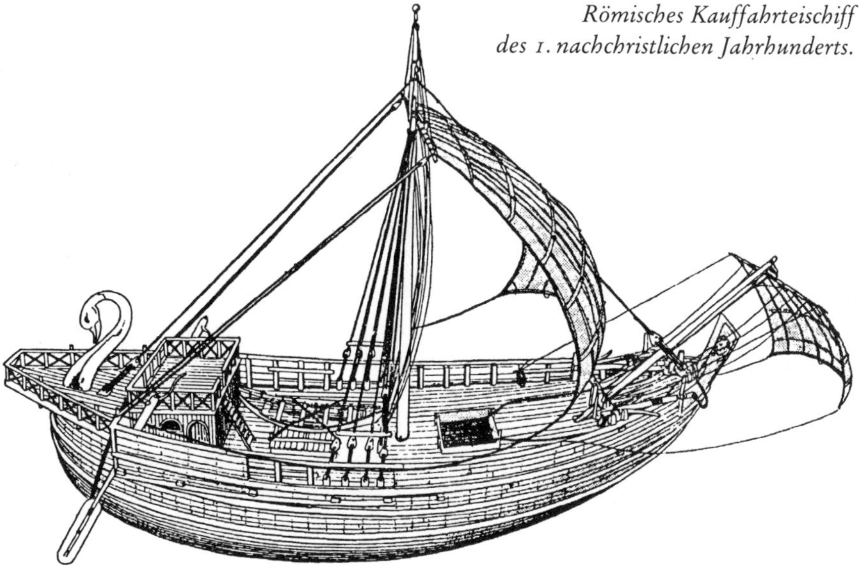

moderne Broach) zu erreichen, das weit oben im Golf an der Mündung des Narbada-Flusses liegt. Die Kauffahrer bedienten sich dabei einheimischer Lotsen, um den Weg durch die ungezählten Untiefen zu finden und um sich deren Kenntnisse der großen Gezeitenunterschiede zunutze zu machen. Sobald man aber dort ankam, wartete eine märchenhafte Belohnung! Denn in welch großem Maßstab die Reichtümer aus Ost und West in Barygaza den Besitzer wechselten, zeigt wieder die Warenliste des Periplus:

»Importe: Italienische Weine, arabisches Kupfer, Zinn, Korallen, Topas, Kleidung aus feinstem Gespinst, farbenprächtige Gürtel, Glas, Antimon, Gold- und Silbermünzen, Gefäße aus Gold und Silber, Sängerknaben, schöne Mädchen für den Harem. – Exporte: Musselin, feine indische Stoffe und grobes Mauve-Tuch, Achat, Karneol, Nardenöl, Kostwurz, Bdellium, Lycium, langer Pfeffer, Sesamöl, Elfenbein, seltene Felle und kostbare Seiden.«

Diese Liste ist weitaus interessanter, als es auf den ersten Blick den Anschein hat. Denn langer Pfeffer, Nardenöl, Kostwurz, Bdellium und Lycium sind Drogen und Heilkräuter, die damals im Westen phantastische Preise erbrachten. Die kostbaren Seiden stammten sicherlich von den Maulbeerbäumen des nordwestlichen China; sie sind der erste eindeutige Hinweis zu dem »fernen Land Ts'in«, während die schönen Mädchen auf traditionellen weißen Sklavenhandel hinweisen.

Die eingehandelte Schiffsfracht erreichte in Barygaza mittlerweile einen Gegenwert von fast 12 Millionen Mark, doch noch führte der Kurs weiter nach Süden. Wahrscheinlich legte man in *Suppara* (Bombay) an, vielleicht auch in Saigarh, aber um Goa schlugen die Kaufleute einen weiten Bogen, denn *»hier wimmelt die Küste von Piraten«*. Schließlich gelangte man nach *Porakad* an den Lagunen von Cochin, nicht weit von der Südspitze Indiens. Und hier gab es die kostbarste Ladung, die höchsten Gewinn versprach: Pfeffer (piper nigrum) aus Malabar; Perlen, die (wie noch heute) im Golf von Mannar gefischt wurden; Edelsteine von der Märcheninsel *Taprobane* (Ceylon).

Aber zwei Artikel, berichtet der Periplus, waren schon in Indien aus dem Ausland eingeführt: *»Schildpatt aus Chryse und Seiden aus dem fernen Lande Ts'in«*. Es muß also ein Handelsweg weit über den Indischen Ozean hinaus bestanden haben, denn Chryse war Malakka.[5] Ts'in hingegen war ein mächtiger Staat im Nordwesten des heutigen China, dessen Hauptstadt Hienyang am Flusse Wei die Ausgänge zum Gelben Meer fast tausend Jahre lang beherrschte. Es waren die Fürsten von Ts'in, die die Große Mauer zu bauen begannen und den Seidenexport monopolisierten. Es ist nicht ausgeschlossen, daß ein großer Teil der chinesischen Seide nicht zu Lande, sondern auf dem Seeweg nach Indien gelangte.

Die griechisch-römischen Kauffahrteischiffe wagten sich indes nicht so weit nach Osten; Porakad war die letzte Station. Der ausführliche Teil des Periplus endet denn auch hier: Osten und Westen hatten Kontakt miteinander aufgenommen. Der rege Handel an dieser Küste brachte beiden Seiten begehrte Waren, aber aus Nachrichten aus einer anderen, fernen Welt! Und der Kontakt war freundschaftlich. In allen Berichten, die über den Handel im 1. und 2. Jahrhundert mit diesen Kulturkreisen erhalten geblieben sind, wird kaum eine feindselige Situation erwähnt. So ist es eine Tragödie der Geschichte, daß dieser frühe freundschaftliche Verkehr abgebrochen wurde, ehe er sich zu einer dauerhaften Verbindung entwickeln konnte. Aber die Einfälle der Barbaren, die fast gleichzeitig Ost und West trafen, setzten dem Handel ein Ende; das römische und das chinesische Reich gingen zugrunde und die nachfolgenden chaotischen Zeiten des frühen Mittelalters sind in Europa wie in Asien als die *Jahrhunderte der Verdüsterung* bekannt. Trotzdem gebührt den griechisch-römischen Kauffahrteischiffen ein Ehrenplatz in der Geschichte der Entdekkungen. Denn die Seeleute, die im 1. Jahrhundert die Seewege nach Indien erkundeten, waren die Vorläufer der Entdecker des 13. bis 16. Jahrhunderts. *Vasco da Gama* ist heute in der ganzen Welt bekannt und geehrt, und er war in der Tat ein großer Entdecker. Aber wir sollten nicht vergessen, daß er eine Vielzahl unbekannter Vorläufer hatte, die schon vierzehnhundert Jahre vor seiner Geburt den Seeweg nach Indien erforscht hatten.

9. KAPITEL

Der Heilige und das Meer

Die halblegendären Reisen des irischen Mönchs Brendan nach Nordamerika im 6. Jahrhundert

Im Jahre 1492, so wollen uns die Geschichtsbücher weismachen, hat Kolumbus Amerika entdeckt. Das stimmt nicht! Schon 900 Jahre früher landeten irische Mönche und um die Jahrtausendwende Wikinger-Langschiffe mehr als einmal an der nordamerikanischen Küste. Die Tat des Kolumbus ist insofern eine Wiederentdeckung, daß sie nicht der Vergessenheit anheimfiel, wie die seiner Vorläufer. Als Irland im 5. Jahrhundert christianisiert worden war, begannen die Mönche nicht nur von dort aus die bekannten und bewohnten Gebiete zu missionieren, sondern sie suchten oft auch auf abgeschiedenen Inseln Einsamkeit, um ungestört ein Gott wohlgefälliges Leben als Eremiten führen zu können. Sie haben nachweisbar auf den Färöern und auf Island ihre Klausen errichtet. Aber man muß schon lange von einem Land im Westen gehört haben, denn die Reisen des später heilig gesprochenen irischen Mönches *Brendanus* begannen mit einer Vision, *»nach Westen zu segeln zu dem verheißenen Land, ... den Fuß auf den Boden des irdischen Paradieses zu setzen, wo der Mensch vor dem Sündenfall gelebt hatte!«* Und da die frommen Seemänner genau in den offenen Atlantik westwärts hinaussegelten, scheint es also, als hätten sie ein fernes und unentdecktes Land irgendwo hinter dem Horizont gesucht.

Brendan soll von 484 bis 577 gelebt haben, soll zuletzt Abt eines Klosters in der heutigen irischen Grafschaft Galloway gewesen sein und war – darf man den Chroniken glauben – bei seinem Tode 93 Jahre alt! Er hat auf den Hebriden und in der Bretagne Klöster gegründet und auch die Orkney- und Shetland-Inseln besucht. Er war auf jeden Fall ein weitgereister Mann! Die Geschichte von der wunderbaren Seefahrt des hl. Brendan liegt in einer erst um das Jahr 800 entstandenen Aufzeichnung vor, der *Navigatio Sancti Brendani Abbatis,* war also in Laufe der seither vergangenen drei Jahrhunderte durch mündliche Überlieferungen stark ausgeschmückt und verändert worden, weil die Verherrlichung christlicher Weltschau Vorrang hatte vor geschichtlicher Wahrhaftigkeit. Auf jeden Fall ist die Reiseroute heute nicht mehr rekonstruierbar. Es ist schwierig, Legende und Wahrheit voneinander zu unterscheiden; so galt auch lange Zeit hindurch die *Navigatio* als eine Sammlung von Lügenmärchen. Aber es existiert eine ganze Reihe von Texten, die sich inhaltlich ähneln. 1476 erschien in Augsburg eine illustrierte Version in deutscher Sprache mit dem Titel *Sankt Brendans Seefahrt*. Viele Einzelheiten sowie Beschreibungen über die Weite und Einsamkeit des Atlantiks schaffen eine Atmosphäre von Glaubwürdigkeit, die heute von den Geschichtsforschern als durchaus zutreffend und absolut vernunftmäßig erklärt werden. Heute gilt die Auffassung, daß die *Navigatio Sancti Brendani Abbatis* eine Sammlung verschiedener Reiseberichte darstellt; man geht davon aus, daß die Reisen seinerzeit verbürgt waren, aber daß der sie verbindende rote Faden Dichtung ist, in der der hl. Brendan die Hauptrolle übernommen hat. Viele nautische Details weisen darauf hin, daß St. Brendan (oder die Autoren der *Navigatio*) genau wußten, wie es an Bord eines offenen Bootes auf See zugeht, z. B. treffen Aussagen zu Segeleigenschaften, Krängung,[1] Geschwindigkeits- und Distanzangaben erstaunlich gut zu.

Die Geschichte[2] beginnt damit, daß der Mönch Brendan vom Mönch Barinthus Besuch erhielt, welcher ihm über eine Reise in das verheißene Land berichtete. Brendan beschloß, eine ähnliche Reise zu unternehmen. Er wählte 14 Männer aus, Mönche wie er, die ihn begleiten sollten; sie errichteten ein Lager an der Küste der Halbinsel Dingle und machten sich daran, ein *Coracle* zu bauen. Das waren primitive, aber seetüchtige Boote aus mit Häuten überzogenem Weidengeflecht. Dazu benutzten sie eiserne Werkzeuge; die Nähte der mit Lohrinde gegerbten Häute wurden verpecht. Dann nahmen sie Vorräte für 40 Tage an Bord, und auch Butter, um die Häute zu fetten, und zur Mitsommerzeit wurden die Segel gesetzt.

Das Coracle des heiligen Brendan wird etwa 9 bis 10 Meter lang gewesen sein, mit einem einzigen Rahsegel; der äußere Schiffsboden wird eine hölzerne Laufplanke gehabt haben, damit die Häute nicht beschädigt wurden, wenn das Boot an Land gezogen werden mußte. Die Querversteifungen waren aus Weidengeflecht und die Außenhaut bestand aus drei oder vier besonders behandelten Kuhhäuten. Die Fortbewegung bei Flaute geschah durch Paddel, denn Riemen wären zu gefährlich gewesen, weil Dollen oder Riemenverbindungen die Bootshaut hätten beschädigen können.

Derartige Fahrzeuge waren jämmerlich klein für so waghalsige Fahrten auf dem Atlantik. Aber sie wirkten zerbrechlicher als sie in Wirklichkeit waren. Denn Coracles sind hervorragend seetüchtige Schiffe: leicht genug, um auf den Wellen zu tanzen wie der sprichwörtliche Korken; sie waren aber auch imstande, etwas am Wind zu segeln und vor einem heftigen Sturm gerefft

Irisches Coracle.

abzulaufen, ohne daß Wasser ins offene Boot schlug. Aber sie besaßen natürlich kein Deck; schlug einmal Wasser ins Schiff, dann mußte sofort *gelenzt*[3] werden, weil durch größere Wassermengen, die im Kielraum hin und her schwappten, das Coracle gefährlich instabil werden konnte und zu kentern drohte.

Brendanus hielt genau Kurs auf den Atlantik hinaus, aber nach zwölf Tagen gerieten er und seine Männer in eine Windstille und die Besatzung verlor die Orientierung. Dann segelten sie vor einem Südweststurm. Am vierzigsten Tag – der Proviant war gerade verbraucht – sichteten sie *»eine steile Felseninsel mit Flüssen, die über hohe Felsenklippen herabstürzen«*. Sie blieben einige Tage, dann segelten sie eine Zeitlang in verschiedenen Richtungen, bis sie wiederum eine Insel sichteten. Diese zweite Insel war bevölkert *»mit vielen Schafen von ganz ungewöhnlicher Größe«*, es gab auch Flüsse voller wohlschmeckender Fische. Brendan taufte sie die Schafinsel. Hier verbrachten die Männer den Winter, ehe sie im Frühling zur Nachbarinsel, nur ein paar Meilen westlich, hinüberfuhren. Diese dritte Insel war grasbewachsen, *»voller purpurroter Blumen und bewohnt von einer Vielzahl weißer Vögel«*.

Die Forscher glauben heute, diese drei Inseln identifizieren zu können. Bei der ersten handelt es sich um *Saint Kilder*, die westlichste der Äußeren Hebriden, die zweite Insel könnte *Strömo* sein, die größte der Färöer-Inseln, zu denen die frommen Seefahrer durch Strömung und Wind gelangten und auf der sie den Winter verbrachten. Strömo hat heute noch auffallend große Schafrassen! Ein paar Meilen westlich von Strömo liegt die Insel *Faagö,* sie ist mit Heide bewachsen und berühmt als Vogelparadies. Besonders die weißen Seeschwalben nisten hier zuhauf.

Nachdem das Coracle die Färöer-Inseln verlassen hatte, wird es drei Monate lang auf südlichem Kurs hin- und hergeworfen, und die Besatzung sah nichts als Meer und Himmel. Jeden zweiten Tag fasteten sie, um die Vorräte zu strecken. Schließlich gelangten sie zu einer Insel mit mildem Klima. Als sie landeten, wurden sie von ehrwürdigen, weißbärtigen Greisen empfangen, die sie zu einem Kloster führten. Sie erfuhren, dies sei *»die Insel des heiligen Ailbe«*, und die Gemeinde lebte hier bereits seit achtzig Jahren. Brendan und die Seinen verbrachten hier das Weihnachtsfest. Als sie schließlich weiterfuhren, *»liessen sie sich zwei oder drei Wochen treiben und benutzten weder Paddel noch Segel«*, bis sie wiederum zu einer Insel gelangten, die felsig war und reich an Vegetation. Sie fanden viele Quellen, aber einige Besatzungsmitglieder, die davon zuviel getrunken hatten, wurden krank. Da verließen sie die Insel rasch, gerieten aber bald in eine Windstille, wo das Meer *»einer dicken, geronnenen Masse ähnelt«*. Hilflos trieben sie zwanzig Tage, dann befreiten sie sich mit den Paddeln aus der Masse und konnten wieder Segel setzen.

Der Hinweis auf das milde Klima läßt den Schluß zu, daß es sich bei der ersten Insel um *Madeira* handelte, auf der zu dieser Zeit tatsächlich bereits ein Kloster existierte, das wohl von Portugal aus gegründet worden war. In der Zeit nach Weihnachten würden nun Wind und Strömungen ein Coracle in ein oder zwei Wochen von Madeira in nordwestlicher Richtung zu den Azoren treiben. Hier finden wir eine Insel im Atlantik, auf der es ungenießbares Wasser gibt: *São Miguel.* Noch heute werden die Touristen ausdrücklich davor gewarnt, das stark schwefel- und eisenhaltige Wasser zu trinken. Ein weiterer Hinweis dafür, daß wir uns hier in der richtigen Gegend befinden, ist die Erwähnung jener Windstille, wo die See *»einer dicken, geronnenen Masse ähnelt«*. Das ist die erste Beschreibung des *Sargasso-Meeres* in der Geschichte! Der an der Wasseroberfläche schwimmende Beerentang sieht wirklich wie eine dicke, geronnene Masse aus; das Sargasso-Meer beginnt in der Kalmenzone, zirka drei Tagereisen mit dem Segelboot von den Azoren, und der Bericht des hl. Brendan, er habe die Paddel benutzen müssen, um sich zu befreien, ist für diese windstillen Breiten durchaus glaubwürdig.

Einiges in der *Navigatio* scheint tatsächlich der frommen Phantasie der Kirchenmänner entsprungen zu sein, zum Beispiel die Geschichte vom friedfertigen Wal, der sich eines Tages dem Coracle näherte und sich nach einiger Zeit schützend um das Boot legte. Sie nannten den Wal *Jasconius.* Dieser

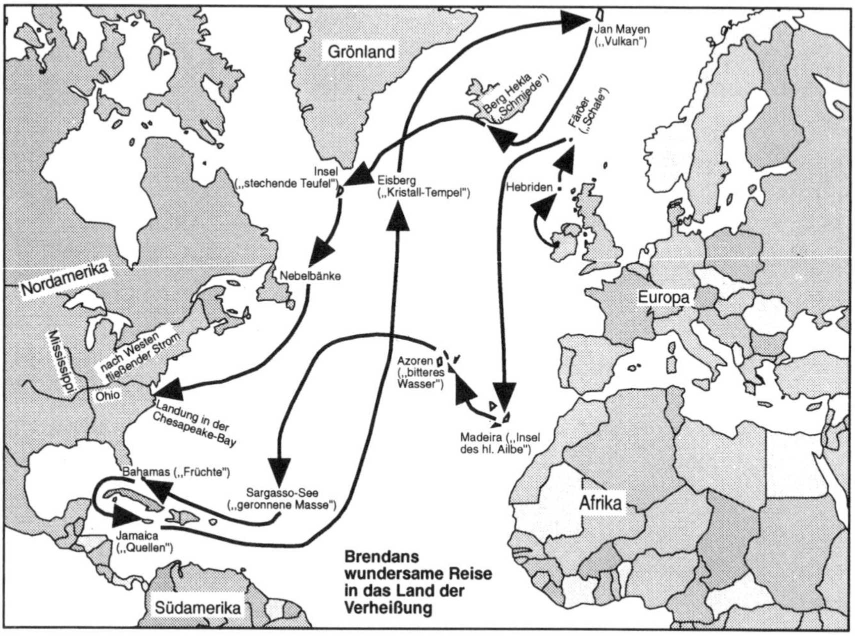

Die Entdeckungen der irischen Coracles des 6. und 7. Jahrhunderts (nach der Navigatio Sancti Brendani Abbatis).

erlaubte den Mönchen sogar, auf seinem Rücken die heilige Messe zu lesen und auf ihm zu rasten. Diese Episode ist wohl in die *Navigatio* als Beweis eingefügt worden, daß Brendan und seine Gefährten auch auf ihrer Reise die vorgeschriebenen kultischen Zeremonien abgehalten haben.

Eines Tages sichteten sie eine weitentfernte Insel. Die Insel war bemerkenswert flach, fast in gleicher Höhe mit dem Meer, es gab keinen Baum oder irgendetwas, das sich im Winde bewegte. Sie war sehr groß, und die Besatzung ging an Land. Sie fanden riesige Früchte, von denen jede einen halben Liter Saft enthielt. Nach der Weiterfahrt geriet das Coracle wieder in eine Windstille, das Wasser war wunderbar klar, so daß man den Meeresgrund sehen und große Fische beobachten konnte. Nach zwölf Tagen erblickten sie einen Vogel mit prächtigem Gefieder, der mit einer großen roten Weintraube im Schnabel über sie dahinflog. Vier Tage darauf gelangten sie zu einer üppigen und mit reichlich Wasser versehenen Insel, wo es Bäume gab, die erstaunlich eng zusammenstanden. Sie erforschten die Insel und schlugen schließlich ihr Lager auf an einem Platz, wo sechs große Quellen aus dem Boden hervorsprudelten und die Vegetation üppig und farbenprächtig wucherte. Nach vierzigtägigem Aufenthalt reisten sie, reich mit Obst beladen, weiter.

Eine flache Insel, fast in gleicher Höhe mit dem Meer, ziemlich groß und ohne Flüsse, aber mit enorm saftigen Früchten, ist im Ostatlantik nicht zu finden: hier sind alle Inseln vulkanischen Ursprungs und daher bergig. Doch im Südwesten, in der Nähe des nördlichen Wendekreises, paßt die Beschreibung genau auf eine Insel der Bahamas, *Long Island,* eine Koralleninsel, die daher flach und fast in gleicher Höhe mit dem Meer ist, von Natur aus waldlos und ohne Flüsse. Die Bewohner beziehen ihr Wasser ausschließlich aus Zisternen; nirgends im Umkreis gibt es größere und saftigere Früchte als die Melonen von den Bahamas. Auch die Beschreibung einer See von besonderer Klarheit trifft haargenau auf das einzige ausgedehnte Korallenmeer der karibischen Nachbarschaft der Bahamas zu. Zwölf Tage später sahen sie den Vogel mit der Weintraube und vier Tage darauf gelangten sie an die baumreiche Insel. Hier haben wir eine vollendete Beschreibung der Tropenwelt von Jamaika: die bunten Vögel, die dichtstehenden Bäume (Dschungel), die duftende Luft, das reiche Grün der Vegetation und die vielen Quellen! Auch der heutige Name *Jamaika* deutet darauf hin, denn er kommt vom indianischen *Xaymaca* und bedeutet *viel Wasser.*

Alle Fakten zusammen können doch weitgehend als Beweis dafür angesehen werden, daß irgendwann im frühen Mittelalter irische Coracles bis zum Karibischen Meer vorgedrungen sind. Als Cortez 1519 die Eroberung Mexikos begann, sah er, daß die Azteken unter anderen Göttern einen Lichtgott mit Namen *Quetzalcoatl* anbeteten. Quetzalcoatl war weiß, bärtig und von einer Jungfrau geboren; er verabscheute Menschenopfer und lehrte die Menschen *»in Barmherzigkeit und Frieden«* zu leben; er hatte weiße Gewänder und das Kreuz als Wahrzeichen. Der aztekischen Legende nach war Quetzalcoatl vor langer Zeit in einem Schiff aus dem Osten gekommen. Offenbar war Mittelamerika also schon früh mit dem Christentum in Berührung gekommen.

Nun folgten ein paar haarsträubende Abenteuer. Die *Navigatio* berichtet: *»Eines Tages sichten die Reisenden eine riesige Säule im Meer, groß, strahlend und mit Edelsteinen besetzt wie ein Kristalltempel. Sie brauchen drei Tage, um zu ihr hinzukommen; dann ziehen sie die Paddel ein, legen den Mast um und gleiten unter dem silbrigen Vordach des Tempels hindurch zum Fuß der Säule selbst. Vier Tage verbringen sie damit, dieses Phänomen zu erforschen, und bemerken die Kälte und das glitzernde Spiegelbild im Meer; dann segeln sie nach Norden davon. ... Bald kommen sie zu einem hohen, schwarzen Berg, der in Nebel gehüllt ist und sich steil aus dem Meere erhebt. Eine große Rauchsäule steigt aus seinem Gipfel auf. Als sie die Flucht ergreifen vor diesem erschrecken-*

den Anblick, verzieht sich der Nebel, und sie sehen den ganzen oberen Teil des Berges, der große Flammenfahnen in den Himmel schießt. ...

Als nächstes kommen sie zu einer kahlen, mit Schlacke bedeckten Insel ohne Gras oder Bäume. Als sie sich dem Ufer nähern, hören sie das Hämmern von Riesenschmieden, die in unterirdischen Werkstätten arbeiten. Plötzlich kommt einer der Schmiede ans Ufer; er sieht das Coracle und schleudert ihm eine große Menge glühender Schlacke entgegen. Sankt Brendanus macht das Zeichen des Kreuzes und sagt seinen Brüdern, sie sollten ›mannhaft davonrudern, denn jetzt sind wir an den Grenzen der Hölle‹. Bald haben sich alle Schmiede am Ufer versammelt, ›jeder trägt eine große Menge glühender Schlacke, die sie auf die Diener Gottes schleudern. Dann kehren sie zu ihren Schmiedeöfen zurück; sie schüren das Feuer, bis gewaltige Flammen aus den Öfen hervorschlagen und die ganze Insel zu einem Feuerball wird und das Meer wie ein kochender Kessel aufschäumt‹. Das Coracle ergreift die Flucht, aber lange nachdem die Brüder die Insel aus den Augen verloren haben, hören sie noch ein gewaltiges Dröhnen und bemerken einen ›ekelhaften Gestank‹. ...

Sie segeln nach Westen, aber ihre Mißlichkeiten sind noch keineswegs überstanden, denn bald werden sie von einem wütenden Wal verfolgt. Der heilige Brendanus betet; und ein anderes Ungeheuer, ›eine riesige, schnauzbärtige Meerkatze, groß wie ein Ochse‹, taucht auf und greift den Wal an. Ein fürchterlicher Kampf entbrennt, bei dem die ›schnauzbärtige Meerkatze‹ – wahrscheinlich *ein Walroß – Sieger bleibt und den Wal erlegt; sein Kadaver treibt an eine Insel. Die Mönche landen auf dieser Insel und werden dann hier durch Stürme und Schneeschauer drei Monate lang festgehalten. Während dieser Zeit werden sie von ›stechenden Teufeln‹ geplagt. Sie essen den Wal und graben nach Kräutern und Wurzeln. Dann bessert sich das Wetter und sie nehmen Kurs nach Süden.«*

Diese Teile der *Navigatio* sind lange Zeit Gegenstand ungläubigen Spottes gewesen. Edelsteinbesetzte Tempel – Riesenschmiede, die Klumpen von Schlacke in ein kochendes Meer werfen – eine schnauzbärtige Meerkatze, groß wie ein Ochse – stechende Teufel: wer sollte einen derartigen Unsinn glauben? Nun müssen wir uns in Erinnerung rufen, daß die Mönche in eine für sie fremde Welt fuhren und dort Dinge sahen, für die sie keine bekannten Begriffe hatten; außerdem waren sie christliche Missionare und all ihr Tun und Lassen hatte nur der Ausbreitung des Christentums zu dienen und dem höheren Ruhme Gottes. Unter diesen Gesichtspunkten läßt sich für jede dieser Episoden eine logische Erklärung finden. Der mit »Edelsteinen besetzte Tempel« wird ein Eisberg gewesen sein, der sich im Frühling von den Grönlandgletschern gelöst hatte und südwärts driftete. Diese Eisberge sind oft sehr groß, überaus schön anzuschauen und mit der poetischen Bezeichnung *Tempel* auch plastisch beschrieben; in ihrer Nähe sieht man ihr Spiegelbild im Meer und spürt auch ihre Kälte.

Die schwarze Insel mit ihrer Rauchsäule wird mit großer Sicherheit *Jan Mayen*[4] gewesen sein, die in der richtigen Gegend liegt (nämlich in der Nähe der Eisbergzone) und hauptsächlich aus dem Vulkankegel Beerenberg besteht; die schieferschwarzen Klippen ragen über 2000 Meter hoch steil aus dem Meer auf. Der Beerenberg ist in der Neuzeit nicht aktiv gewesen – von einer kleinen Eruption 1818 abgesehen –, aber die Geologen bestätigen, daß er vor fünfzehnhundert Jahren immer wieder in Tätigkeit war. Nebel gibt es häufig vor Jan Mayen, und der flammmengekrönte Vulkan, der an der Grenze der bekannten Welt aus dem Dunst herausragt, muß ein wahrlich beängstigender Anblick gewesen sein.

Aber die meiste Skepsis hat die »Insel der Schmiede« geliefert. Die Schlacke, das Feuer, das Grollen und Dröhnen, die Schmiede und der Gestank: so könnte jemand einen Vulkanausbruch beschreiben, dem die Zyklopenschmiede am sizilianischen Ätna aus der *Odyssee* Homers[5] bekannt war. Und die irischen Geistlichen, die im 9. Jahrhundert die *Navigatio* verfaßt haben, gehörten höchstwahrscheinlich zu den wenigen Europäern, die gute Kenntnis der griechischen Klassiker besaßen. Unter dieser Annahme fügt sich die Identifizierung der Insel überzeugend in das Bild: Sie muß irgendwo im Hohen Norden gewesen sein, denn sie wird zwischen Jan Mayen und dem »edelsteinbesetzten Tempel« erwähnt; wahrscheinlich war es Island, denn die zitierte Stelle ist eine gute Beschreibung der isländischen Küste südlich des Berges Hekla. In dieser Gegend findet man vulkanische, schlackenartige Felsen ohne Vegetation. Der Vulkan Hekla war im frühen Mittelalter häufig tätig, seine Abhänge wurden jahrhundertelang als der Bereich des Chaos angesehen, *»das das Tor zur Hölle«* umgibt. So könnten die« Hammerschläge« in der *Navigatio* das unterirdische Grollen eines Vulkans vor dem Ausbruch gewesen sein, die »brennende Schlacke« die hochgeschleuderten Brocken von Bimsstein, die »Flammen der Riesenschmieden« die aus den Kratern hervorbrechenden Lavazungen und der »ekelhafte Gestank« der stickige Schwefelgeruch, der nach jedem Vulkanausbruch noch lange zurückbleibt. Der Bericht über die Insel der Schmiede ist somit kein Unsinn, sondern eine Kombination von präziser Beobachtung an Ort und Stelle und der Kenntnis der griechischen Mythologie.

Schließlich wird die Landung auf der von Schneeschauern gepeitschten Insel mit den »stechenden Teufeln« erwähnt. Schneeschauer und die Tatsache, daß die Insel drei Monate den Stürmen ausgesetzt war, deuten darauf hin, daß sie recht weit nördlich im Depressionsgürtel lag; die »stechenden Teufel«, die die Besatzung plagten, werden Stechmücken gewesen sein. Und wenn Brendanus sagt, sie mußten außer von Walfleisch auch von Wurzeln und Kräutern leben, dann war die Insel öde und unbewohnt. In Anbetracht dieser drei Fakten müßte ein möglicher Landeplatz auf einer Inselgruppe südwestlich von Grönland gelegen haben. Diese Theorie wird durch die Tatsache gestützt, daß diese Gegend für Wale und Walrosse bekannt ist.

Wenn es also stimmt, daß irgendwann zwischen dem 6. und 8. Jahrhundert irische Coracles Eisberge sichteten, an der Insel Jan Mayen vorbeisegelten, vor der Küste Islands waren und im Südwesten Grönlands landeten, dann erkundeten sie mehrere Jahrhunderte vor den Wikingern die klassischen Seerouten nach Amerika. Und wahrscheinlich waren sie auch die ersten Europäer auf den Bahamas und dem amerikanischen Festlande. Endlich jedoch, nach siebenjähriger Irrfahrt, erreichte Brendan das Land der Verheißung. Darüber berichtet die *Navigatio Sancti Brendani:*

»Nach Pfingsten füllt Brendanus seine Wasserschläuche und fährt nach Westen. Während der üblichen vierzig Tage hält das Coracle Kurs auf die offene See, bis es zu einer dicken Wolke kommt – einer Dampfbank nach der anderen, tief auf das Wasser gedrückt. Brendanus hält kühn in diese Wolke hinein; schließlich, als er nach dieser Finsternis wieder an das Licht kommt, sieht er das Land der Verheißung. Es ist ein warmes und fruchtbares Land, getaucht in ewige Herbstsonne. Die Mönche verlassen ihr Schiff, unternehmen lange Vorstösse in das Land und sehen sich die Gegend in verschiedenen Richtungen an; aber sie können das Ende der Berge, Wälder und Ebenen nicht entdecken. Sie kommen zu dem Schluß, dieses Land sei keine Insel, sondern müßte wohl als Kontinent bezeichnet werden. Schließlich gelangten sie an einen großen Fluß, der von Ost nach West fließt und zu breit ist, als daß sie ihn überqueren könnten. Brendanus erklärt seinen Gefährten, Gott habe ihm jetzt alle Geheimnisse des Atlantiks enthüllt und das neuentdeckte Land werde später der ganzen Menschheit offenbart werden. Die Mönche kehren daraufhin an die Küste zurück, luden Vorräte ein und nahmen Kurs auf Irland ...«[6]

Wir können uns vorstellen, daß die Mönche in der Nähe der Chesapeake Bay auf dem amerikanischen Kontinent landeten, landeinwärts vorstießen, das Appalachengebirge überquerten und dann feststellten, daß ihnen der Weg durch einen mächtigen Nebenfluß des Mississippi, den Ohio River, verlegt war. »Dampfbänke« ist zudem eine recht zutreffende Bezeichnung für den Nebelgürtel vor Neufundland, am Schnittpunkt des warmen Golfstromes mit dem kalten Labradorstrom. Die Glaubwürdigkeit der *Navigatio* wird durch den Umstand erhärtet, daß in den Berichten der Wikinger des 11. Jahrhunderts erwähnt wird, sie hätten, als sie in die Neue Welt kamen, die Spuren der Iren dort schon angetroffen.

Eine Frage bleibt noch zu klären. Ist es möglich, daß die Lederhaut eine Atlantiküberquerung übersteht, wird sie nicht vom Salzwasser zerstört? Die *Navigatio* geht nicht näher auf das Präparierungsverfahren der Häute ein, sie erwähnt nur, daß die frommen Männer die Außenseite der Häute mit Fett beschmierten. Aber *Tim Severin*, ein irischer Historiker (und Segler!), wollte Gewißheit. Er ließ nach den spärlichen Angaben in der *Navigatio* ein Coracle bauen. 1976/77 segelten er und weitere vier Mann auf der Route Brendans; sie überwinterten in Island und gelangten am 26. Juni 1977 nach Neufundland in Kanada. Das verwendete Material hatte die Strapazen der Reise gut überstanden. Auch Severin behauptete im Nachhinein nicht, daß er den Beweis für die Reise Brendans erbracht habe; aber er hat mit allem Nachdruck die Wahrscheinlichkeit anerkannt, daß die Reise in der beschriebenen Art durchaus stattgefunden haben könnte.

Martin Behaim,[7] der berühmte Kartograph, glaubte an den echten Kern der *Navigatio Sancti Brendani.* Er setzte im Jahre 1492, dem Jahr der Wiederentdeckung Amerikas durch Kolumbus, auf seinen Erdglobus eine Insel mitten in den Atlantik mit der Erläuterung: *»Nach christi gepurt 565 jar kam Sanbrandan mit seynem schiff auf dise insula, der daselbst vil woanders besah und der über siben jar darnach wieder in seyn landt zog.«*

10. KAPITEL

Sindbad vom Meer

Im 7. und 8. Jahrhundert segelten arabische Dhaus nach Indien und China

Sieben Reisen machte Sindbad der Seefahrer, sieben Reisen voll riesiger Gefahren und unglaublicher Abenteuer. So steht es in den Geschichten aus Tausendundeiner Nacht aus dem 8. Jahrhundert. Heute wissen wir, daß die arabische Seefahrt noch weiter zurückreicht. Mehr als 4000 Jahre Erfahrung im Schiffbau, Handel und in der Navigation liegen hinter der arabischen Seefahrt. Schon im Jahr 2500 v. Chr. ließ König Sargon aus dem Zweistromland auf einer Tontafel niederschreiben, daß Schiffe aus Makkam – dem heutigen Oman – am Kai seiner Metropole anlegten. Damals hatten die Schiffe Makkams bereits Kupfer und *wertvolles Gestein* nach Mesopotamien gebracht.

Besonders die im Süden Omans liegende Provinz Dhofar war von je das Tor zum südlichen Arabien. Sein Ruf als Handelszentrum reicht bis in Urzeiten zurück. Auf den Hügeln hinter Salalah, von wo der Blick weit über die Küstenebene schweifen kann, steht ein alttestamentliches Monument, das sowohl Juden, Christen und Moslems heilig ist: das Grabmal Hiobs. Ehrfürchtig, die rechte Hand dem edlen Dulder zugewendet, umschreiten gläubige Besucher seine letzte Ruhestätte. Wie der fromme Mann aus dem Lande Uz im Norden Arabiens am Ende seines langen Lebens (die Bibel spricht von 140 Jahren!) so weit nach Süden gelangen konnte, kann wohl nur mit den schon damals bestehenden Handelswegen erklärt werden.

Die Erwähnung der sagenhaft reichen Königin von Saba in der Bibel[1] gibt einen deutlichen Hinweis, daß um 1000 v. Chr. ein gut organisiertes Staatswesen bestand, das den Handel auf den Straßen Arabiens bis ans Mittelmeer kontrollierte. Jahrhunderte hindurch sorgte eine Pflanze, die *Boswellia sacra*, der *Weihrauchbaum*, für die wirtschaftliche Blüte Dhofars. Noch heute steht er, gut mannshoch und grotesk verkrüppelt, in staubig-steinigen Feldern. Sein Harz liefert die gelblich-braunen und rötlichen Körner, die beim Erhitzen den bekannten mystischen Geruch verbreiten und die seit jeher für den Dienst an den Gottheiten unentbehrlich waren. Hier in Dhofar begann die Weihrauchstraße, die – mit verschiedenen Abzweigungen zu den Küstenstädten im Westen der arabischen Halbinsel – nach Petra oder über die Oasen im Innern nach Gerrha und von dort nach Damaskus, Aleppo und Jerusalem führte. Der einzige Produzent des in der ganzen antiken Welt begehrten Duftstoffs nützte sein Monopol aus! Gold und das für die Waffenschmieden unentbehrliche Eisen, wertvolle Stoffe und kunsthandwerkliche Gegenstände fanden auf der Gegenrichtung den Weg in den Süden. Aber die Sicherheit des Landweges war immer auch von vielfältigen Gefahren bedroht. Räuber, Kriege, Seuchen, politische Veränderungen in den die Weihrauchstraße säumenden Ländern machten den Handel risikoreich. Die Verbesserung technischer Möglichkeiten in Schiffbau und nautischen Kenntnissen verlagerte den Handel nach und nach auf den Wasserweg.

Zu Sindbads Zeiten, mehr als 1700 Jahre später, bestand die Fracht aus unbeschreiblich wertvolleren Waren: Elfenbein und Schildpatt, Diamanten und Gold, Seide und Porzellan. Denn die arabischen Schiffe segelten bis nach Ostasien! Wie die römischen Kauffahrer um die Zeitenwende[2] waren auch die arabischen Kapitäne auf die Monsunwinde angewiesen: den *Südwestmonsun* von April bis September und den stärkeren *Nordostmonsun* in den Wintermonaten. Gewöhnlich liefen die Schiffe von Sohar im heutigen Oman während des Nordostmonsuns im November oder Dezember aus. An den Küsten Indiens, Malaysias und auf den Inseln zwischen Singapur und der Südchinasee wurde Station gemacht. Den Sommer über blieben die Schiffe meist in Kanton, um im Herbst mit den dann wieder günstigen Winden die vier Monate dauernde Heimreise anzutreten. Eine zweite wichtige Handelsroute führte in Richtung Afrika an der Insel Sokotra vorbei nach *Sansibar* und zu den arabischen Städten an der Ostküste des schwarzen Erdteils. Durch dieses Netzwerk sich kreuzender Seerouten kontrollierten arabische Schiffe den Golf, den nördlichen Indischen Ozean und das Rote Meer.

Wie konnten die arabischen Seefahrer damals außer Sichweiten der Küsten ihren Kurs bestimmen? Am wichtigsten war die Orientierung nach den Sternen, vor allem dem Polarstern. Der Kapitän bediente sich dabei einer einfachen, aber genialen Methode, um die Breitenposition seines Schiffes festzustellen: Ein kleines Brettchen, das sogenannte *Kamal*, wird waagerecht vor dem Gesicht auf den Beobachter zu oder von ihm entfernt verschoben, bis die Unterkante mit dem Horizont und die Oberkante mit dem hell-leuchtenden Polarstern übereinstimmt. Je weiter nödlich der Kurs des Schiffs führt, umso höher steht der Polarstern über dem Horizont. Eine am Brettchen befestigte Knotenschnur wird straff zum Auge geführt. Jeder Knoten in der Schnur des

»Kamals« steht für einen bestimmten Ort an der Küste. Der Knoten, der dem Auge am nächsten liegt, gibt die tatsächliche Breitenposition des Schiffes an. Fährt das Schiff zum Beispiel in Nord-Süd-Richtung entlang der Küste Vorderindiens und der Knoten für die Stadt Kalikut liegt an der Wange, dann weiß der Kapitän, daß er eine Position nahe dieser Stadt an der Küste erreicht hat. Allerdings kann mit dem »Kamal« nur eine Nord-Süd-Peilung vorgenommen werden, weil er sich nach dem Polarstern im Norden orientiert. Und es erstaunt, wie verblüffend diese Methode der Breitenbestimmung dem Schattenbrett der Wikinger ähnlich ist!

Wer aber war Sindbad? *»Ihr müßt wissen«*, so erzählt er selbst,[3] *»daß mein Vater, ein reicher Kaufmann, starb, als ich noch jung an Jahren war. Er hinterließ mir ein ungeheures Vermögen an liegenden Gütern, Geld und kostbaren Waren. ... Ich verbrachte meine Zeit damit, mit meinen Freunden Tag für Tag fröhliche Feste zu feiern und verpraßte riesige Summen. ... Das ging solange gut, bis ich eines Tages zu meinem Schrecken feststellen mußte, daß mein Vermögen schwand und meine Freunde sich von mir abwandten. Nun kam ich zwar zur Vernunft, doch es war schon zu spät. Als ich mit meinem Verwalter abrechnete, stellte sich heraus, daß fast alles durchgebracht war. ... Da bedauerte ich, so viel Zeit mit Nichtigkeiten verloren zu haben und überlegte mir, wie ich meinem Elend entgehen könnte. Ich beschloß, alle meine Kraft dafür einzusetzen, die verlorene Zeit wieder einzuholen und mir mein Glück mit eigener Kraft zu verdienen. Unbekümmert um den Spott der Leute versteigerte ich auf dem Markt, was ich noch an Kleidung, Gerät und liegenden Gütern besaß. Dann machte ich mich auf und kaufte allerlei Waren. Ich ließ alles auf ein Schiff laden, das nach Bassora*[4] *ging. Wir reisten von einer Insel zur andern, und überall, wo wir ankerten, verkauften oder tauschten wir unsere Waren. ...«*

Sindbad mußte viele Gefahren überstehen, erlitt mehrmals Schiffbruch, kam aber immer wieder zu Reichtum und Ansehen: Hinweise auf das damalige hohe soziale Ansehen des Kaufmannsstandes und die Gefährlichkeiten und Risiken der Seefahrt.

Sindbad vom Meer, so der Titel der arabischen Fassung des Märchens aus Tausendundeiner Nacht ist offensichtlich eine synthetische Figur, die das Wissen der mittelalterlichen arabischen Welt von Indien, China und den anderen Reichen des Ostens in sich vereinigt. Eine Zeit, in der das Analphabetentum im Volk die Regel war, Lesen, Schreiben und Rechnen aber als hohe Kunst galten, gab den Märchen nicht nur unterhaltenden, sondern in viel höherem Maße auch belehrenden Charakter. Die Erzählung läßt Sindbad als Bürger Bagdads erscheinen. Bagdad war von 766 bis 809 der Regierungssitz des abbassidischen Kalifen *Harun Ar-Raschid*, dessen Herrschaft als Blütezeit des Kalifats gilt.

Abb. 2: Ein lavaschleudernder Teufel bedroht das Schiff des heiligen Brendan.

◁ *Abb. 1: Freiheit der Meere*

Abb. 3: Der Wal Jasconius begleitet Brendan und seine Gefährten auf dem Atlantik. In der Darstellung einer deutschen Bilderhandschrift heißt es: »Zwei Wochen segelten sie auf diese Weise.«

Abb. 4: »Weltkarte« von Floribundus Lambertus aus dem 12. Jahrhundert. Viele Länder waren schon bekannt, aber man wußte kaum etwas über ihre Lage und Größe. Der Osten befindet sich am oberen Bildrand, wo auch das Paradies zu suchen ist. Rechts im Süden befindet sich der Indische Ozean mit dem Golf von Arabien, daneben Arabien und darunter Ägypten. In der Bildmitte bis nach Westen (unterer Bildrand) liegt das Mittelmeer, darin die Inseln Kreta, Sizilien und andere; die beiden Meeresarme am

oberen Teil des Mittelmeeres sind die Adria und die Ägäis mit dem Hellespont. Knapp links von der Mitte befindet sich Rom, weil die Ewige Stadt der Sitz des Papstes und als Machtzentrum der Christenheit im Mittelpunkt der Welt liegt. Ganz unten am linken Bildrand liegt Gallien und rechts vom Mittelmeer findet man Afrika. Das Ganze ist von den Weltmeeren umgeben, in die große Inseln eingestreut sind.

Abb. 5: Die kreuzförmigen Markierungen an den Querlinien dieser Illustration von 1237 zeigen deutlich, daß es sich um ein »genähtes« arabisches Schiff handelt.

Abb. 7: Italienischer Kompaß in einem Elfenbeingehäuse, der sogenannten »Bussole«, 16. Jahrhundert. ▷

Abb. 6: Arabische Flotte in einem portugiesischen Atlas aus dem Jahre 1519. Die Schiffe auf dem Kartenausschnitt sind an ihrem geraden Bug und den gewaltigen Segeln als »Dhaus« zu erkennen; sie fuhren schon nach Indien, bevor europäische Seefahrer in dieses Gebiet vordrangen.

Abb. 8: Norwegisches Drachenschiff, wie es die Wikinger im 10. Jahrhundert für ihre Expeditionen benutzten.

Abb. 9: Wikingerschiff auf dem Siegel der Stadt Bergen (13. Jh). Bergen war für die Wikingerreisen nach Grönland von großer Bedeutung, da es mit Kap Farwell, der Südspitze Grönlands, auf fast derselben Breite liegt. Das Original hat einen Durchmesser von 8 cm.

Seine Macht und Prachtentfaltung ließ ihn schon zu Lebzeiten zum Idealbild des orientalischen Herrschers werden, besonders da unter seiner Regierungszeit die wirtschaftliche und kulturelle Entfaltung mit einer Epoche des Friedens zusammenfielen. Harun Ar-Raschid unterhielt Gesandtschaften am Hofe *Karl des Großen* und bei der chinesischen *Tang-Dynastie*, was die weltweiten Beziehungen seiner Regierung bestätigt.

Gleichwohl deuten viele Fakten darauf hin, daß Sindbad, wenn es ihn doch gegeben haben sollte, nicht aus Bagdad, sondern aus Sohar im heutigen Sultanat von Oman stammte. Bagdad, die prächtige und mächtige Kalifenstadt, verlieh den oft haarsträubenden Abenteuern Sindbads offenbar mehr Glaubwürdigkeit als das bis zum Ende des 8. Jahrhunderts unter der Herrschaft Bagdads stehende Sultanat Oman. Doch Bagdad liegt im Binnenland, Sohar aber am Meer! Ein bedeutender arabischer Geograph des 10. Jahrhunderts, *Al-Muquaddasi*, nannte Sohar *»das Tor nach China, das Warenhaus des Ostens«* und die Heimat vieler Kaufleute, die mit allen Ländern Handel trieben.

An der Küste öffnet sich Oman der Welt. Von alters her haben Seefahrer auf ihrem Weg vom Persischen Golf, von Ägypten und Afrika nach Indien und dem Fernen Osten in den meist in Felsenbuchten geschützten osmanischen Häfen Station gemacht: in Muskat (der Name bedeutet *Ankerplatz!*), in Quraya, Qalal, Sur oder Sohar. Berühmte mittelalterliche Reisende wie *Marco Polo* oder der aus Marokko stammende *Ibn Batuta* besuchten diese Städte und berichteten über den regen Handel und den großen Reichtum.

Hinzu kamen die Kenntnisse des Schiffbaus. Schon *Tim Severin*[5] hatte den Indizienbeweis erbracht, daß die Omanis die größeren Erfahrungen im Schiffbau besaßen. Die Araber hatten eine spezielle Art, die Schiffsplanken zu einem Schiffsrumpf zusammenzufügen. Nägel gab es nicht, die Kenntnis der Erzverhüttung war mangelhaft, das Eisen deshalb von schlechter Qualität, brüchig und sehr rostanfällig. Die Araber segelten mit »genähten« Schiffen über die Meere!

Marco Polo berichtete im 13. Jahrhundert aus der See und Handelsstadt Hormuz: *»Die Schiffe haben keine Eisenverbindungen, sie sind nur zusammengefügt mit Stricken aus den Fasern indischer Kokosnüsse.«* Und Marco Polo gilt heute als verläßlicher Berichterstatter. *»Ihre Schiffe sind daher sehr schlecht«*, schrieb er weiter, *»und viele von ihnen gehen unter. ... Sie* (die Schiffsbauer) *weichen die Schalen solange ein, bis das Gewebe wie Pferdehaar aussieht. Dann machen sie daraus einen Faden, mit dem sie die Planken zusammennähen. ... Mit diesen Schiffen aufs Meer zu fahren, ist eine riskante Sache, und ich gebe mein Wort darauf, daß sie meistens versinken, denn im Indischen Ozean geht es oft sehr stürmisch zu.«*

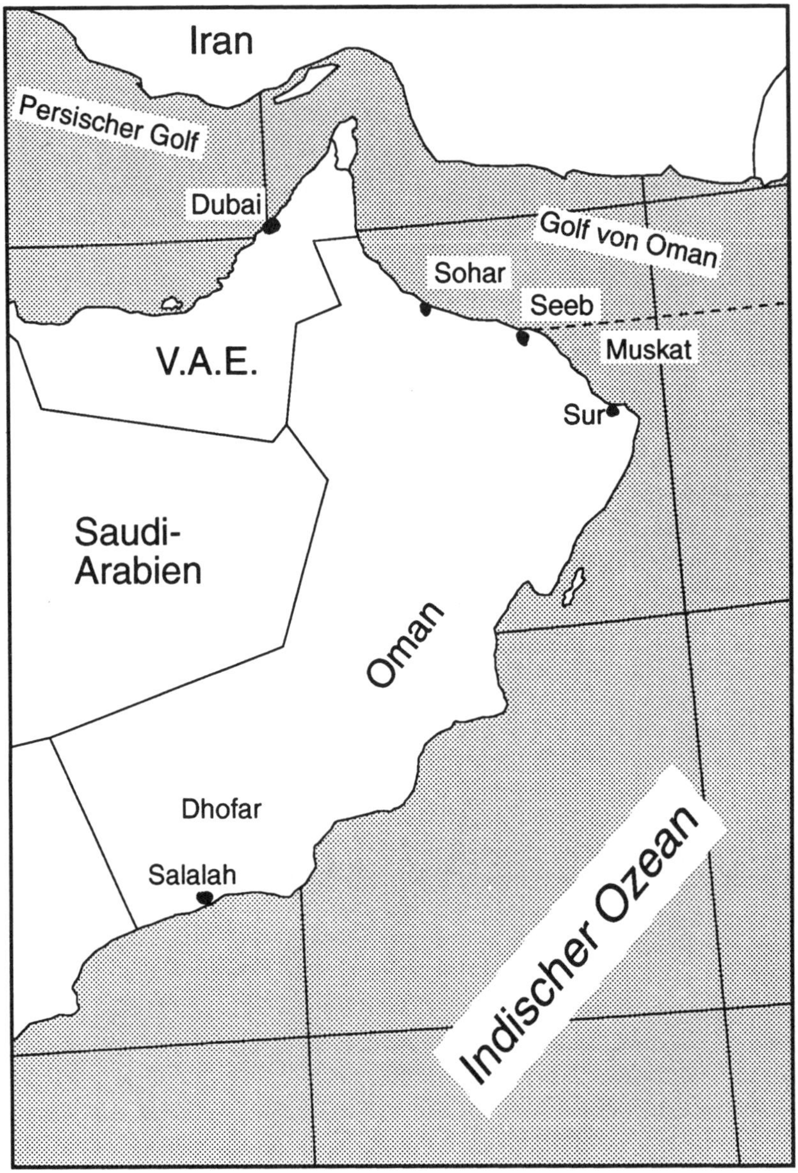
Iran
Persischer Golf
Dubai
Golf von Oman
Sohar
Seeb
Muskat
V.A.E.
Sur
Saudi-
Arabien
Oman
Dhofar
Salalah
Indischer Ozean

Oman heute.

Eine Buchillustration von 1237 zeigt ein Boot aus dem Irak in dieser antiken Bauweise. Das machte, wie schon erwähnt, die Schiffe äußerst elastisch, bei Sturm allerdings brachen viele auseinander. Auch in den Erzählungen *Sindbads vom Meer* kommen häufig Schiffbrüche vor; tragische Ereignisse, die so selten nicht waren. Portugiesische Quellen bestätigen diese Beobachtung; alle Autoren sind sich einig, daß diese Bauweise trotz der schlechten Meinung, die Marco Polo von den arabischen Schiffen hatte, das hervorstechendste Merkmal eines arabischen Schiffes war. Es wird betont, daß ein solches Schiff sehr flexibel sei und bei einer Strandung auf einem Korallenriff nicht so schnell auseinanderbreche wie eines mit starren Planken, sondern den Aufprall geschmeidig abfange. Bis zur Ankunft der Portugiesen war dies die vorherrschende Schiffskonstruktionsmethode. Es heißt, die Araber gaben diese Bauweise erst auf, als auch sie ihre Schiffe mit Kanonen bewaffneten, weil genähte Schiffe den Rückstoß der Geschütze nicht aushielten.

An den Südküsten der Arabischen Halbinsel, im Lande Dhofar, lagen seit altersher die Handelsplätze für den begehrten Weihrauch. Ganz in der Nähe, in Salalah, wurden 1968 vom Sande verweht, die letzten *Sambouks* gefunden, die vor der Einführung moderner Glasfiberboote ebenfalls zum Sardinenfangen dienten. Ihre Planken waren mit Kokosstricken verbunden!

In der abendländischen Literatur wird häufig die Bezeichnung *Dhau* für diesen arabischen Bootstyp verwendet. Das Wort Dhau ist wahrscheinlich ostafrikanischer Herkunft und gilt heute für arabische Schiffe ganz allgemein. Die Araber aber hatten genaue Typenbezeichnungen: ein *Sambouk* war ein Schiff in der speziellen Bauweise aus der Gegend von Sur; ein *Dhangi* besaß einen stumpfen Bug; in Indien wurden *Kotia* mit mächtigem *Gangspill*[6] gebaut; *Booms* schließlich waren Frachtschiffe in *Spitzgatt-Bauweise*,[7] dessen sich wohl auch Sindbad bedient hat.

Gangspill.

Die Erzählungen von den sieben Reisen Sindbads beschreiben nicht nur phantastische Abenteuer. Sie und andere Texte enthalten auch genaue nautische Beobachtungen. Im Nationalarchiv von Maskat in Oman findet sich eine kostbare Handschrift, der sogenannte »Schatz der geheimen Wissenschaft des Meeres«. Darin sind Abbildungen von Bootstypen, exakte Angaben zum Stand der Sonne und der Gestirne, zu Strömungsverhältnissen, Windrichtungen, Routen und Süßwasserquellen. Diese nautischen Handbücher, *Rachmanis* genannt, wurden immer wieder bis in die Vierzigerjahre unseres Jahrhunderts abgeschrieben und mit Windrosen und Kompaßzeichen illustriert. Eine andere Rachmani-Handschrift enthält Umrißzeichnungen auffälliger Landmarken und Felsformationen von Vorgebirgen, die – wie die nautischen Handbücher unserer Tage – dem Kapitän in Sichtweite des Landes die Orientierung erleichtern sollten. Auf diese Weise tasteten sich die Boote anfangs an den Küsten entlang. Später begannen die Routen auch über das offene Meer zu führen. Die kühnen Entdecker und Handeltreibenden waren aber nie frei von Furcht. So schrieb Kalif *Omar* im 6. Jahrhundert an seinen General *Amah: »Die See ist eine grenzenlose Weite, auf der die großen Schiffe wie winzige Flecken aussehen, wo es nichts gibt als den Himmel über uns und das Wasser unter uns, wo langsam das Herz des Seemanns gebrochen wird. Vertraue dem Meer wenig und fürchte es mit ganzem Herzen!«*

An der Küste Omans können heute die Ruinen alter Hafenstädte besichtigt werden. Hier, am Kreuzungspunkt der Seewege nach China und Indien, ins Rote Meer und nach Ostafrika, siedelten Menschen, die von den Griechen und Römern *Fischesser* genannt wurden. Sindbad verkaufte hier die mitgebrachten Waren und tauschte sie gegen die begehrten Produkte des Landes. Im Landesinnern, in den steinigen Wüsten hinter dem mächtigen und kahlen Küstengebirge, befanden sich die reichen Städte und Handelsplätze der herrschenden Kalifen, Imame und Herrscher Omans. Um zu den Städten im Innern des Landes zu gelangen, mußte man zuerst einmal das Bollwerk der Küstenberge überwinden. Bis zu dreitausend Meter hoch ragen die Felsen über die wasserlosen Schluchten. Viele mühsame Tagesreisen trennen die historischen Festungen, die Forts und Oasensiedlungen von der schutzlos offenen Küste. Die Bauwerke fielen den Wirren der Geschichte zum Opfer. Die verfallenen Fassaden und Gemächer lassen noch heute den Glanz vergangener Zeiten ahnen, als der Handel dieses Land reich gemacht hatte.

Auch Sindbad kehrte von jeder seiner abenteuerlichen Reisen als reicher Mann in seine Heimat zurück. Überall, wo er ankerte, kaufte er oder tauschte er seine Waren: mit Kupfer und Erzen, Teppichen und Datteln, Baumwolle und Leinen brach er in seiner Heimat auf; wenn er zurückkam, hatte er Seide und Porzellan aus China, Teakholz und Reis aus Indien und Sklaven und Elfenbein aus Ostafrika geladen. Auf den *Soukhs,*[8] den orientalischen Märkten, wurde das alles unter die Leute gebracht.

In der Oasenstadt Addham, am Rande der zentralen Steinwüste Omans, kann der Besucher heute in einer unscheinbaren und bescheidenen Moschee ein kostbares Relief aus weichem Kalkstein besichtigen: es soll angeblich im Jahr 639 nach Christus, also nur 17 Jahre nach der Gründung des Islams, an einem fremden, namenlosen Ort im Auftrage eines Sheiks angefertigt und erst später hierhergebracht worden sein. Im Zentrum dieses sogenannten *Mihrad*[9], der Gebetswand der Moschee, ist ein chinesischer Porzellanteller eingemauert, ein symbolischer Hinweis auf den Seehandel mit dem Fernen Osten und für den Betrachter ein Anreiz, sich eine abenteuerliche Geschichte dazu auszumalen, wie der Teller die monatelange, gefahrvolle und strapaziöse Reise von Kanton über einen Soukh an der Küste Omans bis nach Addham überstanden haben mag.

Die Küste Omans ist eines der ältesten Siedlungsgebiete der Menschheit überhaupt. Schon vor mehr als 7000 Jahren, so nimmt man an, ließen sich in den natürlichen Festungen der wegen öder Felsberge von Land kaum zugänglicher Buchten Fischer und Sammler nieder. Damals regnete es hier wesentlich mehr als heute, so daß sich Menschen entlang der gesamten Küstenlinie Arabiens ansiedeln konnten. Wahrscheinlich bestanden die ersten Boote dieser Küstenbewohner aus Binsen und anderem Pflanzenmaterial. Eine angeborene Neugier – stets das Meer mit dem unendlichen Horizont vor Augen – verlockte die Menschen schon bald, ihren Weg über das große Wasser zu suchen. Für diese einfachen Fischer muß die Eroberung des großen und fremdem Meeres ähnlich verlockend und schwierig gewesen sein, wie für uns heute die Erforschung des Weltraums.

Vor einigen Jahren machte der italienische Archäologe Professor *Tosi* einen sensationellen Fund. Bei einem Spaziergang am Strand, wo die Seeschildkröten nachts zur Eiablage an Land kommen, entdeckte er im Sand eine kleine Tonscherbe. Sie war mit unbekannten Schriftzeichen versehen. Bis heute ist diese viertausend Jahre alte Schrift noch nicht entziffert, doch ihre Herkunft weist eindeutig auf die Kultur am Indus hin – und die liegt immerhin achthundert Kilometer weiter östlich auf dem asiatischen Festland. Tosi erhielt von der omanischen Regierung die Erlaubnis, nach weiteren Spuren zu forschen. Seine Ausgrabungen entwickelten sich zu den bedeutendsten in ganz Arabien. Neben Muschelringen und Scherben der Induskultur wurde vor allem ein Knochenkamm bedeutsam, da die Ornamente klar auf seine Herkunft vom Indus herweisen. Außerdem kamen eine nur wenig beschädigte Schale aus Speckstein und einige Bronzesiegel ans Licht, die ebenfalls etwa 4000 Jahre unter Geröll und Sand erhalten geblieben sind, sowie ein Fischhaken aus Bronze und ein Stück Erdpech mit Abdrücken von Meerestieren und Pflanzenstengeln. Es diente wohl als Dichtungsmaterial in einem der primitiven Binsenboote. Der Beweis, daß von hier aus schon zu sehr früher Zeit eine rege

Handelsverbindung nach Indien bestand, schien damit erbracht. Aber auch zahlreiche Landwege mußten Oman und das übrige Arabien durchzogen haben, denn auch weit im Hinterland wurden Tonscherben derselben Kultur gefunden. Ein Bericht über frühe Siedlungen im omanischen Hinterland aus dem Jahre 1976 beschreibt eine Reihe eigenartiger Gräber westlich der Sandwüste von Oahiba in einem Felstal namens *Al Eeh*. Genaue Karten von diesem Gebiet gibt es bis heute nicht. Die Route dorthin führt über den feinen Schotter eines ausgetrockneten Flußbettes immer tiefer in finstere Felsschluchten hinein. So kann man sich die Kulisse zu Sindbads zweiter Reise vorstellen: ein Tal, von Bergen umgeben, die so hoch sind, daß man ihre Spitzen nicht mehr sehen konnte. Nur ein schmaler Streifen des Himmels brachte mattes Licht in die Tiefe der Schlucht.

Am Fuß des Riesenvogels Roch angebunden, war Sindbad in einem Talkessel gelandet, aus dem es keinen Ausweg gab. Sindbad erzählte: *»Nachdem der Vogel die Nacht auf dem Ei zugebracht hatte, flog er bei Tagesbeginn davon und trug mich hoch empor. Der Vogel schien das Gewicht an seinem Fuße überhaupt nicht zu spüren. Dann sank er plötzlich aus gewaltiger Höhe herab mit einer Geschwindigkeit, die mir fast die Besinnung raubte. Als er mit mir wieder am Boden war, band ich mich schnell los. Kaum war mir das gelungen, als er mit seinem Schnabel eine Schlange von unerhörter Größe packte und mit ihr davonflog.... Der Ort, an dem ich mich befand, war ein sehr tiefes Tal, das von allen Seiten von Bergen umgeben war, deren Gipfel in den Wolken verschwanden. Die Berge zu ersteigen war unmöglich, weil sie sehr steil waren und es keinen Halt für den Fuß gab.... Ich entdeckte, daß der Boden mit Diamanten von erstaunlicher Größe übersät war. Es bereitete mir viel Vergnügen, diese Steine aufzuheben und anzusehen. Doch während ich das tat, gewahrte ich in der Ferne etwas anderes, was mir weniger gefiel und mich in Angst und Schrekken versetzte. Es waren Schlangen, die so lang und so dick waren, daß jede von ihnen einen Elefanten hätte verschlingen können. Während des Tages zogen sie sich aus Furcht vor dem Vogel Roch, ihrem Feind, in ihre Höhlen zurück und kamen erst gegen Abend zum Vorschein. ... So verschanzte ich mich, als die Sonne unterging, in einer Höhle, in der ich mich sicher glaubte, nachdem ich den niedrigen Eingang mit einem großen Stein verschlossen hatte. Aber ich machte die ganze Nacht kein Auge zu, weil ich stets das abscheuliche Zischen der Schlangen vor meiner Höhle hörte. Aber bei Tagesanbruch krochen die Schlangen in ihre Höhlen zurück ... und ich schlief ein. Kaum war ich eingeschlafen, als mit Lärm etwas herabfiel und mich aufweckte. Es war ein großes Stück frisches Fleisch, und bald darauf sah ich an verschiedenen Stellen Fleisch die Felswände herabfallen. Ich hatte es stets für ein Märchen gehalten, was mir*

Matrosen über das Diamantental und über die Geschicklichkeit, mit der die Handelsleute diese kostbaren Steine auffinden, erzählt hatten. Nun überzeugte ich mich von der Wahrheit. ...«

Sie schlachteten einfach ein Lamm, häuteten und zerteilten es und warfen es den Abhang hinunter, auf daß die Edelsteine an seinem Fleisch kleben blieben. Adler flogen herbei und trugen das Fleisch mit den Diamanten in die Höhe zu ihren Nestern. Dort konnten die Männer die Vögel verscheuchen und ihre wertvolle Beute einsammeln. Sindbad schöpfte Hoffnung, sammelte Diamanten in seine Taschen und band große Brocken Fleisch an seine Kleidung. Wie er es vermutet hatte, wurde er von einem riesigen Vogel ins Nest getragen und von den Händlern gerettet.

Man kommt in dieser Umgebung, fernab von jeglicher Zivilisation, leicht auf solch bizarre Gedanken. Aber nicht alle Geschichten Sindbads sind so phantastisch wie die des Diamantentales. Von Bahrain im Persischen Golf heißt es: *»Dort wächst der Kampferbaum, der so dick und so belaubt ist, daß hundert Menschen in seinem Schatten Platz haben. Die Flüssigkeit, die den Kampfer ergibt, fließt aus einer Öffnung, die man im oberen Teil des Baumes anbringt. Der Kampfer wird in einer Vase aufgefangen, in der er sich verdichtet. Ist die Flüssigkeit abgelassen, verdörrt der Baum und stirbt ab. In der gleichen Gegend gibt es Rhinozerosse, das sind Tiere, kleiner als der Elefant, aber größer als der Büffel. Sie tragen ein anderthalb Fuß langes Horn auf der Nase, das sehr stark und in der Mitte gespalten ist. Das Rhinozeroß fürchtet sich nicht vor dem Elefanten. ...«*

Auf seiner Reise nach Malakka und China gelangte Sindbad auch zur Insel *Kalaset,*[10] wo er Gewürznelken, Zimt und andere Spezereien einkaufte. Er sah *»zwanzig Schuh breite«* Schildkröten, besuchte die *»Pfeffersammler«*[11] und lehrte sie, *»Sättel für ihre Pferde«* herzustellen, die dort unbekannt waren. In *Kela*[12] lernte er das Zuckerrohr kennen und sammelte Kokosnüsse, die die Affen von den Bäumen warfen. Auf einer nicht identifizierten Insel mit Namen *Lomer* tauschte er dann die Nüsse gegen Aloeholz. Er wurde schiffbrüchig vor *Serendeeb,*[13] wurde gerettet und gelangte schließlich über Malaya bis nach China, wo er wertvolles Porzellan einhandelte. Und alle Reisen machte er auf dem traditionellen Segelschiff der Araber, der Boom.

Im Hafen von Oman kann man noch heute Schiffe sehen, die als Vorbild den Portugiesen und Spaniern für ihre Karavellen dienten: in *Karweelbauweise*[14] hergestellte Ein- oder Zweimaster mit dem Lateinersegel, die ab 1300 jahrhundertelang die Routen des Indischen und Atlantischen Ozeans durchpflügt haben. Auf einer portugiesischen Karte von 1542 sind vor der südarabischen Küste neben den europäischen Schiffen mehrere arabische Dhaus mit dem Halbmond im Segel erkennbar. Etwa zur gleichen Zeit besuchte der berühmte arabische Reisende *Ibn Batuta*[15] die Stadt Chalahad. Er berichtet: »*Chalahad besitzt gute Basare und eine äußerst schöne Moschee, deren Wände mit feinen Kacheln ausgelegt sind. Die Bewohner sind meist Handelsleute und leben ausschließlich von den Gütern, die über den Indischen Ozean kommen. Die Ankunft jedes Schiffes versetzt die Stadt in größte Freude.*«

Längst ist der Hafen von Chalahad versandet. Von hier aus liefen auch die Segler nach Ostafrika aus. Chalahad ist das heutige Salalah in der omanischen Provinz Dhofar an der Grenze zur Republik Jemen. Die Route führte südwärts an der Insel Sokotra vorbei zum Archipel von Lamu und weiter zu den Städten an der Festlandsküste des heutigen Kenia bis nach Sansibar, das einst Sindi hieß.

Im Februar tauchten mit dem Nordostmonsun die arabischen Händler meistens vor Sansibar auf. Sie warteten dann, bis im Sommer der Südwestmonsun einsetzte; Zeit genug, um Handel zu treiben. Die islamische Religion kam mit den Händlern aus Arabien nach Ostafrika. Weil der gegenwärtigen Regierung von Sansibar die Geldmittel zur Modernisierung des Landes fehlen, blieb bis heute ein exotischer Hauch des alten Sansibar erhalten. 1890 hatte Bismarck die einst deutsche Kolonie gegen die Insel Helgoland mit den Briten getauscht, die dann 1961 als Teil der Republik Tansania unabhängig wurde.

Am Ende des 15. Jahrhunderts entdeckte Vasco da Gama die neue Seeroute um das Kap der Guten Hoffnung. Die bald darauffolgende Ankunft der Portugiesen wirkte sich verheerend auf die bisherige Überlegenheit der Araber und Perser im Arabischen Meer aus. Die alten Handelsbeziehungen mit dem Mittelmeerraum durch das Rote Meer, durch den Golf und über Land verloren zunehmend an Bedeutung. Die Städte verfielen rasch. Doch die Geschichten von Sindbad dem Seefahrer haben sich ins Gedächtnis der Menschheit eingegraben: Eine Figur der Legende – stellvertretend für unzählige arabische Kapitäne, Handelsleute und Eroberer –, in der sich jedoch die Wirklichkeit der Geschichte widerspiegelt, der Geschichte der Seefahrt unter dem Halbmond.

11. KAPITEL

Schiffahrt über Breitenkreise

Die Kolonisationsversuche der Wikinger
auf Grönland und in der
Neuen Welt

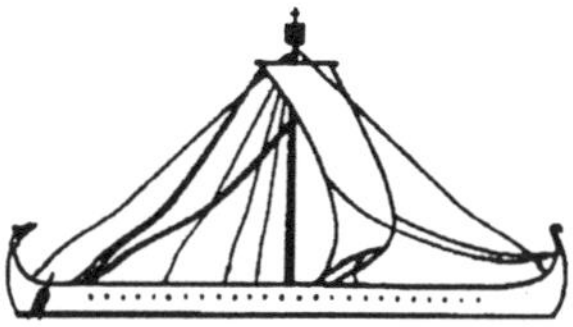

Vorsichtig tastete sich das Schiff durch die Brandung an eine bewaldete und von weißen Stränden gesäumte Küste. Nach einer Weile lief es zwischen den vielen Sandbänken auf Grund und die Mannschaft ruderte mit dem Beiboot an Land. Später, als die Flut stieg, gelang es, das Schiff in Sicherheit zu bringen. Sie waren ganz bezaubert von dem Land, in das sie gekommen waren. ... Sie beschlossen, hier zu überwintern, und nach einer kurzen Geländeerkundung schlugen sie ihr Lager nahe bei einem schilfbestandenen See auf.«

Man schrieb das Jahr 1003; der Ort war *Nantucket Sound* im heutigen Massachusetts der USA. Das Langschiff, eine Wikinger-Knorr, stand unter dem Befehl von *Leif Eriksson*. Leif und seine Männer sind in die Geschichte eingegangen als die ersten verbürgten Entdecker der Neuen Welt.

Weiter nördlich, auf der Höhe des Polarkreises, ist der Atlantische Ozean nur 2000 Meilen breit, es herrschen östliche Strömungen und Winde vor, und in reicher Fülle sind Inseln so symmetrisch über den Ozean verstreut, daß ein Schiff von Europa nach Amerika gelangen kann, indem es von Insel zu Insel hüpft und dabei niemals weiter als 175 Meilen von Land entfernt ist oder – anders ausgedrückt – daß es auf diesem Weg keine Reiseetappe gibt, die länger als 350 Meilen beträgt: von Norwegen zu den Shetland-Inseln 250 Meilen, von den Shetlands zu den Färöer-Inseln 300 Meilen, von den Färöern nach Island 350 Meilen, von Island nach Grönland 300 Meilen, von Grönland nach Baffinland 300 Meilen und von Baffinland nach Labrador 100 Meilen. Die Schiffe der Wikinger konnten eine Reise von 300 oder mehr Meilen bei günstigem Wind mühelos bewältigen. Kein Wunder, daß der Atlantik schon 500 Jahre vor Kolumbus von den meererfahrenen und unerschrockenen Wikingern auf dieser nördlichen Route, von Insel zu Insel segelnd, überquert wurde.

Wikinger waren germanische Stämme, die über ganz Skandinavien verbreitet waren. Sie waren Heiden und hatten keine Ehrfurcht vor den christlichen

Glaubensinhalten. Als sie um das Jahr 800 plötzlich in Nordschottland, Irland und auf den vorgelagerten Inseln auftauchten, um Klöster und Dörfer blitzartig zu überfallen, waren sie raubende Horden. Sie töteten die Mönche, die Klöster wurden ihrer Schätze beraubt. Seither eilte ihnen der Ruf von Tapferkeit und Grausamkeit überall voraus. *»Seit nahezu 350 Jahren wird dieses überaus liebliche Land von uns und unseren Vätern bewohnt, und noch nie hat es in Britannien solchen Schrecken gegeben wie den, der uns jüngst durch ein heidnisches Volk widerfahren ist«*, schrieb der Mönch Alkuin an Kaiser Karl den Großen. Aber die Wikinger entwickelten sich schnell zu geschickten Seefahrern, Kolonisatoren und Handeltreibenden. Ihre gut funktionierende Verwaltung und ihre ruhmreichen Taten verewigten sie in überlieferten Dokumenten, zum Beispiel im *Landnambook*[1]. Die Neigung zum Geschichtenerzählen sorgte dafür, daß auch viele *Sagas* der Wikinger erstaunlich exakt überliefert wurden. Untereinander setzten sie strenge Gesetze durch, die in der Regel auch respektiert wurden. Eine häufig ausgesprochene Strafe war die Verbannung, die für eine bestimmte Zeit verhängt wurde und meist für Raub oder Totschlag zur Anwendung kam.

Die Normannen waren große Seefahrer. Sie gelangten zum Schwarzen Meer und nach Novaja Semlja in der nordsibirischen Barentssee; sie kamen nach Sizilien, um ein Königreich zu gründen; vom 7. bis 10. Jahrhundert überquerten Scharen wandernder Wikinger die Nord- und Ostsee, ruderten die Seine stromaufwärts, zerstörten Rouen, brandschatzten Paris und eroberten die Normandie, gründeten Reiche in Rußland, Frankreich sowie auf den britischen Inseln. Um 650 n. Chr. besiedelten sie die Orkney- und Shetland-Inseln, hundert Jahre später die Hebriden, Färöer und schließlich, etwa ab 850, Island.

Die Wikinger waren über 300 Jahre hindurch alles zur gleichen Zeit: Seeräuber und Staatsgründer mit (ansatzweise) demokratischer Gesetzgebung, Bauern unter den schwierigsten klimatischen Bedingungen, Handwerker und Schiffsbauer, Navigatoren, Waffenschmiede und Kunsthandwerker! Mehr als 300 Jahre dauerte ihre Expansionszeit: vom Ende des 7. Jahrhunderts, als die Raubzüge und Überfälle begannen, bis zum Jahre 1066, wo Wilhelm der Eroberer England in der Schlacht von Hastings unterwarf. Zehn Jahre später entstand in der Normandie das einmalige Kunstwerk mit den schönen Illustrationen zur Geschichte der Wikinger. Kultur und Leben, Kleider und Waffen, Schiffe und Haustiere der Nordmänner sind auf dem 70 Meter langen Bildteppich von Bayeux dargestellt. Seit tausend Jahren zeugt dieses faszinierende Kunstwerk von den mutigen Helden aus dem Norden.

In der Mitte des 9. Jahrhunderts war die Anwesenheit eines Wikingers mit dem Namen *Naddod* aufgrund einiger nicht näher bekannter Vergehen in

Norwegen nicht mehr erwünscht, sodaß er mit einigen Gefährten das Land per Schiff verlassen mußte. Er geriet in einen Sturm und landete schließlich statt auf den angesteuerten Färöern 210 Seemeilen nordwestlich an einer unwirtlichen Küste; wie wir heute wissen in Island. Ein anderer Wikinger, der Schwede *Gardar Svavarsson*, der zu den Hebriden segeln wollte, landete etwa zur gleichen Zeit, ebenfalls durch Wetterunbilden gezwungen, zirka 80 Kilometer von Naddods Landeplatz auf Island. Gardar nannte das Land »Schneeland«. Während Naddod zurück zu den Färöern segelte, baute Gardar eine Hütte zum Überwintern. Was er und seine Männer gesehen hatten – eine Insel mit heißem Wasser speienden Geysiren und Vulkanen, aber auch grünen Buchten und fischreichen Gewässern –, muß ihnen gefallen haben, denn im Frühjahr verbreitete sich auf den Färöer-Inseln die Kunde von der neuentdeckten Insel, die der Besiedelung harrte.

Überall, wo Wikinger zusammenkamen, um sich großer Abenteuer zu rühmen, wurden auch die Nachrichten von Naddods und Gardars Entdeckungen diskutiert. Bald brach wieder ein Seefahrer auf: *Floki Vilgerdarson.* Diesmal wurde ein rot-weiß gestreiftes Segel in der Absicht gesetzt, die neuentdeckte Insel im Westen als Siedler anzusteuern, denn Floki hatte seine Familienangehörigen und auch Vieh mit an Bord. Flokis Weg wurde zur *klassischen Islandroute* der Wikinger: Vom Südwesten Norwegens segelte er zu den Shetlands, wo er seine erste Zwischenstation machte. Dann fuhr er mit einer leichten Abweichung nach Norden weiter zu den Färöern. Dort verheiratete er eine seiner Töchter. Danach steuerte Floki auf die weiter nordwestlich liegende Insel aus Eis und Feuer zu. Weil Naddod und Gardar nur vage Angaben gemacht hatten, bediente sich Floki einer Navigationshilfe, die schon Noah gekannt hatte. Er hatte drei Raben mit an Bord, die er vor seiner Abreise vorsorglich den Göttern durch ein großes Opfer geweiht hatte, damit sie seinen gefiederten Führern gewogen seien. Als sie sich dann auf hoher See befanden und die Küste der Färöer schon einige Zeit unter den Horizont gesunken war, öffnete Floki den Käfig seines ersten Raben. Der stieg hoch in die Luft, orientierte sich und kehrte stracks zu den Färöern zurück. Floki segelte unbeirrt weiter und ließ den zweiten Raben frei. Amüsiert sah er zu, wie dieser einige Kreise zog und sich dann wieder auf dem Schiff niederließ, aber sein Vertrauen zu seinen Vögeln blieb unerschüttert. Er wurde auch reich dafür belohnt: der dritte Rabe flog nach Westen und leitete Floki fast genau an die Stelle, an welcher der Schwede Gardar gelandet war.

Sie ließen sich an einer großen Bucht im Nordwesten, dem späteren Breidafjord, nieder. Floki gab der Insel den Namen, den sie heute noch trägt: Island, zu deutsch Eisland. Aber innerhalb von drei Generationen nach der Ankunft

Langschiff der Wikinger, zirka um das Jahr 1000.

der Wikinger war Island übervölkert. Nun war es nur noch eine Frage der Zeit, wann zuerst Grönland und dann Amerika von den *Knorren,* den Langschiffen der Wikinger, aufgesucht wurden.

Die Knorren waren schlank gebaute, für Hochsee- und Flußfahrt geeignete, offene Kriegsschiffe. Sie hatten im Durchschnitt eine Länge von 20 bis 24 Meter und eine Breite zwischen 3,5 und 4,5 Meter. Ihre Konstruktion beruhte auf der *Klinkerbauweise*[2] und sie hatten einen langen und schmalen Kiel. Der umlegbare Mast trug ein *Rahsegel*[3] mit meist leuchtend-farbigen Zeichnungen. Die Langschiffe vornehmer Wikinger waren fast immer reich mit Schnitzwerk und Ornamenten verziert, aber alle hatten das spitz zulaufende und hochgezogene Heck und einen ebensolchen Bug mit dem *Drachenkopf*. Auf der rechten Seite des Hecks befand sich ein Steuerriemen; daher die Bezeichnung Steuerbord für die rechte Schiffsseite. Wikingerschiffe waren außerordentlich schnell, was zu den großen Erfolgen ihrer Beutezüge beitrug. Kaum am Horizont aufgetaucht, waren sie auch schon da: 40 bis 80 Ruderer brachten die Knorr bei Windstille auf die damals unglaubliche Geschwindigkeit von 6 bis 7 Knoten, unter Segel und bei raumem Wind wurden über 8 Knoten erreicht!

Es war Leif Erikssons Vater, der im Jahr 982 wegen Totschlags für drei Jahre aus Island verbannt wurde. Eigentlich hieß er *Erik Thorvaldsson Raudi,* aber wegen seiner roten Haare und seinem roten Bart nannte man ihn *Erik der Rote.* Erik war ein Mann voller Tat- und Überzeugungskraft, ein geborener Anführer! Wohl war er wegen eines Kapitalverbrechens verurteilt, aber die Wikinger waren allgemein kampf- und streitsüchtig. Deshalb war Totschlag nach ihrem Ehrenkodex ein Verbrechen, daß durch die Annahme der Verbannungsstrafe gesühnt werden konnte. Und so schlossen sich ihm genug Leute an, als er nach Westen segeln wollte. Vielleicht war es für manch einen seiner Begleiter ebenfalls gut, für einige Zeit aus Island zu verschwinden.

Erik sichtete zuerst Land bei den eisbedeckten Schären des östlichen Grönlands, einer der traurigsten und trostlosesten Küsten der Welt. Aber als er Kap Farvel, die Südspitze Grönlands, umschifft hatte, kam er zu einem verheissungsvollen Gestade mit tief einschneidenden Fjorden, von grünen Wiesen gesäumt, das den Seefahrer an seine norwegische Heimat erinnert haben muß. Hier gründete er eine Siedlung, die fast fünfhundert Jahre Bestand hatte.

Als seine Verbannungszeit vorbei war, kehrte er nach Island zurück, wo eine landhungrige Bevölkerung die Nachrichten über seine Entdeckung mit Begeisterung aufnahm. Im nächsten Jahr machte er sich wieder nach Grönland auf den Weg und nahm diesmal nicht weniger als 25 Schiffe und mehr als 1500 künftige Siedler mit. Unterwegs gerieten alle Schiffe in einen gewaltigen Sturm und nur 14 von ihnen kamen heil ans Ziel. Aber der wirtschaftliche Erfolg der Siedler war so groß, daß die Kunde bis nach Norwegen drang. *»Es wird berichtet«*, schrieb dort ein Chronist, *»daß das Weideland gut ist und daß es in Grönland gute und schöne Bauernhöfe gibt. Die Bauern halten Schafe und Rinder, stellen Butter und Käse in grossen Mengen her, und die Menschen ernähren sich hauptsächlich davon.«* Auch jagten sie den riesigen Grönlandwal, der bis zu zwanzig Meter lang wurde und ungeheure Mengen Fleisch und Tran lieferte. Walrosse mit elfenbeinernen Stoßzähnen und dickleibige Seehunde gab es in noch größerer Zahl als in Island. Der Absatzmarkt für diese Güter war

Querschnitt durch eine Knorr (Rekonstruktion). Die Boote hatten ein offenes Deck, besaßen aber genug Tiefgang, so daß die mitgeführten Haustiere nicht dem Wind ausgesetzt waren.

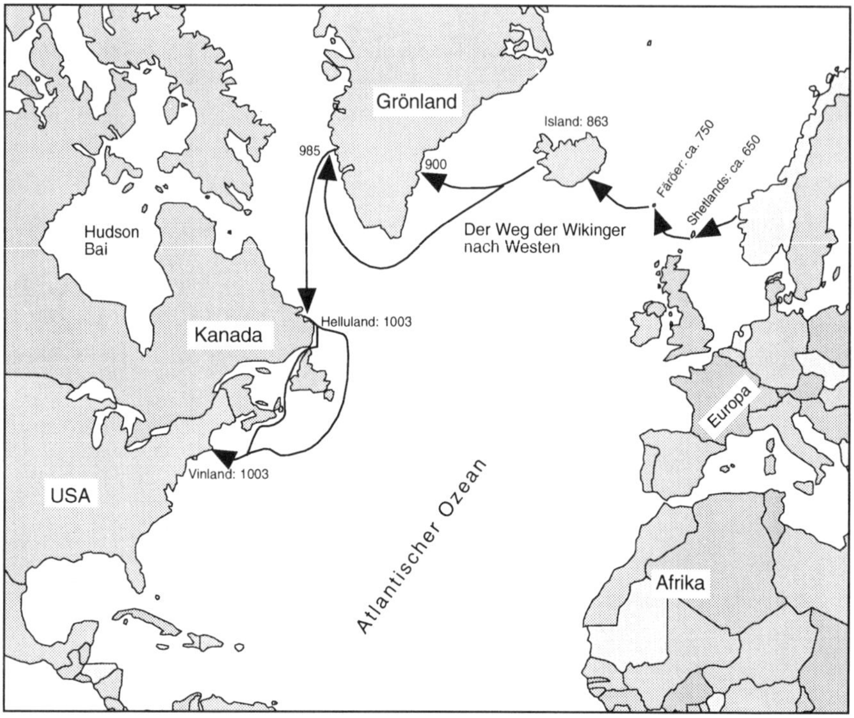

Die Entdeckungen der Wikinger über den Atlantik nach Westen.

Europa, denn die Wikinger brauchten Eisen für alle möglichen Zwecke, vor allem aber für Waffen.

Grönland war damals durchaus keine unerfreuliche Gegend. Zwar besteht das Inland dieser größten Insel der Welt seit jeher aus Packeis und Gletschern, aber ein breiter Küstenstreifen gab fettes Weideland in genügendem Maße her. Die Brennstoffversorgung war sichergestellt durch weite Landstriche, wo Birken und Weiden wuchsen. Die Flüsse waren reich an Lachsen, in den Fjorden gab es allerlei Seefische, dazu Robben, Walrosse und wilde Enten, auf dem Lande Rentiere, Polarbären, Kaninchen, Waldhühner und andere Wildvögel. Mit den Eingeborenen, den Eskimos,[4] kamen die Siedler nicht gut zurecht; es herrschte eine stete Feindschaft, da die Eskimos die Wikinger als Eindringlinge betrachteten, die Wikinger ihrerseits die Eingeborenen als unterentwickelte Wilde ansahen. Es wird von ständigen blutigen Auseinandersetzungen berichtet, die den Seefahrern aus dem Osten das Leben schwer machten. Aber erst als eine Richtungsänderung des warmen Golfstromes im 12. Jahrhundert eine plötzliche Verschlechterung des Klimas herbeiführte, ging es mit den blühenden Siedlungen langsam zuende.

Doch noch zu Lebzeiten Eriks machte sich der Mangel von Metall und Holz von guter Qualität in Grönland stark bemerkbar; die Handelsroute nach Europa war lang und von Wetterunbilden bedroht. Wahrscheinlich war es die Hoffnung, diese Waren anderswo zu finden, die *Leif Eriksson* im Jahre 1003 veranlaßte, nach Westen vorzustoßen. Der Sohn Eriks des Roten wurde 980 geboren und verlebte seine ersten fünf Lebensjahre mehr an Bord eines Schiffes als auf dem Festlande. Er hatte mehr Wasser als Gras gesehen, Kälte und Schneesturm, Hunger, Frost und Nebel müssen auf dem Lehrplan gestanden haben, nach dem er unterrichtet wurde. Die vollkommenste und verläßlichste der isländischen Handschriften, das *Flateyiarbok,* nennt ihn einen *»Mann von Eisen«*, er sei *»intelligent, tüchtig und überaus gerecht in all seinen Taten«* gewesen und hätte angeborene Führereigenschaften besessen. Schon vor seinem 20. Geburtstag hatte er eine wichtige neue Seeroute erkundet, die direkte Überfahrt von Norwegen nach Grönland. Leifs Mut wurde durch Vorsicht gezügelt; er erkundigte sich nach Routen und Landmarken, nach Winden und Strömungen, nach Felsen und Untiefen bei einem Isländer namens *Bjarni Herjolfsson,* der vor einigen Jahren auf Westkurs gesegelt war und ein Land am Horizont entdeckt hatte. Sie wären diese Küste dann einige Tage mit achterlichen Wind nach Nordosten entlanggesegelt und hätten dabei das Land backbords liegen gesehen.

Die Seefahrerstämme der Wikinger hatten seit Jahrhunderten reiche Erfahrungen mit dem Meer; das Meer war ihnen Straße und Lebensraum. So muß man sich nicht verwundern, wenn ihre berühmten Anführer nicht nur den immer wieder betonten Mut und Tatendrang besaßen, sondern auch eine ausgeprägt gute Seemannschaft praktizierten. Wir gehen heute davon aus, daß dieses vorbildliche seemännische Verhalten Allgemeingut der Wikinger war, denn sie sahen im Gegensatz zu den Mittel- und Südeuropäern das Meer niemals als eine grenzenlose Wasserwüste an, die sich bis zum Rand der Welt erstreckte. Die wikingischen Seefahrer navigierten schon vor eintausend Jahren nach den Sternen und konnten mit Hilfe einfacher Regeln den Kurs und die Entfernung feststellen.

Die Wikinger segelten »nach der Breite« über die Meere, denn ihr Schiffskurs folgte stets einem Breitenkreis. Das ergab sich aus den natürlichen geographischen Gegebenheiten ihrer Heimat. Ein Blick in den Atlas zeigt schnell, daß die Stadt Bergen in Norwegen auf derselben Breite liegt, nämlich zirka 60 Grad Nord, wie die Shetland-Inseln, die Südspitze Grönlands und

Wikinger beim Lachsfang und der Weiterverarbeitung der Fische (Holzschnitt).

Nord-Labrador in Kanada. Und vom mittelnorwegischen Siedlungsgebiet der Wikinger am Trondheimfjord gelangt man auf ein- und demselben Breitenkreis nach Island. Der Steuermann mußte nur dafür sorgen, daß sein Schiff nicht den Breitenkreis verließ und nicht nach Norden oder Süden von der einmal gewählten Route abwich.

Wie fanden die Wikinger nun ihren Weg über den oft stürmischen Nordatlantik? Seit alters her gab der *Polarstern* ein ideales Orientierungshilfsmittel ab. Er ist der Deichselstern des Sternbildes *Kleiner Bär* und steht genau über dem Nordpol und damit über der Achse, um die sich die Erde dreht. Weil er seinen Standort nicht sichtbar verändert, wird er auch *Nordstern* genannt. Die Richtung, die vom Schiff zum Stern führt, heißt *Standlinie* oder *Azimut*[5]. Sie bildet bei einem Ost-West- bzw. West-Ost-Kurs mit der Schiffsrichtung einen Winkel von 90 Grad, der immer beibehalten werden muß, wenn man die Breite nicht verlassen will. Wird der Winkel kleiner, muß man südlicher segeln, und nördlicher, wenn er größer wird!

An sonnigen Tagen bedienten sich die Wikinger vornehmlich des *Sonnenschattenbretts*. Dieses einfache, aber geniale Instrument war eigentlich nichts anderes als eine kreisrunde Holzscheibe mit einem Loch in der Mitte. Darin konnte ein Stab senkrecht so verschoben werden, daß sich jeweils ein längerer oder kürzerer Teil des Stabes oberhalb der Scheibe befand. Wenn am Mittag, wenn also die Sonne ihren höchsten Stand erreicht hat, die Länge des Stabs der Höhe der Sonne entsprach,[6] zeigte sein Schatten auf eine markierte Stelle des Bretts, die mit der Ausgangsbreite bei Beginn der Reise identisch war. Fiel der Schatten jedoch nicht auf diese Markierung, so gab die Größe des Abweichungswinkels Hinweise auf eine Kurskorrektur nach Nord oder Süd, um wieder auf die richtige Breite zu gelangen. Es war wichtig, das Brett möglichst exakt horizontal, d. h. parallel zur Kimm, zu halten. Die Sonnenschattenbrett-Methode aber ist der Vorläufer einer heute jedem Navigator wohlbekannten Meßart: der *Mittagsbreite.*

Selbst bei bewölktem Himmel oder Nebel waren die Wikinger mit ihrer Navigation nicht hilflos der See ausgeliefert. Sie vermochten auch dann das *Azimut* der Sonne festzustellen, indem sie ein Stück Cordierit verwendeten, ein gelbes Silikat-Kristall, welches in Nordeuropa zu finden ist und das sich sofort blau verfärbt, wenn Sonnenstrahlen rechtwinklig darauf einfallen. Diese spezifische Eigenschaft des Cordierits setzte die Wikinger in die Lage, genügend genau die Winkel zu den Sonnenauf- und -untergängen festzustellen und daraus Rückschlüsse auf die Breite ihres Standorts zu ziehen.

Die Wikinger waren also nicht nur furchtlose Seefahrer, ihre räuberische Lebensauffassung verbreitete Furcht und Entsetzen unter der schon mehrere hundert Jahre christianisierten Bevölkerung Englands, Schottlands und Irlands. Aber sie waren sicherlich auch intelligente Völkerstämme. Sie wußten durchaus die Naturbeobachtungen von Sonne und Polarstern in eine einfache, aber sehr zweckmäßige Navigation umzusetzen, ja sie waren wohl auch die ersten Seefahrer überhaupt, die auf hoher See ihre Kurse mit Instrumenten zu kontrollieren verstanden.

Nach einer guten Vorbereitung, die dem Ziel der geplanten Reise angemessen sein wird, war Leif zum Auslaufen bereit; vorher hatte er noch Bjarnis Schiff gekauft und eine Besatzung von 35 Mann zusammengestellt. Zuerst segelte er geradenwegs nach Westen und gelangte bald an eine steinige Küste, mit großer Sicherheit das heutige Baffinland, dem Leif den Namen *Helluland,* Steinland, gab. Dann machte er sich so schnell wie möglich weiter auf den Weg nach Süden. Der Küstenstreifen Labradors, den er bald erreichte, war flach und bewaldet; wohin sie auch kamen, fanden sie breite, weiße Strände! Wiederum einige Tage später landeten sie nordöstlich des St. Lorenz-Golfes auf der heutigen Belle Isle. Aber auch hier blieben sie nicht lange, sondern umsegelten Kap Bauld auf Neufundland, umrundeten die große Halbinsel Neuschottland und liefen schließlich an der Küste von Massachusets bei Ebbe auf ausgedehnte Untiefen. Hier geschah die am Anfang dieses Kapitels geschilderte Szene!

Später beschlossen sie, den Winter über dort zu bleiben und errichteten feste Häuser. *»So freigebig war dort die Natur, daß das Vieh, wie sie meinten, kein Winterfutter brauchen würde, sondern im Freien grasen könnte. Im Winter gab es keinen Frost. Am kürzesten Tag des Winters stand die Sonne zwischen der Frühstückszeit und dem späten Nachmittag am Himmel. Und Leif taufte das Land nach den wilden Reben, die sie dort gefunden hatten, Vinland.«*

Warum folgte der Entdeckung keine Kolonisation? Die Wikinger fanden das neue Land doch erfreulich und fruchtbar. Warum siedelten sie sich dort nicht in großem Stil an, so wie vorher Island und Grönland von ihnen in Besitz genommen worden waren? Ihre Vorfahren hatten das an weit rauheren Gestaden getan! Das *Flateyiarbok* berichtet ausführlich, daß die Kolonisation versucht wurde. Im Jahre 1012 machten sich 165 Normannen, Männer und Frauen, mit einer großen Zahl von Haustieren von Grönland her auf den Weg *»mit der Absicht, auf Vinland zu siedeln«*. Sie verbrachten auch vier Jahre auf dem amerikanischen Kontinent, aber wohin sie auch gingen, überall gab es Zusammenstößen mit den *Skrälingern*, wie die indianischen Ureinwohner von den Wikingern genannt wurden. Es kam zu erbitterten Kämpfen; im Laufe der Zeit gab es auf beiden Seiten große Verluste. Nun wurde den Siedlern klar, heißt es in der Saga, *»daß sie, obwohl das Land reizvoll war, wegen der Eingeborenen dort nur in Furcht und Krieg würden leben können«*. Die Siedler der damaligen Zeit vermochten sich mit den Verteidigungsmitteln, die sie besassen, nicht der Übermacht der Indianer zu erwehren. So mußten sie ihre sonst vielversprechende Kolonie aufgeben; die Zeit für eine bleibende Entdeckung Amerikas war noch nicht gekommen.

12. KAPITEL

Der Schatten des »Pei«

Der große Vorsprung der Wissenschaften im alten China – und warum er an Europa verloren ging

Im *Reich der Mitte* genossen die Wissenschaften von Anfang an hohes Ansehen bei Kaiser und Volk. Das Gespür, selbst nur ein kleines Teilchen der unermeßlichen Natur zu sein, war den Chinesen von jeher gegeben. So ist es nicht verwunderlich, daß die *Astronomie* als *Wissenschaft zur Erforschung des Himmels* ihre praktischen Einsatz *zum Nutzen der Erde* fand. Den bedeutenden Leistungen können wir auch heute noch großen Respekt zollen.

Die ältesten geschriebenen Aufzeichnungen, die wir aus dem alten China besitzen, sind die sogenannten *Orakelknochen* der Shang-Periode (ca. 1500 bis 1050 v. Chr.). Sie zeigen, daß die Chinesen schon zu jener Zeit bei der Beobachtung der Himmelserscheinungen ihren Verstand gebrauchten. Auf einem der Knochen findet sich nämlich die Inschrift: *»Am Tage ›I-szu‹ wurde der Opferwein dargeboten.«* Das Orakel liefert uns damit ein Datum: am I-szu-Tag! Hier ist ein Hinweis auf die grundsätzliche und *wissenschaftliche* Beobachtung des Himmels und auf das Kalenderstudium. Der *Kalender* war für eine reine Ackerbaugesellschaft, wie sie im alten China anfänglich bestand, von außerordentlicher Wichtigkeit, um mit seiner Hilfe den richtigen Zeitpunkt der Aussaat und damit die Voraussetzungen für eine gute Ernte zu schaffen. So wie die altägyptischen Priester den Zeitpunkt der alljährlichen Nilflut vorhersagen mußten, die den Fruchtbarkeit bringenden Schlamm auf die Felder schwemmte, so galt es im alten China wegen der Frühlingsfröste nicht zu früh zu säen, aber auch nicht zu spät, damit die Pflanzen vor Wintereinbruch ausreifen konnten und die Ernte rechtzeitig eingebracht wurde. Mißernten hatten verheerende Folgen für die Bevölkerung.

Die Kontrolle des Kalenders zur Steuerung der ackerbaulichen Aktivitäten war deshalb eine der vordringlichsten Pflichten des Kaisers. In dem philosophischen Werk *»Frühlings- und Herbstchronik des Herrn Lü«* aus dem 3. Jahrhundert v. Chr. kann man nachlesen: *»Im ersten Monat des Frühlings steht die*

Sonne im Zeichen ›Ying Shih‹. Das Sternbild ›Shen‹ kulminiert in der Abenddämmerung, die Konstellation ›Wei‹ im Morgengrauen. Der Sohn des Himmels[1] *befindet sich in der Tsing-Yang-Halle des Palastes, um den Beginn des ersten Frühlingsmonats zu feiern. Drei Tage vor seinem Anfang geht der oberste Astronom zum Sohn des Himmels und teilt ihm mit, wann genau der Frühling beginnt. Der Kaiser fastet bis zu jenem Tag. Am Tage des Frühlingsanfangs wandelt er – gefolgt von den drei höchsten Würdenträgern, den neun höchsten Geheimen Räten sowie den Prinzen und Ratsherren – in den östlichen Bezirk des Palastes, um den Frühling willkommen zu heißen. Er befiehlt dem obersten Astronomen, über die Gesetze des Himmels zu wachen, die Kreise der Gestirne zu beobachten – die Sonne, den Mond, die Sterne und ihre Bilder – und sicherzustellen, daß ihr Lauf nicht falsch berechnet und der Frühlingsanfang auch künftighin sicher bestimmt wird. In diesem Monat, an einem schönen Tag, erfleht der Sohn des Himmels vom höchsten Gott den Segen für das Korn.«*

Der Kalender der Shang-Periode, in dem die Orakelknochen in Gebrauch waren, konnte vor einiger Zeit rekonstruiert werden. Das älteste chinesische Jahr hatte zwölf Monate zu je 30 Tagen, dauerte also genau 360 Tage und war damit um 5¹/₂ Tage kürzer als unser Sonnenjahr; deshalb wurde von Zeit zu Zeit ein dreizehnter Monat eingeschaltet. Aber es war genauer als das noch heute bei den Moslems gebräuchliche Mondjahr, welches zwölf »sinodische« Monate zu je 29¹/₂ Tagen, also 354 Tage zählt. Doch wie legte man schon so

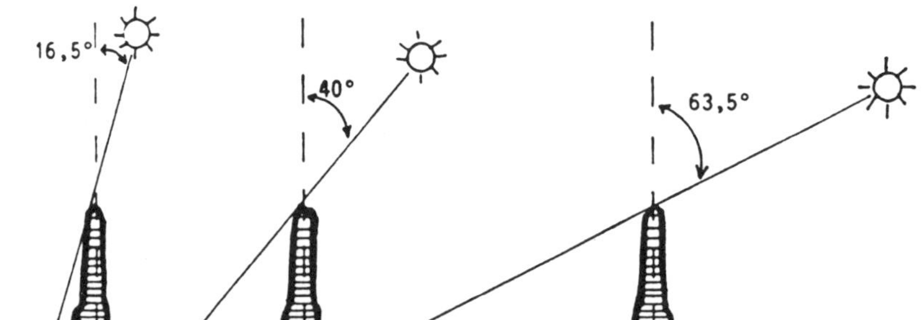

Zur Mittagsstunde steht die Sonne immer am höchsten. Sie wirft am Tage der Sommersonnenwende (21. Juni) auf der Nordhalbkugel der Erde den kürzesten Schatten, am 21. Dezember, dem Wintersonnenwendtag, dagegen den längsten Schatten. An den Tag- und Nachtgleichen (21. 3. und 23. 9.) liegen die Schattenlängen zwischen diesen beiden Werten. Die angegebenen Winkel beziehen sich auf die geographische Position von Peking auf zirka 40 Grad Nord und 115 Grad Ost.

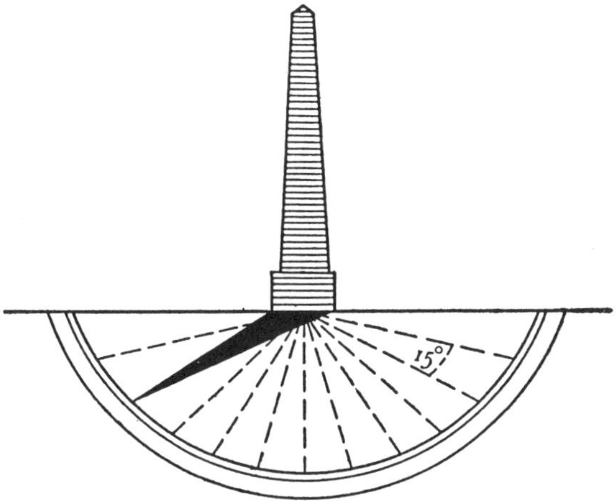

Schattensäule.

früh das »Jahr« fest? Um dies zu verstehen, müssen wir uns eine Eigenschaft des sichtbaren Sonnenlaufs in Erinnerung rufen. Da die Achse der Erdrotation nicht rechtwinklig zu ihrer Bahn um die Sonne verläuft, sondern in einer sich bis 23,5 Grad verändernden Neigung[2], findet der tägliche Sonnenaufgang weder am gleichen Horizontpunkt als am Vortag statt, noch geht die Sonne jeden Tag am gleichen Ort unter. Im Dezember erreichen die Punkte der Sonnenauf- und -untergänge ihre südlichsten Positionen, verschieben sich im Frühling von Tag zu Tag nördlicher, um in der zweiten Junihälfte ihren nördlichsten Stand zu erreichen und ihre Reise nach Süden wieder zu beginnen. Diese Wendepunkte heißen infolgedessen *Sonnenwenden,* weil es den Anschein hat, als stehe die Sonne in ihren Bahnbewegungen eine kurze Zeit still, bevor die rückläufige Bewegung einsetzt. Dieses Naturgesetz ist für die langen Sommertage und langen Winternächte verantwortlich. Die Schiefe der Erdachse hat die weitere Konsequenz, daß am Tage der Sommersonnenwende der Mittagsschatten wegen des hohen Sonnenstandes am kürzesten, am Wintersonnenwend-Tag hingegen am längsten ist. Deshalb waren diese Tage die naturgegebenen Fixpunkte zur Bestimmung und Kontrolle des Kalenders.

Für die Chinesen begann mit der Wintersonnenwende das neue Jahr. Ihre Astronomen benutzten nachweisbar schon seit mehr als 2600 Jahren die erwähnten Erscheinungen, um die exakte Zeit des Jahresbeginns zu bestimmen. Sie warteten, unter Benutzung einer sehr einfachen Visiereinrichtung, bis die Sonnenbahn ihren südlichsten Punkt erreicht hatte. Mit Hilfe eines *Gnomons,* einer Schattensäule mit bekannter Höhe, von den Chinesen *Pei* genannt, maßen sie zur Mittagszeit die Länge des Schattens. Und Mittag war dann, wenn der

Schatten nicht mehr kürzer wurde, weil die Sonne ihren höchsten Tagesstand erreicht hatte! Eine Meßmarke in Säulennähe gab die Schattenlänge der Sommersonnenwende an, eine entferntere diejenige der Wintersonnenwende. Eine Bezugnahme findet sich in der historischen Beschreibung des *Tso Chuang: »Im 5. Jahr der Herrschaft des ›Hsi‹* (Chou-Periode, 654 v. Chr.), *im ersten Monat den Frühlings* (Dezember), *am Hsin-hai-Tag, den ersten des Monats, erreichte die Sonne ihren südlichsten Punkt. Nachdem der Herrscher den Beginn des Neumonds im Ahnentempel bekanntgegeben hat, stellt er das Beobachtungsgerät auf, um zu kontrollieren* (den Sonnenschatten) *und die Länge aufzuschreiben wie es Brauch ist.«*

Diese Bestimmungsmethode der Jahreszeit unter Benutzung eines Gnomons wurde im Verlaufe der Zeit ständig verbessert und erreichte ihre größte Perfektion im großen Observatorium von *Kao-CH'eng*[3]. Das dort verwendete Gnomon war über 12 Meter hoch und auf einer Grundplatte von 36 Meter Länge errichtet. In der gleichen Zeit entwickelten die Chinesen gegenständliche Darstellungen des Planetensystems, sogenannte *Armillasphären* – zu einer Zeit, als unsere Gelehrten die Erde noch als ruhendes Zentrum des Universums betrachteten. Geographen des kaiserlichen Hofes in China erforschten die magnetische Abweichung von der geographischen Nordrichtung, als man in Europa noch nicht einmal wußte, daß es Erdmagnetismus überhaupt gab!

Der englische Arzt und Astronom *Edmond Halley* (1656 bis 1742) erkannte, daß viele Kometen die Umlaufbahn der Sonne umkreisen. So sagte er die periodische Wiederkehr eines Kometen voraus, der letztmalig in den klaren Nächten des Winters 1985/86 in unseren Breiten sichtbar war und der seinen Namen trägt: der *Halleysche Komet.* Die Chinesen registrierten das Auftauchen dieses Kometen aber schon 467 v. Chr., den sie auch 240, 164 und 67 v. Chr. beobachteten. Am Kaiserhof gab es ein Amt für Himmelsbeobachtung; fünf Astronomen beobachteten Nacht für Nacht das Firmament, schrieben jede außergewöhnliche Erscheinung auf und berichteten pflichtgemäß persönlich dem Kaiser. Zur Zeit des europäischen Mittelalters entstanden in China Aufzeichnungen über Kometen, Meteore, Sonnenflecken und Sternennebel; Sonnen- und Mondfinsternisse wurden exakt vorhergesagt.

Eine geographische Großtat, die noch heute unsere ganze Bewunderung verdient, ist die Vermessung eines über 2500 km langen Meridianbogens im 8. Jahrhundert n. Chr., und zwar von der Mongolei bis Vietnam. Da alle Orte auf einem Meridian die gleiche rechtweisende Nordrichtung haben, lieferten die Resultate dieser Vermessung neue Erkenntnisse über die Form der Erde als Kugel mit zwei Polen. Die Herrscher Chinas zögerten nicht, die neue Einsicht an die Stelle überlieferter, als falsch erkannter Meinungen zu setzen. Es gab keinen chinesischen Galilei, der abschwören mußte! Doch mancher Hofastronom verlor seinen Kopf wegen falscher astronomischer Vorhersagen.

China stand lange Zeit im Ruf der Isolation, ja sogar des Fremdenhasses. Politische und wirtschaftliche Abkapselung, wie wir sie während der *Mao Tsetung-Zeit* erlebt haben, hat es in der vieltausendjährigen Geschichte des fernöstlichen Riesenreiches wiederholt gegeben. Und doch ist das Odium der Ausländerfeindlichkeit verhältnismäßig späten Ursprungs. Es stammt aus dem Ende der *Yuan-Epoche* (14. Jahrhundert), während der zahlreiche Ausländer führende Rollen im Dienste einer Dynastie gespielt hatten, die selber fremd in China war: die Mongolen! Nachdem die *Ming* (1368–1644) China von der Mongolenherrschaft befreit hatten, hegten sie erklärlicherweise eher isolationistische und fremdenfeindliche Gefühle. Der Beginn der Abgeschiedenheit des Reiches der Mitte kann sogar genau datiert werden: 1433, nach Beendigung einer Ostafrika-Expedition von Zheng Ho, einem Ming-Admiral mit dem Ehrentitel »*Großer Eunuch der drei Schätze*«, nach den drei kostbaren Elementen des Buddhismus – Buddha, Dharma und Sangha – so benannt. Im Orient gelangten häufig Eunuchen zu großen Ehren und bedeutendem Einfluß. Indem man ihnen die Zeugungskraft nahm, dienten sie als *Hüter des Bettes* – d. h. als Betreuer der Frauen und Konkubinen. Viele gelangten dabei zu intimer Kenntnis der Vorlieben, Gewohnheiten, aber auch politischer Pläne und Gedanken der Herrscher. Das gab den Kastraten die seltene Chance, neben dem Despoten zu Macht und Ansehen zu gelangen, wenn ihre Maßnahmen nur dessen Plänen konform liefen und zum Vorteil des Herrschers durchgeführt wurden. Mächtige Kastraten gab es auch am byzantinischen Kaiserhof, in Ägypten und im osmanischen Reich.

Bis zu jener Zeit war China weltweit geöffnet, besonders während der *Tang-Zeit* (618–907), unter den *Song-Kaisern* (960–1280) und unter den *Mongolen* (1280–1368). Große chinesische Handelsschiffe besuchten die islamische Welt und trieben reichen Handel entlang der ganzen afrikanischen Küste von Somalia bis Sansibar. Auf eigenen Karten waren der Nil, der Sudan, Sansibar und ein Teil des südlichen Mittelmeers verzeichnet. Schon 1405 wurden regelmäßig Java und Sumatra, Ceylon und Calicut besucht. Über Siam und Malakka gelangten die Chinesen nach Ostindien und Bengalen, segelten über den indischen Ozean westwärts zu den Malediven und weiter zum persischen Sultanat von Hormuz. Es waren keine Kriegsschiffe, denn sie waren ausschließlich für den Handel bestimmt. Aber die Bürokratie der Mandarine zur Zeit der Ming, welche die mongolisch-autokratischen Traditionen beibehalten haben, war weder dem internationalen Handel noch der Ausbreitung eines durch den Staat nur schwer kontrollierbaren wirtschaftlichen Liberalismus freundlich gesinnt.

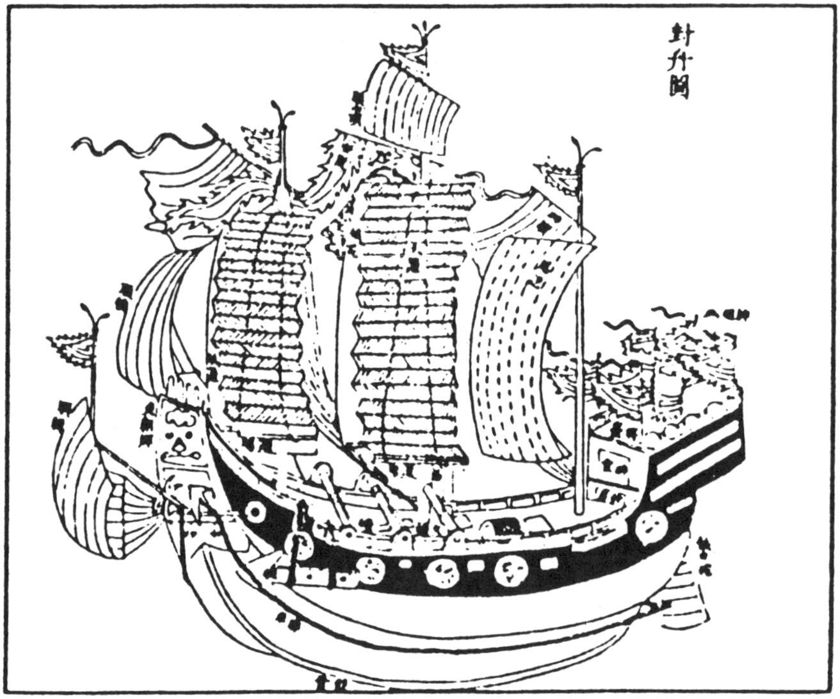

Marco Polo war von den unzähligen Handelsdschunken beeindruckt (Tuschezeichnung, 13. Jahrhundert).

1424 starb Kaiser Yung-Lo; sein Nachfolger hörte mehr auf die Opposition gegen die Handelsmarine. Zwar fanden noch ein paar »versuchsweise« organisierte Schiffsexpeditionen nach Afrika und zu den malaiischen Inseln statt, dann wurde der Seehandel als schädlich für die ureigensten Interessen des Landes erklärt. Nachdem China bis dahin als große Seefahrernation die Schiffsrouten der halben Welt von Arabien bis zu den Philippinen beherrscht hatte, verschloß es sich nun für Jahrhunderte jedem Außenkontakt.

Angesichts der großen Distanzen, die die chinesischen Handelssegler zurückzulegen vermochten, verwundert es nicht, daß der Schiffsbau einen sehr hohen technischen Stand hatte. Bereits in sehr früher Zeit war die Erfindung des Axialsteuerruders der wesentlichste Fortschritt im chinesischen Schiffsbau. Im Provinzmuseum in Kanton kann noch heute ein Keramik-Schiffsmodell aus dem 2. Jahrhundert unserer Zeitrechnung (Han-Dynastie) besichtigt werden, welches mit einem Axialruder ausgerüstet ist. Erst 1000 Jahre später, im

Chinesisches Kriegsschiff, ein sogenanntes »Turmschiff«.
(Tuschezeichnung, 13. Jahrhundert)

12. Jahrhundert, tauchte diese Technik der Schiffssteuerung in Europa auf. Bis dahin wurden seitlich achtern, steuerbords am Schiffsrumpf angebrachte Ruderblätter für die Schiffssteuerung verwendet, die bei größeren Schiffen riesigen Kraftaufwand benötigten und damit auch die Schiffsgröße begrenzten. Das in der Mitte des Hecks angebrachte Axialruder machte den Ruderdruck beherrschbar und die Schiffe manövrierfähiger. Es wurde im Laufe der Zeit ständig verbessert, so daß die Chinesen im Vergleich zu Europa größere Schiffe bauen konnten, die auch bei schwerem Wetter sehr handlich zu steuern waren.

Das axiale Schiffsruder war eine ausgesprochen nautische Erfindung. Ganz anders verlief die Entwicklung beim Kompaß. Zuerst wurde er für ausgedehnte Landreisen und geometrische Arbeiten eingesetzt; seine Verwendung in der Seefahrt hinkte lange Zeit hinter seiner Nutzung auf dem Festlande her. Das Prinzip des Kompasses – die Ausrichtung eines Stückchens Magnetit nach dem

Magnetpol der Erde – war von den Chinesen schon ein Jahrtausend vor dem Beginn unserer Zeitrechnung entdeckt worden.[4] Das Magnetit wurde zwischen dem 2. und 6. Jahrhundert durch Magnetstahl ersetzt, aber Beweise über die Verwendung des Kompasses in der chinesischen Schiffahrt gibt es erst ab dem 11. Jahrhundert – was jedoch immer noch einem hundertjährigen Vorsprung auf Europa entspricht. Man kann mit Erstaunen feststellen, daß sowohl Kompaß als auch Steuerruder, die fast zur gleichen Zeit anfangs unserer Zeitrechnung entwickelt wurden, auch annähernd gleichzeitig im 12. Jahrhundert zu uns gelangt sind. Allerdings wurde das Steuerruder zuerst im Norden Europas eingesetzt, der Kompaß hingegen im Mittelmeer! Warum das so ist, blieb bis heute ein ungelöstes Rätsel.

Aus China stammen noch weitere, weniger bekannte technische »Premieren«. So baute man schon in älterer Zeit auf den chinesischen Werften Schiffe mit wasserdichten Abschottungen, was nicht nur die Untergangsgefahr des Bootes bei Wassereinbruch verringerte, sondern auch die Stabilität großer Schiffe bedeutend erhöhte. Die Schaufelräder unserer altehrwürdigen Ausflugsdampfer wurden ebenfalls in China erfunden: die Chinesen benutzten schon im 13. Jahrhundert schaufelradgetriebene Kriegsschiffe, die auf Kanälen in den Zentralprovinzen gegen die mongolische Invasion eingesetzt wurden. Diese flachgehenden Schiffe waren dank ihrer Manövrierfähigkeit und ihrer starken Ausrüstung mit Wurfmaschinen, Bogen- und Armbrustschützen eine mächtige Waffe; ihnen ist es zuzuschreiben, daß die mongolische Armee so lange brauchte, um die Yangtse-Gegend zu erobern und gegen Südchina vorzudringen. Die Reiterhorden der Mongolen waren reine Landarmeen; nautisches Wissen und seemännische Fähigkeiten waren ihnen fremde Künste, während die Chinesen auf diesen Gebieten wohl bewandert waren. Dank ihrer für die damalige Zeit auch auf anderen Gebieten führenden Technologie (Befestigungen, Wurfmaschinen, Schießpulver, Flammenwerfer, Kriegsschiffe usw.) war es den Chinesen möglich, gut 30 Jahre lang die Mongolen abzuwehren, während andere Völker und Nationen – auch die mächtigen Königreiche Zentralasiens sowie Persien – in wenigen Wochen durch diese »Teufelsreiter« vernichtet wurden.

Damit sind noch nicht alle Spitzenleistungen der klassischen chinesischen Seefahrtstechnik aufgezählt; noch eine ganze Reihe erstaunlicher Entwicklungen müssen erwähnt werden. So segelten Schiffe mit drei Masten seit dem 3. Jahrhundert durch das südchinesische Meer und auf den großen Strömen des Reiches.[5] Takelungen, die es ermöglichen, hoch am Wind zu segeln, gab es in China ebenfalls seit dem 3. Jahrhundert, dabei sind die Segel schon mit Segellatten versteift. Gegen Ende des 12 Jahrhunderts wurden Kriegsschiffe gepanzert; die *Bilgepumpe*[6] wurde erfunden und das Schießpulver für kriegerische Zwecke eingesetzt. Nicht zuletzt sind sehr wirkungsvolle Anker hervorzuheben! *Marco Polo*[7] berichtete, daß die chinesischen Dschunken die einzigen Schiffe waren, welche ohne Gefahr das Königreich Eli an der indischen Malabarküste anlaufen konnten, *»weil sie so große Anker tragen, die das Schiff in allen großen Stürmen zu halten vermögen«*.

Der frühe chinesische Seehandel erreichte zeitweise ein unglaubliches Ausmaß, und zwar hinsichtlich der befahrenen Strecken als auch der beförderten Tonnagen. Die kluge Bemerkung eines Song-Kaisers 200 Jahre vor dem Mongoleneinfall, es sei besser, Zollgebühren auf einen blühenden Handel zu erheben, statt die einheimische Bevölkerung mit Steuern zu überlasten, zeugt von wirtschaftspolitischer Einsicht und weiser Menschlichkeit. Chinesische Dreimaster haben zwei Jahrhunderte hindurch die Seewege des Indischen Ozeans zu den Sundainseln beherrscht. Sie haben aber auch mit den Arabern die Herrschaft über den Golf von Persien, das Rote Meer und die Küste von Ostafrika geteilt. Noch heute werden immer wieder guterhaltene Porzellanfragmente der Song-Zeit und chinesische Geldstücke an den afrikanischen Küsten gefunden.

Dschunke.

Die Verfügung der Ming-Kaiser, das Reich der Mitte von der übrigen Welt zu isolieren, kann als Folge der traumatisch erlebten Mongolen-Fremdherrschaft erklärt werden. Doch hatte diese Entscheidung katastrophale Folgen für die weitere Entwicklung der chinesischen Seetechnik, die bis dahin einen gewaltigen Vorsprung auf Europa aufwies. Die Auswirkungen waren umso negativer, als sich die europäische Seefahrt im 14. und 15. Jahrhundert plötzlich außergewöhnlich rasch weiterentwickelte, nicht zuletzt aufgrund von Erfindungen, die in vorhergehender Jahrhunderten in China hervorgebracht und angewendet worden sind und deren Kenntnis allmählich nach Westen vordrangen. Der Kompaß ermöglichte es nun auch europäischen Seeleuten, den Schiffskurs außer Landsicht sicher einzuhalten; dem Steuerruder ist es zuzuschreiben, daß der Tonnageraum der portugiesischen Flotte zwischen dem 15. und 16. Jahrhundert verdoppelt werden konnte. China aber leistete von nun an und für lange Zeit hartnäckigen Widerstand gegen fremde Einflüsse. Als 1793 wieder erste diplomatische Kontakte zur britischen Krone aufgenommen wurden, eröffnete der Mandschu-Kaiser dem englischen Gesandten, Lord Macartnay, bei dessen Antrittsbesuch im Kaiserpalast zu Peking: *»Uns fehlt es an nichts, wie Sie schon bemerkt haben werden! Wir haben nie Wert auf fremde Dinge gelegt und benötigen auch nichts von den Waren Ihres Landes.«*

13. KAPITEL

Vom Magneteisenstein zur Mißweisung

Flavio Gioja aus Amalfi

Kein anderes Hilfsmittel der Navigation hat für die Entwicklung der Nautik eine derart überragende Rolle gespielt wie der Kompaß. Es ist nicht erwiesen, wer ihn eigentlich erfunden hat. Magneteisenstein kommt auf fast der ganzen Welt vor, weshalb seine Anziehungskraft schon im frühen Altertum sowohl in östlichen als auch in westlichen Kulturen bekannt war. Aber die Nutzung der Richtkraft, seine Ausrichtung auf die Nord-Süd-Achse des magnetischen Meridians, ist erst viel später entwickelt worden.

Die erste praktische Nutzanwendung ist aus China bekannt, wo zirka 1100 Jahre v. Chr. die Gesandten des Kaisers für ihre ausgedehnten Landreisen durch die riesigen Ebenen von Tunking mit einem Wagen ausgerüstet waren, in dessen Vorderteil eine frei schwimmende Nadel – die Nachformung einer kleinen Hand – nach Süden wies. Die Magnetwagen gab es bis ins 15. Jahrhundert n. Chr. Da die Instabilität der schwimmenden Nadel die Ablesung in schaukelnder Kutsche erschwerte, wurde sie bald einmal frei schwingend aufgehängt. Doch weit über 1000 Jahre mußten noch vergehen, bis der Kompaß vom Land- auf den Seegebrauch überging. Unter der Dynastie der Tsin besuchten chinesische Dschunken im 4. Jahrhundert n. Chr. Indien und die Ostküste Afrikas, gesteuert von »magnetischer Kraft«. Die handelstüchtigen, wagemutigen und wißbegierigen arabischen Seefahrer übernahmen schnell dieses neue Wissen, und nur wenige Jahrhunderte später war der Gebrauch der Magnetnadel im ganzen indischen Meer, an den persischen, arabischen und ostafrikanischen Küsten verbreitet. Erst danach, nämlich im 12. Jahrhundert, wurde er in die europäische Mittelmeerseefahrt übernommen. Es ist nicht nachzuweisen, ob dies durch arabische Kaufleute oder durch die Kreuzfahrer geschah, welche seit dem Ende des 11. Jahrhundert mit dem Orient in enge Berührung kamen.

Dagegen existieren mehrere Beschreibungen aus der ersten Hälfte des 13. Jahrhunderts, in welchen der Gebrauch des Kompaß in der Seefahrt erwähnt wird. Welcher Art der Kompaß der ältesten Zeit war, das beschreibt *Guiot de*

Provins (zirka 1205) folgendermaßen: *»Sie* (die Seeleute) *haben einen häßlichen dunklen Stein, an dem das Eisen sich freiwillig sammelt. Wenn man die Spitze betrachtet, nachdem man damit eine Nadel berührt, diese in einen Strohhalm steckt und den Halm dann so aufs Wasser legt, daß er die Nadel trägt, so dreht sie sich ohne Zweifel zum Stern ...«*[1] Das Instrument bestand also im wesentlichen aus einer eisernen Nadel, die quer durch ein kurzes Stück Schilfrohr gesteckt und so, in einem offenen Wassernapf schwimmend, sich nach Norden einpendelte. Jedesmal vor dem Gebrauch erneuerte man die magnetischen Eigenschaften der Nadel durch Einreiben der Spitze mit einem Magneteisenstein. Ein solches Instrument konnte nur zur Feststellung einer groben Nord-Süd-Richtung und der Ableitung der übrigen Himmelsrichtungen dienen, auch wenn der Himmel mit Wolken bedeckt war. So schifften, von der Magnetnadel geleitet, die Katalanen sowohl nach Nordschottland als auch an die Westküste des tropischen Afrika, die Basken auf den Walfischfang im Nordatlantik und die Normannen nach den Azoren. Ein spanisches Dokument rühmt die Nadel als *»treue Vermittlerin zwischen dem Magnetstein und dem Nordstern«*.

Es handelte sich also mehr um magnetisch wirkende Hilfsmittel für die Nord-Anzeige als um Kompasse, die vor 1300 auf Schiffen eingesetzt wurden. Aber dann schlug die Geburtsstunde: der *Schiffskompaß* erhielt eine Konstruktion, nach deren Grundstruktur er bis heute aufgebaut ist und die ihn vom Landkompaß grundsätzlich unterscheidet. Die Strichrose wurde auf die kardanisch aufgehängte Magnetnadel gelegt und fest mit ihr verbunden. Auf diese Weise war es möglich, bei einer Drehung des Schiffsrumpfes jeweils die neue Richtung abzulesen. Die Magnetnadel selbst behielt ihre ruhige Lage bei; *das Schiff drehte sich, nicht der Kompaß!* Ein Landkompaß hingegen hat die Richtungsteilung am Gehäuse untergebracht, während die Nadel frei schwebt; man dreht den Kompaß, bis Nadel und Nordpunkt sich decken. Solch ein Kompaß ist auf einem Schiff unbrauchbar, weil er nur auf Nordkurs die richtige Richtung angeben würde, bei NW-Kurs aber NE anzeigt usw. Diese Vervollkommnung wird *Flavio Gioja* aus Positano bei Amalfi zugeschrieben.

Flavio Gioja wurde früher oft als Erfinder des Kompaß bezeichnet. Das kann er natürlich nicht sein, da Magnetismus und Kompaß – wie wir gesehen haben – schon lange bekannt waren. Aber die Entwicklung zum heutigen Prinzip des Schiffskompaß ist ihm wahrscheinlich schon zu verdanken – falls es einen Flavio Gioja überhaupt je gegeben hat! Sicher ist das nicht, weil in einem lateinisch abgefaßten Gedicht aus dem 13. Jahrhundert der Vers *»Prima dedit nautis usum magnetis Amalphis«*[2] zitiert wird, der nur aussagt, daß der Kompaß, wie er auf Schiffen benutzt wird, aus Amalfi stamme. Der Name Gioja als Erfinder und das Jahr 1300 als Jahr der Erfindung wird zuerst von *William Gilbert* in seinem Werk

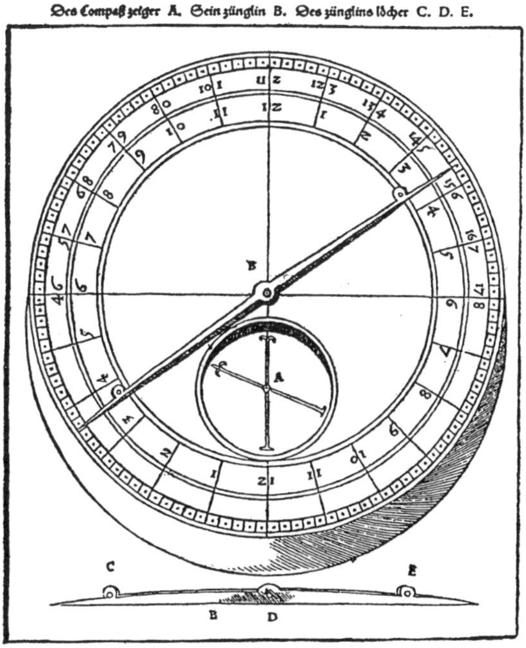

Kompaß aus der 2. Hälfte des 16. Jahrhunderts.

De Magnete (London 1600) erwähnt: »*Im Königreich Neapel sollen zuerst die Melfitaner*[3] *den Kompaß in Gebrauch zu nehmen gezeigt haben, wie Flavius Blondus für die Melfitaner nicht genug zu rühmen erwähnt, von einem gewissen Bürger Johannes Gioja im Jahre n. Chr. 1300.*« Hier heißt Gioja mit Vornamen noch Johannes, doch bald verschwindet dieser Vorname und wird durch Flavio ersetzt. 1670 hieß es in einem geographischen Lexikon von Amalfi: »*Hier ist 1300 der Kompaß erfunden worden von Flavio Gioja*«.[4]

Ob es einen Johannes oder Flavio Gioja überhaupt gegeben hat, kann nicht schlüssig nachgewiesen werden, obwohl alle einschlägigen Quellen Gioja als Urheber des Schiffskompasses nennen. *Gioia* hat die Bedeutung wie *kostbares Gestein* und wird von »jocalia« hergeleitet, was offenbar verdrehtes Latein ist – aus *iocarium* und *iocale* zusammengesetzt.[5] Was Wunder, wenn die Schiffsführer im 14. Jahrhundert den Magnetstein als »gioia« = kostbarer Stein bezeichnet hätten; ein Beiname für einen Stein, dessen geheimnisvolle Kraft ihnen die Nordrichtung – und aus ihr abgeleitet auch alle anderen Richtungen – zeigte, wenn kein Land und keine Sonne sichtbar waren.

So ist es gleichermaßen wahrscheinlich, daß in Amalfi, wo Seefahrt seit jeher zum Hauptgewerbezweig gehörte und wo ganz sicher der größte Teil der

Windrose nach Pedro Nuñes, 1561.

Bevölkerung auch eine innere Beziehung zum Meer und zur Schiffahrt hatte, die ersten gebrauchsfähigen Schiffskompasse entwickelt wurden, indem man Kompaßnadel und Strichrose miteinander verband und diese in einer *Bussole*, einer Dose, freidrehend unterbrachte. Aber das Stampfen des Schiffsrumpfes bei bewegter See brachte die Rose zu leicht aus ihrer Ruhe, so daß die Dose bald einmal mit Dämpfungsflüssigkeit, z. B. Alkohol, gefüllt wurde. Die frühen Kompasse werden deshalb auch als *Bussolen* bezeichnet.

Auf alten Seekarten finden sich häufig pausbäckige, engelartige Wesen, welche nicht nur den Wind schlechthin symbolisierten, sondern auch die Richtungen, aus denen er häufig wehte. Die Winkeleinteilung des Vollkreises in Viertelkreise mit rechtwinkeligen Querachsen lesen wir schon bei Homer:[6]

»Unter sich kämpften der Ost und der Süd
und der sausende Westwind,
auch helluftiger Nord, der gewaltige Wogen daherwälzt.«

Diese grobe Einteilung konnte natürlich dem Seemann nicht genügen, Zwischenrichtungen wurden bald eingeschoben. Die bildhaft denkenden Menschen des Mittelmeerraumes behalfen sich für die Benennung der verschiedenen Himmelsrichtungen mit Windnamen, weshalb die Rose hier *Windrose* heißt. Noch heute kennen wir die Winde, die als Synonym für Himmelsrichtungen gelten: Tramontana für Nord, Greco (NE), Levante (E), Scirocco (SE), Ostro (S), Libecco (SW), Ponente (W), Maestro (NW). Weitere ergaben sich aus Zusammensetzungen der Windnamen, also Greco-Tramontana für NNE,

Greco-Levante für ENE, Maestro-Tramontana für NNW, Ponente-Maestro für WNW usw. Die Windrose der romanischen Völker hatte eine 32teilige Horizonteinteilung.

Zu Zeiten des Flavio Gioja – es mag ihn gegeben haben oder nicht – waren Ost und West als Tag- und Nachtseiten die »vornehmeren« Himmelsrichtungen: im Osten lag das Heilige Land, der Bezugspunkt christlicher Geographie. Deshalb ist auf den alten Kompaßrosen der Osten stets durch ein Kreuz oder eine Lilie bezeichnet, sie *orientierte*. Die Lilie war aber auch das Zeichen der Bourbonen, die seinerzeit über Neapel und damit auch über Amalfi herrschten. Im germanischen Seegebiet, also in britischen, niederländischen, deutschen und skandinavischen Gewässern, wendet der Seemann den Begriff *Windrose* nicht an; hier sagt man *Kompaßscheibe* oder *Strichrose*.[7] Ein Strich ist ein $^{1}/_{32}$ des Vollkreises oder $11^{1}/_{4}$ Grad. Die rationaler veranlagten Nordländer benannten die 32 Teile der mediteranen Windrose nach ihren geographischen Richtungen und sagen noch heute N, NzE,[8] NNE, NEzN, NE, NEzE, ENE, EzN, E usw. Aber beiden, der *Windrose* und der *Strichrose*, ist gemeinsam, daß ihre unbeweglich feste Verbindung mit dem Magnetteil eine ursprünglich europäische Entwicklung ist, denn die chinesischen Schiffskompasse trugen alle eine frei schwebende Magnetnadel in einer flachen hölzernen Büchse, auf deren breiten Rand die Horizonteinteilungen gemalt waren. Die feste Verbindung von Rose und Magnet, in einer mit Flüssigkeit gefüllten Bussole, das wurde in Amalfi um das Jahr 1300 erstmals praktiziert.

Später kam die kardanische Aufhängung dazu, eine von *Girolamo Cardano* im 16. Jahrhundert gemachte Erfindung, der angeblich für Kaiser Karl V. einen Kutschensitz konstruiert haben soll, um *»den Stuhl des Kaisers so einzurichten, daß derselbe beim Fahren trotz aller Schwankungen immer ruhig und bequem sitzt. Das Prinzip ist den Lampen entlehnt, die, man mag sie halten, wie man will, doch das Öl nicht verschütten.«* Diese Geschichte ist nicht verbürgt, so daß das Prinzip der *cardanischen Aufhängung* ebenso von einem Seemann herrühren kann, findet doch ihre Anwendung auf dem schwankenden Boden der Schiffe ihre naheliegende Berechtigung – und zwar für Öllampen wie für Kompasse!

Die Kraft der Magnetnadel, nach Norden zu zeigen, blieb aber dem einfachen Mann noch lange unerklärlich und wurde vom Volk schnell in die Nähe der *Schwarzen Magie* gebracht. Auch der gemeine Matrose betrachtete den Kompaß noch viele Jahrzehnte lang mit Mißtrauen, und ein vorsichtiger Kapitän verwahrte ihn in seiner Kammer. Selbst zu Zeiten des Kolumbus konnte ein Schiffsführer der Ketzerei und des Umgangs mit dem Teufel bezichtigt werden, weil er zur Kursbestimmung den Kompaß benutzte. Hat Gott nicht die Gestirne erschaffen, damit der Mensch sie als Orientierungsmittel benutze? Noch

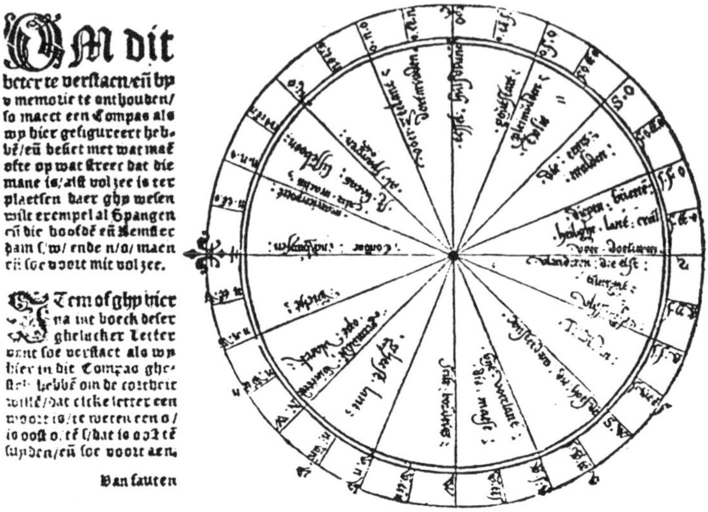

Kompaßrose aus Cornelis Anthonisz'
»Onderwijsinge vander zee om stuermanschap te leeren«, Amsterdam 1558.

immer zeigten Sonne, Mond und Sterne deutlich an, wo Norden oder Süden war und in welcher Richtung man zur Küste segeln mußte! Doch der Kompaß wirkte auch beruhigend; er war oft mehr eine psychologische als eine navigatorische Hilfe. Seine Brauchbarkeit war häufig auch eingeschränkt, z. B. nach mehreren Tagen Sturm und bedecktem Himmel, wenn Kapitän und Steuermann nicht mehr wußten, wo genau ihr Schiff sich befand.

Aber der Kompaß fand immer breitere Verwendung und bald löste sein Gebrauch die Entdeckung einer wesentlichen Naturerscheinung aus: die magnetische Mißweisung. Verfügten die Schiffe nun über ein verläßliches Instrument, um den Kurs einzuhalten, so ist er doch bei der Kursbestimmung mit einem in den Naturgesetzen verankerten *Fehler* behaftet. Je nach Standort zeigte sich eine östliche oder westliche Abweichung von der geographischen Nord-Süd-Richtung. Und dieser Betrag ist überdies nicht gleichbleibend: weder nach Seegebiet noch von Jahr zu Jahr. Die zur Korrektur des Schiffskurses so wichtigen *Beschickungen*[9] wurden damals nicht nach dem Auf- und Untergang der Sonne, sondern vielmehr durch den Polarstern ziemlich unsicher bestimmt. Auch Kolumbus stellte die Verschiedenheit und Inkonstanz der magnetischen Deklination fest. Am 13. September 1492 konnte er östlich der Azoren eine magnetische *Variation,* wie die Deklination früher genannt wurde, von 2½ Grad E astronomisch sicher bestimmen. Er hatte nun einen Anhalts-

Strichrose mit Hafenzeiten des Hochwassers von Amsterdam, Amsterdam 1558.

punkt! Je weiter er nach Westen vorankam, umso mehr bemerkte er, daß sich die Variation allmählich von Nordost nach Nordwest verschob. Heute wissen wir, daß die Linien der Deklination Werte zwischen 0 Grad und 180 Grad annehmen können und daß sie sich auch örtlich wie zeitlich nicht konstant verhalten. Der Kompaß richtet seine Nordrichtung ja nicht nach dem *geographischen Nordpol* aus, der heute als oberer Bezugspunkt der nautischen Kartographie gilt, sondern auf den *Magnetpol der Erde.* Dieser verändert seine Position langsam aber stetig, und zwar elliptisch zum geographischen Pol, weshalb jeder Kompaßkurs mit dem auf der Seekarte aufgedruckten Mißweisungswert und seiner jährlichen Änderung *beschickt*, d.h. korrigiert werden muß. Der magnetische Nordpol befindet sich heute zirka 1500 km südlich des geographischen Nordpols auf der Insel Bathurst auf ungefähr 76 Grad N, 100 Grad W; er wurde 1985 von einem kanadischen Forscherteam wieder geortet, nachdem man seit 1973 seine Lage – als diese noch 100 km weiter südlich war – nicht mehr exakt bestimmt hatte. Kolumbus vermutete richtig, daß es irgendwo einen magnetischen Pol geben müsse. Seine andere Überzeugung, wonach die Deklinationslinien zu den Meridianen parallel verliefen und daß er mit diesem Wissen das *»untrügliche Geheimnis der See-Länge durch besondere göttliche Offenbarung«* besitze, stellte sich hingegen als großer Irrtum heraus.

Die Kompaßrose tauchte bald auch noch in einem ganz anderen Zusammenhang auf den Seekarten auf, und zwar für die Gezeitenbestimmung. Die Gezeiten, der Wechsel des Wasserstandes bei Ebbe und Flut, wurden schon im Altertum von Pytheas auf dem Atlantik und den nördlichen europäischen Meeren mit Staunen festgestellt. Den Bewohnern des Mittelmeeres war das gewaltige Heben und Senken des Meeresspiegels fremd. Dort ist nur eine Tide von wenigen Zentimetern anzutreffen, aber an der Atlantikküste vor Brest betragen die Höhenunterschiede bis zu 8 Meter. Hier waren die Gezeiten ein tägliches Ereignis, das bei der Navigation zu berücksichtigen war. An der britischen Küste können seit dem 13. Jahrhundert Gezeitenkalender für die Vorhersage des Eintritts von Ebbe und Flut nachgewiesen werden. Den seefahrenden Völkern an den Küsten der Nordsee und des Atlantiks waren die Erscheinungen der drei- bis viermal täglich wechselnden Wasserhöhe vertraut. Das Wissen um die Nichtbefahrbarkeit gewisser Wasserstraßen bei Niedrigwasser wurde von Generation zu Generation weitergegeben. Gezeitennavigation war anfangs eine Frage der Erfahrung und der Revierkenntnis. Wer sich nicht auskannte, heuerte schon damals einen einheimischen Lotsen an.

Galilei erkannte, daß die Gravitationsfelder von Sonne und Mond die Höhe der Gezeiten beeinflussen. Pfiffige Seeleute verbanden bald das neue Wissen mit praktischen Navigationshilfen: sie brachten die Zeitpunkte für Ebbe und Flut mit dem Azimut des Mondes in Zusammenhang. So wurde der *Hafenzeit* genannte Zeitpunkt, an dem das Hochwasser für einen Hafen eintritt, in Form einer Windrose angezeigt, die die Peilrichtung des Mondes für diese Zeit wiedergab. In einem Lehrbuch von *Cornelius Anthonisz* aus dem Jahre 1558, *»Onderwijsinge vander zee om stuermanschap te leeren«*, wurde beispielsweise für Amsterdam die Peilung »SW« vermerkt. Wenn also der Mond unter 225 Grad (Südwest) gepeilt werden konnte, begann die Zeit des Hochwassers. Die Dauer in Stunden ließ sich unter Berücksichtigung der täglichen Mond-Verspätung und der Tage nach Neumond *(Mondalter)* errechnen.

14. KAPITEL

Die Christliche Seefahrt

Pilger, Kreuzritter, Händler, Piraten und Osmanen: das Mittelmeer im Spannungsfeld zwischen Christentum und Islam

Fast 900 Jahre lang war das Mittelmeer Zankapfel zwischen arabischen und christlichen Mächten. Seit dem Vorstoß der Mohammedaner über die Halbinsel Arabiens hinaus, als sich die Mauren 711 ganz Iberien unterworfen hatten, bis zur Seeschlacht von Lepanto am 7. Oktober 1571, in dem der Sieg der Heiligen Liga den Niedergang des Osmanischen Reiches einleitete, prallten immer wieder die Kontrahenten zweier so grundverschiedener Kulturen aufeinander. Beide Lager gingen dabei von ihren durch Religion und Gesellschaftsordnung geprägten Normen aus, weshalb Recht und Unrecht, Staatsraison und Gottgefälligkeit des eigenen Tuns an verschiedenen Wertskalen gemessen wurden. Nur unter solchen Voraussetzungen konnte es einen mit beispielloser Härte und Grausamkeit über Jahrhunderte geführten Kampf geben.

Mit der Völkerwanderung brachen im dritten Jahrhundert katastrophale wirtschaftliche und politische Zustände über Mitteleuropa herein. Die römischen Legionen zogen aus Xanten und Köln, aus Trier und Regensburg ab. Die von ihnen angelegten Straßen verfielen und die Brücken stürzten ein; es begannen die *Jahrhunderte der Verdüsterung*. Die Städte waren verödet, die Bevölkerung hatte sich größtenteils auf das Land zurückgezogen, die Gesellschaft war in das Stadium der reinen Agrarwirtschaft zurückgefallen. Banden und Banditen beherrschten die Verbindungswege. Für den Fernhandel kamen nur Waren infrage, die der Händler auf seinem Rücken oder mit einem Tragtier transportieren konnte, nämlich die Luxusartikel, ohne die der Adel und die Höfe nicht glaubten existieren zu können und die um jeden Preis herbeigeschafft werden mußten.

Erst mit dem Erstarken des Frankenreiches im 6. Jh. wurde Mitteleuropa für seine Nachbarn wieder interessant. Und man nahm eine neue Handelskonstellation zur Kenntnis, die sich aus dem engen diplomatischen Verhältnis zwischen *Karl dem Großen* und dem Bagdader Kalifen *Harun Ar-Raschid* ergab. Karls Reich, das auf einer starken Zentralgewalt aufbaute, ging daran, die übermütig gewordenen Feudalherren in die Schranken zu weisen und sorgte für eine relative Sicherheit auf den Straßen. Karl der Große plante, Rhein und Donau durch einen Kanal zwischen Regnitz und Altmühl zu verbinden. Die *Fossa Carolina,* 1400 Meter lang und 30 Meter breit, wurde im Herbst 793 gegraben! Man hat errechnet, daß 6000 Mann mit den Erdarbeiten beschäftigt waren, und daß mit den Nachschub- und Verpflegungskolonnen, Handwerkern und Hofbeamten etwa 10 000 Menschen in das Projekt involviert waren. Aber nach dreimonatiger Bauzeit wurden die Arbeiten abgebrochen, und wir kennen die Gründe hierfür nicht genau. Ob man in der Zwischenzeit gemerkt hatte, daß sich das Sumpfgelände nicht für einen dauerhaften Kanal eigne, oder ob die Nachrichten von den Unruhen an der Wesermündung, die Karl zu einem Feldzug gegen die Awaren zwang, der Grund war, blieb bis heute ungewiß. Es ist aber verbürgt, daß Karl viele seiner Reisen zu Wasser zu machen pflegte, daß er also den Wert von Wasserstraßen zu schätzen wußte. Doch die Arbeiten am Kanal wurden nicht wieder aufgenommen.

Während die Deutschen nach Karls Tod mit Erbstreitigkeiten beschäftigt waren, erschienen Fremde von jenseits der Alpen, die man nach der Heimat der meisten von ihnen *Lombarden* nannte. Sie nutzten ihre Chance, bauten Geschäfte auf, handelten zuerst mit den Schätzen des Morgenlandes, dann mit einheimischen Produkten und schließlich mit Geld. Sie leiteten die neuen Ströme des Handels; die Städte Italiens wurden – neben Marseille am alten Rhôneweg – zu Drehscheiben der Macht: Mailand, Florenz, Neapel, Pisa, Genua und Venedig. Quer durch Europa entstanden zwei neue Nord-Süd-Verkehrsachsen: von Genua zum Rhein, eine Route, die ab 1230 durch den Ausbau der Gotthardstraße schlagartig an Bedeutung gewann, und von Venedig über die Ostalpen oder den Brenner nach Regensburg oder Augsburg und Nürnberg. Und beide Handelsstränge hatten ihre Verlängerung zu den Handelsstädten an der Ost- und Nordsee.

Das war die Situation, als Papst *Urban* II. im Jahre 1095 zum ersten *Kreuzzug* aufrief, das Heilige Land und das Heilige Grab von den »Ungläubigen« zu befreien. Das er dabei Sprachrohr habgieriger Fürsten war, die sich der Schätze des Orients bemächtigen wollten, wird immer wieder behauptet. Unbestritten aber ist, daß die Träger der Kreuzzugsidee die Bürgerschaft der am Orienthandel interessierten Städte und die verschuldete Ritterschaft waren, die hier eine Allianz eingingen, bei der jeder den anderen für seine Zwecke einzuspannen versuchte. Der Zeitpunkt war geschickt gewählt, denn eben war Syrien und Jerusalem von den Seldschuken, einem vorrückenden türkischen Stamm, dem ägyptischen Kalifen entrissen worden, was den Islam in eine schwere Krise gestürzt hatte. Wenn auch die ersten Wellen der Kreuzfahrer über Land marschierten, so wurde die Geschichte der insgesamt sieben Kreuzzüge doch auch zu einer Geschichte der Mittelmeerschiffahrt.

Die Pilgerfahrt nach Jerusalem war um jene Zeit nichts Neues. Glaubenseifer war schon immer ein starker Antrieb gewesen, um auf Reisen zu gehen. Seit die oströmische Kaiserin Helena zu Anfang des 4. Jh. eine Wallfahrt ins Heilige Land unternommen hatte, eiferten ihr seither viele Gläubige nach. Besonders, da die Pilger in christlichen Ländern Förderung genossen! Man glaubte, Unglück heraufzubeschwören, wenn man Pilgern Speise und Obdach verweigerte. In Kreisen der Kirche war man sich über den Wert der Wallfahrt nicht einig, förderte sie oder lehnte sie ab. Trotzdem schwoll der Strom der Pilger stetig an und erreichte um die Jahrtausendwende einen ersten Höhepunkt. Hundert Jahre später waren sie bereits eine Landplage. 1096 erreichten, von Frankreich kommend, 15 000 (!) Pilger aller Altersklassen und beiderlei Geschlechts Köln, um auf dem Weg nach Jerusalem Angst und Schrecken zu verbreiten. *»Das ganze Abendland und alle Barbaren jenseits der Adria bis zu den Säulen des Herkules wälzten sich in Massen durch Europa und Asien, ganze Familien mit sich führend«*, heißt es in einem zeitgenössischen Bericht.

Zog man nicht über Land, schiffte man in den Mittelmeerhäfen ein. Doch auch in Nordeuropa bemerkten die seefahrenden Völker die gewinnbringende Transportaufgabe und stiegen in das Geschäft ein. Auch die ersten Angaben über den Zug eines Kreuzritterheeres zu Schiff kommen aus dem Norden. König Sigurd von Norwegen machte sich 1106 mit 60 Schiffen in Bergen auf die Reise. Seine Fahrt ins Heilige Land dauerte mit den Überwinterungen vier Jahre. Über die Bauart seiner Schiffe ist nichts bekannt. Ende 1097 war schon einmal eine Flotte aus Friesland und Flandern im Heiligen Land erschienen: Wikinger, die von Winimar von Boulogne geführt wurden und die acht Jahre lang von der Piraterie gelebt hatten. Das war ihnen nicht schlecht bekommen, wie die goldverzierten Masten ihrer Schiffe bewiesen. Diese *Seeräuber-Genossenschaft* gliederte sich in das Heer der Kreuzfahrer ein und erwies ihm, wie berichtet wird, gute Dienste. 1107 brachte eine weitere Flotte mehr als 7000 Pilger aus England, Flandern und Dänemark.

Der zweite Kreuzzug des deutschen Königs *Konrad* III. und des französischen Königs *Ludwig* VII. formierte sich als riesiger Heerwurm, der seinen Weg über Land durch Bayern, Slowenien, Serbien und Konstantinopel nach Kleinasien nahm, dort aber, noch bevor Jerusalem erreicht wurde, scheiterte. Das Unternehmen wurde durch eine anfangs 164, dann auf 190 Schiffe anwachsende Flotte flankiert, deren Gros am 27. April 1147 von Köln rheinabwärts segelte, um von der Nordsee die atlantische Küstenroute zu nehmen. Das Heer von zirka 10000 Mann (also 60 pro Schiff!) erreichte auch glücklich Portugal. Die Unbilden der Witterung hatten aber dafür gesorgt, daß man von weiterer Seefahrt »die Nase voll« hatte; so ließen sich die Ritter bewegen, König Alfons bei der Belagerung von Lissabon gegen die Mauren zu unterstützen. Das fiel ihnen um so leichter, als der Hinweis, ihr Kreuzfahrergelübde werde auch dort im Kampf gegen die Ungläubigen erfüllt, durch den Reichtum der Stadt und die zu erwartende Beute erhärtet wurde. Die Belagerung und Einnahme erwies sich für alle als ein voller Erfolg, so daß sich die meisten der Kreuzfahrer in der eroberten Stadt niederließen.

Der Herrschaftsbereich Venedigs hatte sich inzwischen enorm ausgedehnt, denn die Venezianer verstanden es, mit den Heeren, die sie verfrachteten, manchen für beide Teile vorteilhaften Handel abzuschließen und die Söldner für ihre Zwecke einzusetzen. Beim vierten Kreuzzug eroberten Kreuzfahrer, um ihre Überfahrt zu verdienen, für Venedig die Stadt Zara (Zadar) in Dalmatien. Der wesentlichste Erfolg des vierten Kreuzzugs war aber nicht der Kampf gegen die Mohammedaner, sondern der Sturm auf das mit der römischen Kirche endgültig zerstrittene byzantinische Konstantinopel und die Gründung des *Lateinischen Kaiserreiches* (1204–1261). Dabei schnitt wiederum Venedig am besten ab, denn es konnte – als Beschützer des neuen Kaisers – das gesamte Schwarze Meer in seine Interessensphäre einziehen. Aber als Byzanz 1261 den alten Zustand wieder herzustellen vermochte, warfen sie die venezianischen Kaufleute hinaus und bevorzugten den Handel mit Genua, dem ewigen Konkurrenten Venedigs. Genua schickte übrigens schon 1291 zwei Galeeren aus, um den Seeweg nach Indien durch die Straße von Gibraltar und rund um Afrika zu suchen. Sie fanden die seit dem Untergang der Phönizier vergessenen Kanarischen Inseln und Madeira wieder. Aber dann verschwanden sie in der Unendlichkeit des Südatlantiks und wurden nie mehr gesehen.

Ein venezianisches Angebot an *Ludwig den Heiligen*, für seine Teilnahme am 6. Kreuzzug (1248–54) fünfzehn Schiffe auszurüsten, blieb durch einen glücklichen Zufall erhalten. Es gibt genauen Aufschluß über spezielle Transportschiffe, die *Nef* genannt wurden. Die Abmeßungen sind erstaunlich, da wir an ein Längen-/Breitenverhältnis von 3:1 bis 8:1 gewöhnt sind. Für ein Nef namens *Rocca-Forte* wird die Länge 31,3 m zur Breite 14,31 m genannt, also fast ein Verhältnis von 2:1! Das kastenförmige und hohe Monstrum glich einem Kübel oder einer Tonne. Die Form sprach allen bis dahin entwickelten Gesetzen vom guten Schiff Hohn und war nur für große Frachtmengen angelegt. Derartige Schiffe waren langsam und schwerfällig. Zuunterst war ein vier Meter hoher Laderaum, darüber der Pferdestall. Die Tiere wurden mit Traggurten so an der Stalldecke aufgehängt, daß ihre Füße den Boden gerade noch berührten und sie sich beim Schlingern des Schiffskörpers nicht verletzen konnten. So schaukelten sie an der Decke befestigt hin und her. Auf der gleichen Ebene waren auch die Unterkünfte für einfache Leute. Ein zweites Deck darüber hatte die Funktion eines Burghofes: um einen freien Raum in der Schiffsmitte waren längs der Bordwand kleine Kammern für die Edelleute angeordnet. Zuoberst konnten sich die Verteidiger auf einer zinnengeschmückten Bordwand bewegen. Dieses dritte Deck umschloß auch die Aufbauten und war Verkehrsweg für die Bewohner, während sich das tägliche Leben (Mahlzeiten, Gelage) im zentralen Hof abspielte. Die wirklichen Herrschaften logierten im *Paradies*, dem zweistöckigen Heckaufbau, der auch Gesellschaftsräume enthielt und auf dem bei gutem Wetter noch ein Sonnensegel gespannt wurde. So war das Schiff gut und gerne 10–13 m hoch, und mehr als 20 Meter über das Oberdeck reichten die Masten mit der Lateinertakelung.[1]

Es gab eine Reihe von Neuerungen in der Schiffahrt dieser Zeit. Irgendwann im 13. Jahrhundert sind Magnetnadel und Kompaß auf den Schiffen des Mittelmeeres erschienen. Im 14. Jahrhundert begann man, die in zwei Reihen angeordneten Ruder der *Galeeren* nicht mehr von zwei übereinander liegenden Bankreihen aus zu führen, sondern ordnete sie paarig eng hintereinander an, so daß die nebeneinander sitzenden Ruderer jeder einen Riemen handhabten, die streng parallel geführt wurden. Bald darauf erhielten diese Schiffe Dreier-Riemengruppen, man ruderte »à terzaruolo«. Auch das feste Heckruder und das Rahsegel sah man erstmals um diese Zeit im Mittelmeer; beide waren vermutlich von den Koggen des Nordens kopiert und konnten sich nur langsam durchsetzen. 1367 wurde auf einer Seekarte die erste Karacke abgebildet, ein Segelschiff, das im Zeitalter der Entdeckungen eine große Rolle spielen sollte.

Der Gegensatz *Christentum–Islam* war auch ein Gegensatz zwischen Europa, Nordafrika und Kleinasien. Bei dem Zusammenprall zweier so ungleicher Gesellschaftsformen wurden alle Entscheidungen, Handlungen und moralischen Empfindungen an den Wertvorstellungen der jeweiligen Glaubenswelt gemessen. Beide Lager sahen in ihren Gegnern die »Ungläubigen«, die es zu vernichten galt. Unter diesen Gesichtspunkten war Piraterie nichts Anrüchiges, sondern ein gottgefälliges Werk. Und deshalb machten besonders arabische Piraten den christlichen Flotten zeitweise das Leben recht schwer. Schon im Jahre 1270 hatte Ludwig der Heilige, König von Frankreich, einen Feldzug gegen Tunis unternommen, um Kreuzfahrern wie Pilgern eine gefahrlose Fahrt durch das Mittelmeer zu ermöglichen. Tunis war die Hochburg des Piratentums. Mit 30 000 Mann belagerte er die Stadt, wurde aber schließlich von einer Seuche besiegt, der er selbst zum Opfer fiel. 120 Jahre später, 1390, nahmen die

Genuesen mit mehr Glück den Kampf gegen die Piraten wieder auf, zwangen den Bei von Tunis zu dem Versprechen, Schiffe und Küsten der Sieger nicht mehr zu belästigen, alle christlichen Sklaven auszuliefern und 10000 Dukaten zu zahlen.

Aber bald begann der Wind den christlichen Seefahrern wieder ins Gesicht zu blasen. Die aus Spanien vertriebenen Mauren organisierten die Kaperfahrt neu, um an ihren Feinden Rache zu nehmen, aber auch, um sich »eine neue Existenz« aufzubauen. Berühmte Piraten waren zwei Brüder, von denen einer *Urudji,* der andere *Chair-ed-din* hieß. Sie verdingten sich jedem, der genug zu zahlen bereit war, kaperten die Schiffe, erschlugen die Besiegten oder verkauften sie in die Sklaverei. Sie konnten sich mit der Zeit eine schlagkräftige Flotte und einen eigenen Piratenstaat aufbauen. Nach dem Tode Urudjis unterstellte sich Chair-ed-din dem türkischen Sultan und wurde Oberbefehlshaber der türkischen Flotte. Mit den besten Kapitänen des Mittelmeeres verbreitete er unter den christlichen Anrainerstaaten Angst und Schrecken: Er besiegte den genuesischen General *Andrea Doria,* verheerte mehrmals die Küsten Italiens, zerstörte Reggio, fing bei Neapel 10000 Menschen und entführte sie in die Sklaverei; 1538 besiegte er gar eine spanisch-venezianische Flotte im Golf von Arva.

Bei jedem Seekrieg im Mittelmeer spielte der Johanniterorden eine bedeutende Rolle. Die Johanniter waren 1099 im eroberten Jerusalem von Kreuzfahrern gegründet worden, um Pilger zu schützen und Verwundete zu pflegen. 1187 ging Jerusalem verloren und die Johanniter mußten sich nach St. Jean d'Acre zurückziehen und siedelten 1310 nach Rhodos um. Von Stund' an nannten sie sich *Ritter von Rhodos.* Immer wieder mußten sie die Insel gegen anstürmende Ägypter und Türken verteidigen, unterlagen 1552 aber schließlich der Übermacht und wichen nach Malta aus. Seither heißen sie Malteserritter.

Auch nach dem Ende der Kreuzzüge verebbte der Pilgerstrom keineswegs. Er erreichte vielmehr um 1500 einen weiteren Höhepunkt. Der Bericht eines Heinrich von Zedlitz, der um 1493 von Venedig mit einem venezianischen Schiff ins Heilige Land fuhr, ist als unvollständige Handschrift erhalten geblieben. Die interessantesten Passagen, die sich speziell mit seiner Seereise beschäftigen, seien hier wiedergegeben.

»Im Jahre 1493 habe ich, Heinrich Zedlitz, mir vorgenommen, nach Jerusalem zum heiligen Grabe zu ziehen. Ich begann, ein Tagebuch zu schreiben über meine Reise zu Lande und zu Wasser, über die heiligen Stätten und Plätze, die den Pilgern gezeigt werden. Ich habe das aufgeschrieben, damit jeder, der nach mir zum Heiligen Land ziehen will, weiß, was er Meile für Meile auf dem Land und dem Wasser vorfinden wird...«

Zedlitz wohnte in Venedig im *Deutschen Haus,* wahrscheinlich ein Hotel; der Besitzer, Albrecht Hingel, hat dem Berichterstatter »*ein Gemach gegeben, darin zu schlafen*«. Es hat ihm dort gefallen, aber »*wer als Gast dahingeht, muß viel Geld mitbringen*«. Mit Zedlitz warteten noch viele Pilger in Venedig auf eine günstige Möglichkeit, die Reise ins Heilige Land fortzusetzen. Man mußte sich selbst um eine Schiffspassage kümmern, konnte dabei aber auch bös hereingelegt werden. Vieles hatte Ähnlichkeit mit den heutigen Gesellschaftsreisen: Vertreter der Reedereien erwarteten die Pilger schon vor den Stadttoren, nahmen Pferde in Zahlung oder sorgten bis zur Rückkehr der Reisenden für Stallungen. Die Buchung war »inklusive«: mit Reiseleitung, Transfer und Landausflügen. Die als »*Galeeren*« bezeichneten Schiffe waren eigentlich Hybridkonstruktionen, die neben den Ruderbänken auch besegelte Masten trugen. Zedlitz berichtete:

»*Am Montag, dem 29. April, fuhr ich auf einer Barke hinüber nach Venedig. Am folgenden Tage beratschlagten wir Pilger, auf welcher Galeere wir uns einmieten sollten. Wir wollten einen Vertrag mit dem Patron abschliessen, da aber an jedem Tag weitere Pilger eintrafen, entschlossen wir uns, noch zu warten. Am Freitag haben wir nach Augustino Contarini geschickt und fragen lassen, was er für jeden von uns für eine Fahrt ins Heilige Land und zurück verlange. Sechzig Dukaten, liess er ausrichten, und er könne nicht eher als am 29. Mai fahren. Wir haben keine günstigere Gelegenheit gefunden und mit ihm einen Vertrag abgeschlossen, wonach er von jedem Pilger fünfzig Dukaten bekäme. Dafür soll er uns dann auf dem Schiff Essen und Trinken geben. In den Häfen würden wir uns selber beköstigen. Dagegen hatte der Patron das Geleitgeld und die Miete für die Esel im Heiligen Lande zu zahlen, doch das Trinkgeld für die Eseltreiber blieb Sache der Pilger.*«

Contarini verpflichtete sich, in keinem Hafen länger als vier Tage zu liegen und die Pilger im Heiligen Land persönlich an den Jordan und zu den heiligen Stätten zu führen. Jeder Pilger entrichtete eine Vorauszahlung von dreißig Dukaten, der Rest war in Jerusalem fällig. Der Vertrag wurde in doppelter Ausführung erstellt, je ein Exemplar für den Pilger und den Patron. Es ist dann noch von der Pilgerkiste die Rede, die als Behältnis für die Reiseutensilien, als Bett und Tisch und im Falle des Todes als Sarg diente. Wir haben hier den Vorläufer der Seemannskiste. Aber der Vertrag mußte noch bekräftigt werden:

»*Am Dienstag, 7. Mai, sind dann alle Pilger mit dem Patron zum Herzog von Venedig gegangen. Wir baten den Herzog, dem Patron zu befehlen, sich an den Vertrag zu halten, und der Herzog ermahnte ihn denn auch ernstlich und drohte ihm mit Strafen. … Am Donnerstag, 30. Mai, hatte der Patron uns aufgefordert, auf unsere Galeere zu kommen. So sind wir am Abend zur Galeere gefahren, die zwei deutsche Meilen weit draußen auf dem Meer lag. Als wir aber dort ankamen, war der Patron noch nicht da. Er ist erst am Freitag gekommen. Am Samstag, 1. Juni, ist vor Tag Wind aufgekommen und wir sind in Gottes Namen abgesegelt. Sonntag waren wir gegen Mittag in Porec, das liegt hundert französische Meilen von Venedig entfernt. Am Montag sind wir am Morgen weitergefahren und hatten den ganzen Tag und die Nacht hindurch guten Wind. Am Dienstag aber hatten wir fast keinen Wind und kamen nicht weit. Doch am Mittwoch frischte er zur Nacht wieder auf, und am Donnerstag, dem Tage des heiligen Leichnams, kamen wir nach Mittag nach Zadar.«*

Am 6. Juli erreichte das Pilgerschiff die Reede von Jaffa, man war also gut fünf Wochen unterwegs und hatte sich dabei nirgends lange aufgehalten. Wenn man die Fahrt auf der Karte verfolgt – von Venedig nach Porec und von dort nach Zadar – stellt man fest, daß die Schiffer die offene See noch immer mieden wie der Teufel das Weihwasser und sich möglichst in Sichtweite des Landes bewegten. Das galt besonders für die dalmatische Küste, denn die gehörte zum Herrschaftsgebiet Venedigs, konnte also jederzeit zu Hilfeleistungen oder zur Bequemlichkeit der Reisenden angelaufen werden.

Zu dieser Zeit hatte man neben den eleganten Kriegsgaleeren auch Transportgaleeren entwickelt, die unter Verzicht auf Tempo und Geschwindigkeit ein wesentlich wirtschaftlicheres Verhältnis von Rudermannschaft und Nutzlast aufwiesen und in ihrer Erscheinung mehr den Segelschiffen mit hohen Heckaufbauten und Bugkastell ähnelten, ergänzt durch eine Reihe Ruderer, die sich auf den Raum dazwischen beschränkten. Um 1500 war auch keine Rede mehr von einem päpstlichen Verbot des Handels zwischen Christen und Muselmanen. Beide Seiten waren großzügiger geworden, denn das Geschäft lohnte sich für alle, und warum sollte man bei so horrenden Gewinnen überholte Prinzipien verteidigen? Christliche, jüdische und islamische Kaufleute wetteiferten, die Ströme der Pilger mit dem Nötigen zu versorgen.

Besonders die Araber wußten, ihre Handelsbeziehungen mit Venedig zu ihrem Vorteil zu pflegen. So fiel dem Sultan von Ägypten zu Anfang des 16. Jahrhunderts auf, daß der Handel mit Venedig zurückgegangen war. Als er die Partner zur Rede stellen ließ, antworteten diese, sie könnten keinen Pfeffer mehr in Alexandria kaufen, weil er viermal so teuer geworden wäre, als die Araber ihn selber in Calicut einkauften. Die Portugiesen brachten den Pfeffer zu dieser Zeit bereits um das Kap der Guten Hoffnung herum nach Europa. Aber die neue Konkurrenz hatte die Preise kaum hinuntergedrückt; weil die Kosten Lissabons sehr groß waren – eine Hin- und Rückreise dauerte zwei Jahre und fast die Hälfte der Indienfahrer ging im Südatlantik verloren –

rechneten die portugiesischen Händler mit dem dreifachen Preis. Aber wenn Venedig dem Sultan bei der Zurückbindung der Konkurrenz behilflich wäre, könnte man sich vielleicht über den Pfefferpreis einigen ...! Als sich dann 1509 eine arabische Flotte im Indischen Ozean mit den Portugiesen schlug, sollen die arabischen Schiffe mancherlei Unterstützung aus dem Mittelmeerraum erfahren haben, unter anderem waren Seeleute aus Venedig und Dalmatien an Bord. Dafür gingen die Pfefferpreise auf einen für Venedig akzeptablen Preis zurück.

Auf Abbildungen aus dem 16. Jahrhundert ist deutlich zu sehen, daß die Galeere, das von Venedig bevorzugte Schiff, sich wiederum verändert hatte: Die Zahl der Riemen wurde reduziert, die der Ruderer vermehrt. Man setzte an jeden Riemen drei, später fünf und mehr Ruderer. Die Sitze waren, eng aneinander, abgestuft und zum Mittelgang, wo der Aufseher die Peitsche schwang, erhöht. Diese Sitzordnung wurde »à la scalaccio« genannt. Den Rudertakt gab eine Trommel, die Ruderer erhoben sich von ihren Bänken, stießen den Riemengriff nach vorn, zogen das Holz, ohne die ausgestreckten Arme anzuwinkeln, mit der gesamten Kraft ihres Körpers durch das Wasser zurück und ließen sich dabei wieder auf die Ruderbank fallen. Handflächen und Gesäß waren bald mit Schwielen bedeckt; Waschen war verboten, damit die Schwielen nicht aufplatzten. Die Galeeren hatten ein bis drei Masten, waren lateingetakelt und führten verschiedene Segel mit: größere und kleinere, die je nach Windstärke ausgewechselt wurden, darunter schwarze, zur Tarnung für die Nacht, auch zur Demonstration von Trauer. Bei gutem achterlichen Wind wurden über den Lateinsegeln kleine viereckige Rahsegel gesetzt. Nur in Ausnahmefällen, im Gefecht und bei Paraden, wurden alle Riemen voll besetzt. Normalerweise hatten die Ruderer Dienst in drei Schichten, so daß sich jeweils nur ein Drittel an den Riemen befand. An Bord waren zwei Anker, und das Beiboot, bis dahin meist im Schlepp, bekam seinen festen Platz an Deck. Galeeren dieser Zeit hatten durchwegs 15 bis 20 Riemen an jeder Seite und waren bis zu 65 Meter lang.

Venedig und Genua, die beiden rivalisierenden großen Seemächte verfügten jede über mehr als 100 dieser Schiffe und hatten den Bau soweit rationalisiert, daß eine Galeere in zwei Tagen aus den vorgefertigten Teilen montiert werden konnte. Das Arsenal in Venedig beschäftigte 16 000 Menschen in Tag- und Nachtschichten, es bewirtschaftete die zum Schiffbau geeigneten und reservierten Wälder in Dalmatien und konnte »eingemottete« Galeeren innerhalb von zwei Stunden kriegsfertig ausrüsten.

1571 hatten die Osmanen das bisher venezianische Zypern erobert. Als Reaktion kam es am 7. Oktober 1571 zur *Seeschlacht von Lepanto*, bei der die von Papst Pius v, von Venedig und Spanien gebildete *Heilige Liga* die zahlenmässig weit überlegene Flotte der Osmanen schlug und damit den Niedergang der osmanischen Vorherrschaft im Mittelmeer einleitete. Es war eine gewaltige Schlacht! 208 Galeeren und Galeassen, insgesamt mehr als 400 Schiffe lagen sich gegenüber. Chronisten vermerkten den Tod von 7656 Christen und bezifferten die türkischen Verluste an Toten und Gefangenen auf über 30 000 Mann. Die Beute war reichlich: es erhielten der Papst 21 Schiffe und 881 Sklaven, der König von Spanien 61 Schiffe und 1703 Sklaven, Venedig schließlich bekam 45 Schiffe und 1262 Sklaven.

Die Schlacht war aber nicht nur die Wende im Abwehrkampf des christlichen Abendlandes gegen die muselmanischen Türken, sondern auch ein Höhepunkt der Galeere als Schiffstyp. Die Galeere war zwar noch etwa zweihundert Jahre auf dem Meer anzutreffen, diente in steigendem Maße aber nur mehr repräsentativen Zwecken. Auf die Dauer konnten besegelte Ruderschiffe den kriegführenden Nur-Seglern keine gleichwertige Kampfkraft entgegenstellen. Galeeren waren auf Grund ihrer Bauart reine Schönwetterschiffe, die einen Sturm mehr zu fürchten hatten als eine feindliche Flotte. Das wirkte sich besonders aus, als das Weltgeschehen immer mehr vom Mittelmeerraum auf den offenen Ozean hinausgetragen wurde.

Eine weitere Verbesserung beschleunigte diesen Vorgang. Die qualitative Verbesserung der Eisenherstellung machte zu jener Zeit enorme Fortschritte, was auch zur Verbesserung der Artillerie beitrug, und die Ballistik ermöglichte eine genauere Berechnung von Geschoßbahnen. So machte es die Bewaffnung von Schiffen mit Kanonen notwendig, für eine wirkungsvolle *Breitseite* die Bordwand freizumachen. Ruderer und Kanoniere konnten nicht nebeneinander arbeiten, ohne sich gegenseitig zu behindern.

Die Schlacht von Lepanto war die letzte große Seeschlacht, die auf traditionelle, durch den Einsatz von Galeeren bedingte Art geführt wurde. Rammen und Entern waren die entscheidenden Kampfphasen. Die Schiffe dienten in erster Linie als Transporter für die Infanterie, die zum Einsatzort auf dem Wasser gebracht werden mußte, oder – wie die Galeassen – als schwimmende, festliegende und schwer zu erobernde Wasserfestung. Galeassen waren besonders große Galeeren, die vorne mit einem Geschützturm für acht schwere Stücke[2] versehen waren und längsschiffs hinter der Schutzwehr für die Ruderer eine Reihe leichterer Geschütze oder Büchsen hatten; zwei weitere Kanonen mit Radlafetten standen auf dem Achterkastell. Galeassen hatten ein Schutzdeck über den Ruderbänken, besaßen drei Masten und einen vierten vorn über dem eisenverstärkten Rammsporn, der über den Steven hinausragte und ein *Sprietsegel*[3] führte. Die Hauptmasten waren mit Lateinsegeln getakelt.

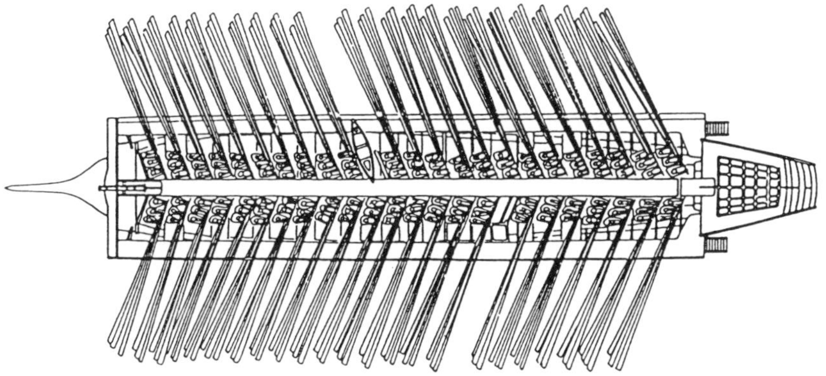

Seit dem 13. Jahrhundert ruderte man »à terzaruolo«: auf der Bank saßen drei Ruderer, die je einen Riemen handhaben.

Im 16. Jahrhundert arbeiteten mehrere Ruderer an einem Riemen, die Sitzordnung war »à la scalaccio« angeordnet.

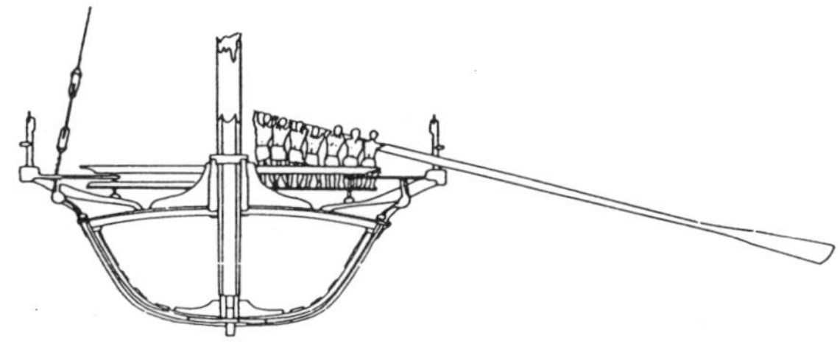

Eine Galeasse aus dem 17. Jahrhundert, wie sie auch in der Schlacht von Lepanto eingesetzt wurden.

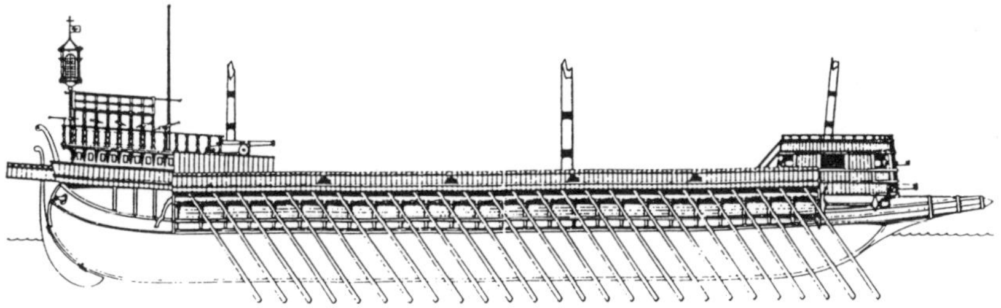

Man hat nach Lepanto alles Mögliche versucht, um das Ruderschiff wieder aufzuwerten, wahrscheinlich, weil man sich an den Ufern des Mittelmeeres nicht vorstellen konnte, daß ein Schiff ausgedient haben sollte, das mehr als zwei Jahrtausende der Stolz aller Kriegsflotten war. Die Praxis bewies es aber immer wieder: 1684 schlug der französische Rahsegler *Le Bon* mit seinen 64 Kanonen ganz allein 36 spanische Galeeren. Aber die große Politik entschieden von nun an Segelschiffe, die ganz andere Merkmale trugen, die Kogge, Karavelle, Karacke und Galeone hießen; ihre Wirkungsgebiete waren die nördlichen Meere, der Weg um den afrikanischen Kontinent nach Indien und die Überquerung des Atlantik zu den neuentdeckten amerikanischen Ländern. Die »Heiden« waren geschlagen, ihr Einfluß ging stetig zurück. Nun ging es um die Mehrung der Macht christlicher Könige und Herrscher, das Ziel war die Eroberung der Welt, die Ausbreitung des Handels sowie die Verbreitung des »wahren Glaubens« mit Feuer und Schwert.

Abb. 10: Modell einer Galeere vom Ende des 17. Jahrhunderts. Bei der neunten Ruderbank (von hinten) befindet sich die offene Feuerstelle.

Abb. 11: Prinz Heinrich der Seefahrer, Infant von Portugal (1394–1460). Im Bestreben, Portugal zur Weltgeltung zu bringen, förderte er – unter großen finanziellen Opfern – die portugiesischen Entdeckungsfahrten entlang der afrikanischen Küste, um den Seeweg zu den reichen Gewürzländern des Ostens zu finden.

Abb. 12: Arabisches Astrolabium zur Messung der Gestirnshöhe. Das von Griechen erfundene und von Arabern verbesserte Instrument wird von den Astronomen bis ins 18. Jahrhundert benutzt: das Gerät wurde am Ring aufgehängt und der Zeiger zum Gestirn gerichtet. An der Gradeinteilung konnte der Höhenwinkel abgelesen werden, mit dem die Sonnen- oder Sternenzeit bestimmt wurde. Die Seeleute berechneten daraus ihre Position auf offenem Meer.

Abb. 13: Porträt von Christoph Kolumbus aus dem 15. Jahrhundert, entstanden nach seinem Tode.

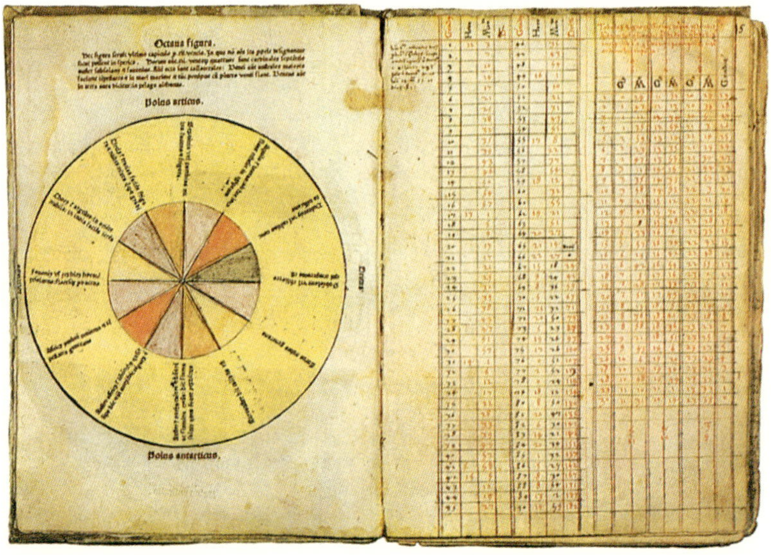

Abb. 14: Handkolorierte Windrose und handschriftliche Wind- und Lichtstundentabelle aus dem Nachlaß von Christoph Kolumbus.

Abb. 15: Weltkarte der Ulmer Ptolemäusausgabe von 1486 nach einem Holzschnitt von Johannes von Armßheim: Vor den großen Entdeckungen war der Indische Ozean ein großes Binnenmeer und der Atlantik am lin-

ken Bildrand nur ein schmales Gewässer. Die Weltkugel hat nur zwei Drittel ihres wahren Volumens, es gibt keine Pole und kein Amerika.

Abb. 16: Weltkarte des deutschen Kartographen Henricus Martellus (spätes 15. Jahrhundert): Seit der Umsegelung Afrikas 1497 durch Vasco da Gama auf seinem Weg nach Indien war bekannt, daß der Indische Ozean kein Binnengewässer, sondern mit dem Atlantik verbunden ist. Nun nimmt die Kontur Afrikas vertraute Formen an, allerdings ist Indien viel zu klein, Ceylon am falschen Ort und viel zu groß eingezeichnet. Oben wird bereits eine Wasserstraße von Sibirien nach Asien angenommen, aber Skandinavien ist völlig deformiert.

Abb. 17: König Karl I. von Spanien, der spätere Kaiser Karl V. des Heiligen Römischen Reiches, war Magellans Schutzherr. Das Porträt aus dem 16. Jahrhundert zeigt den achtzehnjährigen Herrscher mit der Kette des Ordens vom Goldenen Vlies, einem burgundischen Ritterorden.

Abb. 18: Ausschnitt aus einer portugiesischen Plattkarte von Alberto Cantino aus dem Jahre 1502. Sie zeigt rechts Afrika und links den nördlichen Teil Südamerikas, darüber die ungenau dargestellten Inseln der Antillen. Deutlich erkennbar ist die senkrechte Demarkationslinie, auf die sich Spanien und Portugal 1494 im Vertrag von Tordesillas einigten. Spanien erhielt alle Länder, die es westlich der Linie entdeckte, während die östliche Welthälfte Portugal gehören sollte.

Abb. 19: Schlüsselfelder Schiff, Modell von 1503. Der Tafelaufsatz aus teilweise vergoldetem Silber gilt als getreue Nachbildung eines Segelschiffs des 16. Jahrhunderts. Die Decksaufbauten können abgenommen werden, um das 6 kg schwere Stück als Trinkschale zu benutzen. ▷

15. KAPITEL

Die Macht des Geldes

Die Hanse: ein Städtebund beherrscht Handel und Politik von Nowgorod bis Lissabon

Die Hanse nimmt in der Geschichte der Seefahrt eine einzigartige Stellung ein. Sie handelte auf der europäischen Bühne Europas wie ein souveräner Staat und war doch nichts anderes als ein loses Bündnis vieler einzelner Städte. Sie führte Kriege wie ein souveräner Staat, verfügte aber lange Zeit weder über Kriegsflotte noch Heer. Sie hatte keine Verfassung, keine eigenen Finanzen, keine Behörden, kein Siegel, und – mit Ausnahme des Hansetags – auch keine Institutionen, die sie als fest etablierten Verband hätte ausweisen können. Trotzdem überlebte das Gebilde 510 Jahre seit der Gründung Lübecks 1159 bis zum letzten Hansetag 1669. Denn der Zweck, dem die Hanse diente, wurde nie verändert. Sie war entstanden, um den deutschen Kaufmann im Ausland zu schützen und den Handel zu erweitern. Und daran hielt man eisern fest.«[1]

Im Norden des Heiligen Römischen Reiches deutscher Nation, an der Wassergrenze, herrschten Verhältnisse, die sich nicht mit denen an der Mittelmeerküste vergleichen ließen. Der Blick der staatlichen Ordnungsmacht war nach Süden gerichtet; hier im Norden hatte man sich selber zu helfen. Die Hanse bildete sich als Interessen- und Schutzgenossenschaft deutscher Außenhandelskaufleute im Ausland. Bereits um 1000 hatten Kaufherren aus Köln und Westfalen in London die Gleichstellung mit den Einheimischen erreicht. Um 1200 nannten sie ihre Vereinigung Hanse, und bald hatten auch die Bremer Kaufleute eine Hanse im norwegischen Bergen. Niederlassungen in Brügge und Nowgorod folgten. Das althochdeutsche Wort *Hansa* bedeutet *bewaffnete Schar,* die Hanse bekundete mit dieser Namenswahl ihren Willen nach Schutz der Handelswege.

Die Hanse war also eine Wirtschaftsgemeinschaft; sie beherrschte den gesamten Handel zwischen Nowgorod und Brügge, zwischen Stockholm und Köln, zwischen London und Lübeck. Auf dem Höhepunkt ihrer Macht reichte ihr Arm bis Lissabon. Als ihr Kaufleute anderer Nationen den Rang abliefen und der Handel sich neue Wege zum eben entdeckten Amerika erschloß, ging die Kraft der Hanse verloren. Aber ihr guter Name hat sich erhalten, bis heute.

Lübeck, 1159 durch *Heinrich den Löwen* gegründet, hatte nicht nur die kürzeste Verbindung nach Hamburg und zur Nordsee, sondern auch ein für den Nord- und Ostseehandel interessantes Hinterland. Hier endete der uralte Handelsweg von der Adria, auf der die wertvollen Waren des Südens und arabischen Ostens herbeigekarrt wurden. Lübeck war aber auch Endpunkt der kürzesten Verbindung von der Salzstadt Lüneburg zur Ostsee. Und Salz war eines der von den Fischern in Schonen[2] und entlang der gesamten Ostseeküste bis nach Rußland begehrten Güter. Hansische Kaufleute schlossen schon 1199 in Nowgorod einen Handelsvertrag und sicherten sich die Kontrolle über den Osthandel. Der *Deutsche Ritterorden* und die Fürsten drangen zur gleichen Zeit gegen Osten vor und unterjochten die dort ansässigen slawischen Völker oder drängte sie nach Süden in den russischen Raum ab. Deutschstämmige Bauern und Handwerker wurden von Pommern über Ostpreussen bis ins Baltikum ansässig; 1201 wurde Riga gegründet, 1218 erhielt Rostock, 1224 Wismar und Danzig *lübisches* Recht. Bis 1255 waren Stralsund, Schwerin, Greifswald, Memel und Königsberg deutsche und hansische Städte. Lübeck übernahm nun als *Königin der Hanse* die Führerrolle innerhalb der *»stede van de dudsche Hense«*[3]. Handel und Wandel blühten, der Bund der Hanse wurde stark und mächtig.

Da überfiel 1361, mitten im Frieden, König *Waldemar von Dänemark* die Insel Gotland und eroberte Visby. Hansische Warenlager wurden geplündert. Diese Ereignisse waren für die Hanse ein Signal, ihre Macht zu demonstrieren und gegen Dänemark vorzugehen. Die Hanse – ein Städtebund – handelte wie ein souveräner Staat: sie erklärte Dänemark den Krieg! Eine hansische Flotte eroberte und zerstörte Kopenhagen, und dieser Kampf, der ruhmreichste der Hanse, fand seine Krönung im Stralsunder Frieden von 1370. In der nun folgenden Blütezeit gehörten dem Bund mehr als 160 Städte an. Doch schon im 15. Jahrhundert setzte der Niedergang ein, in erster Linie wegen des Rückgangs kaiserlicher Macht und des damit verbundenen Erstarkens habgieriger Territorialherren, die natürlich die Hanse bekämpften. Dem Deutschen Ritterorden war schon längst eine mächtige polnische Opposition erwachsen, die ihn mit starken Heeren bekriegte. Im Frieden von Thorn 1466 wurde der Orden stark geschwächt. Die bisher von der Hanse abhängigen Handelspartner versuchten sich von den Monopolen zu befreien und den Handel in eigene Hände zu nehmen. 1494 kündigte der Zar der Hanse die Stapelrechte in Nowgorod, 1598 wurde – nachdem England die spanische Armada besiegt hatte – von der selbstbewußten Königin Elisabeth I. die Hanseniederlassung in London, der Stalhof, geschlossen. Die Welt hatte sich verändert, die Waren- und Geldströme flossen anders.

Und trotzdem: 500 Jahre lang hatte die Hanse Bestand, kontrollierte sie die Märkte an der Nord- und Ostsee. Hanse-Handel war Seehandel! Ihre Schiffe waren überwiegend *Hulks*[4], die auch als Hansekoggen bezeichnet wurden. Die Kogge entwickelte sich aus der einmastigen Knorr, dem Langschiff der Wikinger, der ein durchgehendes Deck eingezogen worden war. Das bis dahin aus einem Riemen bestehende Steuerruder wurde durch ein festes *Achtersteven-ruder*[5] mit Pinne ersetzt. An Bug und Heck erschienen hochbeinige Kampfplattformen, sogenannte *Kastelle,* mit zinnengekröntem Schanzkleid. Die *Kogge* wurde das Universalfahrzeug der europäischen Küstenbewohner von Bordeaux bis weit in die Ostsee hinein. Ihre Frachten waren Wein und Korn, Tuche und Gewürze, Salz und Heringe, Pilger und Soldaten.

Mit der Zeit wurde das Achterkastell größer, das Vorderkastell kleiner. Der Raum unter den Kastellen wurde mit der Zeit als Wohnkabine ausgebaut. Leider sind nur wenige Original-Darstellungen von Koggen erhalten geblieben. Aber viele Hansestädte trugen Koggen in ihrem Siegel. Die Rekonstruktion einer Kogge nach dem Elbinger Siegel von 1350 nimmt folgende Abmessungen an: Länge der Wasserlinie 20 m, Länge über alles 27 m, Breite 7,20 m und Tiefgang 3 m. Der Mast wurde durch Wanten und Stage gehalten und trug ein einziges rechteckiges Rahsegel, das nur oben an einer Rahe befestigt war. Diese Schiffe hatten aber als neues Konstruktionsmerkmal nicht nur gerade Steven (wegen des hinten angehängten Ruders), sondern auch einen geraden, flachen Boden, um es in den Häfen des Wattenmeers bei Ebbe trockenfallen zu lassen. So konnten die Schiffe ohne Umstände beladen oder entladen werden, um bei der nächsten Flut wieder flott zu sein.

Die Kogge war zwei Jahrhunderte lang das typische Schiff Nord- und Westeuropas. Sie wurde als Handelsschiff gefahren, war aber mit ihren hohen Bordwänden sehr wohl in der Lage, sich zu verteidigen. So mußte der Dänenkönig zu Beginn des 14. Jh. seine aus 1100 geruderten Langschiffen bestehende Flotte umstellen, weil sie den Koggen seiner hanseatischen Konkurrenz nicht gewachsen war, und er baute seine neue Streitmacht auf eben diesen Koggen auf. Im Jahr 1304 sollen auch Seeräuber aus dem Norden mit Koggen in das Mittelmeer eingedrungen sein. Der Schaden, den sie verursachten, und die Vorteile, auf die die Seeräuber bei ihrer Verteidigung abstützen konnten, haben die Reeder und Schiffsleute dort von den Vorzügen ihrer Bauart überzeugt; bald war die Silhouette der Kogge auch im Mittelmeer und auf der Amerikaroute ein vertrauter Anblick.

Hanseschiff des 15. Jahrhunderts.

Als man gegen Ende des 14. Jh. daran ging, aus den Kastellen feste Aufbauten zu machen, die nicht nur als Kampfplattform dienten, sondern darüber hinaus dem Kapitän, den Offizieren und Gästen (hinten) sowie der Mannschaft (vorn) Unterkunft geben konnten, entstand aus der Kogge die Hulk. Die bis heute andauernde Willkür bei der Typenbezeichnung von Segelschiffen führte allerdings dazu, daß ein und dieselbe Schiffsart oft mit verschiedenen Namen bezeichnet wird.

Schon im 14. Jh. bestand die Hanseflotte aus etwa 1000 Schiffen mit zusammen 40000 bis 50000 Lasten[6] Tragfähigkeit, im Durchschnitt also zirka 90 Tonnen. Die jährliche Transportleistung wird auf 150000 Lasten, also drei Fahrten pro Jahr und Schiff, geschätzt. Dabei muß berücksichtigt werden, daß zumindest für die Ostseefahrt strenge Sicherheitsbestimmungen bestanden, nach denen die Schiffahrt in den Wintermonaten zu ruhen hatte. Zwischen St. Martin, dem 11. November, und Eleutherius, dem 22. Februar, durfte wegen Eisgangs kein Schiff auslaufen; für Bier- und Heringsladungen wurde das Verbot allerdings auf den Zeitraum vom 2. Dezember bis 2. Februar verkürzt. Wirklich durchsetzen konnte es sich aber nur in der Ostsee, die Westfahrt hatte andere klimatische Voraussetzungen – und die Konkurrenzsituation war anders!

Eine Kogge hatte 20 bis 40 Mann Besatzung (man kann mit 5 Lasten pro Mann Besatzung rechnen). Mit der Differenzierung der seemännischen Aufgaben, aber auch wegen unterschiedlicher Bildungsgrade, entwickelte sich die heute noch gültige Rangordnung der Seeleute. Der Jungknecht (Schiffsjunge) diente sich zum Bootsmann (Leichtmatrose) und Schipsmann (Vollmatrose) empor. Die Bezeichnung Maat gibt es seit dem 15. Jh. Der Hauptbootsmann hatte die Aufgaben des Decksoffiziers, während der Steuermann als Navigator die rechte Hand des Kapitäns war. In der Frühzeit bildeten alle Besatzungsmitglieder eine Genossenschaft, die, wenn auch mit unterschiedlichen Anteilen, an Schiff und Ladung beteiligt waren. Daraus ergab sich, daß der Kapitän keineswegs unumschränkte Befehlsgewalt hatte, sondern daß seine Vollmachten beschränkt waren. Daneben kannte das Seerecht einen Schiffsrat, eine aus Offizieren, Mannschaften und mitreisenden Kaufleuten zusammengesetzte Instanz, die mit Mehrheitsbeschlüssen über das Schicksal von Schiff, Mannschaft und Ladung bestimmen konnte.

Schnitt durch eine Hulk. 1 Laderäume; 2 Proviantraum mit Treppe zur Kombüse; 3 Kabelgatt (Aufbewahrung von Schiffszubehör); 4 Bratspill (Winde zum Hieven des Ankers); 5 Kombüse mit offenem Herd; 6 Ruderstand mit Ruderpinne; 7 Kapitänskajüte; 8 Halbdeck mit Luke und Niedergang zum Ruderstand; 9 Großdeck mit großer Luke zum vorderen Laderaum.

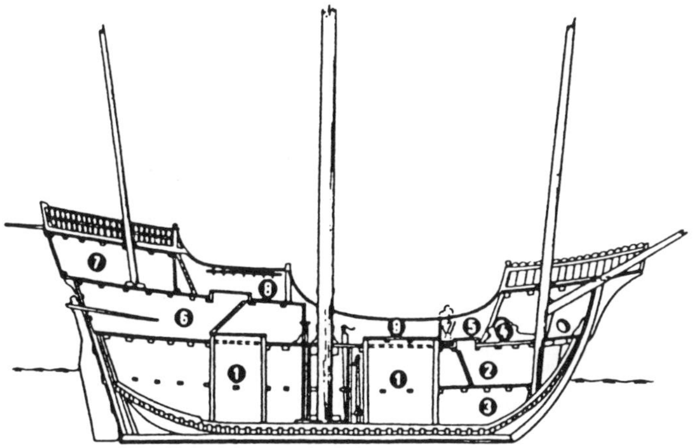

Die schriftliche Fixierung von Handelsgeschäften hatte sich inzwischen durchgesetzt, da die Kunst des Schreibens und Lesens innerhalb der Bürgerschaft im 13. und 14. Jh. schon weit verbreitet war. Damit entfiel auch der Zwang, daß der Kaufmann seine Ware selbst begleiten mußte, konnte er doch schriftlich unmißverständliche Weisung für Transport und Weiterverkauf geben und Vollmachten erteilen. Aber die Geschäfte der Hansekaufleute beschränkten sich nicht auf kaufmännische Aktivitäten; sie wußten daneben ihr Transportmonopol zu nicht geringem Eigennutz durchzusetzen. Beim Heringshandel in Schonen beispielsweise wurden von deutschen Faßbindern hergestellte Tonnen leer nach Norden gefahren und dort mit den frischen Fängen gefüllt. Der Hering mußte natürlich an Ort und Stelle eingesalzen werden; das Salz hatte man aus Lüneburg mitgebracht. Die Schiffe hatten auch Korn, Malz und Bier geladen, um die schwedischen Fischer zu bezahlen, und schipperten als Rückfracht neben nordischem Erz und schwedischer Butter die für alle Märkte des Kontinents bestimmten Heringsfässer nach Lübeck.

Von dort aus ging es weiter ins Landesinnere, aber beileibe nicht auf dem Landwege, denn die Binnenschiffahrt hatte eine große, heute kaum vorstellbare Bedeutung. Lüneburg an der Ilmenau z. B. besaß einen gut florierenden Hafen, dessen historischer Kran heute noch zu sehen ist. Lüneburg war damals der wichtigste Handelsplatz zwischen Hamburg und Hannover. Die Waren wurden mit flachen Nachen die Ilmenau herauf *getreidelt.*[7] Wenn man umrechnet, wieviele der damaligen Lasttier- oder Wagenladungen solch ein Kahn tragen konnte, läßt sich erkennen, daß der Wasserweg auch damals der billigste war. So fuhren im Jahre 1398 dreißig Schiffe mit Salz und Kalk direkt von Lüneburg nach Lübeck. Salz war im Osten überall begehrt, aber die Lüneburger Salinen gaben nicht genug her, um die Wünsche der Heringsfischer von Schonen und der Partner in Nowgorod, Riga und Libau gleichermassen zu erfüllen. Man mußte sich nach weiteren Lieferanten umsehen und fand sie an der französischen Atlantikküste. Die *Baienfahrt* mit Salz von der Bretagne bis nach Livland[8], drei bis vier Wochen dauernd, war lange Zeit hindurch die längste hansische Handelsroute.

In der Spätzeit der Hanse konnte noch eine andere Route aufgebaut werden, die aus dem Ostseeraum nach Venedig und Genua führte. Der Vormarsch der Türken und ihre Eroberung Konstantinopels haben die lebensnotwendige Korneinfuhr der italienischen Stadtstaaten über das Schwarze Meer abgeschnitten; es mußte nach Ersatz gesucht werden. Spanien und Portugal waren mit ihren großen Entdeckungen jenseits der Ozeane beschäftigt und Holland und England lagen miteinander in zähem Kampf um die Seeherrschaft. So übernahm die Hanse die Transportaufgabe rund um Europa. Größere Schiffe mit

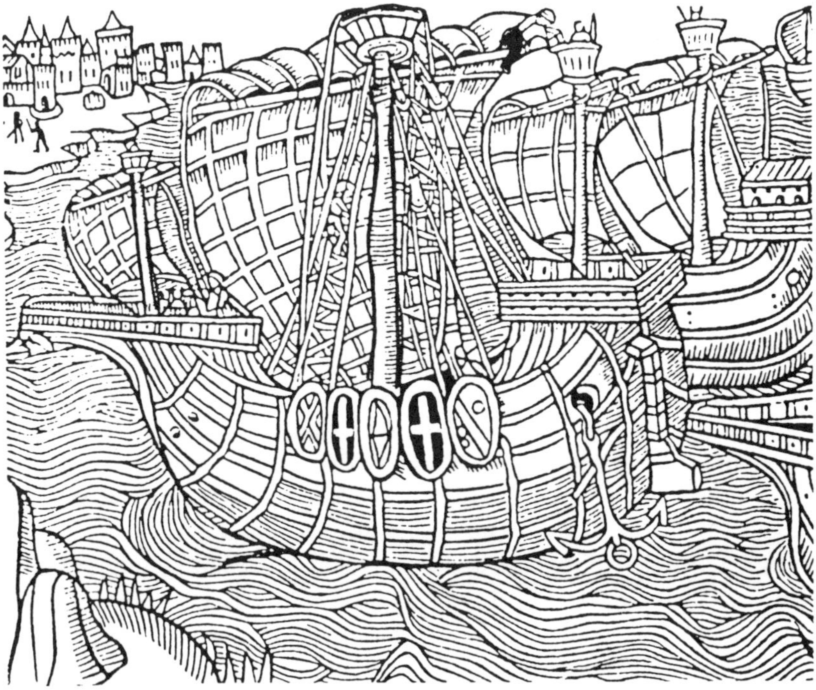

Handelsschiffe laufen in einen Hafen ein (Holzschnitt aus dem 15. Jh.).

ständig steigenden Ladekapazitäten machten die Verschiffung über so große Distanzen noch rentabel. Allein der Großherzog Francesco von Toscana bezog im Winter 1591/92 siebzehn Schiffsladungen Getreide.

Bis zum Ende des 15. Jh. hat die Hanse spezielle Kriegsschiffe weder gebaut noch eingesetzt. Doch hatte man allgemein Bewaffnete mit Armbrüsten an Bord. Dazu kamen die ersten Kanonen, zunächst auf den Aufbauten, später auch auf dem Mitteldeck. Die Kogge *Peter von Danzig* führte 17 Kanonen mit sich. Mit der Erfindung der Geschützpforten, die das Aufstellen der Kanonen auch im Schiffsrumpf und nicht nur auf Deck und Aufbauten gestatteten, konnte die Zahl der Geschütze stark gesteigert werden. Das 1566 fertiggestellte Admiralsschiff der Hanse, *Adler von Lübeck,* trug 122 Kanonen.

Diese großen Schiffe hatten in erster Linie den Zweck, für Sicherheit auf den Schiffahrtsrouten zu sorgen und Seeräuber abzuschrecken. Daß Hanseschiffe in Konvois und unter Bedeckung speziell dafür ausgerüsteter Kampffahrzeuge segelten, war in unruhigen Zeiten ganz normal. Und die Zeiten waren meist unruhig! Dabei bedienten sich kriegführende Parteien nicht nur ihrer Flotten, sondern warben Piraten an, gaben den *Marodebrüdern* Kaperbriefe und kamen so zu billigen, auf eigene Rechnung fahrenden Kampfgefährten, die aber bei Friedensschluß nicht etwa brav die Kaperbriefe zurückgaben, um einem bürgerlichen Beruf nachzugehen, sondern – »Gottes Freund und aller Welt Feind« – als Seeräuber die Meere unsicher machten. Der Begriff *Erwerb* wurde damals weit ausgelegt, die Grenzen zwischen Tausch, Raub, Tribut und Geschenk waren fließend. Deshalb waren alle Schiffe bewaffnet. Selbst den bravsten Hanseaten wurde nachgesagt, nur schwer der Verlockung zu widerstehen, sich zu bereichern, wenn ihnen ein schwächeres Schiff der Konkurrenz begegnete.

Als Gegenspieler der Hanse entstanden im 14. Jh. gut organisierte *Piratenbruderschaften*, die zwischen der Hanse und dem Ritterorden, Schweden und Dänemark eine ganze Zeit lavieren konnten. Die Piraten wurden angeworben, um das von Dänemark belagerte Stockholm mit Lebensmitteln (Viktualien) zu versorgen; deshalb nannte man sie *Vitalienbrüder.* Treffender ist aber die sich auch bald einbürgernde Bezeichnung *Likendeeler* (Gleichteiler), weil sie die Beute untereinander zu gleichen Teilen aufteilten. Trotz ihrer Rauhheit und der Gnadenlosigkeit, mit der sie kämpften, ging von ihnen ein Hauch von Ritterlichkeit aus, weil sie manch armen Hund, manch entlaufenen Leibeigenen und den Witwen und Waisen großzügig abgaben. Ohne dieses *soziale* Verhalten, der Anwaltschaft für die Ärmsten, was gewiß aus dem Erleben eigener Not zu erklären ist, wären *Klaus Störtebeker* und *Gödeke Michelsen* heute längst vergessen.

Man schonte sich nicht. Wer gefangen wurde, war des Todes sicher, ganz gleich, ob er in die Hände der »Pfeffersäcke« oder der *Likendeeler* gefallen war. Piratengruppen machten den Bottnischen und Finnischen Meerbusen unsicher: 1500 Piraten aber sollten in der Nordsee unter der Führung des Friesen Kenno ten Brooke ihr Unwesen getrieben haben, wo sie die hansische Fahrt nach Flandern und England beeinträchtigten. Schließlich wurde es den Hamburgern unerträglich. Sie bauten ein großes Kriegsschiff, die *Bunte Kuh.* Unter dem Kommando Simon von Utrechts wurde es Flaggschiff eines hamburgischen Geschwaders. Die Flotte brachte den Piraten 1400/01 schwere Niederlagen bei; Störtebeker und Michelsen wurden gefangen und im Triumph nach Hamburg gebracht. Am 11. Juni 1402 wurden die beiden mit ihren Kameraden auf dem Grasbrook zu Hamburg enthauptet. (Bis 1624 mußten hier mehr als 600 Seeräuber ihr Leben lassen.) 1433 schlossen die Friesen Frieden mit Hamburg. Die Zeit der Likendeeler war vorbei.

Auf einer Karte aus dem Jahre 1459 ist für die Ostsee folgender Vermerk angebracht: *»Auf diesem Meer navigiert man weder mit Kompaß noch mit*

Hansische Hulk, wie sie in der Zeit vom 14. bis 16. Jh. zum Warentransport, manchmal aber auch als Kriegsschiff verwendet wurde. Im Gegensatz zur Kogge hatte dieses Schiff 3 Masten und war auch seetüchtiger (Holzschnitt, um 1485).

Seekarte, sondern nach dem Lot.« Die Tiefen und Bodenbeschaffenheiten der Flachwasser, Sandbänke und Fahrrinnen waren seit langem bekannt, so daß ein erfahrener Kapitän anhand an der *Lotspeise*[9] haftenden Bodenproben Rückschlüsse auf den Schiffsstandort ziehen konnte. In Landnähe wurde er dabei von auffälligen Landmarken unterstützt. Die Küsten der Ostsee sind noch heute von markanten Bauwerken gesäumt, die damals entstanden, um den Schiffern den rechten Weg zu zeigen. Neben natürlichen Landmarken sind die Kirchen, die besonders hoch gebaut wurden, die wichtigsten Wegweiser. So war der 132 Meter hohe Turm der Petrikirche in Rostock bei klarem Wetter über 16 Seemeilen weit von See her zu erkennen. Die gleiche Funktion hatten die Kirchtürme von Wismar und Stralsund, von Wustrow auf Fischland und der weiße Turm von Falsterbo, die noch heute wichtige Schiffahrtszeichen sind. Im 13. Jh. errichteten mehrere Hansestädte, die größtenteils zwar an einem schiffbaren Flußlauf, aber nicht direkt an dessen Mündung lagen, Leuchttürme und legten Seezeichen aus.

Der Niedergang der Hanse lag im Zuge der Zeit. In Europa war kein Platz mehr für Universalismus. Kaiser und Papst wurden in Frage gestellt, die Staaten machten sich selbständig, der Humanismus verkündete neue, bestürzende Ansichten, die Reform Martin Luthers ging alle an. In den norddeutschen Städten breitete sich die neue Lehre um 1522 fast gleichzeitig aus, sie wurde auch als soziale Reform verstanden und schürte die Uneinigkeit in den Städten. Die Unterprivilegierten, die kleinen Kaufleute, die Krämer und Handwerker machten sie zu ihrer Sache. Zwar wehrten sich die Mächtigen in der Hanse mit allen Mitteln gegen diese Entwicklung, aber statt sich mit der neuen Zeit auseinanderzusetzen, beging man den Fehler aller autoritären Regime: man verbot das Denken per Dekret. Der Geist hanseatischer Weitsicht war untergegangen; die Verwalter der Macht herrschten bürokratisch. Statt über neue Absatzmärkte nachzudenken, wärmte man sich lieber an der Sonne des gut angelegten Kapitals. Den wagemutigen Kaufmann, der Ruhm und Ansehen der Hanse begründete, gab es nicht mehr. Am letzten Hansetag 1669 nahmen noch sechs Städte teil. Was blieb, war die Erinnerung an eine wechselvolle, friedliche wie kriegerische Epoche europäischer Wirtschaftsgeschichte.

16. KAPITEL

Astrolabium und Jakobsstab

Von Aristarch von Samos
bis Regiomontanus

Bei vielen – häufig voreilig – als »primitiv« eingestuften Völkerstämmen ist die Vorstellung von der Erde unscharf und die Darstellung der unmittelbaren Umwelt oft unbeholfen. Ein erstaunliches Gegenstück dazu sind die Stabkarten, die man bei einigen Völkerstämmen der Südsee gefunden hat. Die Bewohner der Marschallinseln haben ein Gebiet von 1500 km Durchmesser in bemerkenswerten Karten dargestellt. Die Eingeborenen unternehmen mit ihren Auslegerbooten oft weite Fahrten, indem sie sich von Atoll zu Atoll weiterwagen. Sich nach Sonne und Sternen orientieren zu können, ist ebenso notwendig wie die Kenntnis der zu verschiedenen Zeiten vorherrschenden Windrichtungen und Meeresströmungen. Die Brandung ist zudem ein gefährlicher Feind der zerbrechlichen Fahrzeuge. All diese Erscheinungen sind – für Europäer kaum verständlich – in diesen Stabkarten auf geheimnisvolle Weise verzeichnet.

Die Leistung des verhältnismäßig urzuständlich lebenden Naturvolks setzt uns noch mehr in Erstaunen, wenn wir berücksichtigen, daß in den alten Hochkulturen Babylon und Ägypten die Kartenkunst nicht allzu hoch entwickelt war. Selbst die Karten der seefahrenden Griechen enthielten oft grobe Fehler, daß sie beim weitgereisten Gelehrten *Herodot*[1] nur ein Lächeln hervorriefen. Dafür gelang den Griechen eine andere geographische Großtat. Die Überzeugung, daß die Erde kugelförmig sei, geht bei den seefahrenden Völkern sehr weit zurück. Der Seemann sah die Berge aus dem Wasser aufsteigen, wenn sich sein Schiff dem Lande näherte. Er sah die Häuserfirste im Wasser versinken, wenn er seinen Kurs aufs offene Meer hinaushielt. Ungefähr um 200 v. Chr. erbrachte *Eratosthenes*[2] den Nachweis der Kugelgestalt der Erde und bestimmte ihren Umfang.

Damit erschien auch die Frage der Ortsbestimmung auf der Erdoberfläche in neuem Licht. Alle Linien in Nord-Süd-Richtung – die Längenkreise oder Meridiane – laufen an den Polen zusammen; die Linien in Ost-West-Richtung sind ebenfalls Kreise, verlaufen zueinander jedoch parallel. Sie heißen Parallel-

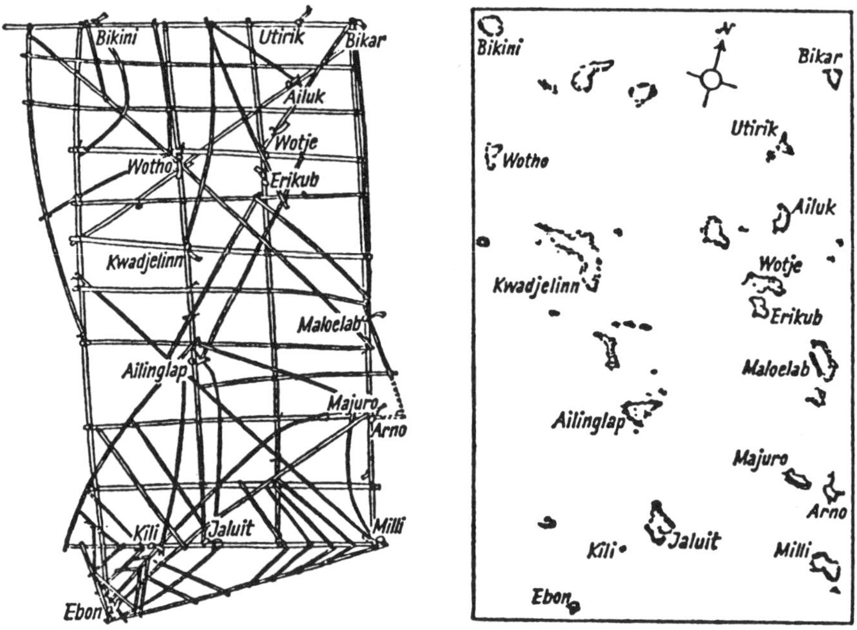

Die Marshall-Inseln: links als polynesische Stabkarte, rechts in heute üblicher Kartendarstellung.

oder Breitenkreise. Dieses zweckmäßige Koordinatennetz ermöglicht es, jeden Punkt auf der Erdoberfläche zu lokalisieren. *Marinus von Tyros* begann 150 n. Chr. Karten zu zeichnen, in denen geographische Längen und Breiten eingetragen waren. Als Nullmeridian wählte er den Längenkreis durch die Kanarischen Inseln, das Ende der damaligen Welt. Später verlegte man den Nullmeridian zum »Mittelpunkt« der Welt, zuerst nach Paris, ab 1911 – gemäß einer internationalen Vereinbarung – nach London, wo er sich bis heute befindet.

Aber die Griechen erkannten noch mehr: die geographische Breite hängt mit dem Sonnenstand am Mittag zusammen, genauer: mit der Höhe der Sonne über dem Horizont. Anderseits ändert sich die Mittagszeit mit der geographischen Länge. Man kann also durch geeignete astronomische Beobachtungen den Standort auf der Erde bestimmen. Die Bestimmung der Breite aus der Höhe der Sonne im Jahreslauf bot schon den Alten keine besondere Schwierigkeit. Anders war es bei der Längenbestimmung. Dabei kommt es ja darauf an, den Zeitunterschied zwischen dem jeweils höchsten Sonnenstand an zwei verschiedenen Orten festzustellen. Heute bedient man sich hierfür der *Weltzeit*[3] und der *Lokalzeit*[4], die Uhrzeiten können mit genau gehenden Chronometern festgestellt werden. Aber damals gab es noch keine Chronometer; man mußte auf Signale aus dem All warten, z. B. auf eine Mondfinsternis, die an beiden Orten beobachtet werden konnte und es dadurch gestattete, Zeit und Distanz zu vergleichen.

Diese bedeutsamen Erkenntnisse brachten aber noch keinen praktischen Nutzen für die Erdkartographie und die Seefahrt. Dafür entwickelte sich eine Basis astronomischen Wissens, die heute noch Gültigkeit hat. *Aristarch von Samos*[5] bestimmte als erster den Durchmesser von Sonne und Mond. Seine nur rein überlegungsmäßigen Berechnungen waren mit der geringen Fehlerquote von 8 Prozent behaftet.

Einhundert Jahre später konnte *Hipparch*[6] die Monddistanz mit 400 000 Kilometer berechnen, sein Fehler betrug nur 5 Prozent! Hipparch fertigte auch ein Verzeichnis von 1080 Sternen an und berechnete eine Sinustafel, mit deren Hilfe Gestirnshöhen bestimmt werden konnten. Kurz vor der Zeitenwende schließlich führte Julius Caesar mit der Kalenderreform auch das Schaltjahr ein, weil man inzwischen erkannt hatte, daß die Erde ungefähr 6 Stunden mehr als 365 Tage braucht, um den Umlauf um die Sonne zu vollenden. Damit war eine wichtige Voraussetzung – ein möglichst genauer Kalender – für die Zeitmessung erfüllt.

Die Seeleute hatten schon immer ein besonderes Verhältnis zu den Gestirnen. Sie waren – und sind – vertraut mit den verschiedenen Erscheinungen und jahreszeitlichen Veränderungen am Himmel. Und schon in frühester Zeit wurden die Gestirne zur Festlegung der Seewege herangezogen. Der Rat der Calypso, Odysseus solle bei seiner Heimfahrt den Großen Bären immer zur Linken halten,[7] bestätigt die Vermutung, daß sich die Völker des Mittelmeerraums lange vor unserer Zeitrechnung der Gestirne bedienten, um einen bekannten Kurs bei Nacht zu halten. Und als am Anfang der Neuzeit die Entdecker zu ihren epochemachenden Fahrten in die Neue Welt aufbrachen, gab es für sie keine bekannten Markierungspunkte, auch keine Seekarten für die neuen Weiten des Ozeans. Deshalb vertrauten die von Astronomen und Naturforschern der Zeit ausgebildeten Kapitäne zuerst nur dem Himmel. Ein wichtiger Umstand kam ihnen dabei zu Hilfe. Dank der Präzessionsbewegung der Erdachse rückte der Himmelspol seit etwa 1000 n. Chr. an einen gut sichtbaren Stern heran, der zur Feststellung der Nordrichtung bei Nacht und zur Bestimmung der geographischen Breite benutzt werden konnte: der Polar- oder Nordstern.

Doch bevor es soweit war, fiel das Abendland in einen tausend Jahre dauernden Schlaf: das aufstrebende Christentum verdrängte all das frühe Wissen und erklärte die Erde zur flachen Scheibe, schwimmend im *Meer der Finsternis*, welches jedes Schiff und seine Besatzung verschlinge und es *»herabstürzen lasse in Tod und Verdammnis«*. Über 1000 Jahre lang machten nun die Araber die wichtigsten Fortschritte in der sphärischen Trigonometrie. So begann sich erst am Ende des Mittelalters in Europa das zu regen, was wir heute unter Astronavigation verstehen: die Ortsbestimmung durch Messung der Höhe und des Azimutwinkels von Gestirnen zu einem bekannten Zeitpunkt!

1420 gründete Prinz *Heinrich der Seefahrer,* Infant von Portugal, ein Observatorium in Sagres am Kap von St. Vincente, dem äußersten südwestlichen Zipfel Europas.[8] Dem Observatorium wurde bald eine *Schule für Seemannskunst* angeschlossen. Für die Ausarbeitung von Karten, nautischen Tafeln und Instrumenten stellte er die berühmtesten Astronomen seiner Zeit an, Araber, Juden und Christen; die fähigsten Köpfe, die er für sein visionäres Ziel – die Erforschung des Seeweges nach den Gewürzinseln – gewinnen konnte.

Dort in Sagres ließ er seine besten Kapitäne in der *Kunst des Steuerns von Schiffen* unterweisen, worunter vor allem mathematische und andere naturwissenschaftliche Kenntnisse für die navigatorische Führung seiner Karavellen in fremden Gewässern zu vermuten sind. *Quadranten, Jakobsstab* und *Astrolabium* waren die frühen Vorläufer des Sextanten, mit dem der Seemann heute noch seinen Standort feststellt oder die Instrumente der Satellitennavigation kontrolliert. Am Sextant gemessen, sind es primitive Werkzeuge, aber ihr Gebrauch führte zur Entdeckung ferner Erdteile, brachte uns die Kenntnis der Welt.

Wie in den meisten angewandten Naturwissenschaften lag der entscheidende dende Durchbruch der astronomischen Navigation in einem Punkt: der Messung! Mit Hilfe von quantifizierten Beobachtungen war es möglich, den Schiffsort in Zahlen auszudrücken, ihn nach Breite und (wenn auch genau erst sehr viel später) Länge anzugeben und ihn für Wiederholungen und Überprüfungen erreichbar zu machen. Alle Fortschritte der Astronavigation bezogen sich nun auf die Verbesserung der Messungen selbst sowie auf die Erleichterung ihrer Auswertung. Zunächst wurden *Quadranten* und *Astrolabien* für die Höhenmessung der Gestirne eingeführt, dann – am Anfang des 16. Jahrhunderts – auch der *Jakobsstab* in Gebrauch genommen. Man mag seine Zweifel haben, wie gut die Meßergebnisse an Bord waren; die grundsätzlich mögliche Genauigkeit war jedoch erstaunlich hoch. Dies geht aus einer Breitentabelle von 1509 hervor, nach der keine Breitenangabe mehr als 1 Grad, meist aber weniger als 25 Bogensekunden, vom wahren Wert entfernt war.

Als *Vasco da Gama*[9] am Ende des 15. Jahrhunderts an der Ostküste Afrikas landete, fand er, daß die indischen und arabischen Seefahrer den Gebrauch der

PRIMA LIBELLI HVIVS

PARS SINGVLOS APERIT INSTRVMENTORVM propositorum ductus, lineas, circulosq; in eodem contentos, quid etiam sibi velint, Et quomodo instrumenta illa vsui cōmode sint paranda.

PROPOSITIO PRIMA.

¶ Quadrantem in partes duas diuisum, & ex iis faciem eiusdem primum ob oculos ponere.

IN Manus hic principio ipsum adsumo Quadrantem, instrumentū nimirū illud quartam circuli partem complectens. Et iste quidem partes duas continet, Anteriorem hanc quam faciem dicimus, in ea vero altitudines Solis, Lunæ aliorumq; tum Planetarū tum syderum, sed & vsus alij omnes ibidem contenti quęruntur. Partem autem illam alteram tergum appellamus, sicuti deinceps suo loco ad oculum in opposita cōspicietur figura.

Typus partis anterioris seu faciei Quadrantis propositi

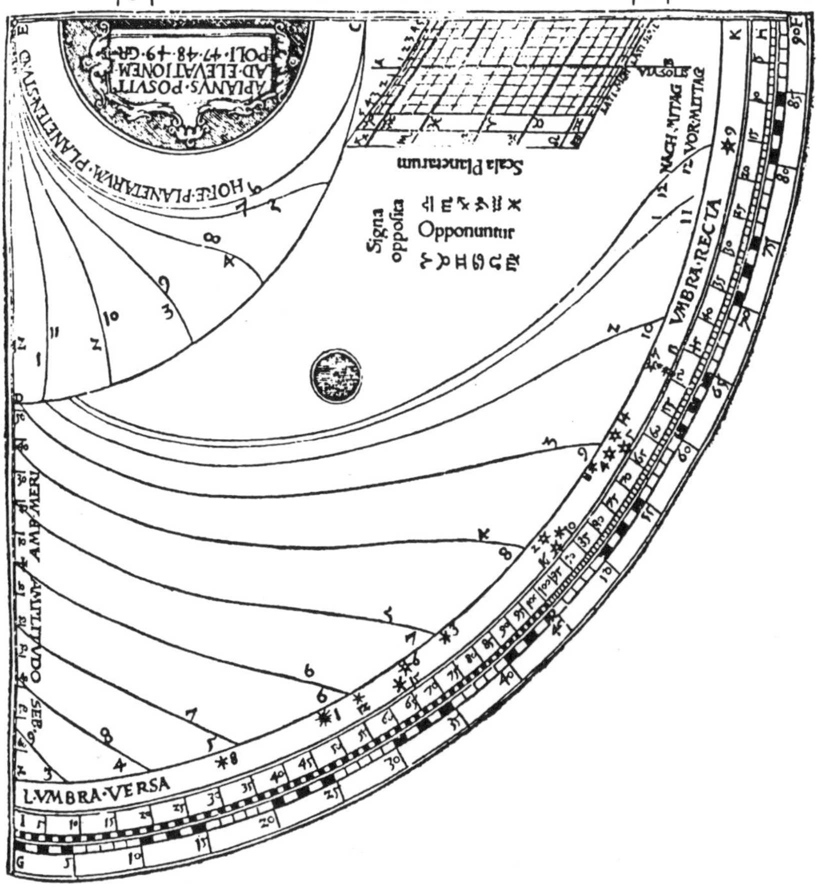

Abbildung eines Quadranten aus »Quadrans Apiani Astronomicus« von Peter Apian, Ingolstadt 1533.

Astrolabien und Balestilhas kannten. *Balestilha* ist der portugiesische Name für den Jakobsstab, der bei den deutschen Seefahrern *Gradstock*, bei den englischen *cross-staff*, bei den französischen *arbalète* hieß. In Europa wurde der Gradstock schon ab 1472 benutzt; seine Erfindung wird keinem Geringeren als dem großen Astronomen Johannes Müller, nach seinem Geburtsort Regensburg lateinisch *Regiomontanus* genannt, zugeschrieben. In einem Frühdruck von Johann Schoner, 1531 in Nürnberg herausgegeben, wird der Jakobsstab von Regiomontanus beschrieben:

»Man nehme einen glatten Stab AB und teile ihn von A in gleiche Teile, je mehr, desto besser. Befestige an ihm unterm rechten Winkel verschiebbar einen Querstab CD, dessen beide Arme gleich lang sein müssen. Teile ihn genau in ebensolche Teile, wie sie auf dem Stab AB eingeschnitten sind; befestige an den Punkten A und C und D drei feine Visiernadeln, und das Instrument ist fertig. Die Beobachtung aber geschieht so: Lege das Ende A an das rechte Auge, schließe das linke, richte den Längsstab AB auf den Mittelpunkt des Sterns und verschiebe den Querstab, bis er den Durchmesser des Gestirns gerade bedeckt. Darauf lies die Anzahl der Teile ab, welche zwischen dem Punkt A und dem Querstab CD liegen und gehe damit in eine eigens dafür bestimmte Tafel ein, welche ich an einem anderen Ort erklären werde, und du findest den Durchmesser des Gestirns.«

Die Beschreibung des Jakobsstabs ist so verständlich, daß es nicht einmal der Abbildung in dem lateinischen Text bedarf, um ihn sich vorstellen zu können. Obwohl er ursprünglich für Größenmessungen von Sternbildern oder die Durchmesser-Feststellung von Kometen erfunden wurde, erkannte man sogleich seinen Nutzen für die Höhenmessung: der Gradstock wurde dann vertikal gehalten und der Querstab so verschoben, daß seine Enden C und D den Horizont und den Stern berührten. Was die erwähnte Tafel betrifft, so unterliegt es keinem Zweifel, daß damit Tabellen der trigonomischen Tangenten gemeint sind, die von Regiomontanus unter der Bezeichnung *tabula foecunda* in den Gebrauch eingeführt wurden.

Müllers Schüler, der nicht weniger berühmte Astronom und Seefahrer *Martin Behaim,*[10] brachte den Jakobsstab an die Seefahrtsschule Prinz Heinrichs von Portugal, der ihn in seiner Marine einführte. Zur gleichen Zeit war bei den Katalanen und Mallorqines[11] ein Instrument üblich, das *Astrolabium,* das ebenfalls als Vorläufer des Sextanten angesehen werden kann. Mit ihm konnte beim Anvisieren eines Sterns an einem Lot der Höhenwinkel abgelesen und die Breite mit Hilfe von Tabellen errechnet werden. Ein Grundübel lag darin, daß das Lot auf dem schaukelnden Schiff, auch wenn das Astrolabium mit freier Hand gehalten und nirgends auf dem Schiff abgestützt wurde, fortwährend hin

Verschiedene Anwendungen des Jakobsstabs,
aus: Peter Apian, »Introductio Geographica«, Ingolstadt 1533.

und her pendelte. So mußte man häufig in Küstennähe mit dem Beiboot an Land oder auf eine Insel rudern, um eine »gute Messung« zu machen. Dem Astrolabium gegenüber war der Jakobsstab das genauer zu handhabende Instrument!

Erst als im angehenden 17. Jahrhundert die Wissenschaft brauchbare Fortschritte auf dem Gebiet der Optik verzeichnen konnte, löste ein noch viel genaueres Instrument, der Hadleysche Spiegeloktant, Gradstock und Astrolabium für die astronomische Standortbestimmung ab. Der neue Auftrieb, den die Seefahrt durch die Kenntnis der Astronavigation erhielt, wurde noch durch die Entwicklung der Logarithmen verstärkt, weil sie die bisher wirklich komplizierten Gestirnswinkelberechnungen sehr vereinfachten. Zwei weitere Erfindungen, die allerdings aus einem anderen sozialen Zusammenhang heraus entstanden sind – die Einführung der Uhr und des Teleskops auf Seeschiffen –

rundeten die Grundlagen für eine sichere astronomische Navigation allerdings erst im 18. Jahrhundert ab. Bevor es Uhren für den Gebrauch auf Seeschiffen gab, war die Längenbestimmung ein eher glückhaftes, aber immer kompliziertes Unterfangen. Man kannte eine Methode der Mondbeobachtung, für die präzise Instrumente und genaue Berechnungen erforderlich waren. Ein Fehler bei der Mondbeobachtung von nur 5 Bogenminuten bedeutete eine um 2 ½ Grad falsche Länge, was auf See 150 Meilen ausmacht! Rechenfehler, ungenaue Instrumente und Fehler in den nautischen Rechentafeln konnten tödliche Folgen haben, besonders in der Nähe von Untiefen, Klippen oder vor fremden Küsten. Noch 1707 lief eine englische Flotte auf die Felsen der Scilly-Inseln auf – eine Ansammlung von nahezu einhundertvierzig Inseln und Inselchen – vierzig Seemeilen vor der englischen Küste, weil ihre Navigatoren und Befehlshaber über ihre Längenposition ahnungslos waren.

17. KAPITEL

»Der hervorragendste und gehorsamste der Seekapitäne«

Gil Eanes umschifft Kap Bojador

Im 15. Jahrhundert erweiterte sich der geschichtliche Raum Europas. Die Entdeckungsfahrten der Portugiesen und Spanier relativierten das Bild der Menschheit von der Größe der Erde. Die Entdeckungen der Alten, die im Mittelalter zum größten Teil vergessen worden waren, konnten wieder ans Licht gebracht werden; die Küstenlinien der Welt – mit Ausnahme der Gebiete an den Polen – wurden erstmals mit einiger Genauigkeit kartographisch erfaßt. Diese großartige Blüte der Hochseeschiffahrt war hervorgerufen durch wirtschaftliche, nationale, religiöse und wissenschaftliche Faktoren, sie wurde durch entscheidende Fortschritte auf dem Gebiet der Navigation beschleunigt. Fast alle Reisen dieser Periode sind gut dokumentiert.

Eine Ausnahme bilden diejenigen der Portugiesen im 15. Jahrhundert. Ihre jahrelangen Versuche, den Seeweg zu den Gewürzinseln zu finden, waren kostspielig und für das kleine Land ruinös. Der Handel mit den in Europa begehrten Spezereien war in den Händen der Inder und Araber sowie Venedigs; der Preis des Pfeffers verteuerte sich vom Ursprungsland bis zum Verbrauch um das Achtzigfache! Kein Wunder, daß die Erforschung einer Seeroute um die Südspitze Afrikas geheimgehalten wurde, schließlich wollte man keine neue Konkurrenz vorzeitig auf den Plan rufen, sollte den Arabern das Monopol erst einmal entrissen sein! Zuvor waren viele Zweifel, Ängste und Widerstände auszuräumen. Als Beispiel mag die Umschiffung von *Kap Bojador* dienen, die nicht nur abenteuerlich und bedeutsam war, sondern die auch die Geschichte der neuzeitlichen Entdeckungen in Gang setzte. *Gil Eanes* löste mit seiner Reise jene lange Reihe portugiesischer Expeditionen aus, auf denen sich die Schiffe an der afrikanischen Küste entlang ans Kap der Guten Hoffnung herantasteten, es schließlich umrundeten und nach Indien gelangten.

Über tausend Jahre lang war die Landspitze Bojador als der Rand der Welt angesehen worden. Kap Bojador liegt an der westafrikanischen Saharaküste, etwas auf südlicherer Breite als die Kanarischen Inseln. Es sieht keineswegs besonders bemerkenswert aus: eine schroff abfallende Landzunge, an ihrer Spitze eine kaum 20 Meter hohe Klippe aus nicht sehr festem Sandstein; nicht gerade ein schreckenerregender Ort. Und doch wurde dieses Kap als der letzte Vorposten der bewohnbaren Welt angesehen. Dahinter, so glaubte man allgemein, läge das Meer der Finsternis, das *Inferno* und jene unentdeckten Länder, aus denen kein Reisender je zurückgekehrt war. Denn seit den Tagen der phönizischen Galeeren hatte sich keine Schiffsbesatzung über Kap Bojador hinausgewagt und es überlebt.

Viele Menschen haben noch nie etwas von Gil Eanes gehört. Und doch galt dieser Name und der von Kap Bojador im 15. Jahrhundert mehr als der von Kolumbus und seinem Indien. Und das mit gutem Grund; denn in jenen Tagen war es eine kühnere und seemännisch ungewöhnlichere Tat, über Kap Bojador hinauszufahren, als den Atlantik zu überqueren. Woran lag es, daß diese Landzunge wie eine Barriere wirkte? Die Saharaküste ist eine der unfreundlichsten und unwirtlichsten Gegenden der Welt, kahl und verbrannt. Bei Kap Bojador endet die Wüste in sandigen Klippen, die – von starken Winden losgerissen – mit lautem Getöse in den Atlantik stürzen. Das Wasser ist flach, die Tiefen ändern sich ständig, und wenn eine der Klippen in das Meer gestürzt ist, scheint es zu kochen, bis die Trümmer sich auflösen. Die Strömungen sind stark und wechselnd, die Winde entweder schwach oder heiß und heftig, wenn der *Harmattan* von der Wüste herüberwirbelt. Ein Felsenriff erstreckt sich von hier aus über 5 Meilen weit ins Meer hinaus. Der Meeresboden ist voller Klippen, und man findet viele Untiefen: nur drei Faden[1] Wasser neun Meilen vor der Küste! Südlich der Kanarischen Inseln ändern Winde und Strömungen sowohl ihre Richtung als auch ihre Geschwindigkeit. Anfangs sind sie für ein Schiff günstig, das an der afrikanischen Küste entlang nach Süden fährt. Aber auf der Höhe von Kap Bojador springen sie plötzlich nach Südwesten um und nehmen an Wucht zu, während sie vom Land abdrehen und auf die unendliche Weite des mittleren Atlantiks einschwenken.

Die Ängste der Seeleute waren also wohlbegründet, denn wie sollten die Karavellen des 15. Jahrhunderts gegen diese ungünstige Kombination von Wind und Strom vorankommen? Die Karavellen trugen Lateinersegel wie die arabischen Dhaus[2]. Nun sind arabische Dhaus trefflich geeignet, gegen den Wind zu segeln. Auch die Karavellen konnten bis zu 5 oder 6 Strich – 55 bis 65 Grad – an den Wind herangehen und natürlich auch raumschots oder vor dem Wind segeln. Ferner war durch die Rumpfkonstruktion der Karavelle die Seetüchtigkeit gewährleistet. Das Wort Karavelle ist als *Karweel* zu einem Fachausdruck im Schiffsbau geworden. Damit wird ein Rumpf bezeichnet, dessen äußere Planken mit ihren Kanten stumpf gegeneinander stoßen und nicht überlappt sind. Die Kiele waren aus starkem Eichenholz; Spanten, Plankengänge und Steven aus einheimischer Pinie, die Planken aus Strandkiefer, und das Ruder hatte Angelzapfen nach Art der Hansa-Koggen. Karavellen waren vorzügliche *compositá*, die die einheimischen Methoden der Rumpfkonstruktion mit der Takelage des Ostens und dem Ruder des Nordens verbanden. Ihre Vorzüge faßte ein zeitgenössisches venezianisches Dokument wie folgt zusammen: *»Es gibt keinen Grund, warum diese Schiffe nicht jeden Hafen der Welt erreichen sollten, denn es sind die besten Segler, die je die Meere befuhren!«*

Aber ohne einen besonderen Anreiz hätten die Karavellen niemals Kap Bojador umschifft; sie brauchten einen Ansporn, um nach Süden ins Unbekannte vorzustoßen. Und diesen gab ihnen *Heinrich der Seefahrer.* Heinrich war im März 1394 als Sohn König Johanns I. von Portugal in Porto geboren worden. Er wurde zu einer der großen, wenn auch rätselhaften Gestalten der Seegeschichte: teils Mystiker und Heiliger, teils Soldat und Wissenschafter. Prinz Heinrich weihte sein Leben einem Gott, den seit der Antike niemand mehr angebetet hatte: dem Meer! Wodurch seine Liebe zur See hervorgerufen worden war, ist nicht bekannt. Manche Historiker heben sein militantes Christentum hervor und bezeichnen ihn als *den letzten Kreuzfahrer.* Andere denken in erster Linie daran, wie stark sein Entdeckerwillen ein kleines und keineswegs reiches Volk belastete, nennen ihn einen *irregeleiteten Fanatiker,* der sein Land bis zur Erschöpfung bluten ließ. Ein Körnchen Wahrheit ist in beiden Urteilen enthalten. Dennoch ist die Größe und Weitsicht von Heinrichs Vision nicht zu leugnen.

Heinrichs Angriff auf Kap Bojador begann im Jahre 1415 mit der Eroberung von *Ceuta,* der maurischen Festung gegenüber von Gibraltar. Dadurch erhielt er einen Stützpunkt in Afrika: einen Grundstein, auf dem weitere Expansionspläne aufgebaut werden konnten. Später ließ er es sogar zu, daß sein jüngerer Bruder einen entsetzlichen Tod in einem Gefängnis der Mauren erlitt, statt ihn gegen die Rückgabe der Stadt auszulösen. Ein maurisches Ceuta wäre eine ständige Gefährdung seiner Pläne gewesen.

Er war sich darüber klar, daß Ceuta sein Angelpunkt war, ohne den seine weiter entfernten Entdeckungsabsichten kaum realisierbar waren. Vor der Eroberung durch die Portugiesen war Ceuta durch regen Handel belebt. Karawanen aus einem unbekannten und weitentfernten Hinterland brachten märchenhafte Schätze für die über 20000 Läden des Basars. Gold, Silber und Messing, Pfeffer, Zimt, Nelken und Ingwer, ja sogar Seide, aber auch Salz, Korallen und Perlen zeugten von weitverzweigten Handelskontakten. Nun, da Ceuta christlich geworden war, kamen keine Karawanen mehr, die Profite blieben aus – aber die Geschichten der Vergangenheit beflügelten Heinrichs Phantasie. Er

Prinz Heinrich der Seefahrer.

sammelte systematisch alle Informationen über die afrikanischen Handelswege. Als gebildeter Europäer kannte er mit Sicherheit Marco Polos[3] Bericht über die große Ausdehnung Asiens im Osten. Er wußte von seinen Informanten, daß die Karawanen wochen- und monatelang unterwegs waren und glaubte, die Heimat vieler Gewürze sei nicht an der westafrikanischen Küste, sondern im Osten zu suchen. Um Asien zu erreichen, mußte zuerst Afrika umschifft werden. Aber war Afrika überhaupt zu umsegeln? Das und nichts anderes war herauszufinden!

In *Sagres,* auf der kahlen Landspitze von *St. Vincent* in Portugal, scharte er einen erlesenen Kreis nautischer Talente um sich: Navigatoren und berühmte Kartenzeichner, Wissenschafter und Erfinder aus allen möglichen Nationen, die im Gebrauch von Magnetkompaß, Windrose und Astrolabium erfahren waren, auch Schiffsbauer vom nahen Tajo, vom Duero, vom fernen Rhein und der Loire. 1419 war Sagres sein fertig ausgebautes strategisches Hauptquartier, das Nervenzentrum, von dem aus Heinrichs Entdeckungsreisen geplant und vorbereitet wurden. Hierher berichteten die Kapitäne nach ihrer Rückkehr, was sie gefunden hatten. Und Heinrich war der *Manager portugiesischer Weltentdeckung*. Das alles verschlang Unsummen von Geld. Heinrich setzte zuerst sein persönliches Vermögen ein; als er ab 1420 das Hochmeisteramt des mächtigen Christusordens verwaltete, standen ihm auch dessen Mittel zur Verfügung. Doch wie mager waren 15 Jahre lang die Ergebnisse! Zwischen 1419 und 1433 entsandte Heinrich über vierzig Expeditionen. Aber aus dieser großen Zahl fand nicht eine den Mut, südlich über Kap Bojador vorzustoßen. Es muß eine enttäuschende Zeit für ihn gewesen sein. Er wußte instinktiv, daß unvergleichliche Schätze im fernen Süden zu finden sind, wenn er nur die Hand danach ausstreckte. Aber Kap Bojador stand im Wege!

Einige seiner Kapitäne, die Angst hatten, nach Süden zu fahren, nahmen Kurs nach Westen. Wenigstens sie erreichten etwas: sie fanden Madeira und die Azoren, eine Wiederentdeckung, denn diese Inseln waren den Phöniziern in der Antike schon bekannt, verschwanden aber später wieder von den Karten der Welt. Im Sommer 1433 wurde Prinz Heinrich schließlich für seine Ausdauer belohnt. Denn im Juni jenen Jahres wird zum erstenmal der *»hervorragendste und gehorsamste seiner Seekapitäne«* erwähnt: *Gil Eanes.* Wir wissen nicht viel von Eanes, außer daß er aus Lagos stammte und ein Knappe an Heinrichs Hof zu Sagres war, ein Angehöriger des niederen Adels, der die Mehrzahl seiner Schiffskapitäne stellte. Eanes' Order, als er 1433 die Segel setzte, war die übliche: über Kap Bojador hinauszufahren, *»und sei es auch nur um ein paar Meilen«*. Wie so vielen anderen Kapitänen vor ihm mißlang es ihm auf dieser seiner ersten Reise. Er passierte Kap Not auf dem 30. Breitengrad, dann aber hielt er nach Westen auf die Kanarischen Inseln zu.

Mittlerweile an Enttäuschungen gewöhnt, bestrafte Heinrich Gil Eanes nicht. Der Biograph des Prinzen, *Gomes de Zurara,* berichtet: *»Nun empfing der Infant die Heimkehrenden, die er ausgesandt hatte, immer mit großer Geduld, warf ihnen niemals ihr Versagen vor, sondern lauschte dem Bericht über ihre Reisen. ... Nun machte der Infant im Jahre des Herrn 1434 dasselbe Schiff*[4] *bereit, nahm Eanes beiseite und legte ihm dringend nahe, sein möglichstes zu tun, um Kap Bojador zu passieren; wenn er sonst nichts täte, so sei das genug. ›Du kannst‹, sagte der Infant, ›keiner so großen Gefahr begegnen, daß die Hoffnung auf Belohnung nicht größer wäre. Du darfst die Geschichten nicht ernst nehmen, die über dieses Kap erzählt werden. Sie werden von Männern verbreitet, die kein hohes Ansehen genießen; zu unwissend, um nach Kompaß und Karte zu navigieren. ... So gehe denn und höre nicht auf ihre Worte, aber mache dich sogleich auf zu deiner Fahrt. Durch Gottes Gnade kann dir diese Reise nichts als Gewinn und Ehre einbringen!‹«* So fuhr Gil Eanes ein zweites Mal gen Süden.

Es war Ende Mai. Die hinter ihm zurückbleibende Provinz Algarve kann niemals schöner ausgesehen haben als jetzt mit ihrer Blütenpracht. Vor ihm lag die Saharaküste, eine Wildnis unter glühender Sonne mit herabstürzendem Sand und sich ständig verlagernden Untiefen. Aber weit größer als Eanes' Furcht vor der Saharaküste war seine Furcht vor dem Unbekannten. Denn er war fest entschlossen, daß er sich diesmal über den Rand der Welt hinauswagen würde; komme, was da mag!

Waren Wind und Strömung günstig, konnte seine Karavelle durchschnittlich 70 Meilen am Tag zurücklegen; Eanes würde also nicht mehr als eine Woche für die 500 Meilen bis Kap Not benötigen. Das war der einfachste Teil der Reise. Das Schiff segelte raumschots an einer bekannten Küste entlang, deren wohlbekannte Landmarken in regelmäßigen Abständen auftauchten. Aber nachdem Kap Not achteraus zurückgeblieben war, wurde der Mannschaft unbehaglich zumute, weil das Schiff immer noch Kurs nach Süden hielt und die Mittagssonne immer höher kletterte.

Das Schiff war eine Barca, die Urform der Karavelle. Es wird ungefähr 55 Tonnen verdrängt und ein Halbdeck, ein hohes Heck sowie zwei Masten gehabt haben; die Länge betrug wohl etwas mehr als 18 Meter und die größte Breite knapp über 6 Meter. Der Tiefgang war gering, vielleicht 1,5 Meter. Das Schiff war für die Küstenfahrt hervorragend geeignet, aber auch ausreichend seetüchtig, um einen Atlantiksturm zu überstehen. Die Navigation wird größtenteils durch die klassische Methode mittels Kompaß, Senkblei und Ausguck gemacht worden sein, doch wird Eanes auch ein Astrolabium und nautische Tabellen zur Gestirnsberechnung an Bord gehabt haben und zu ihrer Bedienung befähigt gewesen sein. Die wichtigste Unterlage war wohl das *Regimento do astrolabio e do quadrante perer saber ha estrella do norte*, die Anwendungsvorschriften für das Astrolabium und den Quadranten, um für jeden Tag die Deklination und Stellung der Sonne anzugeben und die Lage des Polarsterns zu bestimmen. Der Kompaß an Bord einer Barca war in einem, nachts von einer Öllampe beleuchteten Holzgehäuse untergebracht. Der Kompaß wurde im Mittelmeerraum auch als *Stella Maris* bezeichnet, ein Name, der heute auf den Polarstern angewandt wird.

Im Tagebuch eines Mönchs aus dem 15. Jahrhundert, der darin seine Pilger-Seereise nach Palästina beschreibt, kann man lesen: *»Sie haben einen Kompaß, eine ›Stella Maris‹, in der Nähe des Mastes, und einen zweiten auf dem Deck des Hecks. Neben ihm brennt die ganze Nacht eine Laterne. Dort beobachtet ein Mann ununterbrochen den Stern*[5] *und läßt ihn nie aus den Augen. Er singt dabei ein hübsches Lied, in dem es heißt, alles gehe gut, und gleichfalls singend gibt er dem Mann an dem Steuerruder Anweisungen, wie er das Steuer drehen*

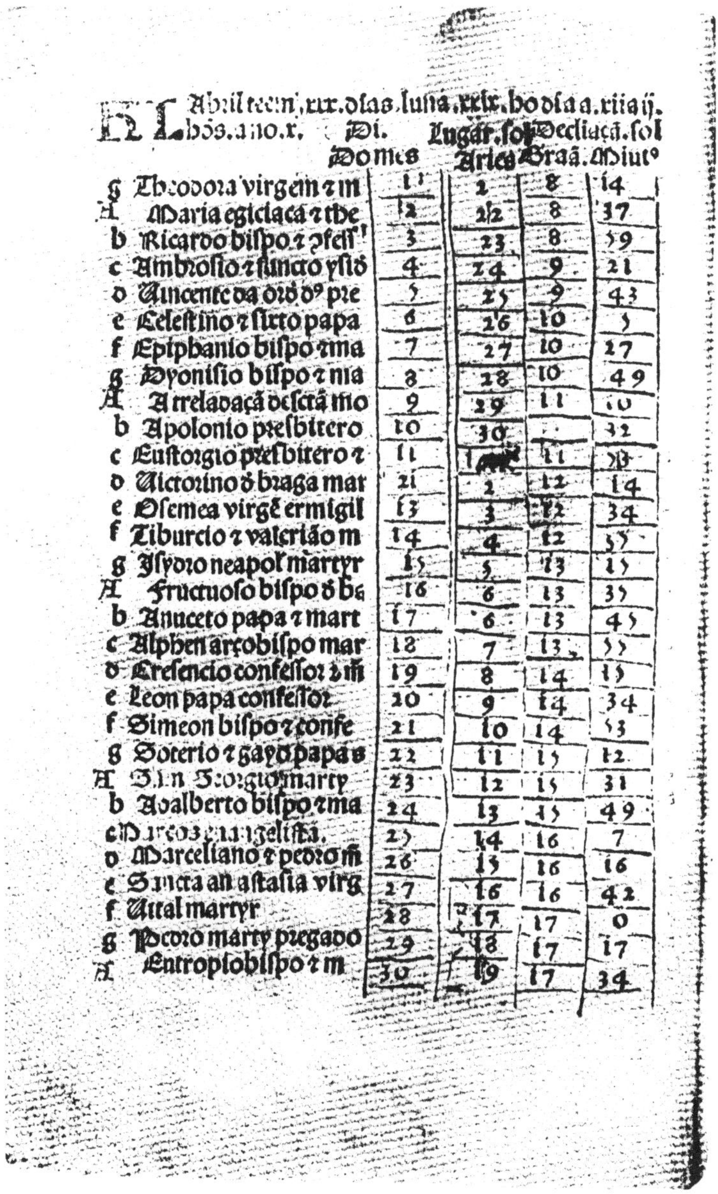

	Abril tee xxx. dias luna xxix. ho dia a. xiiij.				
	Lbos. ano. x.	Di. Do mes	Lugar. sol Aries	Decliaçã. sol Graã.	Miut°
g	Theodora virgem z m	1	2	8	14
A	Maria egiciaca z the	2	22	8	37
b	Ricardo bispo z cfess'	3	23	8	59
c	Ambrosio z iunco ysid	4	24	9	21
d	Vincente da ord d° pre	5	25	9	43
e	Celestino z sixto papa	6	26	10	5
f	Epiphanio bispo z ma	7	27	10	27
g	Dyonisio bispo z ma	8	28	10	49
A	A trelada çã de sctã mo	9	29	11	10
b	Apolonio presbitero	10	30	[illegible]	32
c	Eustorgio presbitero z	11	1	11	[illegible]
d	Victorino d braga mar	21	2	12	14
e	Osemea virgẽ ermigil	13	3	12	34
f	Tiburcio z valerião m	14	4	12	55
g	Isydoro neapol martyr	15	5	13	15
A	Fructuoso bispo d br	16	6	13	35
b	Anniceto papa z mart	17	6	13	45
c	Alphen arçobispo mar	18	7	13	55
d	Crescencio confessor z m	19	8	14	15
e	Leon papa confessor	20	9	14	34
f	Simeon bispo z confe	21	10	14	53
g	Soterio z gayo papa s	22	11	15	12
A	Sam Jorgio martyr	23	12	15	31
b	Adalberto bispo z ma	24	13	15	49
c	Marcos euangelista.	25	14	16	7
d	Marceliano z pedro m	26	15	16	16
e	Sancta anastasia virg	27	16	16	42
f	Vital martyr	28	17	17	0
g	Pedro marty pregado	29	18	17	17
A	Entropio bispo z m	30	19	17	34

Deklinationstabelle für April aus dem »Regimento do estrolabio e do quadrante«, dem ältesten erhaltenen Navigationshandbuch.

soll.« Ein anderes wichtiges Gerät war das Stundenglas, der einzige Zeitmesser auf einem Schiff in jenen Tagen. Es mußte nach jeder halben Stunde umgedreht werden, wenn der Sand durchgelaufen war. Auch dieser Vorgang wurde singend bekanntgegeben; später wurde dazu eine Glocke angeschlagen.

Etwa zehn Tage, nachdem sie Sagres verlassen hatten, erhob sich dunkel vor ihrem Steuerbordbug die Insel Fuerteventura. Doch die Barca blieb auf ihrem Kurs nach Süden. Die Matrosen begannen zu murren, bald würden sie am Rande der Welt angelangt sein, wo große Ungeheuer auf der Lauer lägen, wo die Sonne so heiß sei, daß das Meer koche und die Menschen sogleich zu Negern würden, wo magnetische Felsen ihre Stella Maris aus ihrem Gehäuse und die eisernen Beschläge aus dem Kiel herausziehen würden, wo das Pech schmelzen und aus den Schiffsfugen austreten würde. Indes hielt Eanes seinen Kurs! Die Sonne wurde stechender, das Pech begann tatsächlich in glitzerndschwarzen Perlen aus den Fugen hervorzuquellen, die Küste wurde immer unfruchtbarer – und bald sahen sie vor sich den Rand der Welt: die Klippen und Riffe von Bojador! Als die Karavelle sich den Untiefen näherte, stampfte sie gefährlich in der aufgewühlten See. Die Männer drängten sich am Bug zusammen, starrten nach vorn, bekreuzigten sich und zitterten. Zu ihrem Entsetzen sahen sie bald, daß das Wasser unter ihrem Kiel milchweiß war und brodelte. *»Dreht um«,* flehte der Rudergänger, *»das Meer kocht!«* Aber Gil Eanes ließ ein leeres Weinfaß an der Reling hinabsenken und gefüllt wieder heraufziehen. Er hielt seine Hand in das Wasser und hieß die Mannschaft, dasselbe zu tun. *»Das Meer kocht hier ebensowenig wie an der Algarveküste«,* sagte er vorwurfsvoll. *»Das Weiße und das Brodeln sind nichts als Gischt, die von den Klippen zurückgeworfen wird.«* Es gelang ihm, die Männer zu beruhigen.

Doch dauerte es nicht lange, und der Bleimann meldete Grund auf weniger als drei Faden. Jetzt traf Gil Eanes die Entscheidung, die das Goldene Zeitalter der Entdeckungen einleiten sollte. Er änderte den Kurs nach Westen, fuhr parallel zum Riff und mitten hinein in das *Meer der Finsternis.* Einen Tag und eine Nacht segelte er so nach Westen, bis die Küste nicht mehr zu sehen war. Bei Morgengrauen wendeten sie und hielten auf die unbekannte Küste weiter südlich zu. Dann beobachteten sie gespannt das Segel: Und das Lateinersegel, das schon vor über tausend Jahren arabische Dhaus gegen den Wind über die ganze Breite des Indischen Ozeans getragen hatte, füllte sich! Obgleich sowohl Wind als auch Strömung aus backbord voraus kamen, fuhr die Barca stetig nach Südosten und segelte *»dicht am Wind gebraßt, 60 Grad an den Wind heran«.* Sie kamen langsam, aber sicher voran. Und schließlich stiegen direkt vor ihnen die sandigen Klippen der Sahara verschwommen aus dem Dunst auf.

Als sie am heißen Tag darauf zufuhren und nur das Rauschen des Meeres

Die Evolution der Karavelle: 1. Zweimaster (1490); 2. Dreimaster (1500); 3. Karavelle um 1520; 4. arabische Dhau (20. Jh.); 5. portugiesische Frigata (20. Jh.); 6. Karavelle des späten 15. Jh., wie sie von Dias, da Gama und Kolumbus benutzt wurde.

am Schiffsbug und das Seufzen des Windes in den Wanten hörten, scharten sich die Matrosen wieder auf dem Vorschiff zusammen und beschatteten ihre Augen. Langsam tauchte scheinbar dieselbe Küste auf, an der sie seit Tagen entlanggesegelt waren. Aber als sie näher kamen, sahen sie, daß es einen großen Unterschied gab. Das Land setzte sich weit nach Süden fort, flach, sandig und in der Sonne schimmernd – ein ebenes Land, dessen gleichförmige Küstenlinie von keinem Kap unterbrochen wurde. Und nordwärts sahen sie, daß sie die unüberschreitbare Grenze hinter sich gelassen hatten. Sie hatten Kap Bojador passiert!

Eine ganze Ära des Aberglaubens war zusammengebrochen. Die tausendjährige Legende, die Welt sei an den Riffen von Bojador zu Ende, war widerlegt worden. Urplötzlich war es klar, daß es jenseits der bekannten Grenzen neue Länder und andere Völker geben könnte – jenseits des Punktes, von dem man so lange angenommen hatte, daß Leben hier unmöglich sei. An jenem Tage im Sommer 1434 hörte der Horizont auf, eine Schranke zu sein!

Gomes de Zurara erwähnte ausdrücklich Heinrichs Dankbarkeit. *»Was Gil Eanes vorgehabt hatte, führte er aus. Auf seiner großen Reise umsegelte er, alle Gefahren mißachtend, Kap Bojador und fand die jenseits liegenden Länder ganz anders, als er und andere erwartet hatten. Und in Anbetracht seiner Kühnheit wurde seine Tat sehr hoch geschätzt. ... Bei seiner Rückkehr wurde Eanes überaus gut aufgenommen, und eine Rangerhöhung und reichlich materielle Güter wurden ihm durch den Prinzen zuteil.«* Die Reise des Gil Eanes löste nun einen großen Elan der Portugiesen nach dem Süden aus. Sie sollten bald über das Kap der Guten Hoffnung hinaus nach Osten bis an die Tore Indiens vordringen und Prinz Heinrichs Traum auf geradezu märchenhafte Weise verwirklichen.

Prinz Heinrich sandte noch mehrere Expeditionen aus, teilweise unter anderen Kapitänen, doch auch Eanes machte noch einmal von sich reden: 1444 brachte er die ersten Eingeborenen mit nach Portugal, die 300 Meilen südlich Kap Bojador aufgegriffen worden waren. Damit begann eine unrühmliche Episode europäischer Geschichte: der Sklavenhandel, der bald zu einem einträglichen Geschäft wurde. Allerdings waren die Portugiesen nicht von rassistischem Hochmut beseelt, wie ihn später besonders die Spanier praktizierten. Zurara bemerkte, daß *»sie freundlich behandelt wurden und man keinen Unterschied zwischen ihnen und den einheimischen Bediensteten machte«.* Sie wurden zum Christentum »bekehrt«, lehrte sie ein Handwerk und schloß bald Ehen zwischen ihnen und Portugiesen.

1445 erreichten Heinrichs Karavellen Kap Verde auf 15 Grad N, 17 Grad 30 Minuten W, die Westspitze Afrikas. Nun lagen die unfruchtbaren Landstriche

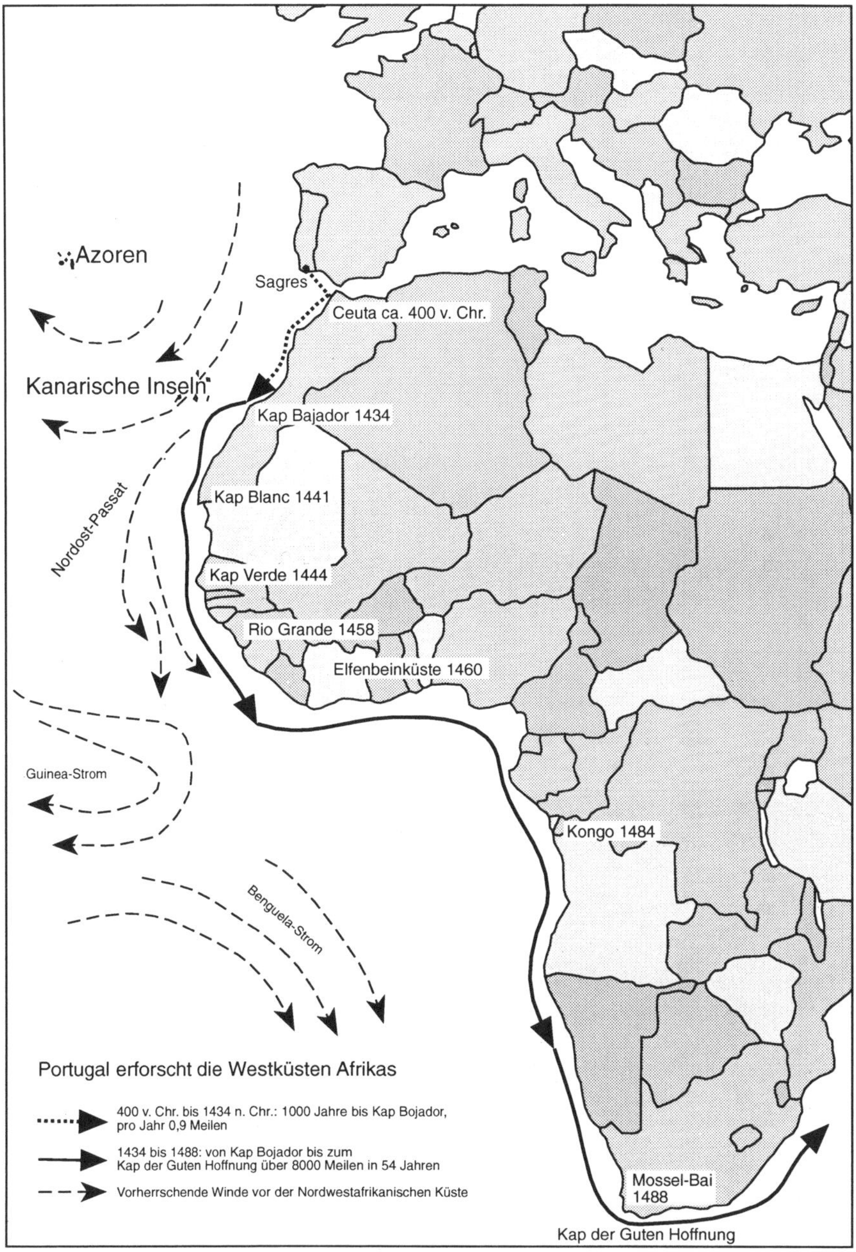

Die Erforschung Afrikas durch die Portugiesen 1434 bis 1488.

hinter ihnen und die Küstenlinie verlief wieder ostwärts. Hier an der Guinea-Küste entwickelte sich ein reger Handel, 1450 füllte er fünfundzwanzig Karavellen. Endlich begann sich Heinrichs Einsatz für Portugal auszuzahlen! Als Prinz Heinrich 1460 starb, war ein Anfang gemacht. Die Früchte ernteten andere. Als sich die Küste wieder ostwärts dehnte, verlor die Krone vorübergehend das Interesse an Afrika, und König Alfonso verpachtete das Recht auf Erkundung an Fernando Gomez, der für eine Gewinnbeteiligung pro Jahr 100 Leguas der Küste (zirka 550 km) erforschen durfte. Der fünfjährige Pachtvertrag erwies sich für Gomez als ein so gutes Geschäft, daß Portugal ab 1475 die Erkundungsrechte wieder selber ausübte. Der Nachfolger König Alfonsos, Johann II., stand in seiner Entdeckerleidenschaft Prinz Heinrich in nichts nach, und daß Gomez in fünf Jahren 1500 Meilen bis Kap St. Katharina, zwei Grad südlich des Äquators im heutigen Gabun, vordringen konnte, hat seine Phantasie beflügelt. Wie Heinrich sandte er mehrere Expeditionen mit dem Auftrag aus, Afrikas Südspitze zu umrunden. Aber die Namen von heute noch gebräuchlichen Küstenregionen wie Pfefferküste, Elfenbeinküste, Goldküste, Sklavenküste zeugen davon, welcher Art die wertvollen Frachten waren. 1488 umrundete *Bartholomäus Dias*[6] – ungewollt und von einem Sturm getrieben – das Kap der Guten Hoffnung: der Weg in den Indischen Ozean war frei! Die Geheimhaltung wurde noch verschärft: in den Spaniern sahen die Portugiesen inzwischen eine starke Konkurrenz, Kolumbus schickte sich an, den Weg nach Indien auf dem westlichen Seewege zu suchen.

Europa stand am Ende des Mittelalters. Vor Eanes' Reise hatten die Europäer tausend Jahre gebraucht, um neunhundert Meilen an der westafrikanischen Küste voranzukommen; im Durchschnitt also weniger als eine Meile pro Jahr. Nach seiner Reise indes wurden die restlichen zehntausend Meilen bis nach Indien in weniger als 70 Jahren erforscht. Der Mut eines Kapitäns, angefeuert vom unbezwingbaren Glauben eines Prinzen, bereicherten die Macht und den Handel Europas bis fünfhundert Jahre nach ihrem Tode.

18. KAPITEL

Das Koppeln der Distanz

Von der Gissung zur Messung

Das Werkzeug, mit dem heute die Fahrt durchs Wasser gemessen wird, heißt *Log* oder *Logge.* Die erfahrungsmäßige Schätzung des zurückgelegten Weges ohne Verwendung eines Meßwerkzeuges wird *Gissung* genannt. Kolumbus und seine Zeitgenossen bedienten sich der Sanduhr, um die Zeit während der Seereisen zu messen. Sanduhren aber waren für die Zeitmessung von Tag zu Tag, über einen längeren Zeitraum hinweg, wenig geeignet, weil sie, wenn das letzte Körnlein aus dem oberen Glaskolben nach unten durchgelaufen war, umgedreht werden mußten. Kolumbus hatte ein Halbstundenglas an Bord, um die Fahrt des Schiffes wenigstens angenähert genau festzustellen. Das Bedürfnis, »Zeit« zu messen, entsprang ursprünglich nicht dem Zweck, den Tagesablauf der Menschen zu regeln. Solange der Mensch seine Zeit nach Tag und Nacht teilte, solange blieb auch der Tagesablauf von der Sonne abhängig. Zwar hatte es schon vor 5000 Jahren Messungen des Jahres gegeben; seit Papst *Gregor* XIII. verfügte man auch über einen genauen Kalender (1582); Monats- und Wocheneinteilungen waren schon lange in Gebrauch, aber die Unterteilung des Tages in 24 Stunden ist erst neueren Datums.

Das Leben in den Klöstern wurde vom Rhythmus der sieben *kanonischen Stunden* geprägt, das waren festgelegte Zeitpunkte für die vorgeschriebenen Gebete, und zwar das *Morgenofficium* beim Morgengrauen, die *Hora Prima* bei Sonnenaufgang, die *Hora Tertia* in der Mitte des Vormittags, am Mittag die *Hora Sexta,* am Nachmittag die *Hora Nona,* die *Vesper* bei Sonnenuntergang und schließlich bei Einbruch der Nacht das *Completorium.* Die Furcht, die vorgeschriebenen Zeitpunkte zu verpassen, führte ursprünglich zur Entwicklung von Uhren, die mit lautem Glockenschlag die Stunden verkündeten. Am Anfang der Uhrengeschichte war der Glockenschlag wichtig, nicht das Zifferblatt und die Zeiger. Aber für die Einteilung der Zeit in gleichlange Stunden zu 60 Minuten à 60 Sekunden hatte man noch lange kein Verständnis; der Tag bestand aus zwölf Tagesstunden, die Nacht aus zwölf Nachtstunden. Die kurzen Tage im Winter hatten deshalb zwölf kurze Stunden, im Sommer waren sie doppelt so lang. Aber Kolumbus brauchte ein einigermaßen konstantes Zeitmaß, um Kurs, Fahrt durchs Wasser und Position zu bestimmen. Mit dem Magnetkompaß legte er die Richtung fest, die Positionsbestimmung unterlag komplizierten Berechnungen und die Fahrt ergab sich aus der Schätzung der Geschwindigkeit, indem man das Kielwasser, ein Stück Seetang oder ein anderes vorbeitreibendes Objekt beobachtete. Seine Schätzung war sehr ungenau, denn das Logscheit zur Messung der Schiffsgeschwindigkeit wurde erst später erfunden.

Schon im Altertum rechnete man nach Tagfahrten, indem man die Distanz schätzte, welche das Schiff in 24 Stunden zurückgelegt hatte. Noch heute wird die Strecke, die ein Schiff von Mittag zu Mittag durchläuft, als *Etmal* bezeichnet. Der Mittag bot sich als Meßzeitpunkt naturgegeben an, da die Kulmination der Sonne – sofern sie nicht von Wolken bedeckt war – seit jeher einfach festgestellt werden konnte. Die Römer entwickelten auf ihren Schiffen *Wegmesser,* welche in vier Fuß hohen, mit Schaufeln versehenen Rädern am äußeren Schiffsbord bestanden. Nach einer bestimmten Anzahl Umgänge der Räder fiel jeweils ein Stein in einen kleinen Kasten. Die Anzahl der zurückgelegten Meilen einer Tagreise konnten an den Steinen im Kasten abgezählt werden. Und doch: erst seit 1530 kommt die Thematik der Gissung und Logmessung in der Literatur vor.

1673 erschien in Lübeck die in niederdeutscher Sprache geschriebene *»Beschriving van der Kunst der Seefahrt«* von Peter van der Horst. Das zweite Kapitel trägt die Überschrift *»Wo man den Weg des Schepes sal gissen«.*[1] Darin wird die Frage, woher man wissen könne, welche Fahrt ein Schiff auf See macht, wie folgt beantwortet: *»Wen man erst mit een Ship uthfahret und men langest de Wall of sünst van een Land na dat ander segelt, dar men weet, wo feren dat de een Plats van den andern gelegen ist, ook dat men weet, dat dar wenig Strom gaht, so mutt men Achtung hebben, in wo veel Tieds men in solkenem Fortgang desülvigen Milen segelt.«*[2]

Diese einfache Methode, die Geschwindigkeit des Schiffes am Bild der vorbeilaufenden Landschaft unter Berücksichtigung der Zeit zu schätzen, ist wohl so alt wie die Schiffahrt selbst. Sicher waren die Feststellungen oftmals sehr ungenau, umso mehr, je weniger die Distanz zwischen zwei Küstenpunkten bekannt war. Bei der mangelhaften Schiffstakelung war das Segeln am Wind[3] sowieso nicht gegeben; man wartete im Hafen, bis der Wind aus einer Richtung blies, die das Segeln zum gewünschten Ziel erlaubte. Winddrehungen unterwegs führten ohne Kompaß immer ins Ungewisse.

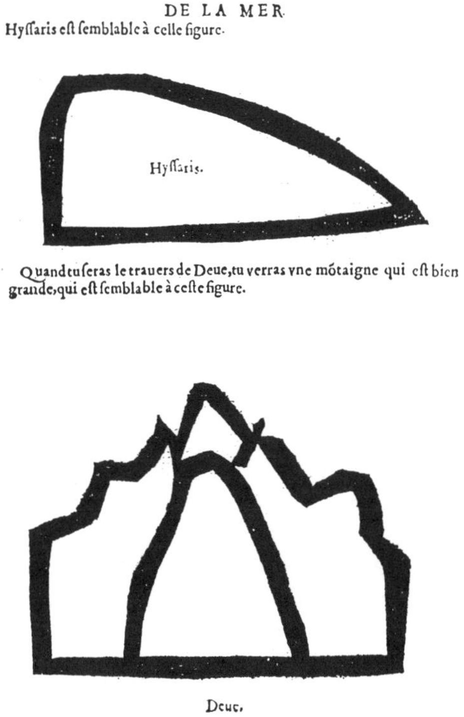
DE LA MER.

Hyssaris est semblable à celle figure.

Hyssaris.

Quand tu seras le trauers de Deue, tu verras vne mõtaigne qui est bien grande, qui est semblable à ceste figure.

Deue.

Küstenansichten aus dem 1589 in Rouen erschienenen Segelhandbuch »Le Grand Routier«.

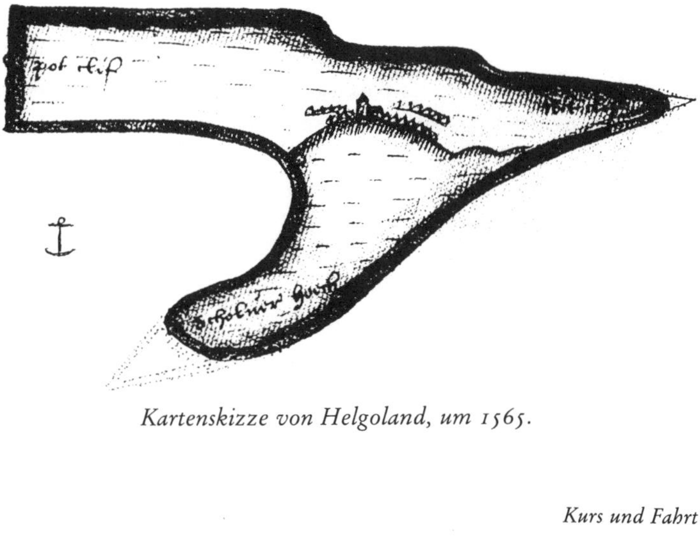

Kartenskizze von Helgoland, um 1565.

Erst als man nach der Entwicklung des Schiffskompaß einen bestimmten Kurs »festhalten« konnte, trat an die Stelle der Richtungsschätzung eine Art von Messung. Und nun konnte sich auch eine Methode der Kursregistrierung entfalten, die der Seemann als *Koppeln der Kurse* bezeichnet, hatte man doch die Zeitmessung seit der Erfindung der Sanduhr ausreichend im Griff. Der Schiffer verzeichnete Kurs, Fahrt (Geschwindigkeit) und Zeit auf der Seekarte und erhält so einen *gegißten*, geschätzten Schiffsort. Dieser Ort muß nicht mit dem wirklichen *(wahren)* Ort identisch sein, weil Wind und Strom für eine Verschiebung, für die *Besteckversetzung*, sorgen können.

Der größte Unsicherheitsfaktor an dieser Koppelmethode ist nach wie vor die mehr oder weniger genaue Kenntnis der wahren Schiffsgeschwindigkeit über Grund. Und doch – das weiß jeder Schiffsführer – ist ein sorgfältig errechneter gegißter Standort allemal besser als Ahnungslosigkeit über den Schiffsstandort. Bis ins 16. Jahrhundert hinein wurde die gesegelte Distanz nicht durch die unmittelbare Messung, sondern durch Schätzung nach dem Augenmaß und nach gewissen Grundregeln festgestellt. In einem spanischen Lehrbuch aus dem Jahre 1545 wurde erklärt: *»Um den Kurs des Schiffes in der Länge des durchlaufenen Raumes zu kennen, muß der Pilot nach Stunden[4] in seinem Register aufzeichnen, wieviel das Schiff zurückgelegt hat; er muß deshalb wissen, daß das meiste, was er in einer Stunde fortschreitet, vier Meilen sind, bei schwächeren Winden drei, auch nur zwei ...«.*[5]

Die Qualität des Koppeln hing also sehr von der Kenntnis ab, die der Seemann von der Segelfähigkeit seines Schiffes hatte. Christoph Kolumbus berichtete mehrmals über seinen Streit mit Alonso Pinzón über die Länge des zurückgelegten Weges seit ihrer Abreise in Palos. Die gebräuchlichsten Sanduhren *(ampolletas)* mußten im Zeitraum von 24 Stunden achtundvierzigmal gedreht werden, der Kalendertag hatte demnach »48 ampolletas«. Kolumbus schrieb am 22. Januar 1493 in sein Schiffsjournal, daß sie 8 Meilen während 5 ampolletas zurückgelegt hätten, was einer Geschwindigkeit von 3,2 Knoten entspricht. Er hätte die Logge bestimmt erwähnt, wäre sie ihm bekannt und bei ihm an Bord in Gebrauch gewesen. Am Rande sei noch ein anderer Hinweis interessant. Da eine Wache in der Regel vier Stunden dauerte, mußte die Sanduhr während einer Wache achtmal umgekehrt werden. Dies geschah unter der Aufsicht des diensthabenden Deckoffiziers. Wurde jemand dabei erwischt, daß er das Glas mit der Laterne oder unter seinem Hemd erwärmte, dann zog das scharfe Bestrafung nach sich. Meist wurde der Fehlbare ausgepeitscht. Denn durch die Erwärmung dehnte sich das Glas aus, der Sand lief schneller hindurch und die lästige Wache verkürzte sich. Doch wurde durch die falsche Zeitmessung auch die Navigation gefährdet. Mit der Zeit bürgerte es sich ein –

Schiffe des 16. Jahrhunderts auf See.

vermutlich um zu verhindern, daß dieser wichtige Vorgang vergessen wurde –, dem Kapitän und der Mannschaft durch die gleiche Anzahl Glockenschläge, wie seit Wachantritt Uhrdrehungen notwendig wurden, den Verlauf der Wache anzuzeigen. Also ein Glockenschlag 30 Minuten nach Wachbeginn, zwei Schläge nach einer Stunde usw., aber acht Glockenschläge bei Wachwechsel. Daher rührt die alte Bordtradition in der Berufsschiffahrt, daß eine Wache *»acht Glasen«* dauert.

Die Methode der *Gissung*, also die Schätzung der Distanzen aus der Erfahrung, ist – wie jeder Segler weiß – ein sehr unsicheres Verfahren; der Wind ist ein launischer Geselle und bläst beileibe nicht tagelang mit gleicher Stärke aus der gleichen Richtung. Wir haben schon erwähnt, daß im Altertum und während des Mittelalters nur wenigen Schiffstypen das Segeln am Wind möglich war, sondern daß man auf raume oder achterliche Winde in Richtung des Zielortes warten mußte. Hielt der Wind an, dann war es möglich, die Distanz zwischen Start- und Zielort irgendwelchen Aufzeichnungen zu entnehmen oder zu schätzen und den ungefähren Standort von Tag zu Tag auf der Seekarte einzutragen. Aber das war eher die Ausnahme; drehte der Wind, dann segelten die Schiffe auf »gebrochenem Kurs« – und die große Unsicherheit begann. Zwar brachte der Schiffskompaß die Möglichkeit, auch die Kursänderungen bei

Winddrehungen festzustellen, aber die Summe der Fehlschätzungen war nicht wegzuleugnen, kamen doch weitere Faktoren hinzu, die den »wahren« Standort fraglich erscheinen ließen: Versetzung durch Windabdrift und Strom. Und doch ist das Koppeln des Kurses bis heute eine praktizierte Methode der Kurs- und Distanzkontrolle. Was man auf dem Kompaß abliest, ist die Richtung des Kiels. Bei Seitenwind aber segelt das Schiff nicht auf seiner Kiellinie, sondern wird mehr oder weniger seitlich abgetrieben, es wird *versetzt*. Die Größe dieser Abtrift kann heute durch astronomische Ortsbestimmung oder terrestrische Standortmessung bestimmt werden. Früher schleppte man eine Leine nach; der Winkel zwischen Leinenende und Kiellinie war der Abtrift-Winkel.

Aber noch immer war das eigentliche Problem ungelöst: die Schiffsgeschwindigkeit zu messen! Ein auf der Seekarte verzeichneter Koppelkurs, der nicht auf Geschwindigkeitsschätzung, sondern auf Messung beruhte, mußte zwangsläufig viel genauer sein. Über die erste Anwendung des Loggens berichtete *Antonio Pigafetta*[6] in seinem Reisejournal der Magellanschen Weltumsegelung, das lange in der Ambrosianischen Bibliothek in Mailand unter anderen Handschriften begraben lag. Es heißt darin im Februar 1521, als Magellan schon in den Pazifik gelangt war, daß man sich einer *»Vorrichtung mit einer Kette am Hinterteil des Schiffes während der ganzen Reise bediente, um den Weg zu messen«*.[7] Die Messung der gesegelten Distanz durch Auswerfen der Logge ist – wenn auch das Mittel an sich unvollkommen genannt werden muß – in der Seeschiffahrt und in der Kenntnis ozeanischer Strömungen zu größter Wichtigkeit gelangt.

Die Logge, also das Werkzeug zur Geschwindigkeitsmessung, wie wir sie heute kennen, ist offensichtlich eine englische Entwicklung. Sie wird 1574 zum erstenmal von William Bourne ausführlich beschrieben: Eine aufgerollte Leine, an deren Ende ein an einem *Hahnepot*[8] befestigtes Brettchen, das Logscheit, angebracht war, wurde ins Kielwasser gelassen. Das Brettchen stellte sich in der Strömung – vom Seilzug gehalten – auf und ließ die Leine von seiner Rolle ablaufen. Die Leine war im Abstand von jeweils 50 englischen Fuß[9] mit *Knoten* markiert. Die Anzahl der Knoten, die in 30 Sekunden ausliefen, entsprachen der Geschwindigkeit durch das Wasser in Seemeilen. Nach wie vor benennt man die Geschwindigkeit eines Schiffes nach *Knoten*.

Und bis in die Gegenwart wird von den Jachtskippern eine Methode der Geschwindigkeitskontrolle praktiziert, die auf dem gleichen Prinzip beruht: die *Relingslogmessung!* Dabei wird die Zeit gestoppt, die das Schiff benötigt, einen am Bug ins Wasser geworfenen Gegenstand zu passieren. Nach der Formel *»Schiffslänge in Meter mal 2 geteilt durch die gestoppte Zeit«* kann die momentane Schiffsgeschwindigkeit ermittelt werden.

19. KAPITEL

Der Vizekönig von Westindien

Die Wiederentdeckung Amerikas

Drei kleine Schiffe segelten am 3. August 1492 aus dem Hafen von Palos einer neuen Welt entgegen. Auf der *Santa Maria* wehte die Admiralsflagge; Christoph Kolumbus war endlich an sein Ziel gelangt, die Leinen loszuwerfen und auf Westkurs den Seeweg nach dem reichen *Zipangu*[1] und nach Indien zu suchen. Zehn Jahre hatte er auf diesen Tag hingearbeitet, hatte Pläne geschmiedet, hatte alle verfügbaren Informationen über das Westmeer und die dahinter zu erwartenden Länder gelesen, hatte den mächtigsten Herrschern Europas geschmeichelt und um Unterstüzung gebeten, hatte Demütigungen in Kauf genommen und Rückschläge verkraften müssen – aber nie hatte er den Glauben an seine Vision verloren! Und heute war es soweit: er hatte Titel und Rang eines Admirals sowie das Kommando über diese kleine Flotte, Vizekönig von Indien sollte er werden, wenn sich seine Pläne als richtig herausstellten, und 10 Prozent der zu erwartenden Reichtümer sollten ihm gehören!

Kapitän der *Santa Maria* war *Juan de la Cosa*. Sie segelte voraus, gefolgt von zwei weitere Karavellen: die *Pinta* stand unter dem Kommando von Kapitän *Martin Alonzo Pinzón*, Steuermann war sein Bruder Franzisco; das kleinste Schiff, die *Niña*, wurde von einem dritten Bruder, *Vincente Pinzón*, befehligt. Einhundertzwanzig Mann waren auf die drei Segler verteilt, etliche zu der Reise gezwungen worden, die meisten fürchteten für ihr Leben und dachten an die schrecklichen Gefahren, die auf dem unbekannten Ozean auf sie lauerten.

Kolumbus war gerade 41 Jahre alt geworden. Er stammte aus Genua. Genua war während seiner Jugendzeit ein blühendes Zentrum des Schiffbaus und der Seefahrt, dessen Kartenmacher den Markt für *Portolanos*[2] im westlichen Mittelmeer beherrschten. Dort hatte vermutlich auch Kolumbus die Kunst des Kartenzeichnens erlernt, die er und sein Bruder später in Lissabon ausübten. Im Jahre 1476 diente Kolumbus, fünfundzwanzigjährig und schon ein erfahrener Seemann, auf einem flämischen Schiff in einem genuesischen

Geleitzug. Vor Lagos, also vor der Küste Portugals, wurde sein Schiff von einer französischen Flotte angegriffen und versenkt – nur wenige Meilen von dem Ort entfernt, an dem Prinz Heinrich der Seefahrer sein Hauptquartier aufgeschlagen hatte. Kolumbus schwamm an Land und reiste zu seinem in Lissabon lebenden jüngeren Bruder Bartholomäus. Die Brüder Kolumbus ließen sich in dem aufstrebenden Gewerbe der Herstellung und des Verkaufs von Seekarten nieder. In Lissabon aktualisierten sie die alten Karten, indem sie die von portugiesischen Schiffen der Afrikaroute mitgebrachten neuen Informationen hinzufügten.

Zu dieser Zeit tasteten sich die Portugiesen immer noch die Westküste Afrikas hinunter und hatten erst den Golf von Guinea erreicht. Die Gesamtkontur Afrikas war den Seefahrern noch nicht bekannt. 1484 schien es immer noch, als ob die Fahrt nach Westen nicht nur die kürzere Route, sondern vielleicht sogar der einzige Seeweg nach Indien sei. Ende 1481 oder Anfang 1482 hatte er erstmals von einem Brief gehört, den der bedeutende Astrologe und Kosmograph *Paolo dal Pozzo Toscanelli* im Jahre 1474 an *Alfons* v., den damaligen König von Portugal, geschrieben hatte. Toscanelli empfahl darin *»einen kürzeren Weg in die Gewürzländer, als den über Guinea«*. Er berief sich dabei vor allem auf den Bericht Marco Polos, der die große Ausdehnung Asiens nach Osten beschrieben hatte mit einer östlich vorgelagerten Insel *Zipangu*, weshalb Asien auf dem Seeweg nach Westen näher bei Europa liege als die 5000 Meilen um Afrika herum. Kolumbus hatte an Toscanelli geschrieben und eine ermunternde Antwort erhalten, den westlichen Seeweg auszuprobieren; eine beigefügte Karte, die er nun auf seine Reise mitnahm, sollte beweisen, daß Toscanelli und er recht hatten.

1484 stellte Kolumbus sein Indien-Unternehmen König *Johann* II. zum erstenmal offiziell vor. Zunächst wurde der König von der Begeisterung des jungen Genuesen angesteckt. Kolumbus bat den König, *»über den westlichen Ozean nach der Insel Zipangu, die Gold, Perlen und Edelsteine im Überfluß hat, und anderen unbekannten Ländern segeln zu können«*, und der König möge zu diesem Zweck drei Karavellen ausrüsten, bemannen und unter sein Kommando stellen. Doch der König zauderte und *»schenkte ihm wenig Glauben«*, überwies aber immerhin das Projekt an eine Expertenkommission. Diese Gruppe, zu der auch ein hervorragender Kirchenmann und zwei wegen ihrer Kenntnisse in der Himmelsnavigation geachtete jüdische Ärzte gehörten, wies Kolumbus ein Jahr später ab. Nicht etwa wegen einer anderen Meinung über die Gestalt der Erde; gebildete Europäer zweifelten damals nicht mehr an ihrer Kugelform. Doch der Ausschuß scheint sich Gedanken über Kolumbus' krasse Unterschätzung der Entfernung nach Asien gemacht zu haben. Und am Ende

Die »Santa Maria«.

sollten sich seine Bedenken als begründeter erweisen als Kolumbus' Hoffnungen.

Kolumbus' optimistische Berechnungen liefen darauf hinaus, daß der direkte Seeweg von den Kanarischen Inseln nach Japan nur zweitausendvierhundert Seemeilen betrage. Diese Entfernung lag durchaus nicht jenseits der Möglichkeiten der damaligen portugiesischen Schiffe. Der weiteste portugiesische Vorstoß die afrikanische Westküste hinunter bis zum Kongo erreichte eine Entfernung von mehr als fünftausend Seemeilen von Lissabon. Und es gab noch immer kein Anzeichen dafür, ob oder wo der afrikanische Erdteil von Schiffen auf dem Weg nach Indien umsegelt werden konnte. Wenn portugiesische Schiffe ohne Risiko nach fünftausend Meilen entfernten Orten auslaufen und zurückkehren konnten, dann konnten sie mit Sicherheit auch die nur halbe

Entfernung genau in westlicher Richtung auf dem offenen Ozean zurücklegen.

Das Jahr 1485 war für Kolumbus in mehrfacher Hinsicht ein schlechtes Jahr. Zuerst starb seine Frau, dann erreichte ihn – nach langem Hinhalten – der ablehnende Bescheid der Expertenkommission. Enttäuscht und niedergeschlagen verließ Kolumbus mit seinem Sohn Diego das Land, in dem er die längste Zeit seines bisherigen Lebens als Erwachsener verbracht hatte. In Spanien hoffte er, mehr Glück für seine hochfliegenden Pläne zu finden. Unterstützt von seinem Bruder Bartholomäus verbrachte er den größten Teil der nächsten sieben Jahre damit, für sein Indien-Unternehmen an den westeuropäischen Höfen zu werben. Eine solche Expedition mußte, wenn sie überhaupt stattfand, absolut in königlichem Auftrag erfolgen. In Spanien war man zuerst sowenig interessiert wie bei den Portugiesen. Die Königin ließ ein Jahr ins Land gehen, bevor sie Kolumbus gnädig in Audienz empfing. Dann ernannte auch sie eine Kommission unter dem Vorsitz ihres Beichtvaters *Hernando de Talavera,* die den Vorschlag im Detail anhören und Empfehlungen geben sollte. Kolumbus durchlitt belastende Jahre akademischer und bürokratischer Rangeleien. Die Kommission bewies ihre Gelehrsamkeit, indem sie das Projekt einmal billigte, ein andermal verwarf. Die Professoren erörterten gelehrt die Breite des westlichen Ozeans und hielten Kolumbus mit einer winzigen monatlichen Zahlung des königlichen Schatzamtes bei der Stange.

Während sich die Verhandlungen mit Spanien hinzogen, beschloß Kolumbus, in Portugal einen erneuten Versuch zu wagen. Doch auch dieser Plan schlug fehl, denn 1488 kehrte *Bartholomäus Dias*[3] von seiner berühmten Seereise nach Lissabon zurück und brachte die gute Nachricht, daß er das Kap der Guten Hoffnung umrundet und festgestellt hatte, es gäbe tatsächlich einen östlichen Seeweg nach Indien. Dias' Erfolg und die großen Hoffnungen auf nahe Reichtümer ließen König Johann natürlich das Interesse an Kolumbus verlieren. Warum in eine andere Richtung spekulieren, wenn der östliche Seeweg gefunden und gesichert war?

Die spanischen Majestäten, *König Ferdinand* und *Königin Isabella,* schwankten noch immer; Kolumbus machte sich bereit, voller Enttäuschung nach Frankreich auszureisen, um dort sein Glück zu versuchen. Da entschloß sich Isabella plötzlich, auf Kolumbus zu setzen. Im April 1492, acht Jahre nach dem ersten Angebot des Kolumbus an den König von Portugal, wurden schließlich die Verträge, die sogenannten *Kapitulationen,* zwischen Kolumbus und der spanischen Krone unterzeichnet. Die Jahre des Überredens und Hausierens waren endlich vorbei! Nun sollte das Meer zum Element des Kolumbus werden!

Kolumbus hatte Jahre hindurch Informationen für die Durchführbarkeit einer Reise in West-Richtung gesammelt; das Vorhaben war sicher nicht vernunftwidrig, jedoch sehr mit Spekulationen behaftet. Aber die Durchführbarkeit hing von zwei Hypothesen ab, die damals nicht unorthodox waren. Die erste Annahme, ein christlich-kartographisches Dogma, besagte, daß die Erdoberfläche hauptsächlich von Land bedeckt sei. Die Begründung dafür schien einleuchtend, da Gott den Mensch über den Rest der Schöpfung gesetzt hatte. Wenn alle Ozeane zusammen, wie man glaubte, nur ein Siebtel der Erdoberfläche ausmachten, und die Erde, das wußte man inzwischen, eine Kugel war, dann konnte Europa durch keinen großen Ozean nach Westen von Indien getrennt und das Unternehmen des Kolumbus durchführbar sein. Im damals geltenden ptolemäischen Weltbild hatte die Erdkugel ohnehin nur einen *offiziellen* Umfang von 29 000 km.[4] Die zweite Hypothese bezog sich auf die Größe Asiens und die Größe der Erde überhaupt. Es lag auf der Hand, daß der von Kolumbus vorgeschlagene Seeweg umso kürzer wurde, je größer die Ausdehnung Asiens nach Osten war. Für einen nach Westen segelnden Seefahrer hing die praktische Bedeutung jeder Schätzung in Seemeilen vom Erdumfang ab. Die Ausdehnung eines Längengrades am Äquator, $^{1}/_{360}$ des Erdumfangs, schwankte natürlich mit der Größe, die man dem gesamten Planeten beimaß. Und hier ist bekannt, daß Kolumbus, wohl auch vom Wunschdenken beseelt, eine viel zu kleine Zahl annahm.

Wir wissen ziemlich genau, was Kolumbus gelesen hatte. Viele seiner Bücher sind erhalten geblieben, fast alle mit handgeschriebenen Kommentaren auf den Rändern der Seiten. In diesen Büchern wurde die Frage der Ausdehnung Eurasiens nach Osten, die Breite des westlichen Ozeans und der Erdumfang erörtert. Die meisten Anmerkungen von Kolumbus' Hand finden sich im *Imago mundi*, eine etwa 1410 geschriebene Weltgeographie. Kolumbus scheint dieses Buch jahrelang mit sich geführt zu haben, wobei er einzelne Textstellen mit verschiedenen Federn und Tinten unterstrich und Kommentare hinzufügte. Darin wurde der westliche Ozean schön kleingehalten: *»Denn nach den Philosophen und Plinius ist der Ozean, der sich zwischen dem äußeren Ende des jenseitigen Spaniens[5] und der Ostküste Indiens erstreckt, nicht von großer Breite. Denn es ist offensichtlich, daß dieses Meer in wenigen Tagen durchschifft werden kann, wenn der Wind günstig ist* (dicke Unterstreichung durch Kolumbus), *woraus sich ergibt, daß dieses Meer nicht so groß ist, daß es drei Viertel des Erdballs bedecken kann, wie manche Leute errechneten.«*

Als Kolumbus im Alter von 41 Jahren endlich seine Chance erlangt hatte, sein großes Unternehmen durchzuführen, hatte er schon vielfältige seemännische Erfahrungen gemacht. Unter portugiesischer Flagge hatte auf er fast allen damals bekannten Meeren gesegelt, von der Ägäis bis zu den Azoren, vom Äquator bis zum Polarkreis. Er war ein erfahrener Seemann, und seine Kenntnisse in der Schiffahrt sowie seine Begegnungen mit den Gefahren des Meeres sollten nun einem einzigen großen Zweck dienen.

So trug am frühen Morgen des 3. August 1492 die Tide die kleine Flotte des Kolumbus von Palos de la Frontera nahe der Mündung des Rio Tinto auf ihre weltverändernde Entdeckung. Anstatt einen Kurs von Spanien aus direkt nach Westen einzuschlagen, segelte Kolumbus zunächst nach Süden bis zu den Kanarischen Inseln und entging auf diese Weise den starken Westwinden des Nordatlantik.

Zeitgenössische Darstellung von Christoph Kolumbus. Das Gerät in seiner linken Hand ist ein Nocturnal, ein Navigationsgerät, das es erlaubte, ohne Uhr (die es ja noch nicht gab) nachts die ungefähre geographische Länge des Schiffsstandortes festzustellen. Der Zeiger wurde auf einen bestimmten Stern der »Hinterräder« des Großen Wagens eingestellt. Da sich dieses Sternbild in 24 Stunden einmal um die eigene Achse dreht, konnte – unter Berücksichtigung der Jahreszeit – die Orts-Sonnenzeit angenähert bestimmt werden.

Die Besatzung der *Santa Maria* betrug zirka 50 Mann. Neben Kolumbus und dem Kapitän gab es einen ersten Offizier, der die Aufsicht und Verantwortung für den Decksdienst, die Durchführung der Segelmanöver, das Ankern und die Vorbereitungen für die Landung hatte; der Pilot amtierte als wichtigster Assistent dem Admiral als Navigator, er zeichnete den zurückgelegten Seeweg in die Karten ein und bestimmte aufgrund der Umstände die zu wählende Segeltechnik. Ferner reiste ein Wundarzt mit sowie ein Polizeioberst und zwei königliche Beamte, die die Gewinnanteile der Krone zu überwachen hatten; der Notar oder Flottenschreiber hatte das Protokoll bei der Besitznahme neuer Ländereien zu führen, ein Dolmetscher für Arabisch, der *Mutter aller Sprachen,* sollte den Kontakt zu Eingeborenen in Indien herstellen. Der Bootsmann führte die Mannschaft und überwachte alle Manöver sowie die Einhaltung der Wachen, der Proviantmeister hatte die Verantwortung über die Lebensmittelvorräte, Feuerung und Licht. Das Schiff brauchte natürlich auch den Schiffszimmermann für sämtliche Holzarbeiten, den Kalfaterer für das Abdichten der Spalten und Risse im Schiffsrumpf, den Küfer für die Instandhaltung der Tonnen, Fässer und aller Metallteile, und schließlich Matrosen und Schiffsjungen für die Erfüllung aller seemännischen Arbeiten auf und unter Deck. Nicht vergessen sei der Diener für Admiral und Kapitän. An Bord der *Pinta* waren etwa 40 Mann, die *Niña* trug 30 Mann. Soldaten waren nicht an Bord der Schiffe.

Bei den Kanaren angekommen, drehte Kolumbus nach Westen und nützte so die zu dieser Jahreszeit gegebenen Vorteile des Nordostpassats aus, der ihn direkt an seinen Zielort bringen sollte. Nachdem er diesen Kurs eingeschlagen hatte, konnte Kolumbus problemlos weitersegeln. Vor einem achterlichen Wind stampften die Schiffe auf ihrer vorgegebenen Route. Der Wind von achtern war zeitweise sogar so stark, daß die Mannschaften schon zu fürchten begannen, sie würden in diesen Breiten nie den Westwind finden, den sie für die Heimreise bräuchten. Aber es gab auch Tage, da machten sie nur kleine Etmale. Kolumbus notierte in sein Tagebuch:

»Sonntag, 9. September: Der Admiral[6] machte an diesem Tag neunzehn Seemeilen, beschloß aber, weniger in das Schiffsregister einzutragen, als er zurücklegte, damit, wenn die Fahrt sich in die Länge zöge, die Mannschaft sich nicht entsetzen und den Mut verlieren möchte.«

»Montag, 17. September: Wir sahen viel Grünes, und sahen es oft, es waren Kräuter von Felsen, und sie kamen von Westen. Die Mannschaft meinte, dem Lande nahe zu sein. Die Schiffer steuerten gen Norden und bemerkten, daß die Magnetnadeln ein großes Viertel nordwesteten. Die Steuerleute waren furchtsam und bedenklich. Als der Admiral es bemerkte, befahl er ihnen von neuem,

gleich am frühen Morgen den Nordstern zu beobachten, und sie fanden, daß die Nadeln in Ordnung seien. Die Ursache nach dieser Erscheinung war, nach der Erklärung des Admirals, daß der Polarstern sich bewege, während die Nadeln fest stehen blieben. ...«[7]

»Montag, 1. Oktober: Der Pilot des Admirals sprach es heute mit Furcht aus, daß wir seit der Insel Ferro 568 Seemeilen gemacht hätten; nach der Berechnung, welche der Admiral der Mannschaft zeigte, waren es 584; nach dem wahren Verzeichnis aber, welches er für sich verwahrte, waren es 707 Seemeilen.«

»Mittwoch, 10. Oktober: Die Mannschaft beklagte sich über den langen Weg; allein der Admiral machte ihnen Mut, indem er ihnen große Hoffnung auf den Gewinn erweckte, welche sie haben könnten. Er fügte hinzu, daß es ganz vergebens sei, sich zu beklagen, da er fest entschlossen sei, nach Indien zu gehen, und seinen Weg verfolgen werde, bis er dies Land mit Hilfe unseres Herrn werde erreicht haben.«

Dann, nach 69 Tagen und 23 Stunden auf See, beanspruchte ein Matrose, *Rodrigo von Triaña,* am Freitag, 12. Oktober, um 2 Uhr morgens auf der *Pinta* die versprochene Prämie von 5000 Maravedi, indem er als erster das Land entdeckte und *»Tierra! Tierra!«* schrie. Und dann sahen es alle – da lag es vor ihnen, in ungefähr zwei Meilen Entfernung. Man zog die Segel ein und ließ nur das Großsegel stehen. So blieb man unbeweglich, bis es hell wurde. Der Admiral fuhr mit einer bewaffneten Barke mit Martin Alonzo Pinzón und dessen Bruder Vincente, Kapitän der *Niña,* an Land. Der königliche Notar beurkundete an diesem Tage: *»Der Admiral ergriff das königliche Banner und ein jeder der Kapitäne eine Fahne mit einem grünen Kreuz. Sie fanden Bäume, viel Gewässer und Früchte verschiedener Art. Der Admiral rief die beiden Kapitäne und alle, welche ihren Fuß auf das Land gesetzt hatten, Rodrigo Descovedo, den Notar der Flotte, und Rodrigo Sanchez von Segovia und sagte ihnen, er fordere sie zu Zeugen auf, daß er vor ihnen allen, diese Insel in Besitz nehme, wie er es hiermit förmlich tue, für den König und für die Königin, ihre Gebieter, und daß fortan kein anderer Entdecker an diesen Rechten rütteln dürfe. Alsbald versammelten sich um sie viele unbekleidete Eingeborenen der Insel.«* Und aus Dankbarkeit über die glückliche Landung nannte er die Insel *San Salvador.*

Kolumbus schrieb in sein Tagebuch: *»Damit sie Freundschaft mit uns halten möchten, und weil ich wohl wußte, daß dieses Volk sich viel eher durch Milde und Überredung als durch Gewalt zu unserem heiligen Glauben bekehren würde, gab ich einigen von ihnen bunte Mützen, dazu Glasperlen, welche sie sich um den Hals hängten, und eine Menge anderer Kleinigkeiten, welche ihnen große Freude machten, und wir wurden so gute Freunde, daß es zum Verwundern war.... Endlich nahmen sie alles an und gaben gutwillig alles, was*

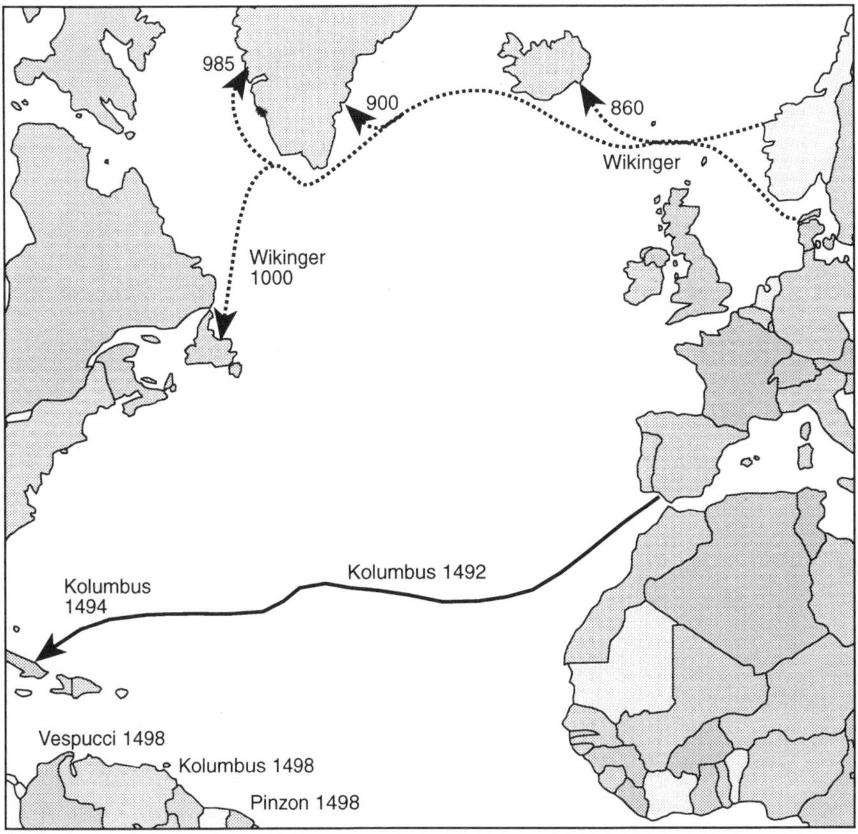

Küsten, die nachweislich bis 1500 erforscht waren.

sie hatten. Mir schien es aber doch, daß es ganz und gar arme Leute seien. Männer und Frauen gingen nackt. ... Sie waren wohlgebildet, von schönem Körper und hübschem Gesicht. Ihr Haar war fast so stark wie das von Roßschweifen; sie trugen es kurz bis auf die Augenbrauen; nach hinten lassen sie eine lange Flechte, die nie abgeschnitten wird. ... Sie tragen keine Waffen und kennen sie nicht; denn als ich ihnen Schwerter zeigte, faßten sie in die Schneide und schnitten sich. Sie haben kein Eisen; ihre Speere sind Stöcke ohne Eisen; einige davon haben einen Fischzahn oder irgend etwas anderes als Spitze. ... Wenn es unserem Herrn gefällt, werde ich bei unserer Abreise von hier sechs von ihnen für Eure Hoheiten mitnehmen, damit sie sprechen lernen. Auf dieser Insel habe ich kein Tier irgendeiner Art, außer Papageien, gesehen.«

Was er und seine Leute dagegen sahen, war eine pflanzliche Wunderwelt von neuartiger und bezaubernder Vielfalt. Da ihm der Dolmetscher, wie sich nun zeigte, kaum von Nutzen war, wünschte sich Kolumbus an seiner statt lieber einen Botaniker. Er nahm möglichst viele verschiedene Pflanzen, die ihm unbekannt waren, mit in die alte Heimat; viele davon sind uns heute als Früchte oder Gemüse wichtig und nutzbringend geworden, andere als Genußmittel beliebt: Kartoffeln, Mais, Tomaten, Erdbeeren, Peperoni, Erdnüsse, Avocados und Papayas. Ein Erlebnis mit den Indianern faszinierte die Spanier besonders: die Eingeborenen rollten eine besondere Art Blätter, zündeten sie an und inhalierten den Rauch; sie nannten das *tobaco.*

Auf der Suche nach dem nahen Goldland segelten sie weiter und entdeckten noch etliche Eilande; er taufte sie *Fernandina, Isabella* und – das heutige Kuba – *Juana.* Da trifft ihn am 21. November 1492 ein Treuebruch: der Kapitän der *Pinta, Martin Alonso Pinzón,* verläßt ihn mit dem Schiff bei Nacht und Nebel, um auf eigene Faust nach Gold zu suchen. Und dann verliert er auch noch die *Santa Maria:* In der Nacht zum Weihnachtstag 1492, als alle schlafen, ankern sie in einer Bucht der Insel *Hispaniola,* das heutige Haiti. Unbemerkt beginnt die *Santa Maria* zu treiben, der Anker schleppte auf schlechtem Ankergrund; auf einer Untiefe strandet das Flaggschiff des Admirals. Der Kapitän, *Juan de la Cosa,* flieht mit der Schaluppe, wahrscheinlich aus Furcht vor Kolumbus' Zorn. Es bleibt ihm nur die kleine *Niña;* um nicht alles aufs Spiel zu setzen, muß Kolumbus die Heimkehr antreten.

Für die Fahrt nach Hause wollte Kolumbus über die *Roßbreiten* hinaus bis etwa zum 35. Breitengrad nach Norden laufen, wo er den Westpassat zu finden hoffte. Der Plan des Kolumbus, den Westwind für die Rückreise zu nutzen, war durchaus richtig, doch gerieten sie dabei wider Erwarten in heftige Stürme. Für den erfahrenen Seemann Kolumbus waren die Winde das *Werkzeug,* das er beherrschen mußte. Heutige Segler sind sich einig, daß eine Jacht, nach allem, was in den letzten fünf Jahrhunderten in Erfahrung gebracht wurde, nichts besseres tun könne, als sich an Kolumbus' Kurs zu halten. Kolumbus entdeckte nicht nur ein Land, das die Europäer zuvor nicht gefunden hatten, sondern er entdeckte außerdem sowohl die für Segelschiffe beste Westpassage von Europa nach Nordamerika als auch die beste Ostpassage zurück.

Natürlich mußte er auch mit seinen Männern fertig werden, und es war gewiß nicht leicht, die Moral einer Mannschaft aufrecht zu erhalten, die ins Ungewisse segelte. Auf der vierunddreißigtägigen Hinfahrt war er mehr als einmal von Meuterei bedroht. Und seine nicht geringste Leistung war seine Fähigkeit, die neuen Inseln und Länder auf seinen späteren Reisen wiederzufinden. Dies ist auch bemerkenswert, weil seine Navigationstechniken –

Kolumbus landet auf der Insel Guanahani (heute San Salvador, Bahamas) und nimmt die Insel für die spanische Krone in Besitz (Kupferstich, 1594).

und die Himmelsnavigation zu seiner Zeit überhaupt – sehr unterentwickelt waren. Er konnte nicht einmal ein so einfaches Instrument wie das Astrolabium benutzen. Trotz einiger später entstandener Zeichnungen bekam er vermutlich nie einen Jakobsstab zu Gesicht. Um Richtung und Position auf See zu bestimmen, mußte sich Kolumbus auf Berechnungen verlassen, hier hatte er nachgewiesenermaßen gute praktische Fähigkeiten. Mit dem Magnetkompaß bestimmte er die Richtung und dann die Entfernung durch Schätzung der Fahrtgeschwindigkeit, indem er das Kielwasser, Seetang oder ein anderes vorbeitreibendes Objekt beobachtete. Seine Schätzungen waren ungenau, weil das Logscheit zur Messung der Schiffsgeschwindigkeit erst im 16. Jahrhundert erfunden wurde.

Auf der Rückfahrt nach Europa schrieb Kolumbus im Februar 1493 seinen Bericht über das nieder, was er erlebt und im Westen vorgefunden hatte. Da ihm die Etikette der Zeit verbot, das Königspaar direkt anzureden, war dieses als *Brief* bezeichnete Schreiben an den Kronbeamten der Königin Isabella, Santangel, adressiert. Dieser spanisch geschriebene Brief wurde schon 1493 in Barcelona gedruckt und veröffentlicht, dann ins Lateinische übersetzt und verbreitet. In Rom, Paris, Basel und Antwerpen tauchte die lateinische Fassung bis 1494 auf. Nordeuropa erhielt erst langsam die Nachricht von Kolumbus' Taten. Die berühmte Nürnberger Chronik, eine illustrierte Weltgeschichte *»von der Erschaffung der Welt bis zur Gegenwart«*[8] erwähnte die Reise des Kolumbus noch nicht. Erst Ende März 1496 finden wir Nachrichten über Kolumbus in England. Die erste deutsche Übersetzung vom Brief des Kolumbus wurde 1497 in Straßburg gedruckt.

Nachdem Kolumbus nun für sich bestätigt gefunden hatte, daß seine Reise über den westlichen Ozean ihn nach Indien gebracht hatte, machte er sich daran, eine größere Öffentlichkeit hiervon zu überzeugen. Obwohl er ein guter Seemann und nüchterner Beobachter von Wind und Wellen war, blieb er in der entscheidenden Frage, wohin er auf seiner Reise gelangt war, der Sklave seiner Hoffnungen. Kolumbus machte noch drei weitere Reisen über den Atlantik, gründete Niederlassungen auf Haiti, erforschte die Kleinen Antillen, Jamaica, Puerto Rico und die Küste von Panama bis Honduras, aber er erkannte nicht, daß er einen neuen Kontinent gefunden hatte. Für ihn war es Indien, und die karibische Inselwelt von Kuba bis Trinidad nannte er *Westindische Inseln,* ihre Einwohner waren *Indianer.* Doch auf die versprochenen, unvorstellbar reichen Schätze Asiens wartete die spanische Krone vorerst vergeblich.

Der Vizekönig, von etwas halsstarrigem Charakter, brachte es nur zu mäßigem Vermögen. Er geriet wegen verleumderischer Anschuldigungen von Siedlern mit der spanischen Krone in Konflikt, wurde zwar rehabilitiert, aber die Sterne der königlichen Gunst sanken. So starb Kolumbus, krank und vergessen, am 20. Mai 1506 in Valladolid, im Alter von 55 Jahren. Und nicht seinen Namen trägt heute der neue Kontinent, sondern den von seinem Landsmann *Amerigo Vespucci*[9].

Portugal war in der Zwischenzeit bestrebt, seinen von *Vasco da Gama* entdeckten Seeweg nach Indien um die Südspitze Afrikas durch weitere Erkenntnisse abzusichern. Im Jahr 1500 wurde *Luis Alvares Cabral* auf die Reise nach Asien geschickt. Er schlug auf da Gamas Rat einen großen Bogen westwärts, um den an der afrikanischen Westküste vorherrschenden Gegenwinden und Gegenströmungen auszuweichen. Dabei stieß er weit im Westen auf ein neues Land – es war Brasilien –, das, o Wunder, auf der östlichen, d. h. portugiesischen Seite der im *Vertrag von Tordesillas*[10] geteilten Welt lag. Eiligst segelte er nach Portugal zurück, um diese Kunde persönlich seinem König zu überbringen. Ein anderer Seemann, *Amerigo Vespucci*, der zugleich Wissenschaftler war, wurde ausgesandt, dieses Land zu untersuchen. Vespucci betrat erst sieben Jahre nach Kolumbus den Boden der neuen Länder. Er ließ sich nicht vom ptolemäischen Weltbild der drei alten Kontinente blenden. Die Renaissance stellte Fragen und bezweifelte; Vespucci beobachtete, berechnete und horchte auf die Aussagen der Indianer. Eine Expedition entlang der Küste Südamerikas bis 40 Grad Süd im Jahre 1501 brachte ihm Gewißheit: dies ist *Mundus Novus*, eine neue Welt. Aufgrund Vespuccis schriftlicher Berichte benannte der deutsche Kartograph *Martin Waldseemüller* diesen Kontinent auf seiner anno 1507 erstmals erschienenen Weltkarte nach Vespuccis Vornamen: *Amerika*.

Im Jahre 1992, anläßlich der 500. Wiederkehr der Entdeckung Amerikas, wurden Kolumbus' Leben und Werk von vielen Seiten beleuchtet. Da manches in seiner Biographie nicht abgesichert ist und Kolumbus selbst alles tat, um seine Herkunft, seine Gedanken, sein Tun und Handeln im Nebel des Mehrdeutigen zu verschleiern, ermöglichte sie eine Flut von Spekulationen und Unterstellungen. Er sei der erste Kolonisator in großem Stil gewesen, der den Ureinwohnern nichts als Unglück gebracht habe. Umstritten ist auch Kolumbus' Charakter: war er ein Visionär oder nur ein skrupelloser, habgieriger Abenteurer? Segelte er, der sehr wahrscheinlich selbst jüdischer Herkunft war, gar in geheimer Mission, um – wie auch ernsthaft behauptet wurde – den von der spanischen Inquisition bedrohten Juden eine neue Heimat zu suchen? Es stimmt, für die Indianer war die Ankunft der Europäer verhängnisvoll: die rücksichtslose Ausbeutung der Indianer auf der Suche nach Gold und die hemmungslose Besitznahme indianischen Gebiets samt Versklavung der Eingeborenen häufte Schuld auf die Eroberer und brachte unermeßliches Unglück über die Betroffenen, deren Folgen bis heute nachwirken. Doch Sklaverei kannten die Azteken und Inkas schon lange vor der Landung des Kolumbus und Grausamkeiten mit Menschenopfern waren indianischen Priestern nicht fremd.

Kolumbus war ein Mensch seiner Zeit und sah in seinem Sendungsbewußtsein, *Indien* auf dem Westweg zu finden, und gleichzeitig möglichst viel Reichtum zu scheffeln, weder Widerspruch noch etwas Unmoralisches. Er war als Seemann außerordentlich begabt und genoß bei seiner Mannschaft große Autorität, nicht zuletzt, weil er bei den gefahrenreichen Reisen nur wenige Matrosen verlor. Seine großen Erfahrungen der Küstenschiffahrt kamen ihm bei den Landungen in den unbekannten Gewässern der Karibik zugute. Und bei seinen Atlantiküberquerungen hat er mit schlafwandlerischer Sicherheit die windsichersten Routen gefunden. An Land hingegen hat er kläglich versagt; für die von ihm hartnäckig angestrebten Amtsfunktionen eines Vizekönigs war er überhaupt nicht geeignet. Kolumbus verstand nichts von der Verwaltung, war von herrischem, hochfahrendem Wesen und machte sich mehr Feinde als notwendig. Ihn aber für all die Folgen, die seine Entdeckungen nach sich zogen, verantwortlich zu machen, ist ungerecht und werden dem Zeitgeist am Beginn der Neuzeit nicht gerecht. Hätte Kolumbus nicht so stark für seine Ideen gekämpft, ein anderer wäre nur wenig später über den Atlantik nach Westen vorgestoßen. Die Entdeckung der Neuen Welt war eine logische Folge der Umstände.

Auch wenn er bis zu seinem Tode im Irrtum befangen blieb und glaubte, Indien auf dem Seeweg erreicht zu haben, bleiben seine Fahrten geschichtliche Ereignisse von größter Bedeutung. Alle früheren Entdeckungen Amerikas durch nordische Seefahrer gingen wieder in der Vergangenheit unter, weil diese Menschen mit der Existenz neuer Kontinente noch nichts oder wenig anzufangen wußten. Erst die wirtschaftlichen, politischen, religiösen, wissenschaftlichen und vor allem nautischen Entwicklungen, die vor und zur Zeit des Kolumbus stattfanden, machten seine historische Tat überhaupt erst möglich.

Kolumbus hat die Kugelform der Erde nicht entdeckt, wie heute immer noch verschiedentlich geglaubt wird. Obwohl im 15. Jahrhundert noch viele traditionell eingestellte Gelehrte am ptolemäischen Weltbild festhielten, war für eine große Zahl Gebildeter der Gedanke selbstverständlich, daß die Erde eine Kugel ist. Nur über die Dimensionen, Distanzen und das Verhältnis von Landmasse zu Ozeanen hatte man falsche, viel zu geringe Vorstellungen. Kolumbus glaubte fest an die Kugelgestalt der Erde und folgte seiner Vision, Indien von Westen her zu finden. Sein Name steht heute für die Entdeckung eines neuen Kontinents.

Welche Folgen die Entdeckungen der Neuen Welt für die Erstarkung Europas einerseits und das oft traurige Los der unterjochten amerikanischen Urbevölkerung andererseits nach sich zogen, dafür kann Kolumbus kaum verantwortlich gemacht werden. Noch immer sind die Leistungen des Seemannes Kolumbus bewunderungswürdig, aber auch seine Hartnäckigkeit und Zielstrebigkeit, mit denen dieser Mann während vieler Jahre seine Pläne verfolgte und schließlich, trotz größter Widerstände, in die Tat umsetzte.

20. KAPITEL

Was liegt hinter dem Horizont?

Die Genesis der nautischen Kartenprojektion

Jede sichere Navigation auf See beruht heute auf Seekarten. Kein Navigationsoffizier der Berufsseefahrt und kein verantwortungsbewußter Jachtskipper sticht in See, ohne genügend viele neue oder aktuell *berichtigte Seekarten*[1] an Bord zu haben. Gemessen am Alter der Seefahrt – 4000 bis 5000 Jahre – ist das noch nicht lange so. In den Anfängen der Seeschiffahrt wagten sich die Seeleute nicht allzu weit von ihrer Heimat fort: ein Kind, das die Umgebung des Elternhauses erkundet, später das Dorf und seine Nachbarschaft, braucht keine Karte. Es orientiert sich an der Erfahrung, am oft Gesehenen und Wiedererkannten. Für die frühen Seefahrer waren das eine ganze Reihe von Erscheinungen und Dingen: Farbe und Temperatur des Wassers, Strömungen, Wellenformen, Windstärke, Windrichtung, Brandungsgeräusche, Uferformationen, markante Landmarken wie Felsen oder Bergkuppen, Strandvegetation, Fische und Vögel. Damit fanden sie sich zurecht; lange vor den gezeichneten Darstellungen der Seegebiete und lange vor der Anwendung des Schiffskompasses konnte man eine grobe Richtungsbestimmung aus dem Lauf der Sonne ermitteln. Alle Anzeichen befähigten die Seefahrer der Frühzeit und des Altertums, Schlüsse auf eine Ortsbestimmung zu ziehen. Und mehr war nicht nötig.

Die Kenntnis der Gestirne und ihr Nutzen für die Seefahrt ist ebenfalls schon sehr alt. Der Sternenhimmel, als Ort der irdischen Hingebung an mächtige Gottheiten, wurden von allen Kulturvölkern ständig beobachtet; der Mensch sah, daß beieinanderstehende Gestirne *Bildern* glichen, welche in wiederkehrenden Intervallen über das Himmelsgewölbe wanderten; davon waren einige im Norden immer sichtbar, diese drehten sich im Laufe eines Tages *um sich selbst.*

Andere wanderten Nacht für Nacht weiter nach Westen, verschwanden hinter dem Horizont, um nach einiger Zeit wieder im Osten heraufzusteigen. So wurde der Westen bald mit »Abend« und »Tod« gleichgesetzt, Osten bedeutete hingegen »Morgen« und »Wiedergeburt«. Doch der nüchterne Seemann benutzte die Gestirne auch für die praktische Navigation, wie wir bei Homer[2] nachlesen können:

»Freudig spannte der Held im Winde die schwellenden Segel.
Und nun setzt er sich hin ans Ruder und steuerte künstlich
Über die Flut. Ihm schloß kein Schlummer die wachsamen Augen.
Auf die Pleiaden gerichtet und auf Bootes, der langsam
Untergeht, und den Bären, den andere den Wagen benennen,
Welcher im Kreise sich dreht, den Blick nach Orion gewendet,
Und allein von allen sich nimmer im Ozean badet.
Denn beim Scheiden befahl ihm die hehre Göttin Kalypso,
Daß er auf seiner Fahrt ihn immer zur Linken behielte.
Siebzehn Tage befuhr er die ungeheuren Gewässer.«

Mit dem politischen und wirtschaftlichen Aufblühen der Mittelmeervölker in den letzten Jahrhunderten vor der Zeitenwende traten erste schriftliche Aufzeichnungen über Seegebiete – *Periplus* genannt – neben die mündliche Überlieferung.[3] Es handelte sich nicht im eigentlichen Sinne um Seekarten, sondern mehr um Segelanweisungen auf der Basis der Gissung, der erfahrungsgemäßen Schätzung. *»Segle drei Tagreisen in die Nacht* (nach Westen), *dann wende dich dem Mittag* (Süden) *zu. So wirst du nach der Zeit, die die Sonne über den Himmel zurücklegt* (ein Tag), *das Gestade erblicken!«* Häufig waren diese Segelanweisungen von Küstenskizzen ergänzt, welche zuerst in äußerst primitiven Holzschnitten, bald aber in perspektivisch sehr guten Zeichnungen, die Küsten, Vorgebirge und Kaps darstellten. Diese Abbildungen konnten dem Schiffer in Zeiten, wo die Navigation noch in den Kinderschuhen steckte, bei der Annäherung an die Küste leicht und anschaulich über seinen Standort orientieren. Selbst Seehandbücher heutiger Zeit verzichten nicht auf derartige Küstenansichten. Das älteste erhaltene Exemplar ist der *Periplus von Skylax* aus dem 4. Jahrhundert v. Chr. Man kann annehmen, daß zur gleichen Zeit auch die ersten Seekarten entstanden, da Griechen und Römer die Kartenprojektion schon kannten und Landkarten besaßen. Es ist jedoch kein einziges Exemplar erhalten geblieben, das durch seine Existenz den Beweis dafür erbringen könnte.

Allerdings machte auch die Navigationskunst über Jahrhunderte hinweg kaum Fortschritte, und es dauerte noch sehr lange, bis die ersten wirklichen Seekarten an Bord der Schiffe benutzt wurden. Doch wichtige Grundlagen, die zur heutigen Seekarte führten, konnten schon früh festgelegt werden. Eratosthenes hatte die Erde durch parallele Linien von Ost nach West und durch

Linien von Nord nach Süd, die er *Meridiane*, Mittagslinien nannte, unterteilt. Durch eine westöstlich verlaufende Linie parallel zum Äquator, die durch die Insel Rhodos verlief und das Mittelmeer in zwei Teile schnitt, trennte er die bewohnbare Welt in einen nördlichen und einen südlichen Teil. Dann fügte er im rechten Winkel eine nordsüdlich verlaufende Linie hinzu, die durch Alexandria ging. Schließlich unterteilte er die Erdkugel in 60 Teile. *Hipparch*[4] tat den nächsten Schritt und zerlegte die Oberfläche unseres Planeten in 360 Teile, die zu den *Graden* heutiger Geographen wurden. Er legte seine Meridiane – oder Längenlinien – in Abständen von etwa 113 Kilometern um den Äquator; diese Abmessungen entsprechen noch heute ungefähr den Abmessungen eines Grads.[5]

Der Name eines Astronomen und Mathematikers aus Alexandria ist heute unauslöschlich mit einer falschen und den Fortschritt etwa 1000 Jahre lähmenden Geographie verbunden: *Claudius Ptolemäus.* Seine genauen Lebensdaten kennen wir nicht; er lebte von zirka 90 bis zirka 168 während der Regierungszeit der Kaiser Hadrian und Marc Aurel in Ägypten. Alexandria war immer noch ein großes Zentrum der Gelehrsamkeit, obwohl dessen berühmte Bibliothek 48 v. Chr. von Cäsar teilweise eingeäschert worden war. Ptolemäus vertrat das *geozentrische Weltbild,* bei dem die Erde den Mittelpunkt des Weltalls, insbesondere unseres Planetensystems, bildet und das später vom aufstrebenden Christentum als Glaubenssatz übernommen wurde. Zweifel daran hatten nicht selten Verfolgung und Tod zur Folge. Gleichwohl kann Ptolemäus unter die Großen von Wissenschaft und Forschung eingereiht werden. Seine Werke faßten zusammen, was der damaligen Welt an Wissen bekannt war: Sein *Almagest* über Astronomie, seine *Geographia,* vier Bücher über Astrologie, eine Chronologie aller Könige der gesamten damals bekannten Welt und Schriften über Musik und Optik. Ptolemäus übernahm das Rastersystem der Breiten- und Längslinien des Hipparch und hat wahrscheinlich die Ausdrücke *Breite* und *Länge* als erster verwendet. Er führte die Regel ein, daß der Norden auf den Landkarten oben und der Osten rechts ist und versuchte bereits, die kugelförmige Oberfläche der Erde auf eine ebene Fläche zu projizieren. Die großen und folgenschweren Fehler des Ptolemäus ergaben sich nicht aus Mangel an wissenschaftlicher Urteilskraft. Sie erwuchsen aus der Spärlichkeit der bekannten Tatsachen! Die eine Fehleinschätzung war seine Neuberechnung des Erdumfangs, wonach der Globus eine Abmessung von 29 000 Kilometern am Äquator habe. Jetzt war die Weltkugel wieder um 28 Prozent geschrumpft! Gleichzeitig – und das war sein zweiter großer Irrtum – dehnte er die Küstenlinie Ostafrikas statt nach Süden nach Osten aus, wo sie sich mit Asien verband und den Indischen Ozean zum Binnenmeer degradierte. Er schloß sich also mit seiner Meinung den Historikern Herodot und Strabo an, die die südliche Umseglung Afrikas durch die Phönizier als unglaubwürdig abtaten. Auf der Weltkarte des Ptolemäus rückte die Ostküste Asiens übrigens so nahe an Europa heran (von Amerika wußte man ja noch nichts), daß hier auch die Ursache für den Irrtum des Kolumbus zu suchen ist, Indien im Westen und nahe bei Europa zu suchen.

Ptolemäus beherrschte während des ganzen Mittelalters die populäre und literarische Sicht der Welt. Die christlichen Geographen verwendeten alle Energie darauf, die von Ptolemäus übernommene Landkarte theologisch auszuschmücken. Die bewohnbare Welt wurde als kreisförmige Scheibe dargestellt. Der Osten wanderte nach oben, wo sich auch Asien befand. Ein senkrechtes Wasser – das Mittelmeer – teilte Europa von Afrika; ein horizontaler Wasserlauf – Donau und Nil – floß auf einer Geraden. Im Mittelpunkt der Welt lag Jerusalem, denn die Worte des Propheten *Ezechiel*[6] gaben angeblich seine Lage an: *»So spricht Gott, der Herr: das ist Jerusalem! Ich habe es mitten unter die Völker und Länder ringsum gesetzt.«* Im Laufe der Zeit wurden diese Karten mit allen möglichen phantastischen Verzierungen und Erfindungen ausgeschmückt: Fabelbilder und Ungeheuer wie hundeköpfige Wesen, Menschen mit vier Augen, exotische Völkerstämme mit rückwärtsgerichteten Füßen und andere Abnormitäten, die angeblich die fernen und unentdeckten Länder bewohnten.

Die ersten Zeugnisse für die Benutzung von Seekarten finden sich erst im Mittelalter. Der französische Historiker Guillaume des Nangis überlieferte einen Bericht vom Kreuzzug König Ludwig des Heiligen. 1270 geriet die Flotte des Königs vor Cagliari in einen Sturm und alle befürchteten, von ihm verschlungen zu werden, da man weit vom Kurs abgekommen sei. Aber *»die Steuerleute holten ihre Seekarten hervor und zeigten dem König, daß sie nicht mehr weit vom Hafen entfernt waren«*. Etwa gleich alt ist eine erhalten gebliebene Seekarte, die nach ihrem Fundort *Carta Pisana* genannt wird. Sie befindet sich heute in der Bibliothèque Nationale in Paris.

Die Carta Pisana ist das älteste Exemplar einer Familie von Seekarten, die unter der Bezeichnung *Kompaßkarten* oder *Portulan-Karten* bekannt sind. Sie treten plötzlich ab dem 13. Jahrhundert auf; die Genauigkeit ihrer Küstenzeichnungen haben die Forscher seit jeher erstaunt. Aber auch in zwei Lager geteilt! Die einen meinen, eine derartige Genauigkeit konnte ohne lange Tradition nicht erreicht worden sein, weshalb sie auf antiker Grundlage beruhen müssen. Andere vertreten die Ansicht, die Genauigkeit könne nur vom Kompaß herrühren, dessen Einführung in die Mittelmeerschiffahrt nicht vor dem 12. Jahrhundert stattgefunden hat. Und damit sei auch das Alter der Kompaßkarten eingegrenzt. Die zierlich gezeichneten See-Atlanten und Generalkarten des Mittelmeeres sowie der atlantischen Küsten von England bis nach Marokko, geben die Küsten und Umrisse der Inseln in derartiger Vollendung wider, daß eine Verbesserung im einzelnen für drei Jahrhunderte nicht nachgewiesen werden kann. Portulan- oder Kompaßkarten sind mit einem aus zahlreichen Maschen gesponnenen Liniennetz überdeckt. Bei genauerer Betrachtung erkennt man ein von einer zentralen Windrose ausgehendes Liniensystem und einen Kranz von 16, später 32 gleichmäßig angeordneten Nebenrosen. Auf vielen Karten ist ihre Ausrichtung statt nach Norden um 10 Grad West verschoben, was dafür spricht, daß diese Karten nach dem Kompaß (mit – 10 Grad Mißweisung) gezeichnet wurden. Die vielen geraden Linien stellten gewissermaßen die Routen dar, auf denen sich ein Schiff vorwärtsbewegt, wenn es auf immer gleichbleibendem Kurs segelt. Kurs und Entfernung zwischen zwei Orten konnten mit ausreichender Sicherheit den Portulankarten entnommen werden. Man konnte nämlich einen Ort einigermaßen genau festlegen durch die Richtungen, unter denen er von verschiedenen Ausgangshäfen zu erreichen war und durch die Länge der Distanzen (*miglias = Meilen),* die bis dorthin zurückgelegt werden mußten. Da diese Karten fast ausnahmslos das Mittelmeer und die bekannten west- und nordeuropäischen Küsten abbildeten, blieben wegen der geringen Ausdehnung die Fehler vergleichsweise gering, die sich daraus ergaben, daß die Karten auf keiner strengen Projektion beruhten.

Eine weitere Eigenart dieser Karten ist es, daß sie verschiedene Gebiete auf der gleichen Karte mit unterschiedlichen Maßstäben wiedergeben. So ist z. B. die Adria, als häufig befahrenes Seegebiet, viel größer dargestellt als Nordafrika mit Gibraltar. Frühe Portulane zeigen auch ein stark verzerrtes Bild der nordeuropäischen Gewässer; die Seefahrer des Mittelmeeres hatten wenig Erfahrungen mit diesen Gebieten, während die Seefahrer dort wie ihre Vorväter – Wikinger, Friesen, Niederländer, Briten – noch lange ohne Seekarten auskamen. Erst in der zweiten Hälfte des 16. Jahrhunderts, schon zu Lebzeiten *Mercators*, dem Urheber heutiger Seekarten, beginnt eine eigentliche Blüteperiode der niederdeutsch-niederländischen Kartographie, die unter dem Namen *Plattkarten* bekannt wurde.

Nach den Entdeckungsreisen im Atlantik und über den Indischen Ozean war der endgültige Beweis der Kugelgestalt der Erde erbracht. Nun setzte ein reger Seeverkehr über große Breitenunterschiede ein; damit stellte sich das Problem, die Erdkugel auf ebenen Flächen winkelgetreu darzustellen. Es wurde eine Reformation der Seekarten eingeleitet. Eine Linie des immer gleichen Kompaßkurses nennt man *Loxodrome.* Auf der Kugeloberfläche der Erde kann das aber nur dann eine Gerade sein, wenn man in exakter Nord-Süd-Richtung

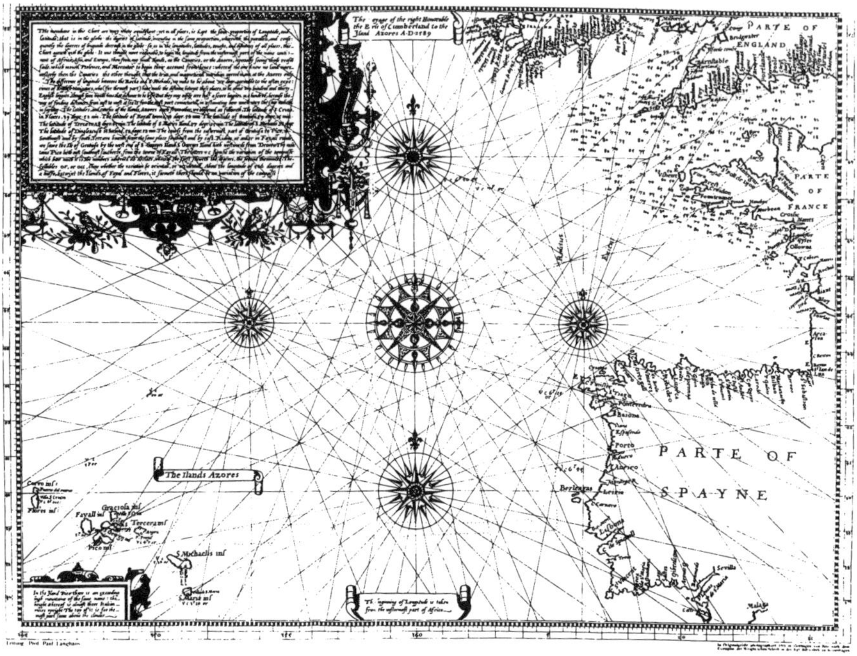

Karte der Azorenfahrt des Earl of Cumberland im Jahre 1589 von Edward Wright, die erste Seekarte in Mercatorprojektion.

den Meridianen oder in Ost-West-Richtung den Breitenkreisen folgt. Daß man die Kugeloberfläche nicht in idealer Weise abbilden kann, sehen wir am Kinderluftballon, der mit einer Reklameschrift bedruckt ist. Ob wir ihn platt gegen den Tisch drücken oder aufschneiden und die Reste auseinanderziehen, immer werden wir die Schrift irgendwie verzerren müssen. Erst *Pedro Nuñes,* ein portugiesischer Seefahrer und Mathematiker, erkannte um 1420, daß die Kurslinie eines Schiffes, das stets den gleichen Kurs beibehält, aber nicht den Meridianen oder Breitenkreisen folgt, auf der Kugel eine besondere Linie darstellt: sie schneidet die Meridiane stets unter dem gleichen Winkel und nähert sich spiralförmig dem Pol (ohne ihn je zu erreichen).

Da die Gesetze der Trigonometrie die Navigatoren bis heute zwingen, ihre Kurslinie als eine Gerade und die Kursbezeichnung als Winkelmaß in Graden anzugeben, ergab sich die Notwendigkeit, Breitenkreise und Längenparallele als rechtwinkliges Gitter auf der Seekarte darzustellen. Der erste erfolgreiche Versuch führte zu den Plattkarten. Diese entstanden, indem man die Kugeloberfläche in spitz auslaufende Ellipsen (»Kugelzweiecke«), wie Schalen der aufgeschnittenen Orange, zerlegte. Dabei bildeten die Schnittkanten die Meridiane. Nun legte man mehrere Kugelzweiecke nebeneinander und walzte sie – unter der Annahme, sie seien elastisch – so aus, daß die Kugelzweiecke oben und unten gleichmäßig ausgedehnt wurden, so daß die Meridiane senkrecht verliefen. Die einzelnen Vierecke ergaben, nahtlos zusammengefügt, eine flächenförmige Karte. Die darauf wiedergegebenen Länder und Meere waren allerdings nur in der Äquatorgegend flächengetreu dargestellt, denn dort wurde nichts »breitgewalzt«; je weiter eine Darstellung vom Äquator entfernt lag, um so auffälliger wurde eine West-Ost-Verzerrung. Portulankarten trugen keine Gradeinteilung nach Länge und Breite. Die Plattkarten wurden schon bald mit einer Breitenskala, später auch mit einer Längenskala versehen, die über die ganze Kartenfläche in gleichmäßigen Abständen eingetragen waren.

Solange man auf den Plattkarten Seegebiete und Küstenländer abbildete, die keine großen Breitenunterschiede aufwiesen, z. B. das Mittelmeer in Ost-West-Richtung, ergaben sich daher keine auffallenden Fehler beim Koppeln. Auch für die Navigation der Entdecker, die sich meist zwischen 40 Grad N und 35 Grad S bewegten, haben Plattkarten lange Zeit ihren Zweck erfüllt. Nicht so beim Segeln in höheren Breiten. Wollte ein spanischer Handelskapitän z. B. von Cadiz auf zirka 36° 30′ N, 06° 15′ W nach einer Position auf 55° N, 15° W segeln, so ergab sich aus der Plattkarte ein NNW-Kurs. Segelte er auf diesem Kurs und koppelte gewissenhaft bis 55° N, dann mußte er feststellen, daß er sich wesentlich westlicher, nämlich auf 19° W befand. Der Distanzunterschied betrug damit 240 Seemeilen in westlicher Versetzung! Solche Beobachtungen wurden häufig gemacht, man fand aber lange keine Erklärung. Meist sah man dafür eine unbekannte Stärke der magnetischen Mißweisung als Ursache an.

Die Erkenntnis des Pedro Nuñes über schief verlaufende Linien brachte den deutschen Gelehrten Gerhard Kremer, nach damaliger Sitte lateinisch *Mercator* genannt, auf eine genial einfache Idee, die Darstellungsverzerrung der Plattkarte zu korrigieren. Er vergrößerte die Abstände der Breitenkreise in Richtung der Pole in dem Maße, die der ost-westlichen Verzerrung entsprach und zeichnete die erste Weltkarte mit *wachsenden Breiten.* Die Breitenskala wurde demgemäß in Richtung der Pole den sich ändernden Maßstäben angepaßt. Wäre eine kreisrunde Insel auf einer Plattkarte oval abgebildet, so kann sie auf der Mercatorkarte wieder ihre echte runde Form annehmen, weil mit zunehmender Breite bei gleichbleibender Länge die »Spreizung« der Breitenminute wächst. Anders gesagt: der Abstand von Breitengrad zu Breitengrad wird auf der Seekarte in Richtung der Pole immer größer. Und darin liegt auch der Grund, warum auf den heutigen Seekarten die Distanzen von der Maßskala auf den seitlichen Kartenrändern mit dem Zirkel abgegriffen werden müssen. Diese Problematik ist heute jedem Absolventen eines Kurses über terrestrische Navigation längst vertraut, den Seefahrern in der zweiten Hälfte des 16. Jahrhunderts brachte sie eine völlig neue Denkweise. Mercator erfüllte drei Voraussetzungen, die an eine Seekarte gestellt werden müssen:

1. Winkeltreue: alle Kurse müssen als gerade Linien in die Karte eingezeichnet werden können, die die Meridiane immer unter dem jeweils gleichen Winkel schneiden. Die Kurswinkel müssen überdies auf der Karte die gleichen sein wie auf der Oberfläche der Erde.

2. Maßtreue: alle in der Karte dargestellten Gebiete müssen flächengetreu sein und in ihren Abmessungen nach Breite und Länge stimmen.

3. Distanztreue: die Entfernungen müssen leicht meßbar, genau feststellbar und überprüfbar sein.

Wie so häufig bedeutete auch die Lösung des Problems der maßstabsgetreuen Seekarte noch nicht, daß sie sich schnell in der täglichen Praxis durchsetzte. Die konservativen Seeleute hielten noch einige Zeit lang an ihren überlieferten Hilfsmitteln fest, sodaß weitere dreißig Jahre hindurch Karten und Küstenbeschreibungen des alten Stils erschienen. Für die niederländische Kartenindustrie, die zu der damaligen Zeit absolut führend in Europa war, lag kein geschäftlicher Zwang vor, rasch vom alten Kartentyp abzugehen. Der Durchbruch kam erst 1599. Ein Engländer, *Edward Wright,* schuf nach der Expedition des Grafen von Cumberland zu den Azoren die erste gedruckte Karte, die als echte Seekarte anzusprechen ist. In ihr vollzieht sich die Verbindung der Koppelnavigation mit Hilfe des Kompasses und nautischer Kartographie auf der Grundlage der Winkel- und Maßgenauigkeit, die das ausmacht, was wir heute unter dem Begriff der Kartennavigation verstehen.

Die Karte enthielt zum ersten Mal auch genaue Angaben zur magnetischen Deklination dieser Reise und hatte eine Nord-Süd-Darstellung zwischen 52° 20 Min. N und 36° 10 Min. N, sie dehnte sich über 31 Längengrade, d.h. bis zu den westlichen Azoren hin, aus. Die Festlegung des Null-Meridians durch Greenwich datiert erst aus dem Jahre 1665; Wright hatte noch die »freie Wahl« und entschied sich für die Westspitze Afrikas. Eine große Legende in der linken oberen Ecke enthält Hinweise auf die neue Projektionsart und schließt mit der Feststellung, *»daß in betreff der Längen, Breiten und Kurse die Entfernungen aller Orte auf dieser Karte mit dem Globus übereinstimmen«.* Von besonderem Wert sind auch die zahlreich eingezeichneten Tiefenangaben im Kanal und vor den Küsten Englands und Frankreichs, ferner die im Atlantik und besonders bei den Azoren eingetragenen Werte der magnetischen Mißweisung.

Wright schuf die Karte offensichtlich nach dem Cumberlandschen Beutezug gegen die Spanier und Portugiesen im Jahre 1589 – ein Jahr nach der Vernichtung der spanischen Armada. Ihre erste Veröffentlichung findet sich in seinem grundlegenden Werk *»Certaine Errors in Navigation detected and corrected, London 1599«*; der Kartentitel lautet: *»The voyage of the right Honorable the Earl of Cumberland to the Azores A. D. 1589«*.

Dits die Caer
te vander Seeom oost eñ
west te seylen/eñ is vandie beste Piloots/
eñ is nu die alder nieuste Caerten gecorrigeert
diemen weet te vinden/eñ elcke cust op zijn ge
stelt/ Verbetert eñ vermeerdert met veel scho
ne Figueren daer up gemaect. Eñ ooc salmen
hier in vinde wat een man van node is omme
Steuermanschap te leren. Anno. 1561.

Titelseite eines Navigationshandbuches aus der Mitte des 16. Jahrhunderts.

21. KAPITEL

Das erste Schiff, das die Welt umsegelte

Die Karten der Welt werden um einen Ozean erweitert

Im Oktober 1516 hielt König *Manuel der Glückliche* in Lissabon vor seinem Palast Audienz. Den ganzen Tag hindurch hatte er Bittsteller empfangen; sie knieten zu seinen Füßen und trugen demütig in aller Öffentlichkeit ihre Wünsche vor. Als schon die Sonne sank und die Tageshitze erträglicher wurde, war der König müde. Da rief der Herold den Namen des letzten Bittstellers auf: *»Fernão de Magalhães!«*

Ein Raunen lief durch den versammelten Hof. Denn Ferdinand Magellan war ein angesehener Mann, ein *Hidalgo escudeiro,* nicht irgendeiner, der in aller Öffentlichkeit das Knie zu beugen pflegte. Alle reckten den Kopf, als der untersetzte, aber stämmige Seemann vor den Thron hinkte. Doch König Manuel runzelte die Brauen; er mochte Magellan nicht, und das zeigte er auch. Mit leiser Stimme und in überlegten Sätzen trug Magellan seine Bitte vor: Zwanzig Jahre stehe er nun im Dienste des Königs und habe seinen Teil dazu beigetragen, Portugals Herrschaft im Fernen Osten zu stärken; dreimal wurde er verwundet, und daher rührten auch seine körperlichen Behinderungen! Magellan sank vor dem König in die Knie. Der König möge ihn jetzt in den Rang eines *Fidalgo da casa de el rei* erheben. Der König lehnte schroff ab. Aber Magellan verharrte kniend. Dann möge er ihm, bat er nun, das Kommando auf einer der königlichen Karavellen übertragen, die bald nach den *Molukken,*[1] den märchenhaften Gewürzinseln des Ostens, segeln sollten. Aber König Manuel antwortete gelangweilt und hochmütig, er habe keine Verwendung für Magellans Dienste, weder auf einer Karavelle noch sonstwo.

Das hatte Magellan nicht erwartet; er war gedemütigt und entrüstet. *»Dann darf ich wohl«*, fragte er den König unter mühsamer Beherrschung, *»unter einem anderen Herrn Dienst suchen?«* Dom Manuel erhob sich von seinem Thron; er wollte die Audienz beenden. Mit seiner majestätischen Erscheinung überragte er den kleingewachsenen Magellan um Haupteslänge. *»Es ist mir gleichgültig«*, sagte er, *»zu wem Ihr geht und wem Ihr dienen wollt.«* Ganz mechanisch beugte Magellan sich vor, um des Königs Hand zu küssen, wie es getreue Fidalgos seit jeher am Ende der Audienz zu tun pflegten. Aber der König versteckte seine Hand hinter dem Rücken und wandte sich ab.

Diese Geste sollte ihn teuer zu stehen kommen. Ein Jahr später legte Magellan einem anderen Herrscher, König *Karl I. von Spanien*, dem späteren Kaiser Karl V., seinen Plan dar: Nicht südöstlich entlang der afrikanischen Küste und über den Indischen Ozean, sondern südwestlich über den Atlantik wollte er zu den Molukken segeln. Für Magellan hatte *Cristobal Colón*[2] niemals Indien entdeckt; aber er war dennoch ein Held! Amerigo Vespucci hat weite Teile der *Terra nuova* erforscht, er hat darauf in Spanien geraten, unbeirrt nach Südwesten um dieses neue Land oder durch einen Kanal, der vielleicht den neuen Kontinent durchschneidet, die Gewürzinseln zu erreichen. Und Magellan fand in Spanien mehr Wohlwollen als in Portugal.

Magellans Zurückweisung durch König Manuel war einer der großen Fehlentscheide der Geschichte. Und wenn auch viel gegenseitige Antipathie im Spiel gewesen sein mochte, so gab es doch noch einen weiteren, ökonomischen Grund. Fünfzig Jahre nach dem Tode Heinrich des Seefahrers war Portugal erschöpft. Seine Seeleute hatten vier Fünftel der Welt entdeckt, aber seine Bevölkerung war nicht zahlreich und nicht stark genug, diese Entdeckungen dem eigenen Land zu erhalten. Bald wurde die Beanspruchung für eine kleine Nation unerträglich. *»Mein Land, mein Land«*, klagte ein zeitgenössischer Chronist, *»zu schwer ist die Aufgabe, die auf deinen Schultern ruht. Jeden Tag sehe ich die Schiffe, die deine Gestade verlassen und immer deine besten und tapfersten Söhne mitnehmen. Doch allzu viele kehren nicht zurück. Wer bleibt denn, deine Felder zu bestellen, deine Trauben zu ernten, den Feind an deiner Seite in Schach zu halten?«* Und wenn auch die Art und Weise unverzeihlich war, wie der König Magellan zurückwies, so sind seine Motive doch verständlich: 1516 war Portugal mit Entdeckungen gesättigt. Also wanderte Magellan im Jahre 1517 nach Spanien aus.

Jugendbildnis Kaiser Karl V.

Und hier winkte ihm das Glück! Denn bald schloß er Freundschaft mit *Ruy Faleiro*, einem bekannten Astronomen, und auch mit *Diego Barbosa*, einem Ritter des Ordens von Santiago, dessen Tochter *Beatriz* er später heiratete. Dank der Unterstützung dieser einflußreichen Freunde dauerte es nicht lange, bis ihn König Karl I. eine Audienz gewährte. Es war eine historische Begegnung: der junge, achtzehnjährige König und der körperlich etwas behinderte, doch wettergebräunte Seemann von Vierzig, und um sie herum die Kardinäle, Räte und Dolmetscher des spanischen Hofes. Zuerst war Karl mißtrauisch; er hatte schon mehrmals mit abtrünnigen portugiesischen Untertanen zu tun gehabt, und er verhörte Magellan streng über die genaue Lage der Molukken. Magellan beantwortete die Fragen des Königs freimütig und glaubwürdig; auch zeigte er ihm auf einem handgemalten Globus, daß die Molukken gut und gerne westlich der im *Vertrag von Tordesillas*[3] festgelegten Demarkationslinie und damit in spanischem Territorium lagen. Außerdem enthielt er einen rätselhaften Hinweis auf eine Meeresstraße, die von Ost nach West durch Amerika hindurchführe und somit den Atlantik mit dem Pazifik verbinde. Im Vertrauen auf diesen Globus und aufgrund des guten Eindrucks, den er von Magellan gewann, beauftragte Karl ihn mit der Reise.

Magellans Theorie, man könne zu den Molukken gelangen, wenn man nicht nach Osten, sondern nach Westen segele, war eine revolutionäre Ansicht. 1518 war es zumindest theoretisch bekannt, daß die Welt eine Kugel ist, aber ihr Umfang war noch umstritten und wurde stark unterschätzt. Man wußte, daß das neue Land jenseits des Atlantiks zu einem großen Kontinent gehörte und daß dieser nicht Asien war; aber über Größe und Gestalt dieses Kontinents wurden nur Mutmaßungen angestellt. Es war ferner bekannt, daß jenseits dieses Kontinents wiederum ein Ozean lag – *Balboa*[4] hatte ihn 1513 gesichtet. Aber es gab keinerlei Beweis dafür, daß zwischen diesem unbekannten Ozean und dem Atlantik eine Verbindung bestand – alle vorhandenen Unterlagen deuteten vielmehr darauf hin, daß die dazwischenliegende Landmasse von Nord- und Südamerika sich von Pol zu Pol erstreckte. Magellan war der erste, der von einer Wasserstraße durch den südlichen Teil Amerikas redete. Seine Ansicht gründet in der Freundschaft mit einem wenig bekannten Manne, dem portugiesischen Seefahrer *Johann von Lissabon*.

Dieser war im Sommer 1514 weit an der Küste Südamerikas vorgestoßen und hatte die Mündung des Rio de la Plata erkundet. Er war in dieser Mündung über 150 Meilen nach Westen gesegelt, ohne Land zu sichten; es erschien ihm nicht abwegig, eine Meerenge entdeckt zu haben, die zu dem jenseitigen Ozean führe. Da auch er von König Manuels hochfahrendem Wesen brüskiert worden war, machte er seine Entdeckung in Lissabon nicht bekannt, sondern berichtete

Die »Victoria«, das erste Schiff, das die Welt umsegelte (nach einem zeitgenössischen Holzschnitt).

– gleichsam als Freundschaftsdienst gegenüber einem Freund – Magellan davon. Er gab Magellan nicht nur Abschriften seiner Logbücher und die dazugehörenden Seekarten, sondern ließ ihn auch Einzelheiten wissen über Peilungen markanter Landmarken, ausgelotete Wassertiefen, Ankerplätze, Untiefen, Strömungen und Küstenformationen der La-Plata-Mündung. Und aufgrund dieser geheimen, aber irrtümlichen Informationen stellte Magellan seine Reisepläne auf. Eine Generation vorher wollte Kolumbus auf dem Westweg nach Asien gelangen und hatte Amerika gefunden. Nun versuchte Magellan über den Rio de la Plata zu den Molukken zu segeln – er umrundete schließlich die Welt!

Im Morgengrauen des 10. August 1519 lagen fünf Schiffe reisefertig am Dock von Sevilla vertäut. Sie waren neu kalfatert und überholt und mit neuen Segeln ausgestattet worden. Theoretisch waren sie für drei Jahre verproviantiert, aber bestechliche Beamte hatten viel verschwinden lassen; tatsächlich reichten die Vorräte nur für zwei Jahre. In den vorderen Laderäumen waren Ersatzspanten, Schmiedeöfen, Ambosse, Blasebälge und ein ganzes Waffenarsenal untergebracht; außerdem gängige Handelsartikel: Kupferbarren, Stoffballen, 5000 billige Messer, 10 000 Angelhaken und über 20 000 Glöckchen. Als Reserve hatten sie sechs komplette Segelgarnituren mit. An Deck festgezurrt waren drei *Pinassen*[5] mit geringem Tiefgang zur Erforschung der Küstengewässer. In den Kajüten gab es eine Vielzahl nautischer Hilfsmittel: vierundzwanzig Pergamentkarten, sechs Kompasse, einundzwanzig hölzerne Quadranten, sieben Astrolabien, fünfunddreißig Kompaßnadeln, achtzehn Stundengläser und Tabellen zur Breitengradbestimmung. In den hinteren Laderäumen lagen Vorräte in bisher unvorstellbaren Mengen: 21 300 Pfund Zwieback, 1120 Pfund Käse, 570 Pfund Fleisch, 480 Pfund Öl, 200 Fässer Sardinen sowie gewaltige Quantitäten Wein, Erbsen, Bohnen, Linsen, Reis, Zucker, Honig, Salz, Zwiebeln, Knoblauch usw. Ihre Bewaffnung war überdurchschnittlich, die Stimmung der 268 Mann Besatzung gut. Der einzige Mißklang war das Verhältnis der Kapitäne untereinander; den spanischen Edelleuten mißfiel, daß ihnen ein »portugiesischer Emporkömmling« Befehle erteilen sollte. Aber er war ihnen vom König vor die Nase gesetzt worden und sie hatten in der Kathedrale geschworen, *»dem vom Generalkapitän befohlenen Kurs zu folgen und ihm in allem zu gehorchen«.*

Die Schiffe legten ab und wurden von der Ebbe langsam vom Dock fortgetragen. In der Mitte des Flusses angelangt, setzte eines nach dem andern die Focksegel, und als die Sonne rot über dem Guadalquivir aufging, segelten sie nach Westen auf das fünfzig Meilen entfernte Meer zu: als erstes Magellans Flaggschiff, die *Trinidad* mit 110 Tonnen, dann die *San Antonio,* die *Conception,* die *Victoria* und zuletzt das kleinste, die *Santiago* mit 75 Tonnen. Die größte Seereise der Geschichte hatte ihren Anfang genommen. Aber nur ein Schiff und achtzehn Mann sollten die Heimat wiedersehen!

Man weiß wenig über die Schiffe. Ihre Tonnage ist bekannt, aber es gibt kein Modell, kein Gemälde und keine Zeichnung von ihnen. Einzig ein Holzschnitt aus der Zeit existiert, von dem behauptet wird, er stelle die *Victoria* dar. Über die Einzelheiten der Schiffskonstruktion und Takelage können nur Vermutungen angestellt werden. Man nimmt an, daß sie verhältnismäßig alt waren. Wahrscheinlich waren sie Rahsegler, hatten drei Masten und eine relativ einfache Deckkonstruktion. Die Wasserverdrängung der *»Victoria«*lag um die 100 Tonnen, deshalb können ihre Maße geschätzt werden: Länge über Alles 24–26 m, Kiellänge zirka 20 m, Breite 8–9 m, Segelfläche etwa 300 qm, Tiefgang maximal 2,5 m. Wahrscheinlich hatte sie eine Besatzung von 50 bis 55 Mann und sehr viel Frachtraum. Die Mannschaft war eine buntgemischte Gesellschaft, Spanier, Portugiesen, Basken, Genuesen, Engländer, Sizilianer, Malaien und Neger; einige waren Verbrecher, einige gute Matrosen, doch zwanzig oder dreißig ausgesprochene Landratten. Die ungefähr siebzig erfahrenen Seeleute stellten die fachliche Elite dar; die anderen sollten rasch von ihnen lernen. Magellan selber wurde von seinem Sklaven *Enrique* betreut, den er Jahre zuvor aus der portugiesischen Besitzung Calicut mitgebracht hatte.

Kurz vor der Abreise traf noch ein junger Italiener an Bord der *Trinidad* ein: *Antonio Pigafetta,* ein gebildeter junger Mann, der an der Expedition einzig und allein nur deshalb teilnehmen wollte, weil er *»begierig war, die wundervollen Dinge des Ozeans zu sehen«.* Pigafetta wurde zum Chronisten der geschichtsträchtigen Expedition; er führte ein Tagebuch, eine bemerkenswert ausführliche und – was für seine Zeit Seltenheitswert hatte – objektive Darstellung des Verlaufs der Reise.

Zu Anfang war die Armada von schönem Wetter begünstigt. Die See war glatt, die *Trinidad* hielt Kurs nach Westen, die anderen Schiffe folgten. Nachts wurden Öllampen am Heck aufgehängt, Fackelsignale zeigten Kursänderungen an. Magellan war froh, auf See zu sein. Aber er wußte, daß ihm noch Schwierigkeiten bevorstanden. Er fürchtete, die Portugiesen könnten ihm auflauern. Und er mißtraute seinen Kapitänen. Nach einer Woche konnten sie in Teneriffa die Vorräte an Brennholz, Lebensmittel und Trinkwasser ergänzen. Und Magellan erhielt einen Brief von Don Barbosa, den ein schnelles Depeschenboot aus Sevilla brachte: Drei seiner Kapitäne unter Führung von *Juan de Cartagena,* dem Kapitän der *San Antonio,* planten, Magellan von seinem Posten als Befehlshaber abzulösen; sollte er sich widersetzen, würden sie ihn umbringen.

Magellan reagierte überlegt und mit Raffinesse. Das Triumvirat wollte einen Streit provozieren; Juan de Cartagena beleidigte ihn vor versammelter Mannschaft, stellte ihn wegen des Kurses zur Rede und weigerte sich, ihn zu grüßen. Doch Magellan reagierte nicht; er wartete auf den günstigen Augenblick. Die Gelegenheit bot sich ihm, als die Schiffe wieder auf hoher See waren. Ein Bootsmann mußte vor Gericht gestellt werden, der bei Sodomie ertappt worden war. Magellan ordnete ein öffentliches Verfahren an, weil eine Strafe vom Auspeitschen bis zum Tod durch Erhängen ausgesprochen werden konnte; die vier Kapitäne wurden an Bord der *Trinidad* bestellt. Nach der Verhandlung begann Cartagena, wie Magellan erwartet hatte, ihm Vorwürfe zu machen. Magellan hörte sich die Beleidigungen ruhig an, doch Cartagena wurde immer wütender. *»Den Befehlen eines solchen Narren«,* schrie er, *»werde ich nicht länger folgen!«* Magellan hob die Hand. Ehe die Kapitäne begriffen, was geschah, war die Kabine voller Matrosen und Cartagena wurde ergriffen. *»Rebell!«* schrie Magellan. *»Ihr wollt den Befehlen des Generalkapitäns nicht gehorchen. Das ist Meuterei.«* Cartagena verlor den Kopf. *»Erdolcht ihn!*

Erdolcht ihn!«, rief er den anderen Kapitänen zu. Aber auch sie wurden von den Bewaffneten der *Trinidad* umstellt. Magellan hatte die Meuterei niedergeschlagen. Wenn Magellan befohlen hätte, die drei an Ort und Stelle aufzuhängen, wäre er im Recht gewesen. Aber er ließ Gnade walten. Cartagena wurde seines Kommandos enthoben und aus der Haft entlassen, nachdem er sein Ehrenwort gegeben hatte, in Zukunft gehorsam zu sein. Magellan hatte sich durchgesetzt, und es war nicht mehr zweifelhaft, wer der Befehlshaber war.

Er war mit den Meuterern fertiggeworden, aber die Bedrohung durch die Portugiesen blieb bestehen. Er vermied die üblichen Handelsrouten, blieb bis zum Äquator vor der afrikanischen Küste und steuerte dann nach Westen in das unbefahrene Sargassomeer. Der Plan war vernünftig, aber das Wetter spielte nicht mit. Nach dem 18. Oktober geriet die Flotte in eine Reihe schwerer Stürme mit Gegenwind und Regen. Zwanzig Tage lang goß es in Strömen. Die Mannschaft wurde mutlos und ihre Stimmung wurde nicht besser, als Magellan – eine Vorsichtsmaßnahme, weil sie nicht vorankamen – die Rationen herabsetzen ließ. Aber zu guter Letzt hörten Sturm und Regen auf und die Sonne schien wieder. Magellan konnte die Position bestimmen und wieder Kurs nach Westen nehmen. Eine Zeitlang kamen sie gut voran, doch dann erreichte sie die nächste Prüfung: sie kamen in die Kalmenzone des Sargassomeeres. Mitte November wurden die Winde schwächer und legten sich dann vollständig; es wurde schwül und drückend. Und obwohl kein Wind ihre Segel füllte, blieb die Dünung bestehen. Die fünf Schiffe lagen niemals still, sie drehten sich und stampften unter dem Ächzen der Planken und Knarren der Spieren. Sie waren in der Nähe des Äquators und die Sonne brannte Tag für Tag unerbittlich auf sie herab. Das Pech schmolz in den Nähten, das Holz bekam Risse und Wasser drang in die Bilgenräume; die Pumpen mußten ohne Unterbruch bedient werden. Die Hitze war so mächtig, daß Matrosen ohnmächtig wurden, nachdem sie zehn Minuten gepumpt hatten. Ihre Vorräte litten: das Fleisch faulte und die Reifen der Wasser- und Weinfässer verzogen sich und platzten. Die Besatzung wurde apathisch; teilnahmslos lagen die Leute herum, wo immer sie ein wenig Schatten fanden.

Das ging so drei Wochen lang. Dann plötzlich begann ein Windhauch die Segel zu blähen; die Schiffe begannen, erst langsam, dann immer bestimmter, wieder Fahrt zu machen. Der Äquatorialstrom hatte sie durch die Kalmenzone getrieben und nun konnten sie Kurs auf Brasilien nehmen. Als sein gegißtes Besteck darauf hindeutete, daß sie sich dem Lande näherten, befahl Magellan eine ständige Wache und ließ häufig loten, denn er wußte, daß vor der brasilianischen Küste schon viele Schiffe auf den flachen Riffen gestrandet waren. Anfang Dezember sahen sie einen bunten Vogel und sie nahmen den erdigen

Geruch der brasilianischen Urwälder von Westen her wahr. In der Morgendämmerung des 8. Dezember erhob sich eine flache, bewaldete Küste grün über dem Horizont. Ein schöner Anblick nach einer strapazenreichen Reise von fast fünftausend Meilen. Aber es waren portugiesische Gewässer, in denen sie segelten; es wäre nicht klug gewesen, dort zu landen. So hielten sie sich von den Riffen frei und nahmen Kurs auf Südwest. Am 13. Dezember erreichten sie die Bucht von *Rio de Janeiro,* außerhalb der portugiesischen Machtsphäre.

Rio war in jeder Beziehung idyllisch. Die Landschaft war unvergleichlich: der phantastische Zuckerhut, das mittelmeerische Blau der See und das Smaragdgrün des Urwalds mit seiner Blütenpracht. Es gab frisches Obst, Gemüse und Fleisch – nach elf Wochen, in denen sie nur verdorbene Vorräte zu essen hatten. *»Und«*, berichtete Pigafetta, *»da gab es Jungfrauen in Hülle und Fülle für die Besatzung«*. Als sich herumsprach, daß die weißen Männer bereit waren, solche Luxusgegenstände wie Taschenmesser und Glasperlen im Tausch gegen ein Mädchen zu geben, kamen ganze Scharen von Schönheiten an Bord. *»Sie tragen«*, schrieb Antonio Pigafetta, *»als einzige Bekleidung ihr Haar, und für ein Messer oder ein Beil bekommt man gleich zwei oder drei dieser entzükkenden und wohlgestaltet gewachsenen Evastöchter.«*

Vierzehn Tage wurde geschmaust und geliebt; selbst die Priester verschlossen sich nicht den in jeder Hinsicht fleischlichen Genüssen. Man übereilte sich nicht bei der Überholung und Neuverproviantierung der Schiffe. Es gab keine Gewalttätigkeiten, keine Erpressungen und nichts von der wahnsinnigen Gier nach Gold, die später viel Unglück und Blutvergießen herbeiführen sollten. Als Magellans Schiffe am Weihnachtsmorgen 1519 langsam aus der Bucht von Rio glitten, trauerten, so berichtete Pigafetta, viele Matrosen und Eingeborene.

Dann ging es flott voran; mit raumen Winden und von einer nach Süden setzenden Strömung unterstützt, machten sie Etmale von 100 Meilen. Die Laderäume waren aufgefüllt mit frischen Vorräten, die Mannschaft wieder guten Muts und auch Magellan war optimistisch. Er glaubte, die Meerenge des Johann von Lissabon bald zu erreichen. Nach zehn Tagen beschrieb die Küste einen Bogen nach Westen: hier war bestimmt die Einfahrt zum Abkürzungsweg zu den Molukken!

Eine Woche lang folgten Magellans Schiffe dem Weg der untergehenden Sonne. Die Winde wurden schwächer und sie kamen immer langsamer vorwärts. Niemand schien zu zweifeln, daß sie auf dem rechten Wege seien. Niemandem fiel auf, daß das Wasser immer schlammiger und die Gezeiten immer schwächer wurden. Niemand machte sich die Mühe, das Wasser, in dem sie segelten, einmal zu kosten. Erst als das Segeln fast unmöglich wurde, ließ Magellan stoppen. Die Pinassen wurden zu Wasser gelassen und unter Führung eines Offiziers auf Erkundigung geschickt. Die Lotungen ergaben immer geringere Wassertiefen, und schließlich sahen sie, daß vor ihnen Berge die Wasserstraße verengten: sie befanden sich in einer Flußmündung! Er bezeichnete den Ort in der Seekarte als *Montevideo*, aber eine Meeresstraße gab es hier nicht![6]

Das war ein bitterer Augenblick in Magellans Leben. Aber er bewies in dieser dunklen Stunde seine Größe. *»Wir werden weiterfahren«*, erklärte er am nächsten Morgen vor versammelter Mannschaft. *»Die Meerenge ist nicht hier, aber gewiß werden wir sie weiter im Süden finden.«* Die Kapitäne waren skeptisch, aber die Matrosen konnte er für sich gewinnen. Anfang Februar verließen sie die La-Plata-Mündung und nahmen Kurs nach Süden, auf die sturmgepeitschten Gewässer um das Kap Horn. Acht Wochen lang kämpften sich die Schiffe nach Süden. Es war eine Reise voll entsetzlicher Gefahren. Magellan mußte ständig um Seeraum kämpfen, weil er dicht unter der Küste bleiben wollte, damit er jede Bucht erkunden konnte. Daß ein Segelschiff des 16. Jahrhunderts die Stürme des hereinbrechenden Winters überstand und dabei über 1000 Meilen zurücklegte, war allein Magellans persönlicher Tüchtigkeit zuzuschreiben. Er war verantwortlich dafür, den Kurs vor einer unbekannten Küste zwischen Riffen und Sandbänken hindurch zu finden. Sechs Wochen kam er nicht aus den nassen Kleidern und schlief nie mehr als zwei oder drei Stunden hintereinander; drei Wochen lang gab es keine warme Mahlzeit, weil die Stürme jedes Feuer in der Kombüse verhinderten. Die Heiterkeit und Standhaftigkeit Magellans war der Mannschaft Vorbild und brachte ihm Bewunderung ein. Nur die Kapitäne waren weniger gut auf ihn zu sprechen. *»Der Capitano wird uns alle ins Unglück stürzen«*, legt Pigafetta einem von ihnen in den Mund, *»er ist besessen von seinem Wahn nach der Meerenge!«*

Als der März zuende ging, war die Mannschaft an der Grenze des Erträglichen angelangt; weiterzusegeln, wäre Selbstmord gewesen. Doch in Patagonien einen sicheren Hafen zu finden, ist fast ein unmögliches Unterfangen. Aber am 31. März meldete der Ausguck der *Trinidad* einen Einschnitt in der Küste. So fanden sie die unwirtliche Bucht von *San Julian*, in der es aber Wasser gab und die einigermaßen geschützt war. Hier warfen sie Anker, aber anstatt Ruhe zu finden, begann wieder eine Revolte. Die nächsten Ereignisse hat Pigafetta sachlich und unparteiisch in seinem Tagebuch aufgezeichnet.

»Kaum hatten wir Anker geworfen, gab Magellan den Befehl, es sollten Unterkünfte auf dem Land errichtet werden; auch befahl er, die Tagesrationen herabzusetzen, damit die Vorräte den Winter über reichten. Die Kapitäne und die Mannschaften erhoben Einwände gegen beide Befehle, und die Unzufriedenen verlangten, nach Hause zurückzukehren. Magellan weigerte sich, über

die Angelegenheit zu diskutieren. Als einige von der Mannschaft darauf bestanden, ließ er sie festnehmen und bestrafen. Das verbitterte die Leute nur. Am 1. April, als Magellan alle zur Messe an Land befahl, erschienen die Kapitäne Cartagena, Mendoza und Queseda nicht. Kurz darauf brach eine offene Revolte aus. Cartagena war der Anführer. In der Nacht vom 1. zum 2. April ging er an Bord der ›San Antonio‹, deren Kapitän zu Magellan hielt, und zwang die Besatzung, ihn als Führer anzuerkennen. So führte Cartagena am Morgen des 2. April das Kommando über drei Schiffe,[7] *Magellan aber nur über die Trinidad und die Santiago. Mit Hilfe einer List gelang es dem Admiral indes, die Victoria in seine Hand zu bekommen. Dann spielte ihm das Schicksal in die Hand. In der Nacht schleppte die San Antonio den Anker und trieb auf das Flaggschiff zu. Es fiel kaum ein Streich, als sie genommen wurde, denn die Mannschaft hielt wieder zu Magellan. So blieb Cartagena nichts anderes übrig, als sich in aussichtsloser Lage dem Generalkapitän zu ergeben. Mendoza war bei der Rückeroberung der Victoria getötet worden, doch die anderen Aufrührer wurden in aller Eile bestraft. Der Aufstand war zuende.«*

Magellans Strafgericht ist erbarmungslos. Mendozas Leiche wird gevierteilt und zur Abschreckung an die Rahen geknüpft. Dann läßt der Generalkapitän Quesedas Diener Molino vor sich bringen. *»Du kannst wählen«*, sagt er, *»entweder schlägst du deinem Herrn den Kopf ab oder du stirbst mit ihm!«* Der Diener erbleicht und zittert. Magellan: *»Entscheide dich. Und sei nicht so schwachnervig, sonst schlägst du daneben!«* Dann treten die Besatzungen zur Exekution im Karree an; der Richtblock in der Mitte. Queseda schwankt, ein Priester muß ihn stützen, dahinter trottet Molino mit dem breiten, zweischneidigen Schwert. Eine bedrückende Szene in der Fahlheit der winterlichen Sonne.

Neben dem Richtblock steht Magellan, schaut starr am Delinquenten vorbei auf die Schar der vierzig Rebellen, die sich am Aufstand beteiligt hatten und nun in Ketten der Hinrichtung zusehen müssen. Die Trommeln hämmern, schwellen zu klopfendem Stakkato an und brechen jäh ab, als ein Offizier das Zeichen gibt. Das Schwert in Molinos Hand zuckt silbern auf, in der erstarrten Stille hört man das Knacken von Quesedas Halswirbel; der Kopf rollt in blutiger Fontäne vom Block.

Der Admiral hinkt mit schleppendem Schritt, nach seiner Gewohnheit ein wenig vorgeneigt, durch den Sand, bis er die Reihen der gefesselten Meuterer erreicht. Kein Laut ist vernehmbar. Er starrt in die bleichen, angsterfüllten Gesichter, mustert jeden, Mann für Mann. Die Gefangenen zittern. Nach einer Weile sagt Magellan: *»Ihr hättet das gleiche Schicksal verdient. Aber Spanien braucht euch. Ihr werdet von nun an und solange wir hier sind in Ketten eure*

Arbeit verrichten. Wenn wir abfahren, steht jeder wieder an seinem Posten. Und jeder künftige Widerstand kostet euer Leben!«

Magellan humpelt weiter. Ganz langsam. Schließlich bleibt er vor Cartagena stehen. Er spricht leise, aber in der Stille hört ihn jeder. *»Nun zu unserer Abrechnung, hochedler Herr.«* Cartagena starrt ihn voller Furcht an, flüstert heiser: *»Ich unterstehe allein dem Richterspruch des Königs.«* – *»Pocht nicht darauf. Was hättet umgekehrt wohl Ihr mit mir gemacht?«* – *»Ich hätte Euch nicht getötet«*, ruft Cartagena schnell. Der Generalkapitän sieht ihn an, wartet, die Sekunden verrinnen, spricht endlich langsam: *»Ich werde Euch auch nicht töten lassen. Ich will Seiner Majestät, dem König, nicht vorgreifen, Cartagena. Wenn wir weiterfahren, werde ich Euch und Euren Priester, der Euch in diesen unseligen Stunden beriet, an diesem Gestade aussetzen!«* Cartagena stöhnt auf, fällt mit klirrenden Ketten ohnmächtig zu Boden. Alle wissen, dies ist ein schlimmerer Tod als enthauptet zu werden, denn er wird in dieser unwirtlichen Gegend qualvoll sein und sich über Wochen erstrecken. Magellan wendet sich ab, hinkt einsam, gedrungen und mit hängenden Schultern zum Ufer hinunter auf sein Flaggschiff zu.

Wenn Seeleute im 15. und 16. Jahrhundert ihren Anführern die Gefolgschaft verweigerten, ist man schnell geneigt, von *Meuterei* zu reden. Aber das Wort ist unzutreffend. Nach dem Oxford Dictionary bezieht sich Meuterei nur auf die Befehlsverweigerung von Angehörigen der Streitkräfte; die Seeleute Magellans gehörten aber nicht zur Marine und unterstanden nicht den Erlassen der Admiralität, sondern den noch immer geltenden mittelalterlichen Seerechtsbestimmungen. Darin heißt es ausdrücklich, daß *»eine Schiffsbesatzung berechtigt ist, sich zu weigern, wenn ihr Leben gefährdet wird«*. Magellan gefährdete in gewisser Hinsicht tatsächlich das Leben seiner Besatzung, und die Leute waren nicht ganz im Unrecht, wenn sie ihm die Gefolgschaft verweigerten. Und dennoch: hätte er anders gehandelt, so wäre die Welt erst später umsegelt worden und sein Name wäre vergessen. Wahrscheinlich wären sie alle im antarktischen Winter zugrunde gegangen.

Denn die Ernährung war ihr Hauptproblem. Es stellte sich heraus, daß sie zu wenig Lebensmittel besaßen. Zwar waren die Gewässer reich an Fisch, auch hatten sie noch genug Fleisch, das in der Kälte nicht verdarb, doch durch die Obst- und Gemüseknappheit litt die Mannschaft bald an Vitaminmangel. Sechs Monate mußten sie in ihrer Bucht überwintern, während Winterstürme und schwere Seen über die Küste hinwegpeitschten. Im Oktober wurden die Tage allmählich länger, die Stürme ließen nach. Am 18. Oktober wurden die Verurteilten, Cartagena und der Priester ausgesetzt[8] und die Flotte stach wieder in See. Am 21. Oktober gelangten sie vor die Einfahrt einer großen Bucht. Das

Galleone des 16. Jahrhunderts.

Wasser war hellgrün, sie glaubten daher, es sei auch seicht. In der Ferne konnte man schneebedeckte Berggipfel ausmachen. Es schien nicht der richtige Ort zu sein, hier die ostwestliche Durchfahrt zu suchen, aber Magellan wollte keine Möglichkeit auslassen.

Er sandte Mesquita mit der *San Antonio* und Serrano mit der *Conception* zur Erkundigung aus, während die anderen Schiffe die Ufer der Bucht untersuchten. Ein plötzlicher Sturm trieb die *San Antonio* und die *Conception* mit aller Gewalt in die Bucht; sie waren bald hinter Felsriffen verschwunden, und Magellan hielt sie für verloren. Der Generalkapitän steuerte die übrigen Schiffe in die Bucht und ließ Anker werfen. Die Szenerie zu beiden Seiten war sehr schön; hohe, schneebedeckte Berge, am Fuße mit Bäumen besäumt, begrenzten den Horizont. Ins Logbuch wurde vermerkt: *»Im Süden der Meerenge erblikken wir nachts viele Feuer; der Generalkapitän benennt deshalb jenes Land*

›*Tierra del Fuego*‹.« Nach ein paar Tagen klarte das Wetter auf, aber die Schiffe kehrten nicht zurück. Diese Ungewißheit! Das Warten dauerte bereits eine Woche. Wo sind Serrano und Mesquito, ist ihnen etwas zugestoßen? Qualvolle Tage. Magellan hinkt hin und her, auf und ab, ruhelos, auch nachts findet er kaum Schlaf. Wenn es die Straße durch den neuen Kontinent gar nicht gibt und das Festland bis zum Südpol reichte? Dann war alles umsonst!

Aber dann, herbeigesehnt und doch unerwartet, der Ruf des Ausgucks: »*Ein Segel! Ein Segel!*« Die Besatzung kletterte in die Wanten und starrte nach Westen. Es war die *Conception*, es war eines der beiden gesuchten Schiffe, das um das Vorgebirge herumsegelte. Es hielt auf die *Trinidad* zu; was wird Serrano bringen? Was machen sie für Gesichter dort drüben? Jubeln sie? Nebliger Dunst verbirgt es, man kann die Mienen nicht sehen. Haben alle Ahnungen getrogen?

Drüben auf der *Conception* wird eine Schaluppe zu Wasser gelassen; eilig rudert man herüber, schert an das Fallreep der *Trinidad*. Mit einem Sprung ist der Offizier an Bord. Der Admiral starrt ihn an. Bleich, die Lippen beben, der Oberkörper ist vorgestreckt. »*Ich habe Eurer Exzellenz zu melden*«, sagt der Offizier, »*daß wir bis zu einem Kap vorgedrungen sind. Hinter ihm liegt offe-*

Zeichnungen Pigafettas über neuentdeckte Tierarten: A. Robbe, B. Tapir, C. Paradiesvogel, D. Pinguin, E. Fliegender Fisch, F. Guanako.

nes Meer!« Magellan will ihm danken, aber er verliert die Fassung, er stammelt, seine Stimme versagt, er weint lautlos. Die Schultern zucken, Tränen rinnen in den Bart, die Finger krampfen um die Reling, er lächelt: die Schwelle ist erreicht, über die er eintreten darf. Sie hatten die Durchfahrt gefunden.

Am nächsten Tag hielt die Armada nach Westen in die Meeresstraße – die heutige *Magellanstraße* – hinein; alle bis auf die *San Antonio,* die Magellan in der Stunde seines Triumphes verließ und nach Spanien zurückfuhr. Serrano berichtete, Mesquito habe sich in jenem Sturm sogleich von ihm getrennt, die *San Antonio* sei in einen Seitenarm eingefahren und man habe sie seither nicht wiedergesehen. Wahrscheinlich war Mesquito im Nebel davongeschlichen. Magellan erblaßte. Das sei doch nicht möglich, die *Antonio* war das größte Schiff, der beträchtlichste Teil der Vorräte lagerte in ihren Magazinen. Seine Enttäuschung war abgrundtief.

Zunächst war es nicht schwierig, die Meerenge zu durchfahren; nach einer Weile teilte sie sich aber in eine Vielzahl gewundener und von hohen Klippen gesäumter Kanäle. Bald waren die Schiffe von 1200 Meter hohen Felswänden umgeben, die sich steil aus dem Wasser erhoben und zwischen denen sich das phantastische Auf und Ab der Gezeitenströme abspielte. Die Wellen rollten sowohl vom Atlantik als auch vom Pazifik heran; unablässig gingen Graupelschauer nieder; es gab keine Strände und keine Ankerplätze, wo die Schiffe hätten anhalten können. Bei Tage gab es keine Lebenszeichen an Land, aber in der Nacht sahen sie die Dunkelheit wieder übersät mit flackernden Lagerfeuern der patagonischen Indianer. Tierra del Fuego, Feuerland! Dreihundert Meilen tasteten sich die Schiffe durch das Felsenlabyrinth und erst Mitte November erreichten sie endlich den unbekannten Ozean!

Hier, am Tor zum Pazifik, rasteten sie eine Weile und stellten fest, daß ihre Vorräte schon arg zusammengeschmolzen waren. So machten sie sich bald auf, zu den Molukken weiterzufahren, von denen Magellan glaubte, sie müßten nun bald am Horizont auftauchen. Am 28. November 1520 nahmen sie wieder Kurs nach Westen. *»Meine Herren«*, sagte Magellan zu seinen Offizieren, *»wir fahren nun in Gewässer, auf denen noch nie ein Schiff gesegelt ist. Möge dieses Meer immer so still und friedlich sein wie heute. In dieser Hoffnung nenne ich es das ›Mar Pacifico‹«.*[9] Der Pazifik blieb tatsächlich still, aber ehe Magellan ihn überquert hatte, sollte die Hälfte seiner Leute unter Qualen zugrunde gehen. Sie starben an einer Krankheit, die in den nächsten 250 Jahren mehr Opfer forderte als alle Schiffsunglücke während der gleichen Zeit zusammengenommen: Sie starben an Skorbut! Wir wissen heute, daß Skorbut eine Folge des Mangels an Vitamin C ist. Zur Zeit Magellans hielt man Skorbut für eine Infektion und ordnete ihn in die gleiche Krankheitskategorie wie Malaria, Lepra,

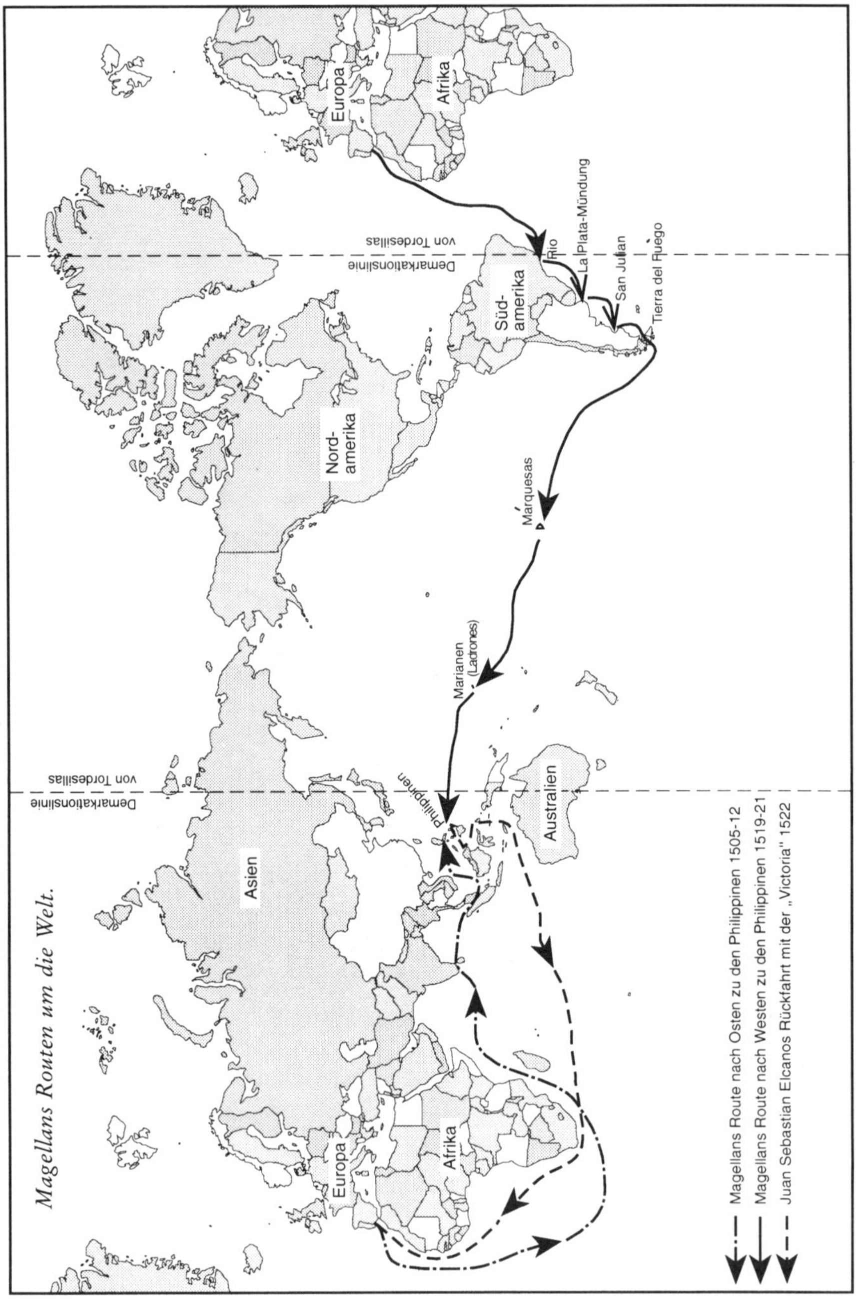
Magellans Routen um die Welt.
Europa
Afrika
Asien
Nord-
amerika
Süd-
amerika
Australien
Demarkationslinie
von Tordesillas
Rio
La Plata-Mündung
San Julian
Tierra del Fuego
Marquesas
Marianen
(Ladrones)
Philippinen
Magellans Route nach Osten zu den Philippinen 1505-12
Magellans Route nach Westen zu den Philippinen 1519-21
Juan Sebastian Elcanos Rückfahrt mit der „Victoria" 1522

Typhus und Cholera ein. Niemand kam auf den Gedanken, Skorbut könne mit dem Mangel an Frischgemüse zusammenhängen.

Anfangs kam ihnen der Pazifik wahrlich als paradiesisches Gewässer vor. Magellan hielt Kurs auf Nordwest und strebte mit Wind von achtern und günstiger Strömung von der chilenischen Küste weg. Es war Frühling, langsam wurde es wärmer, im Meer gab es reichlich Fische, und die Mannschaft spähte eifrig nach den ersehnten Molukken aus. Aber nach ein paar Wochen machte sich die Weite des Pazifiks bemerkbar, die Besatzungen wurden unruhig, denn auf dem Atlantik hatte es nie so lange gedauert, bis wieder Land auftauchte. Als sie in die Tropen kamen, verdarben die wenigen Lebensmittel, die sie noch hatten. Auch das Wasser in den Fässern verdarb und begann zu stinken, so daß man sich die Nase zuhalten mußte beim Trinken. Die Männer wurden apathisch; sie hatten schwarze Ringe um die Augen, die Glieder schmerzten ihnen und das Zahnfleisch wurde blau und schwoll an. Zu Beginn des neuen Jahres, sechs Wochen nach dem Verlassen der Magellanstraße, begannen die Leute zu sterben. Sie gingen unter Schmerzen zugrunde, die Körper waren ausgemergelt, ihr Atem stank und die Gelenke waren grotesk geschwollen. Woche für Woche fuhren die Schiffe unter einem wolkenlosen Himmel dahin, an dem nachts Sterne von unvergleichlicher Schönheit prangten. Magellan warf seine Karten fort. *»Die Herren Kartographen mögen verzeihen«*, diktierte er Pigafetta, *»aber die Molukken sind nicht dort zu finden, wo sie auf den Karten eingetragen sind.«*

Ende Februar war der letzte Bissen aufgegessen. An Bord der *Trinidad* kratzten sie die Maden aus den Fässern und machten Brei aus ihnen; aus Sägemehl, in Rattenurin eingeweicht, buken sie Fladen, die Ratten selbst waren Leckerbissen. Verhungernde Männer lagen zusammengerollt auf dem Deck, ihr Zahnfleisch war so geschwollen, daß sie nicht einmal das bißchen Wasser schlucken konnten, das noch in den Fässern war. Schwärme von Haien folgten den Schiffen und warteten auf die Toten. Verzweiflung und abgrundtiefe Trostlosigkeit hatten von allen Besitz ergriffen. Als dann Navarro, ein Schiffsjunge, am Morgen des 6. März 1521 die Wanten enterte und ausrief: *»Land! Land! Gelobt sei Gott!«*, da hat so manch einer von der Besatzung nicht einmal aufgeschaut. Dröhnend feuerten sie ihre Kanonen ab, die Flagge Kastiliens wurde gesetzt, und im heller werdenden Tageslicht erhob sich Steuerbord voraus ein Berggipfel. Sie hatten die Marianen-Inseln erreicht; Magellan hatte – mehr als 10 000 Seemeilen nach der Durchfahrt – den Pazifik überquert!

Er nahm hier Wasser und Lebensmittel an Bord, auch Yamswurzeln, Kokosnüsse und Bananen, die seine Besatzung so bitter nötig hatten. Dann – nach ein paar Tagen Rast – segelten sie zwischen einer Unzahl Inseln hindurch zu den Philippinen, wo er am 16. März 1521 landete. Er war jetzt in einer vertrauten Umgebung. Sein malaiischer Sklave *Enrique* konnte sich in seiner Muttersprache mit den Eingeborenen unterhalten. Die märchenhaften Gewürzinseln, die zu finden Magellan so weit gereist war, lagen nur wenige Tagesreisen hinter dem Horizont. Als junger Seeoffizier in portugiesischen Diensten war er mehrmals in Ostindien gewesen; sein Beinleiden stammte aus einer damals erlittenen Verwundung. Und nun stand er kurz vor dem Wiedersehen. Welch großer Triumph!

Aber Magellan sollte es nicht mehr erleben. Einen Monat nach seiner Landung wurde er in einen Streit zweier Eingeborenenhäuptlinge verwickelt. Er beschloß unnötigerweise, die Macht des weißen Mannes zu demonstrieren, landete mit einer Handvoll Matrosen und setzte ein Dorf in Brand. Er und seine Matrosen wurden von den Bambusspeeren der dreitausend Eingeborenen in Stücke gehackt. Man schrieb den 27. April 1521. »*Er beharrte, unseren Rückzug zu decken. Als er fiel und sich von den Feinden überwältigt sah, wendete er sich noch gegen uns, um zu sehen, ob wir uns hätten retten können. Und so*«, klagte Pigafetta, »*nahmen sie unserem Spiegel, unserem Licht, unserem Trost und treuen Führer das Leben!*« Ein tragischer und überflüssiger Tod des Mannes, der eine so weite Reise unter so unbeschreiblichen Strapazen und entsetzlichen Gefahren zurückgelegt hatte, um in Sichtweite seines Zieles umzukommen.

Mit Magellans Tod brach seine Armada auseinander: Er allein von den Kapitänen hatte das notwendige Wissen und die Charakterstärke besessen, um seine Schiffe zusammenzuhalten. Auf ihrer langen, mühseligen Heimreise wurden einige versenkt, andere gekapert; alle gaben sich der Seeräuberei hin. Fieber, Skorbut und kriegerische Auseinandersetzungen rafften die Besatzungen dahin. Aber ein Schiff kämpfte sich schließlich bis nach Sevilla durch. Als erstes Schiff, das die Welt umsegelte, machte am 8. September 1522 die *Victoria*, nach einer Reise von fast genau drei Jahren, geführt von *Juan Sebastián Elcano*, am Dock fest.

Magellan hatte den Karten der Welt einen neuen Ozean hinzugefügt und in der Praxis bewiesen, was vorher nur Theorie war: die Tatsache, daß die Erde eine Kugel ist! Doch der Preis war hoch. Von den 268 Mann, die mit Magellan hinaus gefahren waren, kamen achtzehn zurück. Sie erfüllten am nächsten Tag das Gelübde, das sie in höchster Not während der Reise gegeben hatten: barfuß, im Büßerhemd, eine Kerze in der Hand, so zogen sie vom Hafen durch die Stadt in die Kathedrale bis zum Schrein der Santa Maria de l'Antigua.

Nüchtern und sachlich wie immer verfaßte der treue Pigafetta einen ergreifenden Nachruf auf Magellan: »*Unter den vielen Tugenden, die ihn schmück-*

ten, war eine besonders bemerkenswert, daß er immer der Standhafteste von allen auch im größten Unglück geblieben ist. Er ertrug geduldiger den Hunger als jeder andere. Es gab keinen Mann auf der ganzen Welt, der mehr von der Wissenschaft der Karten und der Seefahrt verstand. Und daß dies wahr ist, ersieht man daraus, daß er Dinge zutage gebracht, die vor ihm niemand zu sehen oder zu entdecken gewagt hatte.«

Und Juan Sebastián Elcano, Kapitän der *Victoria* und Magellans treuester Gefolgsmann, ein stiller Mann, der erst an seiner Aufgabe, die *Victoria* zu retten, über sich hinauswuchs, formulierte seinen Bericht an den König. Kaum jemals ist eine gewaltigere Tat in schlichtere Worte gefaßt worden: *»Eure Hohe Majestät mögen wissen, daß wir angekommen sind: nur noch achtzehn Mann mit einem der fünf Schiffe, die Eure Majestät aussandte unter dem Generalkapitän Fernando de Magallhães glorreichen Angedenkens. Eure Majestät muß wissen, daß wir Kampfer, Zimmet und Perlen entdeckten. Sie werden es zu schätzen verstehen, daß wir die ganze Rundheit der Erde umfahren haben; nach Westen auslaufend, sind wir durch den Osten zurückgekehrt.«*

Die Tinte ist kaum trocken, tobt schon die Begeisterung durch Spanien. Sie greift nach Italien, Frankreich und das übrige Europa über. Gelehrte jubeln und Kaufleute entwerfen neue Spekulationen. Der Raum der Erde ward durchmessen. Die Erde ist eine Kugel!

Kaiser Karl V. (1500–1558).

22. KAPITEL

Willem Barents sucht die Nordöstliche Durchfahrt

Die holländische Erforschung der Arktis

Der Sommer des Jahres 1871 war in der Arktis ungewöhnlich mild. Im August hatte sich das Packeis weit zum Pol zurückgezogen; die Robben- und Walfänger konnten Gewässer befahren, in denen seit Generationen nicht gefischt worden war. Einer dieser Fischer, der Norweger Elling Karlsen, gelangte mit seiner Schaluppe *Solid* sogar bis *Nowaja Semlja.* Mitte August hatte er die Nordostspitze der Insel umschifft und fischte in den Gewässern der Karasee. Der Fischfang war sehr ergiebig, aber nach einer Weile wurde das Wetter schlecht, das Eis begann, das Fahrwasser zu schließen, und Karlsen mußte irgendwo Schutz suchen. Am Freitag, dem 8. September, warf er Anker in einer kleinen Bucht an der Ostküste von Novaja Semlja. Es war eine trostlose, unwirtliche Gegend, in Nebel gehüllt und voll von angeschwemmtem Eis. Karlsen hatte wenig Lust, an Land zu gehen. Als er die Unmengen von Eisschollen betrachtete, die am Strand aufgetürmt waren, erblickte er zu seiner Verwunderung etwas, das wie der Umriß eines Hauses aussah.

Am nächsten Morgen kämpften sich Karlsen und drei Mann seiner Mannschaft ans Land. Er erwartete, daß sich das Haus als Einbildung erweisen würde, aber es war wirklich und wahrhaftig da und sehr alt: vier Holzwände, das Dach eingestürzt, auf der Feuerstelle und den primitiven Kojen türmte sich der Schnee. Verwundert durchstöberten die Männer die Ruine und förderten Hausrat, Bücher, Uhren und Navigationsausrüstungsteile zutage. Es schien ihnen unglaublich, daß Menschen auf dieser unbewohnten Insel ein Haus gebaut haben sollten. *»Ich gelangte zu der Überzeugung«*, schrieb Karlsen in sein Tagebuch, *»daß hier ein Schiff gescheitert sein mußte, daß seine Besatzung aus den Wrackteilen das Haus gebaut und später mit den Booten des Schiffes weitergefahren ist.«* Karlsens Vermutung war richtig. Nur wußte er natürlich nicht, von welchem historischen Wert das Gebäude war, das er durch Zufall gefunden hatte. Denn es war das *behouden-huis* (Schutzhaus), fast dreihundert Jahre früher von *Willem Barents* erbaut, dessen Schiffsmannschaft die erste der

Geschichte war, die nachgewiesenermaßen einen arktischen Winter überlebte.

Willem Barents wurde 1550 auf der holländischen Insel Terschelling geboren. Als Seefahrer und Kartograph suchte er die *Nordöstliche Durchfahrt,* den Seeweg nach China über die Arktis, und wurde so zum ersten Pionier des Polarmeeres. 1594 gelangte er bis zur Ostküste der heute zu Rußland gehörenden Inselgruppe Nowaja Semlja, entdeckte die Bäreninsel und fand Spitzbergen wieder. 1596 erlitt er Schiffbruch, überlebte unter unsäglichen Strapazen den langen arktischen Winter, starb dann aber 1597 bei dem Versuch, bewohntes Festland zu erreichen. Zehn Monate hatten er und seine Leute in einem aus Schiffstrümmern und Treibholz gebauten Haus ausgeharrt, bevor ihn sein Schicksal ereilte. Aber ein Rest seiner Mannschaft kehrte heim.

Die Nachricht von der Entdeckung verbreitete sich nach Karlsens Rückkehr rasch. Ein paar Jahre später durchsuchte *Charles Gardiner,* ein Amateur-Entdecker mit sehr viel Geld, die Ruinen gründlich und grub weitere Überbleibsel aus. Das Wertvollste aber, was er fand, war ein Pergament-Logbuch, das von Barents selbst verfaßt war und in dem er die Geschichte seiner Unglücksfahrt auf der Suche nach einer nordöstlichen Durchfahrt nach China erzählte.

Man denkt bei holländischen Entdeckern nicht unmittelbar an die Arktis. Ihre Leistungen im Pazifik haben die Augen der Nachwelt auf sich gezogen. Die Reisen *Tasmans* bis an die Küsten Australiens, die Eroberungen Hollands in Batavia und ihr Tabak- und Gewürzmonopol waren berühmter. Doch ist der Beitrag der Holländer zur Erforschung der Arktis für das Wissen der Menschheit beachtlicher. Sie entdeckten die Bäreninsel, die Oranieninseln und Spitzbergen, gründeten den eisfreien Hafen Archangelsk, nahmen mit großer Genauigkeit fast ganz Nowaja Semlja kartographisch auf, stießen an der sibirischen Küste weiter nach Osten vor als irgend jemand sonst in den nächsten zweihundert Jahren und erprobten – wenn auch unfreiwillig – als erste eine Methode, in der Arktis zu überleben. Der größte dieser Forscher war Willem Barents.

Die kleine Insel Terschelling vor der friesischen Küste, auf der er das Licht der Welt erblickte, ist vom Meer beherrscht. Darauf ist es wahrscheinlich zurückzuführen, daß er zuerst und vor allem ein großartiger Seemann war, sind doch Inselbewohner überall auf der Welt mit dem Meer verwachsen. Wir wissen, daß er sich langsam in der nautischen Hierarchie nach oben arbeitete, vom Kammersteward über den Lotsen zum Kapitän, und sich dabei eine gründliche Kenntnis aller Zweige seines Berufs aneignete. Und im Jahr 1594 unternahm er die erste seiner berühmten drei Reisen, um eine Nordostpassage zu finden.

Ursprünglich wurde die Suche nach dieser Durchfahrt durch die *Generalstaaten*[1] unterstützt, die auf einen Handelsweg nach Osten hofften, der noch nicht von England, Portugal und Spanien beherrscht wäre. 1594 und 1595 stellten sie Schiffe, Vorräte und Mannschaften für *»je eine Entdeckungsreise entlang den Nordseiten von Mescovia und Tataria«* bereit. Aber in beiden Fällen wurden die Schiffe bei etwa 77 Grad N, 60 Grad E[2] durch das Eis aufgehalten.

Als die Schiffe ein zweites Mal nach Holland zurückkehrten, ohne die Durchfahrt gefunden zu haben, verlor das niederländische Parlament das Interesse. Barents indessen war weiterhin überzeugt, daß es die Passage gäbe. Er war nach den Erfahrungen, die er mit den beiden Reisen gemacht hatte, der Ansicht, daß die beste Route, der man folgen sollte, nicht südlich, sondern nördlich an Nowaja Semlja vorbeiführe. Die Generalstaaten hielten diesen Plan für zu gewagt, um öffentliche Mittel in diese Theorie zu investieren; doch Barents fand Unterstützung bei reichen Amsterdamer Kaufleuten, denen die Entdeckung eines kürzeren Reiseweges nach Ostasien die Finanzierung der Expedition wert war. So verließen Anfang Mai 1596 wiederum zwei Schiffe das westfriesische Wattenmeer und machten sich auf zu den trostlosen Wasserwüsten des Nordens.

Die Schiffe unterstanden dem Kommando von *Cornelis Rijp* und *Jakob van Heemskerk;* Barents war als van Heemskerks Lotse an Bord. Durch diese Rangordnung glaubten die Amsterdamer Kaufleute sicherzustellen, daß Barents Entschlossenheit, die Durchfahrt zu finden, ihre Schiffe nicht in Gefahr bringen würde. Aber sie hatten sich verrechnet. Barents war ein stärkerer und ungestümerer Charakter als van Heemskerk, und in der Praxis erwies er sich als der wahre Führer der holländischen Expedition. Und deshalb waren die Schiffe von dem Augenblick an, da sie das Wattenmeer verließen, zum Untergang verurteilt. Denn nach zwei Mißerfolgen war Barents fest entschlossen, die Durchfahrt zu erzwingen, die, wie ihm sein Instinkt mit Recht sagte, existierte. Doch die Schiffe des 16. Jahrhunderts waren nicht stark genug gebaut, um in den Gewässern des hohen Nordens den Unbilden der Natur zu widerstehen, insbesondere vermochten sie das Einfrieren im arktischen Winter nicht auszuhalten. Das war eine der Ursachen für die Tragödie.

Die Winde waren zuerst widrig, und es dauerte fast vierzehn Tage, bis sie die Friesischen Inseln hinter sich gelassen hatten; dann ging es schneller voran bis zum Polarkreis. Hier hätten sich die Schiffe um ein Haar getrennt: Rijp wollte unbedingt nach Norden segeln, während Barents überzeugt war, sie müßten nordöstlichen Kurs halten. Er hatte Recht, aber daß Rijp darauf bestand, auf den Pol zuzuhalten, führte immerhin zu zwei Entdeckungen. Am 9. Juni betraten sie die Büreninsel, und zwischen dem 19. und 30. Juni entdeckten sie Spitzbergen. Barents berichtete, wie ihre erste Entdeckung zu ihrem Namen kam:

»Als wir auf diese Insel zufuhren, früh am Morgen, sahen wir einen weißen Bären, dem wir mit dem Boot nachruderten, weil wir glaubten, wir könnten ihm ein Tau um den Hals werfen. Aber als wir näher kamen, war er so groß, daß uns der Mut verließ und wir zum Schiff zurückruderten, um mehr Leute und unsere Waffen zu holen. Dann machten wir uns wieder auf mit Musketen, Arkebusen, Hellebarden und Beilen, und Jon Cornelyssons Leute kamen auch mit, um uns zu helfen. Da wir so gut ausgerüstet waren, mit Männern und Waffen, ruderten wir mit unseren Booten zu dem Bären und kämpften mit ihm, und vier Gläser liefen aus,[3] *denn unsere Waffen konnten ihm nicht viel anhaben. Bei den Schlägen, die wir ihm versetzten, traf ein Mann ihn mit dem Beil im Rücken, daß es steckenblieb, und trotzdem schwamm der Bär damit weg. Aber wir ruderten ihm nach, und schließlich hieben wir ihm mit einem Beil den Kopf ab, woraufhin er starb. Und dann brachten wir ihn auf Jon Cornelyssons Schiff, wo wir ihm das Fell abzogen, das zwölf Fuß lang war. Als das geschehen war, aßen wir etwas von seinem Fleisch, aber das bekam uns nicht gut. Unsere Insel nannten wir von da ab ›Báreninsel‹.«* Diese wilde Schlächterei mag auf uns heute abstoßend wirken; nach den Begriffen der Zeit waren wilde Tiere aber eine ständige Bedrohung der Menschen und jede erlegte *Bestie*[4] reduzierte die Gefahr. Im folgenden Winter sollten die *wilden weißen Bären* häufig eine Quelle der Besorgnis für van Heemskerk und Barents sein.

Spitzbergen, das sie eine Woche später erreichten, machte ihnen keinen so erschreckenden Eindruck. Hier fanden sie *»viele rote Gänseeier und zwei Seepferdzähne, die jeder sechs Pfund wogen«*. Auch stellten sie erstaunt fest, daß auf den Inseln, die sie entdeckt hatten, obwohl sie am 80. Breitengrad lagen, *»Blätter und Gras wachsen und hier Tiere wie Hirsche und Rehböcke leben«*. Ihr Erstaunen ist verständlich, denn nirgends sonst auf der Welt ist in diesen Breitengraden Vegetation zu finden; Spitzbergens relativ mildes Klima ist auf den vorbeifließenden Golfstrom zurückzuführen.

Für die Weiterfahrt waren sich Rijp und van Heemskerk wiederum uneins über den Kurs. Am 1. Juli trennten sie sich: Rijp fuhr nach Norden, van Heemskerk und Barents nach Osten. Cornelysson Rijp fand seinen Weg bald durch Eis versperrt und kehrte nach Holland zurück. Aber van Heemskerk und Barents waren aus härterem Holz geschnitzt und setzten ihre Fahrt in die unbekannten Gewässer nördlich von Nowaja Semlja fort. Bei strahlendem Sonnenschein umrundeten sie am 17. Juli die Nordspitze der Insel. Aber bald danach wurden sie durch das Packeis zum Stehen gebracht. Es erstreckte sich vor ihrem Bug von Horizont zu Horizont: weiße, dünne Packeisschollen, durchzogen von schmalen Wasserstraßen; eine Barriere, deren Zerbrechlichkeit eine Täuschung war, denn ihre Stärke lag in der Tiefe.

Vier Wochen lang schlug sich Barents mit dem Eis herum, zwischen den Wasserstraßen lavierend und sich hindurchwindend und sich Meter für Meter nach Osten vorkämpfend. Aber die Durchfahrten waren trügerisch. Immer wieder fanden sie ihren Weg versperrt und mußten umkehren. Das alles ist leicht erzählt, aber man muß sich die schwerfälligen Galeonen, mit Rahbesegelung und ohne Motor, vorstellen, um die Schwierigkeiten, aber auch die seemännische Meisterleistung der Schiffsführung und die strapaziöse Knochenarbeit der Matrosen bei den Manövern im Eis zu ermessen! Bald kündigten Schneestürme und Nebel das Ende des kurzen arktischen Sommers an. Das Eis wurde dicker und begann sich nach Südwesten vorzuschieben. Am 16. August war Barents gezwungen, sich an die Küste von Nowaja Semlja zurückzuziehen. Die Ereignisse des nächsten Tages erwiesen sich als entscheidend. Am frühen Morgen des 17. August gingen zehn Mann an Land und arbeiteten sich auf den höchsten Hügel hinauf. Vom Gipfel hatten sie einen weiten Blick: Im Nordosten erstreckte sich das Eisfeld von der Küste bis zum Horizont, aber im Südosten war offenes Wasser. Am nächsten Morgen lichteten sie die Anker und hielten hoffnungsvoll auf Südosten zu.

Aber das offene Wasser war eine Falle. Nach fünfzehn Meilen gefährlichen Manövrierens wurden sie wiederum durch eine unüberwindliche Schranke zum Stehen gebracht. Mehrere Tage lang suchte Barents einen Ausweg, doch kamen sie wegen dichtem Nebel und *»einer mächtigen Strömung, die das Eis heftig gegen das Schiff drückte«*, nicht weiter. Alle Mühen waren umsonst, ihr zu leicht gebautes Schiff konnte gegen das Eis nicht ankommen. Das Wetter verschlechterte sich jetzt und sie gelangten zu der Überzeugung, daß ihnen nichts anderes übrigblieb, als die Niederlage einzugestehen und nach Holland zurückzukehren. Aber dieser Entschluß war zu spät gefaßt! In den wenigen Tagen, als sie das offene Wasser im Süden erforschten, hatte sich das Eis geschlossen; Nowaja Semlja war jetzt von der bewohnten Welt abgeriegelt. Zuerst waren sie sich gar nicht klar darüber, daß sie in der Falle saßen. Tagelang versuchten sie, sich an der Küste entlangzuarbeiten, immer wieder von Stürmen gepeitscht und von Nebel eingehüllt. Aber das Eis war zuviel für sie! Am 26. August brach ein heftiger Sturm das Packeis auf und sie liefen auf Eisschollen an der Küste auf. Vierzehn Tage lang versuchten sie, das Schiff freizuschaufeln, doch dann setzte es ein neuer Sturm nur noch fester auf Grund. Und ihr Schiff begann auseinanderzubrechen.

Gerrit de Veer, der Schiffsarzt, versuchte, die schrecklichen Tage während des Sturms im Packeis zu beschreiben: *»Bald begannen die Eisschollen*

Das auf Nowaja Semlja vom Eis eingeschlossene Schiff der Barents-Expedition.

zusammenzutreiben, sich aufeinanderzuschieben und mit größerer Wucht als zuvor gegen das Schiff zu prallen; dabei war ein stürmischer Südwestwind und ein großer Schneefall, so daß das ganze Schiff hochgehoben und eingeschlossen und zusammengedrückt wurde, woraufhin alles in ihm zu krachen begann, als wollte es in hundert Stücke zerbersten, so daß einem vor Angst die Haare zu Berge standen. Und danach wurde das Schiff von dem Eis auf beiden Seiten, das sich unter ihm vereinigte, so aufrecht hochgetrieben, als ob es mit einem Schraubstock angehoben worden wäre.«

Nun wurde ihnen klar, daß keine Hoffnung bestand, ihr Schiff wieder nach Holland zurückzubringen. Ihre einzige Überlebenschance bestand darin, an Land zu überwintern und im Frühling, wenn sie noch leben würden, die Weiterfahrt in den Booten zu unternehmen. So schleppten sie ihre Vorräte und die beiden übriggebliebenen Jollen über den eisbedeckten Strand zu einer Mulde zwischen den Hügeln, die die Küste säumten. Für den Augenblick waren sie in Sicherheit; aber als sie um sich schauten, muß ihnen die Frage gekommen sein, ob sie nicht vom Regen in die Traufe geraten sind. Denn die Nordostküste von Nowaja Semlja ist eine Wildnis ohne jede Vegetation, ständig unter Eis begraben und selbst im September bitter kalt. Vor ihnen lagen alle Schrecken eines arktischen Winters, Schrecken, die noch keine Schiffsbesatzung lebend überstanden hatte. Sie aber wollten sich wehren, solange sie noch Kraft dazu hatten. Ihre erste Aufgabe, fanden Barents und van Heemskerk, mußte es sein, ein Haus *»zum Schutz gegen die Kälte und die wilden Tiere«* zu bauen. Und während sie nach einem Platz für dieses Haus suchten, machten sie eine Entdekkung, die ihre Überlebenschancen wesentlich verbesserte: Etwa eineinhalb Meilen von ihrem Havarieort entfernt, stießen sie auf einen riesigen Stapel Treibholz, ein Gottesgeschenk an dieser unbarmherzigen Küste! Das Treibholz war wahrscheinlich durch den westlichen Polarstrom von den sibirischen Wäldern nach Novaja Semlja geschwemmt worden. Aber für die Holländer des 16. Jahrhunderts war es ein Wunder!

»Und hier in unserer Not fanden wir große Bäume, Wurzeln und alles, als ob Gott sie uns absichtlich geschickt hätte, und sie dienten nicht nur dazu, unser Haus zu bauen, sondern auch zur Feuerung den ganzen Winter über. Ohne Gottes Gnade wären wir sonst gewiß alle in der bitteren Kälte elendig zugrunde gegangen.«

Sie brauchten eine Woche, um das Treibholz zu dem Platz zu schleppen, den sie sich für ihr Haus ausgesucht hatten, und weitere fünf Wochen, um ihre berühmte Schutzhütte, das *behouden-huis,* zu bauen. Den ganzen September über widerhallte die Eiswüste vom Kreischen der Sägen und den dumpfen Schlägen von Hammer und Beil. Das Treibholz wurde zuerst in Bretter zersägt, etwa 38 cm breit, knapp 4 cm dick und etwa 2 m lang. Dann wurde das Fundament für das Haus mit einem einzigen Raum von zirka 9 x 4 m gelegt; mit drei Türen, einer Feuerstelle in der Mitte und einem aus Eisenfässern bestehenden Schornstein. Die 3,30 m hohen Wände wurden sorgfältig kalfatert und verteert. Schließlich wurde die Dachkonstruktion aufgebracht: ein Segel auf Holzplanken und abwechselnd bedeckt mit Lagen aus Sand und Schnee. Die Arbeit war qualvoll wegen der Kälte und gefährlich wegen der Polarbären, die sie immer wieder angriffen. Diese Bären waren neugierig und völlig furchtlos; ihr dicker Pelz machte sie unempfindlich gegen jede Abwehrmaßnahme, mit Ausnahme eines gut gezielten Schusses aus nächster Nähe. So ging die Arbeit nur langsam voran, und erst als Dach und Türen angebracht waren, konnten sich die Schiffbrüchigen eines ungestörten Nachtschlafs erfreuen. Am 24. Oktober war die Arbeit geschafft, die Besatzung konnte einziehen – alle außer dem Zimmermann, der am Tag davor an Kälte und Erschöpfung gestorben war. Er wurde im Strandkies beerdigt, *»dicht am Meer, denn sie konnten wegen der großen Kälte die Erde nicht mehr aufgraben«*.

Mit dem Einzug in ihr Haus wurden die Lebensumstände anfangs noch nicht viel besser. Ihre Kleidung war völlig unzureichend, ihre Kojen waren noch nicht gebaut, und der Schornstein rauchte so entsetzlich, daß sie das Feuer häufig ausgehen lassen mußten. Aber allmählich wurde es im *behouden-huis* wohnlicher. Aus Treibholz und Schiffsplanken zimmerten sie Schlafkojen und einen Windfang, der Schornstein wurde mit einer Bretterverschalung verbessert, sie schossen Bären und verwendeten die Felle als Teppiche und das Fett als Brennstoff für die Lampen. Die auf dem Wrack verbliebenen Vorräte und Treibholz wurden vom Strand heraufgeholt und vor dem Haus gestapelt. Schließlich überholten sie voller Zuversicht auf den Frühling die Planken ihrer Jollen. Dann waren sie bereit, den Gefahren der arktischen Winternacht, so gut es ging, zu begegnen.

In den letzten Oktobertagen schneite es ununterbrochen, so daß niemand das Haus verlassen konnte. Dann klarte es vorübergehend auf; am 2. November sahen sie zum letztenmal in jenem Jahr die Sonne: eine fahle, wärmelose Scheibe, die nur für ein paar Augenblicke am Horizont emporkroch, um dann unwiderruflich auf die andere Erdseite hinabzusinken. Nun, da die Sonne verschwunden war, nahm die Kälte zu. Die sachlichen Tagebuchaufzeichnungen von *Gerrit de Veer* übermitteln uns eine Botschaft, deren Eindruck die Jahrhunderte nicht mindern:

»27. November. Schönes Wetter. Heute wuschen wir unsere Hemden, aber es war so kalt, daß sie steif froren. Obwohl wir sie neben das Feuer legten, taute nur die Seite am Feuer auf, die andere blieb hart gefroren wie ein Brett. … 2. Dezember: Übles Wetter, wodurch wir gezwungen sind, im Haus zu bleiben. Wir machten Steine heiß, die wir in unsere Kojen legten, um uns die Füße zu wärmen, aber die Steine blieben nicht lange heiß. … 6. Dezember: Wiederum übles Wetter mit Ostwind und einer kaum zu ertragenden Kälte. Wir befürchteten sehr, daß, wenn die außerordentliche Kälte noch zunahm, wir alle sterben würden, denn so groß wir das Feuer auch machen, es wärmt uns nicht. … 12. Dezember: Schönes klares Wetter mit hellem Himmel und Nordwestwind, aber überaus kalt, so daß die Wände unseres Hauses innen und auch die Kojen fingerdick mit Eis bedeckt sind. Ja, und sogar die Kleider waren auf dem Rükken ganz weiß von Reif und Eis. … 27. Dezember: Im Hause war es so kalt, daß, als wir dicht am großen Feuer saßen, unsere Schienbeine zu verbrennen schienen, aber hinten waren wir trotzdem mit Reif bedeckt.«

Das »behouden-huis«, in dem Barents und seine Leute überwinterten.

Unter diesen Umständen hätten schwächere Naturen als die Holländer sich still zum Sterben hingelegt. Nichts untergräbt die Moral mehr als große Kälte! Aber in de Veers und Barents' Tagebüchern findet sich nirgends eine Andeutung von Selbstmitleid; sie berichten schlicht über die Maßnahmen, die sie ergriffen, um am Leben zu bleiben. Sie fingen Polarfüchse und fanden das Fleisch so wohlschmeckend wie Wild; die Pelze verarbeiteten sie zu Kappen und Schuhen. Sie machten sich so viel Bewegung, wie sie konnten, spielten draußen eine Art Hockey und veranstalteten drinnen Theateraufführungen. Mindestens einmal in der Woche nahmen sie ein Dampfbad in einem Weinfaß, das de Veer dafür hergerichtet hatte. Und ständig brachten sie am »behouden-huis« Verbesserungen an, experimentierten mit dem Schornstein, dichteten die Wände noch einmal, holten – wenn das Wetter es zuließ – Treibholz heran und stapelten ihre Vorräte neu.

So zog sich der Winter endlos hin. Die Kälte nahm zu, ihre Brennstoff- und Lebensmittelvorräte nahmen ab, die Wetterunbilden und die mangelhafte Ernährung zehrte allmählich an ihren Kräften. Mitte Dezember brach Skorbut aus; auch Barents wurde von dieser Krankheit erfaßt. Die Gelenke schmerzten und schwollen an. Es war so dunkel, daß sie den Tag nicht von der Nacht unterscheiden konnten. Ihre Uhr fror ein. Draußen vernahmen sie immer wieder das abgehackte, durchdringende Gebell der Polarfüchse. Unten an der Küste *»barst und krachte das Eis mit großem Getöse, das ganz schrecklich anzuhören war. ... So brachten wir mit großer Kälte, Gefahr und Drangsal das Jahr zuende und gehen in das Jahr des Herrn 1597, dessen Beginn nicht anders war als das Ende von Anno 1596«*, schrieb de Veer. *»4. Januar: Wir mußten ständig im Hause bleiben. Um zu wissen, aus welcher Richtung der Wind weht, steckten wir einen Kurzspieß aus dem Schornstein mit einem Stückchen Stoff daran. Aber wir mußten ganz schnell hinschauen: in eben dem Augenblick, in dem der Wind es faßte, fror es so steif wie ein Brett und konnte sich im Wind nicht bewegen. ... 6. Januar: Es war etwas ruhiger. Damit wir den Unrat hinausschaffen konnten, der sich angesammelt hatte, nahmen wir die mittlere Türe heraus und gruben ein großes Loch in den Schnee, der draußen wie ein Gewölbe lag. Als wir den ganzen Tag schwer gearbeitet hatten, fiel uns ein, daß es Dreikönigstag war. Da waren wir vergnügt und tranken auf das Wohl der drei Könige, machten Pfannkuchen mit Öl, und jeder Mann bekam einen weißen Zwieback in Wein eingeweicht. Das tröstete uns sehr.«*

Am 17. Januar sahen sie *»eine gewisse Röte am Himmel«*, einen Vorboten der wiederkehrenden Sonne. Ein paar Tage später konnten sie über das Eis zu ihrem Schiff hinunter klettern. Es lag tief im Wasser und brach auseinander, aber sie konnten noch etwas Holz retten und ein halbes Faß Zwieback. Dann waren sie wieder sechs Wochen lang wegen Sturm und Kälte in ihrem Haus eingesperrt. Der Schnee türmte sich so hoch, daß sie die Türen nicht mehr freischaufeln konnten; ihr einziger Ausweg war der Schornstein. Die Kojen waren nun mit einer zwei Finger dicken Eisschicht überzogen. Der Brennstoffvorrat schmolz zusammen. Die Leute begannen an den Unbilden der Witterung und an Unterernährung zu sterben. Auch Willem Barents war nun besorgniserregend geschwächt. Aber obwohl einige starben, hing die Mehrzahl verbissen am Leben. Im März ließ die Kälte nach; die Sonne kam zurück und spendete eine Spur von Wärme. Anfang April konnten sie wieder jeden Tag kurz ins Freie gehen. Zuerst waren sie jämmerlich schwach und neigten zu Schneeblindheit, aber frische Luft, Bewegung und Sonne brachten bald Besserung. Langsam kamen die Robusten unter ihnen wieder zu Kräften. Sie mußten den Brennstoffvorrat wieder auffüllen! Mit dem Schlitten kämpften sie sich zum Treibholz durch. *»Es war eine schwere Arbeit für uns, weil wir so schwach geworden waren, daß wir zweifelten, ob wir je wieder genug Kraft sammeln würden, um mehr Holz zu holen, oder ob wir alle jämmerlich erfrieren müßten.*

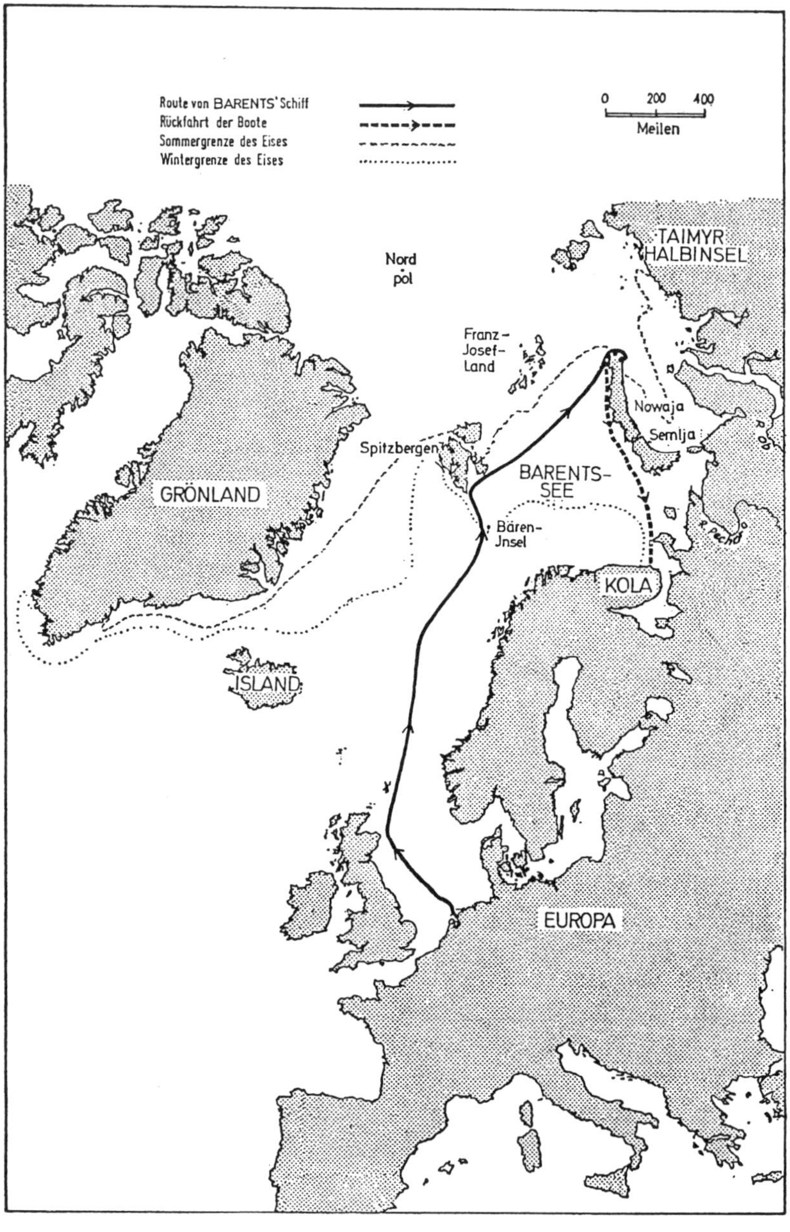

Willem Barents' Suche nach der Nordöstlichen Durchfahrt 1596/97.

Aber die Not stärkte unsere Kräfte und ließ uns mehr tun, als wir eigentlich konnten.«

Ihr Schiff war noch immer da; es lag leck im Wasser und wurde nur vom Eis gehalten. Aber es war doch eine wertvolle Holzquelle, und sie zogen die Planken an Land – teils als Brennholz, teils zur Ausbesserung der Jollen. Das ganze Frühjahr über arbeiteten sie an ihren beiden kleinen, vier Meter langen Booten mit Sprietsegel, die sie vor sechs Monaten schon sichergestellt hatten und die ihnen jetzt die einzige Überlebenschance boten. Sie waren immer noch sehr schwach, aber sie waren sich auch klar darüber, daß ihr Leben davon abhing. So schafften sie es schließlich, die Boote langsam zum Meer zu bringen. Sie hatten die Kiele verstärkt sowie die Masten und Segel ausgebessert. Dabei wurden sie immer wieder von neugierigen, aber gefährlich angriffslustigen Bären belästigt.

Ende Mai waren die Jollen bereit. Das Eis brach schnell auf, und die Leute warteten ungeduldig auf die Abreise. Barents war nun äußerst schwach. Ohne fremde Hilfe konnte er sich nicht im Bett aufsetzen; seit mehr als sechs Monaten war er nicht mehr aus dem *behouden-huis* herausgekommen. Aber er war noch immer der Expeditionsleiter; seine Leute erwarteten noch immer seinen Rat. *»Wartet«*, sagte er, *»bis das Eis vollständig aufgebrochen ist.«* Sie verschoben ihre Abfahrt um mehrere Wochen; so gerne sie das *»wilde, wüste, kalte und furchtbare Land«* verlassen wollten, so beugten sie sich doch Barents' Rat. Dann wurde im Juni das Wetter schön, nachts wurde es kaum noch dunkel. Der 13. Juni war der Tag, auf den sie so lange gewartet hatten, der Tag, an dem sie ihre Jollen beluden und *»im Namen Gottes ihre Reise begannen und von Noua Zembla absegelten«*. Vor ihrer Abfahrt schrieb Barents einen Brief, *»der aufzeigte, wie wir von Holland kamen, um nach dem Königreich China zu segeln, und was uns seitdem widerfuhr; damit, falls irgendein Mensch jemals hierherkommt, er weiß, wie es uns ergangen ist...«* Barents steckte den Brief in eine Patronentasche und hängte sie am Schornstein auf. Auch van Heemskerk schrieb zwei Briefe mit ähnlichem Inhalt und versorgte in jedem Boot einen, *»damit Kunde würde, wer wir waren und warum wir in dieser Einöde zugrunde gegangen, sollte Gott nicht wollen, daß wir die Heimat wiedersehen, aber irgend jemand in späterer Zeit unsere Überreste würde finden«*.

Zwei kleine offene Boote und vierzehn skorbutgeschwächte Männer (von denen drei im Sterben lagen) setzten Segel, um tausend Meilen durch die eisbedeckte Wasserwüste der Arktis zu segeln. Nur ein Wunder konnte sie retten! Schon drei Tage später gerieten sie in einen heftigen Weststurm; ehe sie ihre Boote an die Küste segeln konnten, waren sie zwischen großen treibenden und brechenden Eisschollen gefangen. *»Am nächsten Morgen trieb uns das Eis*

»Das ganze Schiff wurde hochgehoben ...«

fürchterlich; wir konnten unsere Boote nicht festmachen und glaubten wirklich, unsere letzte Stunde sei gekommen. Wir wurden zwischen den Schollen so zusammengedrückt, daß wir glaubten, unsere Jollen würden in hundert Stücke zerbersten.« Schließlich konnten sie sich retten, indem sie an Tauen von Scholle zu Scholle sprangen und ihre Boote hinter sich zur Küste schleppten. Aber sie verloren einen Teil ihrer Vorräte, und die Jollen wurden beschädigt.

Sie brauchten ein paar Tage, um die Boote zu reparieren; dann machten sie sich, sobald das Wetter aufklarte, wieder auf den Weg. Sie mußten Barents in eines der Boote helfen. Nach einiger Zeit ließ sich Barents von zwei Leuten aufrichten. Er bat den Schiffsarzt, ihm etwas zu trinken zu geben. *»Aber kaum hatte er getrunken, verdrehte er die Augen und starb.«* Obwohl Barents sehr krank war, hatte niemand mit diesem plötzlichen Tode gerechnet. Er starb, wie er gelebt hatte: bescheiden und ohne Klage. Seine Schiffsbesatzung war untröstlich: *»Er war unser Führer und Steuermann, der Mann, dem wir nächst Gott vertrauten.«*

Der stille und zurückhaltende van Heemskerk übernahm nun Barents' Führerrolle. Er war offensichtlich ein charaktervoller und fähiger Mann, denn nach Barents' Tod gelang es ihm, seine Schiffsmannschaft zusammenzuhalten und den Leuten Mut einzuflößen. Und er brachte sie nach einer überaus strapaziösen Seereise heil an Land und in die Heimat zurück! Doch bis dahin hatten sie noch vielerlei Gefahren zu überstehen. Immer wieder wurden ihre winzigen Boote vom Eis eingeschlossen, zweimal mußten sie sie mehrere hundert Meter über feste Schollen schleppen. Immer wieder wurden sie vom Sturm gepeitscht; mehr als einmal kenterten sie; das Eis brach unter ihren Füßen; sie wurden von wilden Bären und Walrossen angegriffen; sie hatten nichts mehr zu essen und ernährten sich von Seevögeln, die sie schossen, und von Vogeleiern, die sie an sumpfigen Ufern fanden. Aber die Überlebenden kämpften sich verbissen vorwärts: manchmal segelnd, manchmal rudernd, manchmal die Boote mühselig über das Eis schleppend. Sie gaben nicht auf! Glücklicherweise gab es keine Nacht im arktischen Sommer, die Sonne wärmte, wenn sie schien, und die Stürme währten nicht so unendlich wie im Winter. Und Ende Juni erreichten sie die Mündung der Petschora, wo sie etwas sahen, was sie seit über einem Jahr nicht mehr gesehen hatten: einen anderen Menschen! Ihre Freude war unbeschreiblich. Denn selten, wenn überhaupt in der Geschichte der Entdekkungsreisen, haben Menschen so lange gegen den Tod gekämpft und dann doch den Weg zurück zur bewohnten Welt gefunden. Und zwei Monate später waren sie wieder in Amsterdam, *»wo die Menschen verwundert waren, uns zu sehen, denn sie hatten geglaubt, wir seien längst tot und verfault«*, schrieb der Schiffsarzt Gerrit de Veer.

Zur selben Zeit, als van Heemskerk ohne Schiff und ohne Reichtümer, aber dankbar, das nackte Leben gerettet zu haben, heimkehrte, traf auch die erste holländische Flotte aus Ostindien im Triumph und beladen mit den Schätzen des Orients ein. Die Holländer wandten ihre Aufmerksamkeit und Energie dem Süden und den *»goldenen Inseln des Pazifiks«* zu; ihr Beitrag zur Entschleierung der Geheimnisse der Südsee war in den nächsten hundert Jahren nicht geringer als der von anderen Nationen. Das Nordmeer wurde zu einem vergessenen Gewässer. Die Holländer hatten in der Arktis zu viel erlitten, und ihr Traum, die Nordöstliche Durchfahrt nach China zu finden, wurde begraben. Und doch war die Nordöstliche Durchfahrt kein Hirngespinst. 282 Jahre später, 1878, wurde die für die Entwicklung Sibiriens wesentliche Passage vom Schweden *Adolf Erik Nordenskjöld* entdeckt, der mit seinem Schiff *Vega* auf der Polroute von Göteborg nach Jokohama segelte. Heute wird das ewige Eis der Polarmeere von den atomgetriebenen Unterseebooten problemlos unterfahren. Sie unterqueren dabei auch das Gewässer westlich von Nowaja Semlja, das zu Ehren des ersten Pioniers des Polarmeeres *Barentssee* genannt wird.

Nach der Überwinterung treffen die Männer Vorbereitungen zur Weiterreise.

23. KAPITEL

Zarenadler über Alaska

Vitus Berings Entdeckungsfahrten und Tod im nördlichen Pazifik

Als der selige Zar Peter der Große sich im Jahre 1716 in Frankreich aufhielt, bat ihn die französische Akademie der Wissenschaften, zu erlauben, daß ein Teil ihrer Mitglieder Rußland und Sibirien bereise, um den Abstand zwischen Ostasien und Amerika zu erkunden. Daraus könnte man dann vielleicht auf die Abstammung der amerikanischen Urbevölkerung schließen. Außerdem interessierte man sich für die angrenzenden, bis dato noch ganz unbekannten Länder und Küsten, welche die früheren Karten als ›terra incognita‹ bezeichneten. Der große und weise Zar schlug die Bitte der Franzosen ab, versprach ihnen jedoch, daß er selbst solche Untersuchungen in die Wege leiten und ihnen dann die Ergebnisse übermitteln wolle. Indessen war der Monarch damals in ernste Kriege verwickelt, die Expedition geriet aber keineswegs in Vergessenheit. Erst 1725 wurde der damalige Kapitänleutnant Bering mit einer solchen Untersuchung beauftragt; man gab ihm zwei Leutnants und sechzig Mann nach Kamtschatka mit.«

Diese Sätze stammen vom Schweden *Sven Waxell*, Berings erstem Offizier und Stellvertreter auf der zweiten Expedition. Waxell ist der einzige Berichterstatter, der die zweite Expedition vom ersten bis zum letzten Tage als Leutnant mitgemacht hat. Aber die Rede ist hier von Berings erster Expedition. Die Teilnehmer starteten 1725 in Petersburg, nahmen ihren Weg durch Rußland und Sibirien und kamen schließlich 1727 in Kamtschatka an. Dort bauten sie ein ziemlich großes Boot mit Deck, *»zirka 60 Fuß breit über dem Steven«*, und führten ihre erste Erkundungsfahrt 1728/29 durch. Sie segelten von Petropawlowsk auf Kamtschatka auf zirka 53° N, 160° W in nordöstlicher Richtung bis zur östlichen Spitze Asiens auf zirka 66° 30′ N, 170° W. Schon 80 Jahre vorher, 1648, war der russische Seefahrer Deschnjow so weit nach Norden vorgestossen und hatte behauptet, daß es keine Landverbindung nach Amerika gäbe. Bering konnte diese Beobachtung nun bestätigen; die schmalste Stelle zwischen den beiden Kontinenten heißt seither *Beringstraße* und das asiatische Ostkap *Kap Deschnjow*. Aber das war auch alles, was man an Erkenntnissen mitbrachte, denn die kleine Expedition hatte zu wenig Proviant und andere lebensnotwendige Dinge mitgenommen und man mußte umkehren. Weil dieser ersten Expedition keine überragende Bedeutung zukam, beschloß man, 1733 eine zweite auszusenden.

Das heutige Rußlandbild stellt sich »im Westen« häufig sehr zwiespältig dar und ist durch die Ereignisse des 20. Jahrhunderts geprägt: die Revolution von 1917 und die spätere Stalinherrschaft, der vierzig Jahre währende Kalte Krieg, der Zusammenbruch der Sowjetunion im Gefolge der Perestoika und die Wiedergewinnung von Unabhängigkeit der zur UdSSR gehörenden Staaten. Früher war das ganz anders. Rußland faszinierte die Menschen des 17. und 18. Jahrhunderts. Viele Europäer mochten im großen Rußland das Land der unbegrenzten Möglichkeiten sehen. Pioniere von überall her fanden sich dort ein. So auch *Vitus Bering.*

Der Däne wurde 1681 geboren, ging jung zur See, fuhr nach Indien und machte 1703 die Bekanntschaft des Schöpfers der russischen Flotte, des in Stavanger geborenen russischen Vizeadmirals *Cornelius Cruys.* Er trat als Leutnant in die russische Flotte ein, kämpfte im Nordischen Krieg gegen die Schweden und wurde 1710 zum Kapitänleutnant befördert. Als Peter der Große den tüchtigen Seeoffizier 1725 mit der ersten Kamtschatkaexpedition beauftragte, hatte man noch keine Ahnung von der wahren Größe Rußlands und den fernen Gegenden. *»In den nördlichsten Ländern war bei den Erdbeschreibern nichts als Dunkelheit. Alles war Tatarei!«*, schrieb der Botaniker

Vitus Bering (1680–1741)

Zar Peter der Große, 1672–1725, erteilte Bering den Auftrag zur Kamtschatka-Expedition. (Kupferstich, Amsterdam, 1725.)

und Chemiker Dr. *George Gmelin,* der Bering auf dieser zweiten Reise begleiten sollte.

Es war das Zeitalter der Aufklärung, und Peter der Große sein überzeugter Anhänger. Der Aufklärung lag die Grundüberzeugung zugrunde, daß die menschliche Vernunft die einzige und letzte Instanz sei, die über Wahrheit und Irrtum zu entscheiden hatte. Mit ihren Hauptforderungen nach Freiheit der Meinungsäußerung und Überprüfbarkeit von Wissenschaft und Forschung war dieser Erkenntnisprozeß vor allem naturwissenschaftlich orientiert. *»Messen, was meßbar ist, wägen, was wägbar ist, glauben, was bewiesen ist.«* Mathematik, Astronomie, Physik, Chemie, Botanik und Medizin machten große Fortschritte, die Autoritäten von Staat und Konfessionen gerieten in Bedrängnis. Die ersten Zeitungen entstehen, die Pädagogie wird entdeckt, der Absolutismus in Frage gestellt. Große Umwälzungen kündigen sich an, die in die französische Revolution einmünden sollten.

Auch die russischen Anstrengungen, Sibirien und den Nordpazifik zu erkunden, müssen unter diesen Gesichtspunkten gesehen werden. Entsprechend waren die Teilnehmer zusammengesetzt. Neben dem schon erwähnten G. Gmelin gehörten der Expedition an: der Historiker *Müller*, Mitglied der englischen Akademie der Wissenschaften, der französische Professor für Astronomie *de la Croyère*, ein weiterer Historiker namens *Johann Eberhard Fischer* sowie der deutsche Botaniker *G. W. Steller* aus Leipzig. Allerdings machte nur Steller Berings Seereise mit, die anderen blieben auf dem Festland und erforschten Kamtschatka. Die zweite Beringsche Expedition hatte die Aufgabe, die Weite Sibiriens zu vermessen, um zu einer realistischen Kenntnis der Ausdehnung Rußlands zu kommen. Ferner sollte die Nordostpassage, also die Seeverbindung von Nordeuropa nach Asien gesucht werden sowie der Weg von Kamtschatka nach Japan, wobei Japans genaue geographische Lage festgestellt werden sollte. Schließlich sei der nördliche Pazifik in seiner Ausdehnung nach Osten, nach Amerika zu erforschen. So war Berings Reise zuerst eine Landexpedition zur Erforschung Sibiriens. Aber wegen der Mühseligkeit des Reisens zu damaliger Zeit soll ihr Verlauf hier kurz beschrieben sein.

Fünfhundert Matrosen und Offiziere unter Berings Befehl traten Anfang 1733 mit ein paar hundert Schlitten die Reise an. Schon einige Wochen vor der Abreise in St. Petersburg war ein Offizier, Kapitänleutnant *Spangenberg*, mit einigen Mann vorausgeschickt worden, um Unterstützung für die Hauptmacht zu organisieren. Erste Station war die Stadt Twer[1] an der Wolga, die man nach etlichen Tagen erreichte. Hier requirierte man eine Reihe von Schiffen und setzte im April, als es offenes Wasser gab, die Reise flußabwärts bis Kasan fort. Dann bereitete man sich darauf vor, den Kama-Fluß hinaufzusegeln; darüber verging der ganze Sommer. Als es Herbst wurde, war die kleine Stadt Ossa erreicht. Von hier ab ging es bei erster Gelegenheit per Schlitten weiter. So erreichte man um Neujahr 1734 Tobolsk,[2] wo man Quartier bezog, um den Eisgang und offenes Wasser abzuwarten.

In Tobolsk wurde das Kommando mit zirka 200 Soldaten und 1500 Deportierten verstärkt; eine arbeitsreiche und anstrengende Strecke stand vor ihnen, und man hat offensichtlich von vornherein damit gerechnet, daß nicht jeder die Strapazen überleben würde. Menschen und Material wurden auf zwölf großen Schiffen untergebracht, die Fahrt ging auf den Flüssen Irtysch, Ob und Keet nach dem Flecken Makowskoi, wo man im Juni 1734 ankam. Hier mußte man die Schiffe zurücklassen und die umfangreiche Ausrüstung 15 deutsche Meilen[3] über Land nach Jenisseisk[4] transportieren. Sie konnten in dem menschenleeren Land nur wenige Fuhrwerke auftreiben und mußten den Weg mit denselben Wagen mehrmals fahren, was viel Zeit kostete. Darum ging es schon nach acht Tagen Ausruhzeit auf dem Jenissei, dann dem Tunguska- und Ilim-Fluß weiter. Schon wieder war es Spätherbst geworden. Man besorgte Schlitten und Pferde, um nach dem ersten Schneefall wieder aufzubrechen. In kleinen Gruppen reisten sie über Land nach Ustkut an der Lena, gut 20 deutsche Meilen entfernt. Im Dezember waren alle glücklich dort angekommen. Hier mußten sie ihre Schiffe selber bauen; aber die Deportierten desertierten haufenweise. Wer gefangen wurde, kam an den Galgen. Bering ließ alle zwanzig Werst[5] Galgen errichten, was seine Wirkung tat, es liefen nur noch wenige fort. Als sie ihre Schiffe endlich beladen konnten, verließen sie Ustkut im Juni 1735 und waren vier Wochen später in Jakutsk versammelt. Die Lena fließt von hier nach Norden. Bering nahm nun ein weiteres Hauptziel der Expedition in Angriff, die Erkundung, ob man vom nördlichen Eismeer in den Stillen Ozean gelangen könne.

Man rüstete zwei Schiffe aus, bemannte sie und gab den leitenden Offizieren die Order, die Lena stromabwärts bis ins nördliche Eismeer zu segeln. Das eine sollte dann nach Westen segeln, um den Weg um Novaja Semlja herum nach Archangelsk und Murmansk zu suchen, während das andere sich nach Osten wenden sollte, um durch die (spätere) Beringstraße zur Westseite Kamtschatkas zu gelangen. Beide Schiffe verfehlten ihr Ziel. Das Schiff mit Westkurs segelte bis zum 76. Breitengrad, kam aber wegen des Eises nicht weiter. In Sichtweite eines nördlich liegenden Landes wurde das Schiff von den Eismassen erdrückt und die Besatzung mußte zu Fuß den Rückweg antreten. Sie überlebten zwei Polarwinter; viele Teilnehmer, auch Leutnant *Wasili Prontshishejef*, der Kommandant, starben an Skorbut oder erfroren.

Der Besatzung des anderen Schiffes, das nach Osten fahren sollte, erging es nicht besser. Der zu früh einsetzende Frost zwang die Besatzung, sich einen Überwinterungsplatz zu suchen. Sie bogen zu diesem Zweck in einen kleinen Nebenfluß ein, unweit der Lena-Mündung. Im Laufe des Winters erkrankten sie so schwer an Skorbut, daß der kommandierende Leutnant *Peter Lassenius* hinterher melden mußte, von seinem Kommando seien nur noch drei oder vier übriggeblieben; alle anderen waren gestorben. Das Schiff wurde noch zweimal mit jeweils neuer Besatzung losgeschickt, aber immer ohne Erfolg. Nur größte Entbehrungen, Frost, Hunger und Tod waren die Resultate. So glaubte man, den Beweis erbracht zu haben, daß im Nordmeer keine Durchfahrt von Europa nach Asien existiert. Erst 1810 entdeckte der Schwede *Nordenskjöld* mit einem Stahlschiff die Nordostpassage.

Die Hauptgruppe der Beringschen Expedition in Jakutsk organisierte in diesem Sommer den Material- und Proviantransport in das 130 deutsche Meilen entfernte Ochotsk, das *»auf 59°30′ N am Ochotskischen Meer«*[6] liegt. Das schon erwähnte Vorauskommando unter Kapitänleutnant Spangenberg hatte dort mit dem Schiffbau für die »japanische Expedition« begonnen. Ochotsk mußte vom fast 1000 km entfernten Jakutsk versorgt werden; der Ort war eine arge Wildnis und nur von *»unwissenden Tungusen und Lamuten«* besiedelt. Aber es lag am Meer, auch gab es genug Holz für den Schiffbau, was die Entscheidung rechtfertigte. Die starken Gezeiten würden ihnen helfen, die Schiffe später zu Wasser zu lassen. Sie bauten kasernenartige Unterkünfte für die Mannschaften und einige Baracken für die Offiziere und Wissenschaftler. Doch nur im Frühjahr konnte genug Nahrung beschafft werden. Dann ziehen Millionen Fische flußaufwärts zum Laichen und man kann gute Fänge machen. Die Fische wurden gesalzen oder an der Luft getrocknet. Waxell berichtet: *»Da ist zunächst ein Lachs, der ›Nerka‹ heißt. Er ist fett, hat rötliches Fleisch und schmeckt besonders gut. Weiter ist da der ›Keta‹. Sein Fleisch ist weißlich, aber nicht so fest und schmackhaft wie beim Nerka. Eine dritte Art nennt man ›Malma‹. Sie ist kleiner und im Fleisch weicher als die beiden anderen; wenn die Einheimischen Nerka und Keta haben, essen sie keinen Malma! Wenn unsere Leute mehrere Tage von den Fischen gegessen haben, bekamen sie starke Verstopfung, einige wurden krank. Die Einwohner aber wurden nicht krank, weil sie kaum andere Nahrung kennen.«*

Der Weg von Jakutsk nach Ochotsk führte durch ödes Gebiet, im Sommer gab es kaum Heu für 10 Pferde, und sie schafften soviel Material wie möglich dorthin. Sie hatten in Jakutsk eine Teerbrennerei sowie eine Reeperbahn errichtet, um später genügend Tauwerk und Kalfaterwerg zu haben. Den Hanf dazu bekamen sie aus der ländlichen Umgebung. Im Winter 1736 wurden weitere Mannschaften unter Kapitänleutnant *Tschirikof* nach Ochotsk verlegt, die zwei Schiffe für Berings Alaskaexpedition bauen sollten. Sie kamen *»zu Fuß auf sogenannten ›lyshi‹*[7] *über die Route Judomskoje–Krest nach Ochotsk. Lyshi sind lange, dünne Bretter, die man unter den Sohlen festbindet, um nicht im Schnee zu versinken«*. Auch Rentiere wurden als Lasttiere eingesetzt. Auf der ganzen Strecke wurden heizbare Magazine zur Rast von Mensch und Tier errichtet. In der eisfreien Jahreszeit benutzte man auch den reißenden Urak-Fluß, der aber wegen seiner Stromschnellen nur mit kleinen Booten befahren werden konnte, aber den Männern trotzdem die harte Arbeit erleichterte. Für die Transportmannschaft war das alles beschwerlich genug, denn sie mußten den Weg – wie Pferde vor die Schlitten gespannt – fünfzehnmal (!) zurücklegen. Die starke Kälte und die harte Arbeit setzte den Leuten sehr zu. Im Frühjahr wurden noch 100 Pferde mit 200 Pfund Proviant pro Pferd nach Ochotsk geschickt. Endlich konnte man den Stützpunkt Jakutsk aufgeben; Ende 1737 traf auch Bering und der Rest des Kommandos in Ochotsk ein.

Spangenberg hatte fast zur selben Zeit seine drei Schiffe fertiggestellt, aber wegen des Wintereinbruchs wurde seine Abreise auf das Frühjahr verschoben. Inzwischen baute man mit vereinten Kräften an den beiden Booten mit 80 Fuß

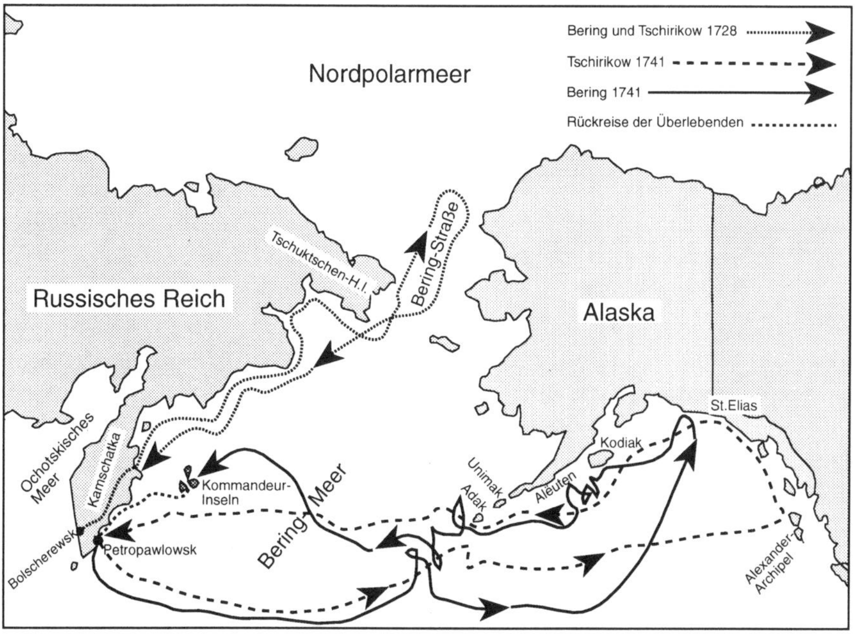

Die Reisen Berings 1728 ins Nordpolarmeer und 1741–42 nach Alaska.

Kiellänge für die Alaska-Erkundung weiter. Erst Mitte Juni 1738, wegen Treibeis aufgehalten, ging Kapitänleutnant Spangenberg mit seinen drei Schiffen *Erzengel Michael, Hoffnung* und *Gabriel* von Ochotsk ab. Sie liefen Bolscherezk auf Kamtschatka an und errichteten dort ihre spätere Überwinterungsstation. Nach kurzem Aufenthalt segelten sie südwärts zu den Kurilen weiter und erkundeten die Fahrwasser zwischen den Inseln. Dann mußten sie nach Kamtschatka zurück, um zu überwintern. Im Mai 1739 liefen sie wieder aus. Zwischen den Kurilen gerieten sie in so dichten Nebel, daß sie die *Hoffnung* unter *Leutnant Walton* aus den Augen verloren und erst später in Ochotsk wiedertrafen. Aber beide, Spangenberg und Walton, segelten nach Japan und hatten friedlichen Kontakt mit der Bevölkerung. Sie konnten die geographische Lage Japans ziemlich exakt feststellen und berichteten interessante Dinge über die den Russen fremden Sitten und Gebräuche der Japaner.

Am 22. Juni 1738 ging Spangenberg in einer Bucht vor der Insel Hondo vor Anker. *»Hier legten zwei Fischerboote bei uns an. Die Fischer kamen mit frischem Fisch, Reis, großen Tabakblättern, gesalzenen Gurken und verschiedenen Kleinigkeiten an Bord. Sie traten sehr bescheiden und äußerst höflich auf. Sie* *wollten nicht verkaufen, sondern mit den Matrosen gegen alle möglichen Dinge tauschen. Sie tauschen auch viereckige japanische Golddukaten gegen russische Münzen; am liebsten wollten sie Kleider oder Bettzeug, sonst interessierte sie nicht viel. ... Die meisten Japaner sind klein, richtig große Burschen trifft man selten. Die Hautfarbe ist bräunlich, die Augen schwarz. Sie haben kräftiges schwarzes Haar, das zur Hälfte abgeschnitten ist, der Rest wird glatt nach hinten gekämmt. Niemand trug Hosen, sie tragen eine schlafrockähnliche Tracht mit weiten Ärmeln und einem Band um den Leib.«*

Bevor Spangenberg wieder abreiste, erhielt er Besuch von vier vornehmen Männern. Sie verharrten vor dem russischen Offizier in geneigter Haltung, bis dieser sie bat, sich aufzurichten. Der Kapitänleutnant zeigte ihnen eine Seekarte mit den umliegenden Gewässern und sie erkannten darauf ihr Land und nannten es *Nippon;* sie nannten auch die Namen der einzelnen Inseln. Man gab ihnen zu essen und traktierte sie mit Branntwein, den sie sich nicht schlecht schmecken ließen. Auf der Rückreise erforschte Spangenberg noch die Inselgruppe der Kurilen und fertigte die erste genaue Seekarte mit Wassertiefen und Strömungen dieses Gebietes. Wegen einer nicht näher genannten Krankheit *»infolge der dort herrschenden ungesunden Luft«* starben mehrere seiner Leute und er machte sich auf den Heimweg. Am 29. August traf er wieder in Ochotsk ein. Am 21. August war bereits Walton – ebenfalls mit vielen Informationen, Erkenntnissen und Beweisen – wohlbehalten zurückgekehrt.

Es ist für uns heute kaum nachfühlbar, unter welchen Umständen vor 250 Jahren ein derartiges Unternehmen überhaupt zustande kommen konnte. Man war buchstäblich auf sich allein gestellt, jeder Schlitten, die Schiffe mit Segel, Anker und Tauen mußten selbst hergestellt werden, Proviant war zu beschaffen, nur die Menschen dazu stellte die Staatsmacht in genügender Anzahl zur Verfügung. Auch Zeit spielte keine Rolle; es war nun schon sechs Jahre her, seit sie in St. Petersburg aufgebrochen waren. Die *japanische Expedition* hatte die Proviantvorräte stark reduziert, so daß im Sommer 1739 kaum zwanzig Mann den Schiffsbau für die *amerikanische Expedition,* wie das noch ausstehende Hauptunternehmen offiziell genannt wurde, weiterführen konnten. Bering mußte nämlich jeden entbehrlichen Mann zu Proviantransporten nach Jakutsk entsenden.

So verging ein ganzes Jahr ohne greifbare Ergebnisse, man arbeitete aber so gut es ging an den Schiffen weiter. Erst 1740 waren die Magazine wieder gut gefüllt und sie konnten 80 Zimmerleute, dazu noch Schmiede, Blockdreher, Segelmacher, Kalfaterer usw. für den Schiffsbau beiziehen. Aber die ganze Zeit wurden die Lebensmittel-Transporte mit kleineren Gruppen aufrechterhalten, um genug Vorräte für die Schiffsexpedition zu haben. Endlich waren die Schiffe fertiggestellt, ausgerüstet und mit Proviant versorgt. Am 8. September 1740 legte man unter Fregattenkapitän Berings Befehl in Ochotsk ab und nahm Kurs auf Kamtschatka nach Bolscherezk, das sie am 20. September erreichten. Wir wissen nicht viel über Art und Bauweise der beiden Segelschiffe; es gibt keine Abbildung und in Waxells Augenzeugenbericht kommen nur wenige sich darauf beziehende Passagen vor. Sie hatten ungefähr die folgenden Abmessungen: Länge 30 Meter über Deck, Breite etwa 5,50 Meter, der Hauptmast trug Rahsegel, während der Achtermast mit einem *Gaffelsegel*[8] ausgerüstet war. Bering und Waxell befanden sich auf der *St. Peter,* während das andere Schiff, die *St. Paul*, von Tschirikof befehligt wurde. Sie konnten sich wegen fortgeschrittener Jahreszeit nicht lange aufhalten und gingen schon nach zwei Tagen auf Südkurs der Küste Kamtschatkas entlang.

Sie gerieten auch gleich in einen fürchterlichen Sturm, der durch die starken Gezeiten in den flachen Gewässern Kamtschatkas noch verstärkt wurde. Das Wasser unter ihnen war oft nur 10 Faden[9] tief und in den Wellentälern hatten sie noch 3 Faden über Grund. *»Ich war vierundzwanzig Jahre auf See, doch nie zuvor in solcher Gefahr«*, schrieb Waxell in sein Tagebuch. Nachdem sie die Südspitze Kamtschatkas gerundet hatten, ging es auf pazifischer Seite wieder nordwärts zur Avatschabucht, die Bering schon vorher als Winterhafen bestimmt hatte. Am 6. Oktober gelangten sie dort wohlbehalten an. Da sie annahmen, daß ihre beiden Schiffe als erste Schiffe überhaupt den Naturhafen benutzten, nannten sie den Ort von nun an *Petropawlosk.*

Für Untertanen des russischen Zaren war St. Petersburg die Mitte der Welt; hier lag der russische Nullmeridian. Entsprechend notierte Waxell: *»Der Hafen liegt am 53. Grad nördlicher Breite und 127 Grad 45 Min. östlicher Länge von St. Petersburg. Die Einfahrt ist 400 Faden breit, man findet Tiefen von 8 bis 11 Faden; dort ist Sandgrund und das Segeln ungefährlich. Der Hafen liegt geschützt, daß kaum Wellengang entsteht; das Hochwasser bei Neu- und Voll-*

Gaffelsegel.

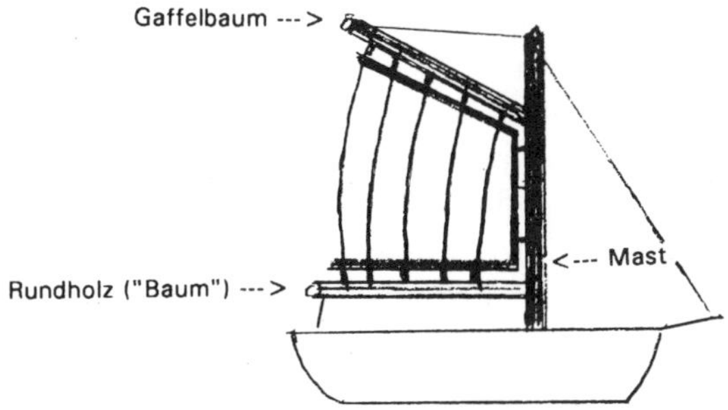

mond läßt das Wasser um 8 bis 9 Fuß steigen. Es hat Platz für etwa zwanzig Schiffe. Schon im Mai kann man wieder ins Meer ausfahren; die Vereisung macht keine größeren Schwierigkeiten. Kurz und gut: es ist der beste Hafen den ich kenne.« Sie takelten ihre Schiffe ab und erbauten ein Magazin an Land.

Es wurde beschlossen, daß das Kommando den Winter über vor allem von Fisch, Rentierfleisch und der halben Brotration leben sollte. Die Einheimischen empfingen sie zuerst feindselig, besonders da die Fremden sie zu ungewohntem Transportdienst heranzogen. In Bolscherezk hatten sie große Mengen Proviant zurückgelassen, die herbeigeschafft werden sollten. Aus der weiteren Umgebung wurden alle Hunde requiriert, um als Schlittenhunde die kamtschatkische Halbinsel zu durchqueren. Die Eingeborenen bekamen für jede Fahrt reichliche Bezahlung. Als sie begriffen hatten, daß »die Russen« ihnen nicht an den Kragen wollten und sich an die Reisen gewöhnt hatten, machten sie keine Schwierigkeiten mehr. Darüber verging der Winter; die beiden Expeditionsschiffe nahmen soviel Korn und Roggenmehl an Bord, als nur unterzubringen war. Ein Rest wurde im Hafenmagazin von Petropawlowsk zurückgelassen.

Den ganzen Winter über wurde auch über den Kurs beraten, den die Expeditionsschiffe im Frühjahr einschlagen sollten. Die Offiziere einigten sich zunächst auf einen Kurs *»Ost Ost bei Nord«*, der – wie sich später herausstellte – der richtige gewesen wäre. Doch laut Vorschrift mußten auch die zivilen Wissenschaftler hierzu befragt werden. Der französische Astronomieprofessor *de la Croyère* brachte dazu eine Karte mit, auf der ein *»Land Juan da Gamas«* in Ostsüdost auf den 47. bis 45. Breitengraden eingezeichnet war. Die Welt war damals noch nicht vollständig erforscht; es existierten viele Karten und Unterlagen, die auf Phantastereien und Prahlereien geltungsbedürftiger Scharlatane beruhten. So stellte schon vor der eigentlichen Abreise ein gutgläubiger Irrtum die Weichen für den tragischen Verlauf der Expedition, den nur die Hälfte der Teilnehmer überleben sollte. Aufgrund dieser Karte beschlossen sie, das betreffende Land anzulaufen. *»Alle billigten diesen Kurs und unterzeichneten diesen Beschluß.«*

Am 4. Juni 1741 gingen sie bei günstigem Wind von Petropawlowsk unter Segel. Sie segelten auf ESE-Kurs bis zum 45. Breitengrad und stellten fest, daß es das Land Juan da Gamas nicht gab. Nun korrigierten sie den Kurs auf NE, aber sie hatten über 900 Seemeilen in die falsche Richtung zurückgelegt und Bering wußte bereits, daß sie ihren Zeitplan, vor Wintereinbruch, also bis Ende September nach Petropawlowsk zurückzukehren, nur mit viel Glück würden einhalten können. Aber nicht genug: mitten in dieser Enttäuschung verloren sich die beiden Schiffe in Sturm und Nebel aus den Augen. Drei Tage suchten sie nach *Tschirikow*, doch vergebens, die *St. Paul* blieb verschwunden.

Tschirikof segelte zuerst nach Osten, später Nordosten, nachdem auch er nach dem Schwesterschiff vergeblich gesucht hatte. Nach drei Wochen sichteten sie Land, das Alexander-Archipel Alaskas. Sie gingen vor Anker; weil das Trinkwasser zur Neige ging, beschloß Tschirikof, ein Boot an Land zu entsenden. Ein Offizier und zehn Matrosen, mit Gewehren und einer kleinen Kanone sowie Proviant für ein paar Tage, verließ das Schiff und ruderte an Land. Etwas später bemerkte man an Bord die Signalfeuer und wähnte alles in Ordnung. Als nach drei Tagen das Boot nicht zurückgekehrt war, obwohl man die ganze Zeit die Signalfeuer brennen sah, ging ein zweites Kommando mit einem Schiffszimmermann und Reparaturmitteln an Land, denn man vermutete, daß das erste Boot an den Klippen Schaden genommen habe. Sie hatten Befehl, das erste Boot zu suchen und wenn nötig Hilfe zu leisten; dann sollten beide Boote unverzüglich zum Schiff zurückkehren.

Am nächsten Morgen sah man zwei Fahrzeuge vom Ufer her auf das Schiff zuhalten. Voller Freude begann man, schon das Schiff seeklar zu machen. Doch dann erkannten sie die Indianer, die sich ihnen auf drei Kabellängen[10] näherten. Sie waren mit Pfeil und Bogen bewaffnet, die feindliche Absicht war unverkennbar. Aber die Seeleute hatten kein Beiboot mehr, um mit Feuerwaffen »die Wilden« zu verfolgen. Zu allem Unglück kam starker auflandiger Wind auf, so daß die *St. Paul* nicht mehr auf offener Reede vor Anker liegen konnte. Um nicht auf Grund zu treiben, lichteten sie die Anker und kreuzten auf die offene See. Sobald das Wetter sich beruhigt hatte, kehrte Tschirikof zurück, aber sie sahen und hörten nichts mehr von ihren Leuten. Es war auch kein Fahrzeug mehr an Bord, um an Land gehen zu können. Doch die unheimliche Stille auf den Inseln ließ den Schluß zu, daß die Boote mit ihren Mannschaften verloren waren. So mußten sie die armen Teufel ihrem Schicksal überlassen. Sie kehrten nach Kamtschatka zurück. Unterwegs litten sie sehr unter Wassermangel; auch Skorbut brach aus, zwei Leutnants und ein Soldat starben auf See. Auch Kapitänleutnant Tschirikof war sehr schwach, außer ihm war nur noch ein Mann an Bord, Ivan Jelagin, der etwas von Schiffsführung verstand. Gemeinsam brachten sie das Schiff nach Petropawlowsk zurück; am 17. Oktober 1741 kam es dort an. Professor de la Croyère, der an Bord war, starb im Angesicht des Hafens.

Das andere Schiff, die *St. Peter,* suchte noch einige Zeit auf südlichen Kursen, nahm dann auch in nordöstliche Richtung Fahrt auf und sichtete am 16. Juli in der Nähe des 59. Breitengrades Land. Es bestand aus hohen, schneebedeckten Bergen. Wegen der schwachen Winde brauchten sie vier Tage, ehe sie ihre Anker bei einer großen Insel unweit des Festlandes fallen lassen konnten. Im Logbuch ist *»Schlammgrund auf 22 Faden Tiefe«* vermerkt. Es war Polarsommer, und es wurde nachts kaum dunkel. So konnte Bering noch abends um

8 Uhr eine Jolle an Land schicken, um Wasser zu suchen. Als sie nach zwei Stunden zurückkam, meldete der Bootsmann, daß man frisches Wasser und zwei Feuerplätze mit etwas Glut gefunden habe. Auch haben sie fünf rote Füchse gesehen, die vor den Menschen keine Angst zeigten. Und vier oder fünf geräucherte Fische, die sie beim Feuer gefunden hatten, brachten sie an Bord. Die Fische schmeckten sehr gut! Sie begannen sogleich, Wasser an Bord zu bringen; dabei entdeckten sie noch eine geräumige Erdhütte mit Hausgeräten und sicheren Anzeichen, daß die Menschen diese Behausung Hals über Kopf verlassen haben. Vermutlich hatten sie sich im dichten Wald vor den Fremden versteckt. Bering ließ etwas Leinwand, zwei Kupferkessel, Glasperlen, Tabakspfeifen und Tabak als Gastgeschenk zurück. Er nannte den Landvorsprung auf seiner Seekarte *Kap Elias,* weil der Tag ihrer Ankunft der St.-Elias-Tag war.

Am anderen Morgen lichteten sie schon um 6 Uhr die Anker. Bering wollte parallel der Küstenlinie segeln, um möglichst doch noch vor Wintereinbruch in Petropawlowsk einzutreffen. Er merkte nun erst richtig, wie grausam sie durch die falsche Karte betrogen worden waren. Bering wollte nordwärts bis zum 65. Breitengrad segeln, weil auf der Karte der Verlauf der amerikanische Küste in diese Richtung eingezeichnet war. Aber immer hatten sie bald einmal Land voraus. Es handelte sich um den fast 500 Meilen nach Südwesten ausgedehnten Sporn der Alaska-Halbinsel, von dem natürlich die (falsche) Da-Gama-Karte nichts wußte. Die Gewässer dort sind meist flach, 20 bis 30 Faden tief. Sie mußten vorsichtig lavieren, stets loten, und lebten in ständiger Furcht, zwischen den riffreichen Inseln aufzulaufen und ihr Schiff zu verlieren. So tasteten

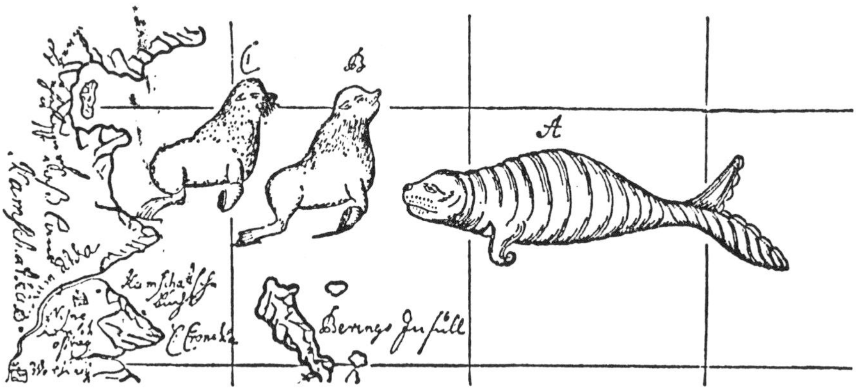

Zeichnung von Sven Waxell: Kamtschatka, die Bering-Insel und typische Meerestiere: A. eine Seekuh, B. eine Ohrenrobbe, C. ein Seelöwe.

sie sich mehrere Wochen hindurch der Küste entlang vorwärts und trugen alle Beobachtungen sorgsam in ihre Karten ein.

Ende August machten sich Mangelerscheinungen an Bord bemerkbar; Skorbut brach aus und viele Leute, auch Bering, erkrankten. Am 29. August gingen sie wieder zwischen zwei Inseln vor Anker, um Frischwasser zu suchen. Sie fanden es auch schnell, allerdings schmeckte es leicht salzig. Doch es war besser als nichts und zum Kochen war es gut zu verwenden. Auch hatten sie keine Zeit zu verlieren, der Winter stand vor der Tür. Die ganze Nacht mußte die Mannschaft Wasser bunkern und auch ihren ersten Toten, einen Matrosen namens Schumagin, begraben. Deshalb trug Bering den Namen der Insel als *Schumagin-Insel* ein. Es kam auch noch zu einem unglückseligen und zeitraubenden Zwischenfall, der die späteren Ereignisse dramatisch beeinflussen sollte.

In der Nacht sahen sie auf einer kleinen Insel in NNW ein Feuer brennen. Sie schafften zuerst genügend Wasser an Bord, damit notfalls das Schiff rasch in Sicherheit gebracht werden könne. Dann wurde am Morgen eine Jolle mit einem Offizier und bewaffneter Mannschaft an Bord zur Inspektion losgeschickt. Sie hatten auch einen Dolmetscher sowie kleine Geschenke mitgenommen. Die Feuerstelle schwelte noch, aber die Menschen waren verschwunden. Die Rückkehr zum Schiff gestaltete sich wegen des starken Gegenwindes bald einmal als unmöglich; sie mußten auf die Insel zurückkehren, kenterten aber und wurden völlig durchnäßt. Die Jolle wurde bei dem hohen Wellengang leckgeschlagen. Sie fachten das Feuer wieder an, um sich zu wärmen und zu trocknen, aber auch um dem Schiff zu zeigen, wo sie sich befänden.

Doch der Wind nahm weiter zu; das Schiff befand sich zwischen den Inseln in sehr exponierter Lage. Bering sah sich gezwungen, ankerauf zu gehen, um auf offener See den Sturm abzuwettern. Die Schiffbrüchigen auf der Insel glaubten, daß man sie im Stich ließe und waren sehr verzweifelt. Sie aßen angespülten Meerkohl und Seetang und verbrachten eine Nacht unter freiem Himmel. Aber am nächsten Morgen wurden sie von einem größeren Boot, trotz des anhaltenden Sturmes, aus ihrer ungemütlichen Lage befreit. Waxell schrieb in sein Tagebuch: »*Am 3. September um 7 Uhr morgens waren sie wieder an Bord unseres Schiffes, doch die Jolle mußte als eine Art Opfer auf der amerikanischen Insel zurückbleiben. ... Nachdem wir alle Schafe im Stall hatten, gingen wir um 10 Uhr unter Segel und steuerten über 16, 18, 22, 23 und 28 Faden Tiefe vom Lande fort. Der Wind kam von Süden, war also Gegenwind bei unserem Kurs ins offene Meer. Die Küste war voller kleiner Inseln, wahrscheinlich voller Unterwasserriffe und Steine. Es war gefährlich, hier zu kreuzen; wir beschlossen, zu wenden und einen besseren Ankerplatz zu suchen.*

Gegen 6 Uhr abends kamen wir in die Nähe zweier Inseln; hier war es 15 Faden tief und guter Grund von grauem Sand und Muschelschalen. Der Platz war recht geschützt vor den Meereswinden.« Sie lagen mehrere Tage dort; der Sturm ließ nicht nach, und immer, wenn sie versuchten, aufs offene Meer hinauszusegeln, mußten sie jedesmal wieder umkehren.

Dann sahen sie nachts wieder ein Feuer brennen und Eingeborene in Kajaks um ihr Schiff paddeln. Aber sie hielten Abstand und wollten nicht anlegen, obwohl man ihnen allerlei Dinge zeigte, um sie ihnen zu schenken. Erst als Waxell mit neun Mann und einem Dolmetscher von der Tschuktschen-Halbinsel bei etwas ruhigerem Wetter an Land ging, kam es zu einer ersten persönlichen Begegnung mit neun Indianern (oder Eskimos?). Sie beschenkten die Eingeborenen und tauschten einige Gegenstände gegen Walspeck ein. Aber die Eingeborenen blieben mißtrauisch. Beim Abschied wollten sie den Dolmetscher, den sie wohl als artverwandt ansahen, nicht fortlassen und Waxell mußte die Matrosen in die Luft schießen lassen, so daß die Eingeborenen erschrocken zu Boden fielen. Unterdessen kam der Dolmetscher frei, sprang ins Boot und sie legten rasch ab.

Noch immer wütete der Sturm; erst nach ein paar weiteren Tagen konnten sie endlich ihre Reise fortsetzen. Sie hatten nun erheblich viel Zeit verloren, kamen aber auch in der nächsten Zeit nicht allzu flott voran. Der heftige Wind sollte noch bis zum 5. November anhalten und wehte meist aus WSW bis WNW. Während drei Wochen sahen sie weder Sonne noch Stern, so daß sie keine Breitenbeobachtung machen konnten. Sie stellten auch eine starke magnetische Kompaßabweichung fest, und zwar zwischen 11 und 22 Grad. Viele Besatzungsmitglieder waren so sehr an Skorbut erkrankt, daß die meisten weder Hände noch Füße bewegen konnten. Die Nahrung wurde knapp, Branntwein hatten sie schon lange nicht mehr. Dann mehrten sich die Sterbefälle; selten verging ein Tag, ohne daß sie einen Toten ins Meer versenken mußten. Auch Kranke mußten den Dienst am Ruder versehen. Matrosen, die Rudergäste sein sollten, wurden von anderen, die noch etwas gehen konnten, zum Ruderstand geschleppt und hinter die Pinne gesetzt. Die Segel waren dermaßen zerschlissen, daß sie jeden Augenblick wegfliegen konnten. Andere Segel konnten wegen Mangels an Gesunden nicht gesetzt, geschweige bei Sturm gerefft oder eingeholt werden. Ende Oktober setzten die Schneestürme ein; das Schiff trieb ohne zielgerichteten Kurs dahin. Verzweiflung machte sich breit.

Waxells Tagebuch (gekürzte Wiedergabe): *»In diesem elenden Zustand trieben wir bis zum 4. November auf dem Meer; da bekamen wir morgens um 8 Uhr Land in Sicht. Die Gegend war nicht nur uns, sondern der ganzen Welt* *unbekannt. Wir wußten nicht, wo wir uns befanden und konnten unsere Journale und Seeberechnungen nicht korrigieren. Wir waren ziemlich weit ab vom Land, und als es dunkel wurde, konnten wir nicht hinübersehen. Nachts nahm der Wind stark zu; wir mußten deshalb Segel führen, um nicht gegen das Land zu treiben. Am nächsten Morgen, dem 5. November, entdeckten wir, daß unsere Haupttaue an der Steuerbordseite und auch die Großwant gebrochen seien. Wir hatten keine Leute, die den Schaden ausbessern konnten. Ich berichtete Fregattenkapitän Bering, der schon viele Wochen krank lag, von dem hilflosen und wrackartigen Zustand, in dem wir uns befanden. Er befahl sämtliche Offiziere, Unteroffiziere und das übrige Kommando in seine Kajüte, um zu beraten, womit unserer Rettung am besten gedient sei. Da es schon Spätherbst war, besaßen wir keine Reserven. Verließen wir diesen Ort, würden wir so bald keinen anderen finden. Wir kamen daher überein, uns dem gesichteten Land zu nähern. Mit Gottes Hilfe würden wir vielleicht unser Leben retten und unser Schiff bewahren.*

Um 5 Uhr abends maßen wir 12 Faden Tiefe und ankerten mit unserem gewöhnlichen Anker, indem wir dreiviertel der Trosse lösten. Um 6 Uhr sprang wegen des hohen Wellengangs die Trosse aus der Klüse und wir wurden von mächtigen Wellen abgetrieben. Schon sahen wir die Wogen an den Klippen hochschlagen, daß wir den Notanker fallen ließen, doch gleich brach das Tau. Eine mächtige Woge erfaßte das Schiff und hob uns über die Schäre hinweg, und wir kamen in ruhiges Wasser. Wir ankerten mit dem Plichtanker auf etwa 4 1/2 Faden tief in reinem Sandgrund, zirka 3 Kabellängen von Land. Dort erwarteten wir den Tagesanbruch. Später wurde uns klar, daß dies rund um die Insel die einzige Stelle war, an der ein Schiff sich dem Lande nähern kann.«

Mit viel Mühe brachten sie ein Boot zu Wasser, damit Waxell die Insel erkundigen konnte. Dicht bei einem kleinen Fluß gab es viele Sandhügel und dazwischen flache Gruben, die, mit Segeln bedeckt, für die Kranken hergerichtet werden konnten. Die halbwegs mobilen Leute bereiteten alles vor und am 8. November begannen sie, ihre Kranken an Land zu bringen. Sie brauchten dafür zwei Wochen! Viele starben noch auf dem Schiff, sobald sie an die frische Luft kamen, andere im Boot und manche, kaum daß sie an Land waren. Die zahlreichen Blaufüchse fraßen an den Leichen, bevor man sie begraben konnte. Auch Waxell erkrankte, und obwohl anfangs kaum Hoffnung für ihn bestand, überlebte er dank seiner zähen Natur.

Am 28. November ereignete sich, wie sie meinten, ein weiterer Unglücksfall, der sich aber später als unbeschreibliches Glück, nämlich als Voraussetzung für ihr Überleben und ihre Heimkehr, erwies. In der Nacht erhob sich ein starker Sturm, die Ankertrossen brachen und sie mußten zusehen, wie das

Schiff ans Ufer trieb. Sie sahen in diesem Vorfall einen weiteren Schritt zu ihrem vollständigen Untergang. Das Schiff befand sich kaum zwei Tage an Land, als es infolge der starken Gezeiten immer tiefer in den lockeren Boden einsank. So blieb es, mit Salzwasser gefüllt, liegen.

Sie erkundeten die Insel, fanden auch Spuren von Menschen, die einmal dort gewesen waren, sahen aber außer Blaufüchsen und vielen Seeottern kein Lebewesen. Das Land war von Schnee bedeckt, es gab nur wenige Büsche, sie hatten kein Brennmaterial und verzweifelten schier angesichts ihrer hoffnungslosen Lage. Aber sie hatten frisches Wasser. An Proviant besaßen sie nur noch etwas Roggenmehl und Grieß, der obendrein schon vom Salzwasser beeinträchtigt war. Später entdeckten sie Seehunde, Seelöwen und Seekühe. 800 Pfund Roggenmehl wurden sofort als unantastbar erklärt, damit sie für ihre noch immer erhoffte Heimfahrt zu essen hatten. Überdies sollte jeder, ohne Ansehen des Dienstranges, die gleiche Tagesration erhalten. Mit diesen Maßnahmen waren alle einverstanden. Aber die Kranken starben immerfort und die Toten konnten nicht mehr fortgeschafft werden. In einem Kreis lagen die Kranken in ihren Erdvertiefungen bei den Toten, mit einem kleinen Feuer in der Mitte. Waxell schrieb: *»Mein Kamerad, der damalige Leutnant und spätere Konteradmiral Sofron Chirtowo, lag mit mir in einem Loch; zwischen uns lag der Schiffskommissar Ivan Lagunoff, tot! Er lag eine Weile mit uns zusammen, bis wir ihn fortbringen und begraben konnten. Fregattenkapitän Bering starb am 8. Dezember. Seine Leiche wurde auf ein Brett gebunden und begraben. Unsere Toten wurden sonst alle ohne Brett begraben. Die Insel, auf der wir in unserem elenden Zustand verharren mußten und auf der unser Kommandeur starb, heißt von nun an Beringinsel; die Inselgruppe, zu der sie gehört, trägt den Namen Kommandeur-Inseln.«*

Nach Berings Tod wurde Waxell der Kommandant. Er erwies sich in der Folge als guter Menschenkenner, der den Leuten Hoffnung machte und ihre letzten Kräfte mobilisieren konnte. Im Dezember erreichten sie den Tiefpunkt ihres Elends; fast 30 Leute starben. Doch dann gelang es ihnen, ein paar Seeottern zu fangen, die sie, in kleinste Stücke zerlegt, verzehrten. Obwohl sie das Otternfleisch anfangs nur mit Widerwillen essen konnten, wurden diese Tiere zu ihrer Hauptnahrung. Abwechslung brachte ein angespülter toter Wal, über dessen Speck sie sich sehr freuten. Angelandetes Treibholz brachte sie gar in Feststimmung: man konnte Feuer machen, Fleisch braten und – besonders beliebt – eine warme Roggenmehlspeise zubereiten. Aber sie aßen auch Seebären und Seehunde, wenn sie ein Tier erlegen konnten. Sie gruben im Boden nach Krähenbeerbüschen, goßen die dürren Zweige und Blätter mit Wasser auf und tranken den Sud abgekocht als Tee. Und als im Frühjahr der Schnee zu

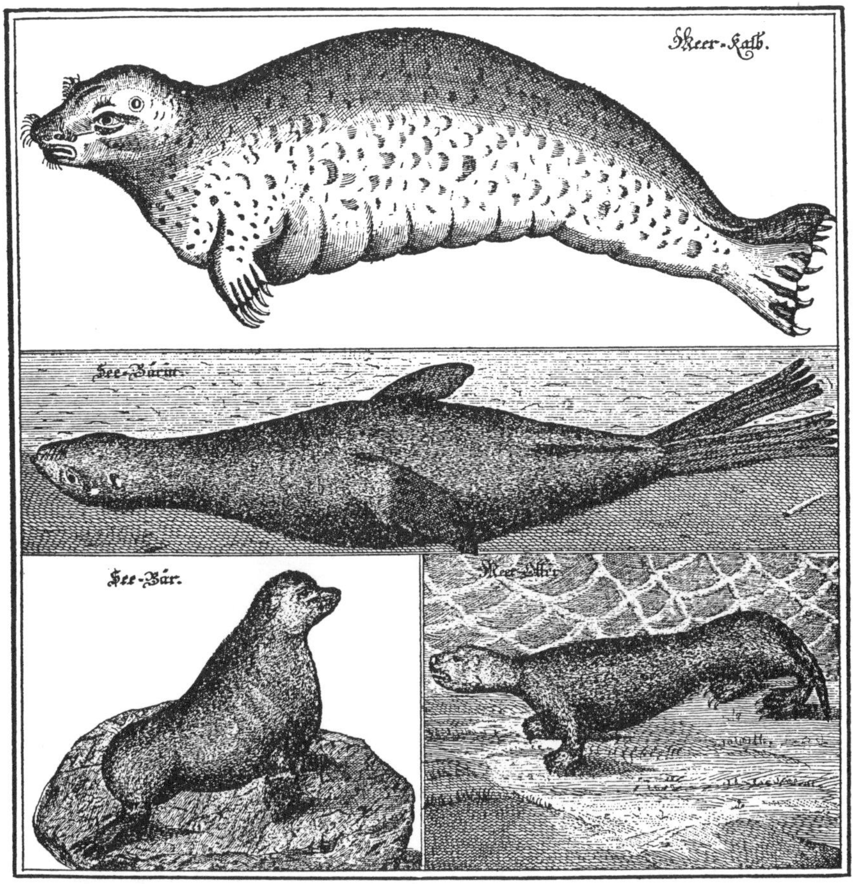

Darstellung G. W. Stellers aus seiner »Ausführliche Beschreibung von sonderbaren Meeresthieren«, Halle, 1753.

schmelzen begann, zeigten sich viele grüne Kräuter, teils zum Essen, teils zum Trinken. Waxell machte eine erstaunliche Beobachtung: *»Ich kann aus eigener Erfahrung bezeugen, daß keiner von uns ganz gesund und kräftig wurde, bevor wir anfingen, Grünes zu essen, seien es nun Kräuter oder Wurzeln.«*

Ende März lebten noch 45 Mann. Aber diese gaben nicht auf! Sie brachen das Wrack ihres Schiffes vorsichtig ab und legten am 6. Mai 1742 den Kiel für ein neues Boot, das sie in die Heimat bringen sollte. Und obwohl kein Schiffszimmermann mehr lebte, gingen sie voller Selbstvertrauen an die Arbeit. Eine Gruppe Männer hatte die Aufgabe, auf die Jagd zu gehen und die anderen die

Rekonstruktion der »St. Peter«, des Schiffes von Bering. Zeichnung von Per Bogh nach Berings Beschreibungen.

ganze Zeit über zu ernähren. So ging es wirklich vorwärts: anfangs Juni konnten sie die äußeren Planken an dem 40 Fuß langen Schiff anbringen. Der alte Großmast diente als Kiel, hinten gab es eine kleine Kajüte für Waxell und die Kranken und eine weitere als Küche. Der Achtermast wurde als Mast für ein Segel verwendet, außerdem wurden vier Ruderplätze an jeder Seite angebracht. Der Fortschritt der Arbeiten beflügelte sie, daß sie Ende Juli ihr Gefährt kalfatern konnten. Am 10. August gelang ihnen bei Flut die Einwasserung. Sofort brachten sie ihre Wasserbehälter und die übrige Habe, darunter drei kleine Kanonen mit Munition, an Bord und konnten am 13. August 1742 das Segel setzen.

Waxell hatte dem Schiff den Namen *St. Peter* gegeben; außer dem Rahsegel hatte es noch eine Fock und einen Klüver. An 14. August endlich sahen sie die Südspitze der Beringinsel hinter sich im Dunst versinken. Waxell observierte ihre Breite mit 54° 55′ N. Die Fahrt ging nun zügig voran; schon am 17. August sichteten sie Land, die Küste Kamtschatkas nördlich von Petropawlowsk. Sie gingen mit günstigem Wind auf Südkurs und liefen am 27. August 1742 in den Hafen ein. *»Aus größter Not kamen wir geradenwegs in den Überfluß«*, schrieb Waxell. *»Die Empfindung des großen Gegensatzes ist so überwältigend, daß es* *sich nicht mit Worten aussprechen läßt.«* So ging nach neun Jahren die große Amerika-Expedition zuende, ein Unternehmen, das vor allem durch die unermeßlichen Leiden vieler unbekannter Seeleute, Soldaten, Offiziere und Wissenschaftler Geschichte machte.

Die Leiden der Soldaten galten vielen Feudalherrschern nicht viel. Peter der Große war 1725 verstorben. Seine Tochter, die Zarin *Elisabeth Petrowna*, zeigte Mitgefühl, Respekt, Anerkennung und Dankbarkeit. Auf Waxells Vorschlag befahl sie, den Überlebenden für die ganze Zeit ihres Aufenthaltes auf der Insel und der Rückreise rückwirkend die Kosten für den (nicht bezogenen) Seeproviant in Rubel auszuzahlen. Gleichzeitig erhielt jedes Mannschaftsmitglied 100 Rubel als Schmerzensgeld, für die einfachen Männer eine hübsche Summe. Waxells Tagebuch schließt mit folgenden Sätzen: *»Ein weiterer gnädiger Befehl Ihrer Kaiserlichen Majestät mit eigenhändiger Unterschrift vom 15. Juli 1744 hat mich sowie die übrigen Offiziere und Leute, die mit mir auf Fahrt waren, befördert und uns rückwirkend das volle Gehalt auszahlen lassen. Wer nicht befördert werden konnte, sollte gnädigst in Form von Geld für die ausgestandenen unerhörten Strapazen entschädigt werden.«*

Stellers und Waxell stellten später umfangreiche Berichte mit naturwissenschaftlichen und nautischen Ergebnissen ihrer Expedition für die Akademie der Wissenschaften in St. Petersburg zusammen. Stellers machte noch einmal einen Ausflug auf die Beringinsel, um die zurückgelassene botanische und zoologische Sammlung zu holen, die 16 Kisten umfaßte. Wir verdanken Stellers die einzige Beschreibung und eine Zeichnung der schon 1768 ausgerotteten Seekuh. Stellers hielt sich dann noch zu weiteren Forschungen in Sibirien auf, erkrankte im Alter von 37 Jahren und starb 1746. Waxell überlebte ihn um 16 Jahre; er starb 1762 im 61. Lebensjahr. Alaska wurde nach dem Bekanntwerden der Beringschen Expedition langsam von Sibirien aus besiedelt. Die reiche Beute an Pelzen, besonders die hochgeschätzten Seeotterfelle, die als »weiches Gold« bezeichnet wurden, lockte viele Pelztierjäger aus Sibirien nach Alaska. Alaska war zuerst russischer Besitz, wurde 1867 aber für 7,2 Millonen Dollar an die USA verkauft.

Zum Schluß ist noch etwas nachzutragen: 1991 fand ein russisch-dänisches Archäologenteam auf der Bering-Insel die Überreste von sechs Männern. Die Skelettuntersuchungen und Grabbeigaben identifizierten einen der Toten als Vitus Bering. Dänemark war einverstanden, Bering in dem Land ruhen zu lassen, in dessen Diensten er die meiste Zeit seines Lebens gestanden habe. So wurden der Kommandant der Kamtschatka-Expedition von 1728 und seine fünf Besatzungsmitglieder am 14. September 1992 ein zweites Mal auf seiner Insel würdig begraben.

24. KAPITEL

Begegnung des Raumes mit der Zeit

Von der Sanduhr zum Chronometer

Die Erfindung des deutschen Gelehrten *Mercator* in der ersten Hälfte des 16. Jahrhunderts, die Erdoberfläche *winkelgetreu* auf Karten darstellen zu können, machte es möglich, jeden Punkt der Erde mit Hilfe des Koordinatennetzes der Breitenkreise und Meridiane geographisch exakt zu bezeichnen.[1] »40° N, 30° W« ist eine genaue Positionsangabe in der Nähe der Azoren; ihre Interpretation ist heute jedermann verständlich. Das Wissen, die geographische Breite durch die Höhenwinkelmessung der Sonne oder des Polarsterns zu bestimmen, war schon im Altertum bekannt. Eratosthenes erkannte bereits 200 Jahre v. Chr.: Die geographische Breite kann errechnet werden, wenn die Sonne den höchsten Punkt ihrer Tagesbahn, am Mittag, erreicht hat.[2] An allen Orten anderer Länge ist zu einer anderen Zeit Mittag. Und tatsächlich konnten die Seefahrer in historischer Frühzeit Ost-West-Kurse, also Kurse auf Breitenkreisen, erstaunlich genau kontrollieren und einhalten.

Auch den Wikingern war diese Methode bekannt.[3] Denn seit jeher war dem forschenden Auge des Menschen ersichtlich, daß sich die Sterne in Kreisbahnen um eine Achse drehen, die durch den sogenannten Himmelspol hindurchgeht. Sie steigen im Osten auf und gehen im Westen unter. Die meisten Sterne sinken dann hinter den Horizont und sind nachts nur während bestimmter Stunden sichtbar, einige sogar nur zu bestimmten Jahreszeiten. Sterne, die jede Nacht fast am gleichen Ort des Himmelgewölbes zu finden sind, heißen *Fixsterne,* da sie ihre Position scheinbar kaum verändern. Planeten unseres Sonnensystems wandern hingegen schnell über das Firmament. Doch die Sterne nahe am Pol, beispielsweise die Sternbilder des Großen und Kleinen Bären, der Leier, des Drachens oder der Cassiopeia sinken in unseren Breiten nie unter den Horizont; zu gewissen Jahreszeiten sieht man sie nachts oberhalb, zu anderen unterhalb des Pols. Dabei befindet sich ein Stern so nahe am Himmelspol, daß er immer am selben Ort zu stehen scheint: der Nord- oder Polarstern.

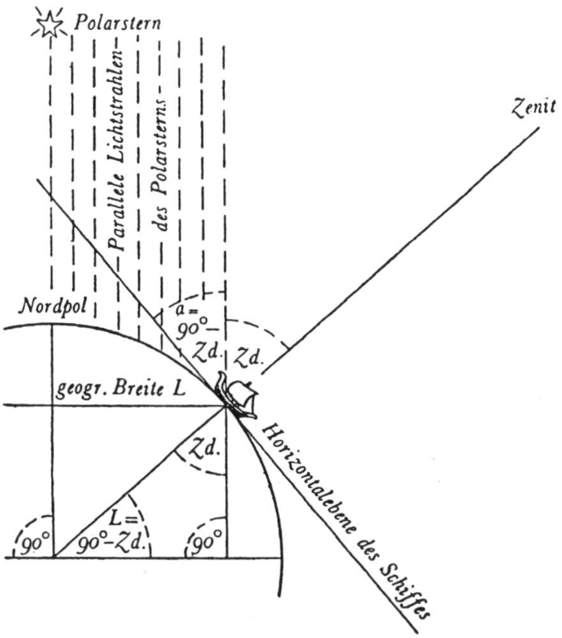

Bestimmung der geographischen Breite mit Hilfe des Polarsterns: Die Horizontalebene bildet mit dem Zenit einen rechten Winkel. Die parallel einfallenden Lichtstrahlen geben den Höhenwinkel an. Dieser Winkel entspricht – vereinfacht dargestellt – der Breite des Beobachters an seinem Standort.

Lichtstrahlen der Gestirne erreichen die Erde wegen der enormen Entfernung, die das Licht bis zu uns zurückzulegen hat, in parallelen Bahnen. Auch die Strahlen des Polarsterns verlaufen parallel zur Erdachse. Es ist deshalb leicht einzusehen, daß die Höhe des Polarsterns gleichzeitig der geographischen Breite des Beobachters entspricht, ist doch die Breite eines Ortes der Winkel *(die Höhe)*, unter dem der Himmelspol vom Horizont aus gesehen wird.

Anders sieht es bei der Längenbestimmung aus, denn die Bestimmung des Längengrades erfordert eine »Verbindung« mit einem Fixpunkt, zum Beispiel mit dem Nullmeridian. Die Längenbestimmung ist offensichtlich ein Problem der Zeitmessung, ist doch der Unterschied der geographischen Länge zwischen zwei Punkten gleich groß wie der Unterschied der Ortszeit dieser Punkte. Da sich die Erde bekanntlich in 24 Stunden einmal um sich selbst dreht, beträgt die *Drehgeschwindigkeit* 15 Grad oder 900 Seemeilen pro Stunde.[4] Das ist Überschallgeschwindigkeit! Heute weiß jedes Kind, daß es in New York 9 Uhr ist, wenn die Uhren bei uns 15 Uhr anzeigen, daß der Zeitunterschied also 6 Stunden beträgt. Ist es bei uns 12 Uhr mittags, dann ist es 15 Grad weiter östlich schon 13 Uhr, 15 Grad weiter westlich aber erst 11 Uhr! Und der Mittag bietet sich förmlich an, den Zeitunterschied zwischen zwei Orten unterschiedlicher geographischer Länge festzustellen. Mittag ist es stets dort, wo die Sonne – von der Erde aus gesehen – ihren höchsten Tagesstand erreicht hat und, nach dem Steigen seit Sonnenaufgang, wieder dem Sonnenuntergang entgegenzusinken beginnt. Den Augenblick des höchsten Tages-Sonnenstandes[5] nennt man Kulmination. Dann genau steht die Sonne exakt über dem Meridian des Beobachters.

Bezugsachse für die Einteilung der Erde nach östlichen und westlichen Längen ist ein Längengrad, der durch die 1675 gegründete *Sternwarte Greenwich* bei London verläuft und der als Nullmeridian seit 1884 international anerkannt ist. Der Längenunterschied zwischen Hamburg auf 10 Grad E und New York auf 74 Grad W beträgt 84 Grad; dies entspricht einem Zeitunterschied nach »mittlerem Sonnenlauf«[6] von minus 5h 36′ für New York. Zwischen Hamburg und Tokio (140 Grad E) besteht eine Längendifferenz von 130 Grad (Zeitdifferenz plus 6h 40′). Nach mittlerer Sonnenzeit wäre die *wahre Ortszeit* in New York 18.24 Uhr, wenn die Zeiger in Hamburg Mitternacht anzeigten; aber in Tokio ist es dann schon 6.40 Uhr des nächsten Tages. Nun ist die Rechnerei nach mittlerer Sonnenzeit – wie man leicht erkennt – ein mühsames Jonglieren mit Minuten; ein öffentliches Leben, selbst in benachbarten Gebieten, käme kaum zustande, Fahrpläne würden nicht funktionieren und die Kommunikation wäre ganz allgemein erschwert. Welche Uhrzeit sollte ein Reeder in Hamburg mit seinem Kapitän in Rotterdam (4 Grad 30′ E) nach wahrer Ortszeit für ein Telefongespräch vereinbaren? Wenn es beispielsweise in Hamburg 18.15 Uhr ist, dann ist es 610 km weiter westlich in Rotterdam erst 17.53 Uhr, weil der Zeitunterschied 22 Minuten ausmacht. Man hat deshalb die Erde in 24 Zeitzonen unterteilt, welche in Abständen von je 15 Längengraden[7] den Globus umspannen – beginnend mit der *Weltzeit-Zone* des Nullmeridians, die sich je 7½ Grad nach Westen und Osten von Greenwich aus erstreckt. Innerhalb jeder Zone gilt die gleiche *Zonenzeit;* in der Praxis wurde ihr Verlauf noch den politischen Grenzen angepaßt, so daß z. B. auf den zu Spanien gehörenden Kanarischen Inseln dieselbe Zeit gilt wie in Madrid, obwohl beide zu verschiedenen Zeitzonen gehören.

Wenn die Länge also offensichtlich mit dem »wandernden Mittag« bestimmt werden kann, dann gilt es festzustellen, wie lange ein Tag dauert. Eine Erdumdrehung dauert 24 Stunden (360 Grad sind ein Kreis), ihre Rotationsgeschwindigkeit beträgt also 360 : 24 = 15 Grad pro Stunde. Auf der Nordhälfte

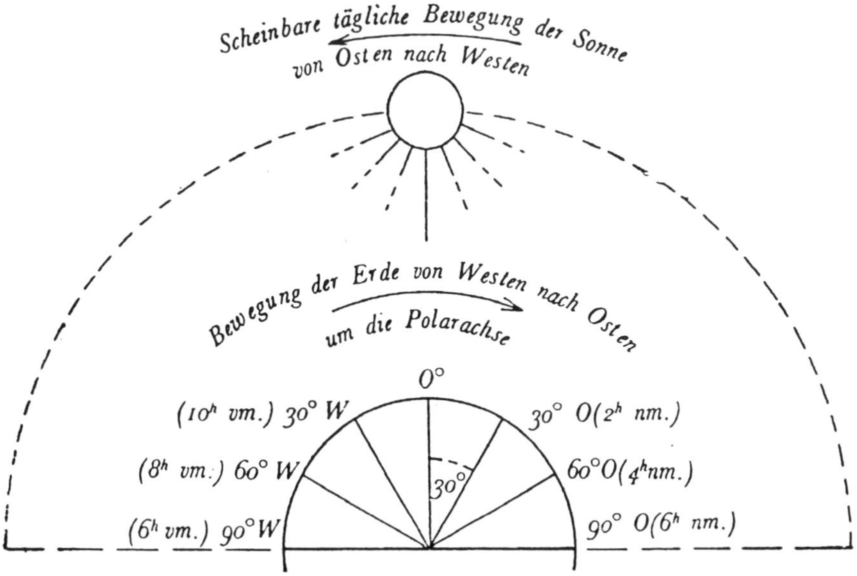

Bestimmung der geographischen Länge mit Hilfe der Sonne: Wenn die Sonne am Mittag den höchsten Stand ihrer Bahn erreicht hat, steht sie auch über dem Längenkreis des Beobachters. Auf der Zeichnung ist die Sonne auf der Meridianebene von Greenwich zu denken, daher ist es auf dem Null-Meridian Mittag. Befindet sich ein Schiff auf 30 Grad Ost, so hat sich die Erde bereits um 30 Grad weitergedreht und es ist 14 Uhr auf der Schiffsposition.

der Erde zeigt die Lage des Sonnenschattens am Mittag direkt auf den Ort am Himmel, um den sich die Sterne drehen. Und weil alle Meridiane in die gleiche Richtung, nämlich zum Nordpol, verlaufen, kann die Länge aus der Zeitdifferenz ermittelt werden, die der Sonnenweg (von der Erde aus gesehen) zwischen zwei Orten ausmacht; vorausgesetzt, man ist in der Lage, die dazwischen liegende Zeit sekundengenau[8] zu messen.

Neben der Ortszeit, die vom Mittag in der jeweiligen Mitte der Zeitzonen bestimmt wird,[9] kennen wir auch noch die Weltzeit.[10] Es ist Weltzeit-Mittag, wenn es in Greenwich (auf dem Nullmeridian) 12 Uhr ist. Dagegen ist es auf einem Schiff, das sich auf 30 Grad W befindet, Mittag, wenn die Uhr in Greenwich bereits 14 Uhr anzeigt, weil die Sonne dann auf der Schiffsposition ihren höchsten Stand erreicht hat, aber bereits 30 Grad (oder zwei Stunden) seit der Passage des Nullmeridians zurückgelegt hat. Natürlich wissen wir, daß die Erscheinungen *Tag* und *Nacht* durch die Erdrotation entstehen. Gleichwohl gilt in der allgemeinen Anschauung das klassische Modell, daß die Sonne auf- und untergeht und scheinbar um die Erde wandert. Da heute zu jeder Zeit und an jedem Punkt der Erde das Greenwich-Zeitzeichen empfangen werden kann und die Schiffe mit genau gehenden Chronometern versehen sind, ist die Längenbestimmung zu einer einfachen Sache geworden. Anders war es vor der Entwicklung der Schiffsuhr. Bevor der Chronometer erfunden wurde, gab es keine brauchbare Methode, geographische Längen auf dem Meer zu bestimmen.[11] Während des 14. bis 17. Jahrhunderts war die Sanduhr auf den Schiffen das wichtigste Instrument für die Zeitmessung. Aber häufig verklumpte der Sand bei feuchtem Wetter, bei Schräglage des Segelschiffs lief der Sand nicht gleichmäßig durch die Verengung. Meist war sie für die Messung halber oder ganzer Stunden dimensioniert, was für den Vierstundenrhythmus der Wachgänge völlig ausreichte. Aber für die Berechnung der zurückgelegten Tagesstrecke und zur Berechnung des Längengrades waren sie gänzlich unbrauchbar.

Während *Vasco da Gama, Christoph Kolumbus* und *Ferdinand Magellan* die Weltkarten vergrößerten, feilten Uhrmacher in Deutschland, in der Schweiz, in Italien, England, Burgund und Flandern an Maschinen, die *»die Zeit darzustellen«* sollten imstande sein. Vorerst waren Uhren noch an feste Standorte in Kirchtürmen und an schwere Gewichtsantriebe gebunden, doch schon taucht 1512 die erste »Sackuhr« in Nürnberg auf. Sie und viele ihrer Nachfolger, so kostbar sie auch gefertigt sein mochten, taugten noch lange nicht zur Navigation. Und tatsächlich mußte die Menschheit noch bis zum Jahre 1760 warten, ehe sie in der Lage war, die geographische Länge exakt zu bestimmen.

Mit den großen Entdeckungsreisen an der Wende des 15. und 16. Jahrhunderts begann für die Menschheit ein neues Zeitalter. Kopernikus holte die Erde wieder vom Podest herunter, auf das Ptolemäus sie gestellt hatte. Jahrhundertelang war die Denkweise, daß die Erde flach und der Mittelpunkt des Universums sei, nicht bezweifelt worden. Aber nun begannen die Menschen, neue Fragen zu stellen. Die Renaissance, das Zeitalter der *Wiedergeburt,* knüpfte bewußt an klassische Bildungs- und Kunsttraditionen an. Daß die Welt eine Kugel ist, war nun bewiesen! Die Schiffe fuhren nach Osten und Westen; sie kehrten mit Waren von unvorstellbaren Werten nach Europa zurück. Tausch und Handel machten das Messen, Wägen, Zählen und Vorausberechnen nötig. Aber es begann auch die Tragödie der Europäisierung des Erdballs. Eine überlegene Technik, die intoleranten Machtansprüche von Kirche und Krone sowie die Unkenntnis oder Mißachtung der Werte fremder Kulturen vernichteten viele Zivilisationen in Asien sowie in Nord- und Südamerika. Man schätzt

Turmuhr aus dem 14. Jahrhundert: Die erste Energiequelle der mechanischen Uhr war das Gewicht. Frühe Uhren hatten kein Zifferblatt; sie verkündeten die Zeit nur durch den Stundenschlag, man hörte, »was die Stunde geschlagen hat«. Die Ganggenauigkeit hing von der Geschicklichkeit der Schmiede ab. Am Ende des 13. Jahrhunderts wichen die Uhren noch um eine Stunde pro Tag von der wahren Tageszeit ab und mußten nach einer Sonnenuhr neu gestellt werden. 200 Jahre später, zur Zeit des Kolumbus, betrug die tägliche Abweichung noch zirka 10 Minuten.

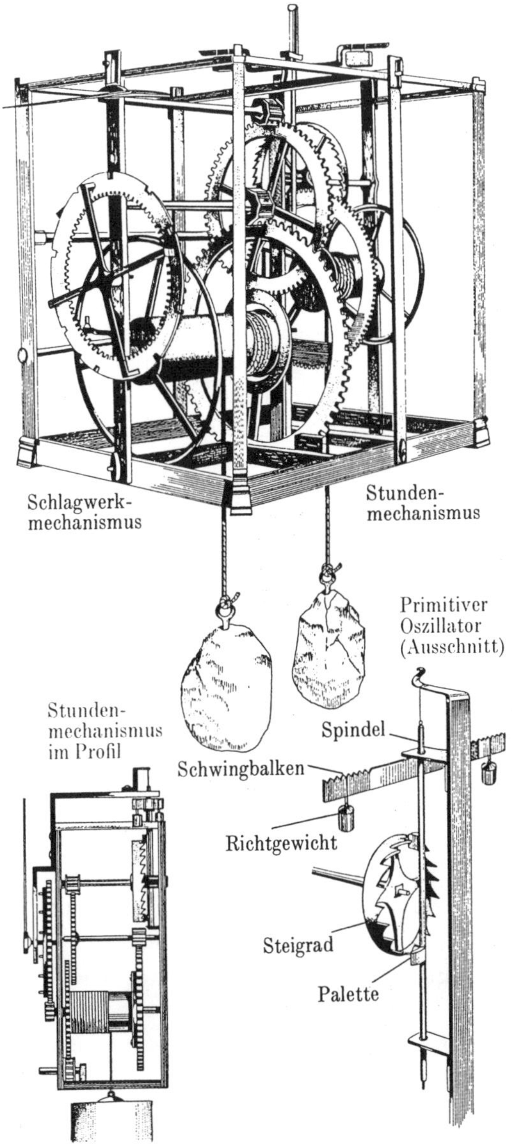

© Jean-B. Siegfried

heute, daß damals zwischen 70 und 100 Millionen Menschen niedergemetzelt oder versklavt wurden. Keine Kolonialmacht war hier unbeteiligt: Spanien, Portugal, die Niederlande, England, Frankreich; alle wollten teilhaben an der Beherrschung der Welt.

Doch den Königen und Fürsten erwuchsen starke Konkurrenten in den Städten Deutschlands und Oberitaliens. Die Hanse, ein Städtebund unter der Führung Lübecks, beherrschte schon seit dem 14. Jahrhundert den Nord- und Ostseehandel und hatte Niederlassungen in London, Holland und entlang der Ostseeküste bis nach Nowgorod. Ihre Macht versetzte sie sogar in die Lage, einen erfolgreichen Krieg gegen die Seemacht des Königreichs Dänemark um Zölle und Handelsvorrechte zu führen. Zur gleichen Zeit stiegen die Fugger, ursprünglich Weber in Augsburg, zum größten Bankhaus Europas auf, das die kostspieligen Unternehmungen der Könige und des Papstes finanzierte. Geldmacht stützte sich auf reale Güter, nicht mehr auf Adelstitel!

An den Universitäten von Paris, Padua, Prag und London wurden neue Anschauungen von Macht, von Wissen, neue Erkenntnisse des Raumes, des Lebens, der Zeit gelehrt; überall trat man für die Entfaltung des Menschen ein: er sollte die Quelle der Vollkommenheit werden. Kein Wunder, daß die Autoritäten schwankten. *Luther, Erasmus, Melanchthon, Calvin* und *Zwingli* verkünden die religiöse Freiheit von Rom. *Shakespeare, Dürer, Leonardo da Vinci, Michelangelo* und viele Meister der italienischen und niederländischen Malerei waren die Künder einer neuen Kultur. Die Macht von Kaisern und Königen ging zurück, das Selbstbewußtsein der Bürger erwachte! Die *Zeit* wurde zum bewußt erlebten Gut. Und während der Mensch seinen Forschergeist auch darauf verwendete, die Zeit sichtbar zu machen, die Zeit zu zähmen und Uhren zu entwickeln, wurde er – ohne es zu wissen – ihr Opfer.

Galilei mußte noch vor einem Inquisitionsgericht abschwören. Und er hatte den Mut dazu, war nicht im besserwisserischen Wahn verbohrt, für seine Wahrheit auf dem Scheiterhaufen enden zu wollen. Denn er hatte schon die Gewißheit, die Wissenschaft in eine neue Bahn gelenkt zu haben, in die experimentell kontrollierbare Mathematik! Dafür bedurfte es keines Märtyrertodes.

Eine neue Kunst, Wissen zu verbreiten, tauchte am Ende des 15. Jahrhunderts in Deutschland auf. *Johannes Gensfleisch zum Gutenberg*, ursprünglich ein Goldschmied und dem niederen Adel entstammend, experimentierte in Straßburg ab 1434 als erster, mit beweglichen Lettern zu drucken; ab 1448 ist er dann in Mainz nachweisbar. Frühe Techniken dieser Art waren schon im 2. Jahrhundert in China erfunden worden, doch Gutenberg brachte das Verfahren zur Vollendung und zur industriellen Anwendung. Daß die Zeit für eine neue Informationsverarbeitung reif war, zeigte sich auch darin, daß man schon seit einiger Zeit mittels sogenannter *Holztafeldrucke* versuchte, die Buchvervielfältigung zu rationalisieren. Seit 1398 schnitzte man ganze Buchseiten in Holz, färbte sie ein, legte ein Blatt Papier darüber und strich das Blatt mit einer harten Bürste glatt, um einen gleichmäßigen Abzug zu erhalten. Ein Text – einmal geschnitzt – konnte nicht mehr verändert werden. Derartige Druckereien in Ulm, Antwerpen, Nürnberg und anderen Städten bereiteten die eigentliche Erfindung der Typographie und der Buchdruckkunst vor. Und kurz vor Gutenberg goß in Haarlem ein Mann namens *Coster* Lettern im Sandgußverfahren, so daß er vereinzelt noch immer als eigentlicher Erfinder des Schriftgusses angesehen wird. Gutenbergs entscheidende Erfindung waren speziell entwickelte Gußformen für einzelne Drucklettern aus einer Blei-Zinn-Antimon-Legierung. Diese spiegelverkehrt erhabenen Lettern konnten in großer Zahl hergestellt und zu Wörtern und Seiten zusammengesetzt werden.

Aber bevor es soweit war, mußte Gutenberg zwei weitere Probleme lösen. Er entwickelte eine Druckerpresse, für die wahrscheinlich die Weinkelterpresse als Vorbild diente und die ein schnelles und gleichmäßiges Andrücken des Papiers auf die eingeschwärzte Druckform erlaubte. Sein beschleunigendes Vervielfältigungsverfahren bedurfte einer anderen Druckfarbe, als sie für den Holzdruck verwendet wurde; für die Herstellung seiner Druckerschwärze stützte er auf Erfahrungen flämischer Maler ab, die ihre Pigmente mit Leinöl aufbereiteten.

Gutenberg benötigte Jahre, um alle Probleme zu lösen und die einzelnen Komponenten der *»neuen Art zu schreiben«* aufeinander abzustimmen. Aber er war entschlossen, seine Aufgabe bis zur Reife, ja Vollkommenheit weiterzuführen. Er hielt seine Arbeit wohlweislich geheim, doch die vielen Experimente brauchten endlich sein Vermögen auf, und er mußte fremden Geldgebern vertrauen. Einer, *Johannes Fust,* ein reicher Jurist, steckte ab 1448 zweimal 800 Gulden in Gutenbergs Projekt, klagte aber 1455 auf Rückzahlung samt Zins und Zinseszins, weil Gutenberg den versprochenen geschäftlichen Erfolg nicht nachweisen konnte. Gutenberg stand kurz vor der Fertigstellung seiner 42zeiligen Bibel, die den Durchbruch bringen sollte. Aber Fust hörte nicht mehr auf seine Beteuerungen, man stehe kurz vor dem Ziel. Allzu oft war er den Überredungskünsten Gutenbergs schon erlegen; zwar glaubte er an die Realisierbarkeit von Gutenbergs Projekt, aber er fürchtete auch, daß Gutenberg in seinem *Vollkommenheitswahn* nie ans Ziel kommen würde, weil er mit dem Erreichten nie zufrieden sei. Er aber, Fust, hatte sein Geld mit kaufmännischer Spekulation in Gutenbergs Pläne gesteckt und wollte endlich Resultate sehen. So erreichte er ein Gerichtsurteil, nach dem der zahlungsunfähige Gutenberg die

Druckerei mit allen Materialien und Ausrüstungen an Fust ausliefern mußte. Fust brachte mit Hilfe von Peter Schöffer, dem Schwiegersohn Gutenbergs – der im Prozeß gegen ihn ausgesagt hatte –, 1456 die Gutenberg-Bibel heraus. Die Resultate von Gutenbergs jahrelangem Bemühen waren Eigentum der Firma Fust und Schöffer geworden. Gutenberg starb – fast 70 Jahre alt – verarmt im Jahre 1468, nachdem er mit einer bescheidenen Leibrente des Bischofs von Mainz seinen Lebensabend fristen konnte.

Die ersten Drucker bezeichneten ihr Handwerk als die Kunst des künstlichen Schreibens – *ars artificialiter scribendi*. Gutenbergs Suche rührte nicht aus einer Unzufriedenheit mit der Arbeit der Schreibschulen her, welche vorher für die handschriftliche Vervielfältigung der Bücher, besonders in den Klöstern, sorgten. Im Gegenteil – Bücher wurden meist mit großer Präzision und unvergleichlich in Kalligraphie und Illustration hergestellt. Dem ursprünglichen Bemühen Gutenbergs lag der Ehrgeiz zugrunde, Bücher in größeren Mengen und zu geringeren Kosten, aber mit ebenbürtiger Qualität zu den Handschriften herzustellen. Daß ihm das gelungen ist, spiegelt sich deutlich in einer Tatsache wider: die technische Leistungsfähigkeit, der saubere Druck und die Dauerhaftigkeit seiner Produkte konnten bis ins 19. Jahrhundert hinein nicht mehr wesentlich verbessert werden. Und dies spricht auch für den Wert seiner Erfindung! Gutenberg hatte eine *Kulturrevolution* ungeahnten Ausmaßes ausgelöst. Trotz des anfänglichen Mißtrauens des Klerus gegen jede mit Maschinen hergestellte Veröffentlichung religiösen Inhalts, waren 1480 – vierundzwanzig Jahre nach dem Erscheinen der ersten Gutenberg-Bibel – schon in 111 Städten Druckereien installiert; 1500 arbeiteten bereits 238 Druckereien. Neben religiösen Texten wurden plötzlich auch Texte klassischen Ursprungs gedruckt. Bücher von Aristoteles, Cicero, Caesar, Plutarch, Plinius und anderer Autoren, wie z. B. die Fabeln Äsops, standen hoch im Kurs. Die Preise für Bücher fielen und boten für viele wißbegierige Menschen einen Anreiz, lesen zu lernen. Europa stand an Anfang einer Demokratisierung des Wissens; die Macht des gedruckten Wortes förderte die Entwicklung der Wissenschaften, informierte schnell und billig von Wichtigem und Banalem, verbreitete Wahrheit und Lüge, erhöhte und erniedrigte; bald war das Blei der Lettern mächtiger als das Blei aus Kanonenrohren.

Auch die Seefahrt machte sich die Möglichkeit zunutze, neues Wissen schnell aufzunehmen. Umwälzende Erkenntnisse der Astronomie führten zur Verbesserung des Kalenders, Entwicklungen in der Optik brachten die ersten Fernrohre, Mercator fand den entscheidenden Durchbruch bei der Kartenprojektion. Und immer war das gedruckte Wort der Übermittler! Um aber die geographische Länge zuverlässig und schnell festzustellen, benötigte man –

neben dem seit langem ausreichend genau meßbaren Gestirnshöhenwinkel – die exakte Kenntnis der Tageszeit.

Die Geschichte der Zeitmessung ist auch Menschheitsgeschichte. Solange das Leben der Menschen von Ackerbau und Herdenhaltung bestimmt wurde, war die Kenntnis der Jahreszeiten von entscheidender Bedeutung. Man mußte wissen, wann Sonne, Regen, Schnee, Kälte oder Wärme zu erwarten waren. Der kürzeste Zeitabschnitt war der Tag, das Tageslicht die einzige Zeit, an dem man arbeiten konnte. Man mußte die Sonnenstunden messen, um zu wissen, wieviel vom Tag schon verflossen und wie groß der noch verfügbare Anteil an Tageslicht war. Seit alters her war man daran gewöhnt, daß die Schatten kürzer wurden, solange die Sonne am Himmel höher stieg, und länger, wenn sie dem Sonnenuntergang zustrebte. Am kürzesten war der Schatten am Mittag, und das halbierte exakt den Sonnentag. So wundert es nicht, daß die Sonnenuhr der älteste Zeitmesser der Menschheit ist. Die frühen *Sonnenuhren* waren flache Scheiben mit einem Schattenstab in der Mitte, aber ohne Stundenskala, denn Zeiteinheiten wie Stunden und Minuten gab es noch nicht. Außerdem ist die Bewegung des Sonnenschattens so langsam, daß sie zur Minuteneinteilung nicht benutzt werden kann. Ein weiterer Nachteil war, daß die horizontalen Geräte die frühen Morgen- und Abendstunden nicht registrieren konnten, weil der Schatten lang und undeutlich wurde.

Aber immer sind Sonnenuhren ans Sonnenlicht gebunden; bei bedecktem Himmel taugen sie nichts. So ist die Sonnenuhr nur nützlich, wo die Sonne häufig scheint. Und weil, außer am Äquator, die Tageslänge von einem Tag zum nächsten und über die Jahreszeiten schwankt, ist jede Sonnenuhr für die geographische Breite ihres Ortes konstruiert. Sie zeigt auch nur zweimal im Jahr die richtige Zeit an, nämlich dann, wenn ihre Skaleneinteilung mit den Tageslängen übereinstimmt. Das sind in der Regel die Tagundnachtgleichen. Um den Tag in gleichlange Abschnitte unterteilen zu können, wurde die Sonnenuhr schon im Altertum entscheidend weiterentwickelt. Sie war nun eine horizontal angeordnete Halbkugel mit einem Schattenstab in der Mitte, die nach oben offen war. Die Innenfläche stellte das Himmelsgewölbe dar; sie war entsprechend dem scheinbaren Lauf der Sonne in drei Bogen, nämlich die Äquatorlinie und die beiden Wendekreise unterteilt, und letztere in zwölf ungleiche Stunden. Der Weg des Schattens gab an jedem beliebigem Tag den Lauf der Sonne am halbkugeligen Firmament wieder. Weitere Gravierungen ermöglichten, die Stunde während der Jahreszeiten abzulesen.

Aber die Stunden waren natürlich unterschiedlich lang. Zwar stellten sie ein Zwölftel des Tages dar, aber ein Wintertag ist nun einmal kürzer als ein Sommertag. Während der Regierung des römischen Kaisers Valentinians I.

(364–375) mußten die Soldaten *»in fünf Sommerstunden zwanzig Meilen marschieren«*.

Erst als sich die Menschen der Diktatur des Sonnenlaufs entzogen, gelang es ihnen, die Zeit in gleichlangen Abschnitten zu messen. Nicht nur am Tage, auch während der Nacht wollte man *»die Stunde kennen«*. Der menschliche Geist war erfinderisch genug, um die Zeit mit den unterschiedlichsten Medien zu messen. Kerzen brennen, Wasser fließt, Sand rinnt, Pendel schwingen! Kerzen mit Stundeneinteilungen; Sand, der von einem Glasbehälter in einen anderen rieselt; Wassertropfen, die einen Behälter füllen oder entleeren: alles wurde ausprobiert, um die Zeit zu messen. Bis etwa um 1700 die Pendeluhr entwickelt wurde, war die *Wasseruhr* der genaueste Zeitmesser. Sie erlaubte, den Zeitablauf an der Wassermenge zu messen, die sich in einem Gefäß veränderte. Am Anfang war die Wasseruhr ein offenes Gefäß mit einer Skala in ihrem Inneren. Das Wasser tropfte aus einem Loch an der tiefsten Stelle, das Sinken des Wasserstandes von einem Skalenring zum nächsten gab den Zeitverlauf an. Später wurden die Uhren so verändert, daß das Wasser *in die Uhr* tropfte: die Zeit wurde durch den steigenden Wasserstand im Gefäß gemessen. Diese Wasseruhr war genauer, aber in kalten Klimazonen machte der wechselnde Aggregatzustand des Wassers Schwierigkeiten, und die Öffnung, durch die das Wasser einlief, mußte immer gut durchlässig sein. Und weil die Auslaufgeschwindigkeit vom gleichbleibendem Wasserdruck abhing, wurden schon im antiken Ägypten die Innenwände des Behälters so abgeschrägt, daß der Wasserdruck bei sinkendem Wasserspiegel konstant blieb.

Hinter der Entwicklung der Uhr steht das Wissen bedeutender Gelehrter, wie beispielsweise *Galileo Galilei,* aber auch überragendes Können und Lerneifer der Handwerker. Bevor man eine Uhr bauen konnte, mußte man sie erdenken. Turm- und Klosteruhren mit hölzernem Räderwerk gab es seit dem 14. Jahrhundert, aber ihre Ganggenauigkeit spottete jeder Zeit-Messung. Im Gottesdienst wurde die Andacht des Studenten Galilei vom Pendeln der Lampe abgelenkt; seine Beobachtung führte zur Messung und hatte ein neues Selbstverständnis der Wissenschaft zur Folge: Beobachten, Messen und Beweisen! Galilei will messen, was meßbar ist; er will meßbar machen, was es noch nicht ist. Nur noch das Experiment gilt als Wahrheitsbeweis! Galilei entdeckte, daß die Länge eines Pendels für die Dauer des Ausschlags maßgebend ist – nicht wie weit es ausschlägt. Die Ganggenauigkeit der Uhren wurde danach in wenigen Jahren entscheidend verbessert.

Anfänglich war die Uhr ein mächtiges Ungetüm, welches die Stunde nicht zeigte, sondern schlug! Anfänglich war nur der Stundenschlag wichtig, da der Tagesrhythmus der Menschen von Zeitpunkten wie Aufstehen, Beten,

Arbeiten, Essen, Ruhen usw. bestimmt wurde. Bald kamen Ziffernblätter hinzu, auf denen ein Zeiger die Tagesstunde anzeigte. Die Stunde dauerte nun immer 60 Minuten, ihre Länge war nicht mehr vom jahreszeitlichen Tageslicht abhängig![12] Der zweite Zeiger für die Minutenangabe wurde notwendig, weil die Arbeit jetzt nach Stunden bezahlt wurde – und die mußten kontrolliert werden.

Sichtbare Hauptbestandteile einer mechanischen Uhr waren Zahnräder, Schrauben, Federn und Wellen. Diese Dinge wurden zuerst von Hand gefertigt, aber schon 1540 gab es die erste Zahnradschneidemaschine! Das Prinzip der Schraube geht bis auf Archimedes zurück; da die Uhr offensichtlich nicht zusammengenietet werden konnte, wurden präzise Metallschrauben für ebenso präzise Gewindebohrungen notwendig. Die Drehbank war eine Erfindung für die Herstellung von Uhrenschrauben. Aber die größten Schwierigkeiten mußten bei der Federnherstellung überwunden werden. Die spiralförmige Schneckenfeder wurde 1741 von einer in Frankreich erfundenen *Schneckenschneidemaschine* mechanisch hergestellt, weil sich die menschliche Hand hierfür als nicht geeignet erwiesen hatte. Diese Maschine wurde 1763 vom Schweizer Uhrmacher *Ferdinand Berthoud* verbessert und um 1780 in England vom Präzisionsinstrumentenmacher *Jesse Ramsden* für die Herstellung auch anderer Teile wissenschaftlicher Instrumente – u. a. Sextanten, Theodoliten und Barometer – erweitert. Die Zunft der Uhrmacher praktizierte bereits damals das Prinzip der Arbeitsteilung, so gab es Uhrwerkbauer, Polierer, Bohrer, Federnmacher, Gravierer, Zahnradgießer und Ziffernblattmacher. Der Aufstieg der Uhr hatte im Abendland auch neue Arbeitsweisen im Gefolge und brachte den Menschen ganz allgemein eine geistige Horizonterweiterung. Uhren waren die ersten modernen Meßmaschinen – die Uhrmacher wurden die ersten Hersteller wissenschaftlicher Instrumente.

Uhrmacher hatten sich anfangs aus Schmieden, Schlossern und Kanonengießern rekrutiert. Kaum aber hatte das neue Gewerbe ein gewisses Fachwissen und auch den Markt gewonnen, wurden bald Uhrmacherzünfte zum Schutze des Monopols gegründet: 1544 in Paris, 1601 in Genf, 1630 in London. Dem Uhrmacher *Peter Henlein* in Nürnberg schreibt die Legende die Erfindung des *Nürnberger Eis,* der ersten Taschenuhr zu (1512). Die Uhren wurden immer kleiner und zu Prestigeobjekten des Adels und wohlhabender Bürger.

Das Abstraktum *Zeit* war die große Entdeckung der Renaissance! Man konnte nicht nur die Jahre, Monate, Wochen und Tage zählen, nun war man auch in der Lage, die Tage zu ordnen, indem die Stunden, Minuten und Sekunden meßbar und fixierbar wurden. Der Mensch emanzipierte sich von den Zyklen der Natur. Die Uhr ermöglichte es dem Menschen, »pünktlich« zu sein! Uhren, die völlig synchron mit zahllosen anderen Uhren gingen, machten die *Zeit zum Allgemeinbesitz*. Der Bürger von Rom sah die Uhr im Turm und wußte, daß es in Florenz im gleichen Augenblick ebenso spät war! Und schon mußte das Uhrwerk zu großen Vergleichen herhalten: *Johannes Kepler*, der große Astronom, bemerkte im Jahre 1605: *»Es ist mein Ziel, zu beweisen, daß die Himmelsmaschine nicht mit dem täglichen Wesen verglichen werden muß, sondern vielmehr mit einem Uhrwerk.«*

Wie gesagt: die Uhren eigneten sich anfangs absolut nicht für die Zeitmessung auf Schiffen. Ihre auf Drehpunkte gelagerten mechanischen und beweglichen Teile gerieten durch die Schiffsbewegungen aus dem Gleichgewicht; die Uhr blieb stehen. Ganz zu schweigen von den wilden Schwingbewegungen ihrer Pendel und Gewichte! Erste Chronometer erschienen um 1690 auf der Bildfläche; sie gingen aber so ungenau, daß sie zur Längenmessung auf dem Meer versagten. Heute ist man nicht mehr darauf angewiesen, die exakte Mittagsstunde für die Standortbestimmung zu benutzen, sondern man kann zu jeder Zeit – ausgenommen in der Nacht oder bei bedecktem Himmel – mit dem Sextanten und unter Zuhilfenahme eines Chronometers eine Standlinie bestimmen. Doch die Zeit muß stimmen! Es ist einfach zu überprüfen, daß die Sonne in 4 Sekunden genau eine Seemeile zurücklegt (1852 Meter). Ein Zeitfehler von 20 Sekunden bei der Messung des Sonnenstandes ergibt einen Längenfehler von 5 Seemeilen; das kann sich katastrophal auswirken!

Das heraufstrebende Zeitalter der Aufklärung wollte dieses Problem endlich lösen. So wurde durch einen britischen Parlamentserlaß von 1714 demjenigen eine Prämie von 20 000 Pfund versprochen, der einen Schiffschronometer baute, dessen Genauigkeitstoleranz auf der Reise nach Westindien nur zwei Zeitminuten ausmachen durfte, der also während 6000 Seemeilen nur zwei Minuten vor- oder nachging. Der englische Uhrmacher *John Harrison* machte sich, 21 Jahre alt, an die Aufgabe, der er sein ganzes Leben widmete. Fünf Jahre baute er an der ersten Uhr, der H1; sie war fast vollständig aus Holz – nur die Unruh, die Hemmung und die Spiralfeder waren aus Metall – und mit gut 30 kg zu schwer. Die H2 war vollständig aus Messing, doch das Metall verzog sich. Siebzehn Jahre benötigte er für die Konstruktion der H3, immer lebte Harrison sehr bescheiden. 1757 begann er mit der H4, die 1761 fertig wird. Er ist nun 68 Jahre alt und fühlt sich einer langen Seereise zur Erprobung der Uhr nicht mehr gewachsen, so daß sein Sohn an seiner Stelle am 18. November 1761 mit *HMS Deptford* nach Jamaica in See sticht. Die H4 erfüllt alle Bedingungen – ja, mehr als das: nach einundsechzig Tagen weist die Uhr bei der Heimkehr aus Westindien nur 65 Sekunden Abweichung auf. Das entspricht einem Viertelgrad, das Parlament hatte doppelt soviel – ein halbes Grad – zugestanden!

Und nun zeigte sich das englische Parlament, der Repräsentant des Volkes, von seiner schäbigsten Seite: es zahlte nach langem bürokratischen Wenn und Aber erst weitere elf Jahre später dem neunundsiebzigjährigen Harrison die ihm zustehende Prämie aus. Die Erfindung des Schiffschronometers aber knüpft an die jahrhundertelange Weiterentwicklung der Navigationskunst an, die auch in unseren Tagen noch nicht ganz abgeschlossen ist.

25. KAPITEL

Wissensdurst und Sauerkraut

Der »größte Forscher seiner Zeit« kartographiert den Pazifik

In der Mitte des 18. Jahrhunderts errechneten Astronomen, daß der Planet Venus am 3. Juni 1769 durch die Sonne gehen würde. Aus der Beobachtung dieser Erscheinung von weit auseinander liegenden Punkten auf der Erde, würden sich genauere Zahlen für die Entfernung der Erde von der Sonne errechnen lassen. Ein Sonnendurchgang der Venus war erst hundert Jahre später wieder zu beobachten; deshalb beschloß die *Royal Society* in London, eine Expedition nach Tahiti zu entsenden, welche das astronomische Ereignis beobachten und dokumentieren sollte. Anschließend sollte der Kapitän aber noch eine vertrauliche Order erfüllen, nämlich nach Süden in die unerforschten Randgebiete des Pazifiks vorstoßen und nach einem unentdeckten Kontinent namens *Südland* Ausschau halten, der – Gerüchten zufolge – dort unten als *Gegengewicht zu den großen Landmassen der Nordhalbkugel* zu suchen sei. Der Erste Lord der Admiralität, Hawke, bestimmte einen wenig bekannten Leutnant zur See zum Leiter der Tahiti-Expedition und stieß damit einige einflußreiche Männer mit Titeln, Reichtum und Bücherkenntnissen vor den Kopf: *Leutnant James Cook*, Sohn eines Landarbeiters aus Schottland, der sich in Yorkshire niedergelassen hatte, wurde am 25. Mai 1768 als Kommandant auf die Bark *Endeavour* befohlen!

In den nächsten elf Jahren bis 1779 machte Cook drei Forschungsreisen in den Pazifik, die ihn wegen seiner wissenschaftlichen Leistung und einer neuen Art der Schiffsführung unsterblich machten. Er überquerte den Pazifik von Macao im Westen bis Vancouver im Osten und von Alaska im Norden – wo er erfolglos eine nördliche Durchfahrt in den Atlantik suchte – bis Grahamland in der Antarktis. Schließlich entdeckte er Hawaii. Dort wurde er am 14. Februar 1779, fünfzig Jahre alt, bei der Vermittlung in einem Streit von Eingeborenen erschlagen. Sein Schicksal erinnert mit bitterer geschichtlicher Ironie an das des Fernando Magellan, der genau 250 Jahre vorher auf den Philippinen unter ähnlichen Umständen den Tod fand.

James Cook war unbestritten ein guter Seemann, ein hervorragender Seeoffizier und strenger, aber fürsorglicher Vorgesetzter. *Heinrich Zimmermann*, ein junger Deutscher, der Cook auf seiner letzten Reise begleitet hatte, hat ihn nach seinem Tode wie folgt gewürdigt: *»Ich glaube, dem Gedächtnis dieses Mannes, der einer der größten unserer Zeit war, schuldig zu sein, hier seine Beschreibung etwas weitläufiger auszuführen. Herr Cook war ein großer, schöner, starker, etwas hagerer Mann, schwarzbraun, finster von Gesicht, etwas gebückt. Er war anfänglich ein gemeiner Matrose, schwang sich aber durch seine Verdienste so hoch, daß er einer der berühmtesten Seefahrer wurde. Er war sehr streng und jähzornig, und so, daß die geringste Widersetzlichkeit eines Offiziers oder Matrosen ihn aus der Fassung brachte. Er hielt unerbittlich auf die Schiffsgesetze und die darauf gesetzten Strafen. ... Kein Seeoffizier hat vielleicht jemals eine so ausgedehnte Oberherrschaft über seine unter ihm dienenden Offiziere wie er, so daß keiner sich jemals unterstand, ihm zu widersprechen. Er saß öfter mit seinen Offizieren an der Tafel ohne ein Wort zu reden, und überhaupt war er sehr zurückhaltend. Der Gemeinen nahm er sich in gerechten Sachen mehr an als der Offiziere; zuzeiten war er auch gegen das Schiffsvolk sehr leutselig. ... Er redete niemals von Religion, wollte keinen Priester auf dem Schiff dulden, feierte sehr selten die Sonntage, war aber sonst ein gerechter Mann in seinen Handlungen, fluchte niemals, auch im größten Zorn nicht. Er war besonders reinlich, und nach diesem Beispiel mußte sich die gesamte Equipage richten, besonders das Schiffsvolk mußte alle Sonntage frisch angekleidet sein. Die Mäßigung war eine Haupttugend bei ihm. In der Zeit, als ich mit ihm die Reise gemacht habe, hat ihn keiner jemals betrunken gesehen. ...*

Seine Tafel war sehr einfach, einfacher als jemals ein Seeoffizier sie hatte. Er aß meistenteils Sauerkraut mit einem gesalzenen Stück Fleisch, etwas Erbsen; und so bestand seine Tafel meistens aus zwei, höchstens drei Gerichten. Sonnabends war er meist freundlicher als sonst, er trank auch dann ein Glas Punsch mehr als gewöhnlich auf die Gesundheit schöner Frauen und Mädchen. ... Die Unerschrockenheit war sein Hauptmerkmal. An den unbekannten Küsten von Amerika lief er in nebeligen Nächten mit vollen Segeln und schlief dabei ruhig; und öfter dagegen, wenn niemand Gefahr vermutete, kam er auf das Verdeck, veränderte den Lauf des Schiffes, weil Land nahe war, so daß jedermann glaubte, er habe besonders geheime Zeichen, aus denen er die Gefahr wahrnehmen könne. ... Ich glaube nicht, daß England einen tapfereren Seeoffizier gehabt hat als ihn. In dem Augenblick der größten Gefahren war er der munterste, heiterste und standhaftigste; und dann war seine Hauptbeschäftigung nur, die Stille und Ruhe auf dem Schiff herzustellen, was ihm auch so gelang, daß meistens aller Augen nur auf ihn gerichtet waren. ... Er war geboren, mit den Wilden umzugehen. Er konnte sich ihnen durch seine Gebärden vorzüglich begreiflich machen, und so waren sie ihm am meisten ergeben. ... Was ihm noch besonders zum Lobe gereicht, ist die innere Einrichtung der Polizei des Schiffes, besonders im Hinblick auf die Gesundheit der Equipage. Den Müßiggang hielt er für den größten Feind der Gesundheit, und er suchte deswegen immer das Volk mit Arbeit zu beschäftigen. ... Wöchentlich einmal mußte das ganze Schiff gereinigt und mit Pulver geräuchert werden, und täglich, außer im Fall eines Sturms, mußten alle Hängematten auf das Verdeck gebracht werden, von wo sie erst bei Untergang der Sonne wieder eingegeben wurden. Vom vielen Fleischessen mahnte er uns sehr oft ab und war immer bereit, statt des Fleisches Mehl zur Bereitung anderer Speisen austeilen zu lassen. Auch mußten wir wöchentlich dreimal Sauerkraut, welches die Engländer sehr gern aßen, und zweimal Suppen, die von einem aus Fleisch gekochten Gelee und Erbsen zubereitet waren, essen. Sobald wir an einer Insel landeten, mußten gleich Leute ausgeschickt werden, um frisches Grünes zu sammeln, und dieses mußte in der Suppe gegessen werden. War aber nichts zu haben, so mußten die Netze ausgeworfen werden, damit neuer Vorrat an Fischen gesammelt und dadurch die Nahrung an Fleisch vermindert würde. Konnten aber frische Lebensmittel gekauft werden, so war dies seine erste Sorge. Durch diese klugen Maßnahmen brachte er es so weit, daß niemals nur ein Merkmal von Skorbut sich auf dem Schiffe zeigte. ...«

Noch zweihundertzwanzig Jahre nach seinem Tode spürt man in dieser Charakterisierung die Anerkennung menschlicher Größe sowie die respektvolle Autorität des *Captain Cook*, wie seine Leute ihn nannten. Unsterblichkeit erlangt aber hat er durch seine Leistungen! Seine Reisen stehen in ihrer historischen Bedeutung auf gleichem Rang wie die des Pytheas von Massalia, des Leif Eriksson und Ferdinand Magellans.

Cook wurde am 27. Oktober 1728 in Marton in der Grafschaft Yorkshire geboren. Es ist zweifelhaft, ob er je Salzwasser zu sehen bekommen hatte, ehe er mit siebzehn Jahren von seinen Eltern in dem Fischerdorf Staithes bei einem Krämer in die Lehre gegeben wurde. Sicher ist, daß Cook nur eine dürftige Ausbildung in Lesen, Schreiben und Rechnen genossen hatte. Anderthalb Jahre lang verkaufte Cook Kartoffeln, Stockfisch und Weißwaren in einem kleinen Laden.

Aber die Nordsee lag buchstäblich vor der Tür, und 1746 beschloß er, sein Glück in dem nahe liegenden Hafen Whitby zu versuchen. Gleich darauf war er Schiffsjunge an Bord der *Freelove*, einer 450-Tonnen-Brigg, die Kohlen von Newcastle nach London brachte.

Abb. 20: Diverse nautische Geräte: im Vordergrund groß ein Jakobsstab zur Messung von Gestirnshöhen (Johann van Keulen, 1776), rechts daneben ein Nocturlabium für die Feststellung der Sternenzeit (1774) sowie Sanduhren verschiedener Größe für Durchlaufzeiten von 4 Stunden (Dauer einer Wache), 30 Minuten (»ein Glasen«), 30 und 15 Sekunden für die Feststellung der Schiffsgeschwindigkeit.

Destroict Patagonicque.
Cap de Seade.
Mer occean.
Cap de onze mille vierges.
Port de Sainct Iulien.
Mer pacificque.
Region Patagonicque.
Cap de saicte Marie.
Flũue de Ichã de Solis.

D, MAGELLANVS SVPERATIS ANT
FLETI ANGVSTIS CLARISS.

Abb. 23: Hahn des Glockenturms von La Eplatures, Kanton Neuenburg, Schweiz: Vor der Erfindung der Uhr kündigte der erste Hahnenschrei den Tagesbeginn an, wegen der unterschiedlichen Tageslängen im Winter später als im Sommer. So dauerte ein Arbeitstag im Sommer auch länger als im Winter. Weil der Hahn »das Licht bringt«, machte ihn die Kirche zu einem Sinnbild Christi, und sein Platz war auf dem Scheitelpunkt der himmelsstrebenden Kathedralen. In Indien verkörpert er die Sonnenenergie, der Islam machte ihn zum Feind der Feinde Gottes.

◁ ◁ *Abb. 21: Die Magellanstraße, Zeichnung von Antonio Pigafetta. Die Karte ist nach Süden ausgerichtet, d. h. Süden ist oben.*

◁ *Abb. 22: Ferdinand Magellan (1480–1521) suchte den Seeweg zu den Gewürzinseln auf dem westlichen Seeweg, entdeckte die Durchfahrt durch Südamerika – die nach ihm benannte Magellanstraße – und gelangte unter ungeheuren Strapazen über den Pazifik zu den Philippinen. Die lateinische Inschrift lautet: »Überaus ruhmreicher Bezwinger der antarktischen Meerenge.« (Porträt eines unbekannten Malers des 16. Jahrhunderts.)*

Abb. 24: Ein Oktant, gekennzeichnet »L. A. de Bougainville, 1761«, Länge 30 cm. (rechts)

Abb. 25: Stundenkerze, wie sie im Mittelalter vor allem in den Klöstern verwendet wurde. Die Zahlenskala gibt die Anzahl Stunden an, die seit dem Anzünden vergangen sind. Je nach Jahreszeit hatten die Kerzen einen anderen Umfang oder eine andere Einteilung. (unten links)

Abb. 26: Seechronometer mit kardanischer Aufhängung von Ferdinand Berthoud, Paris 1774. (unten rechts)

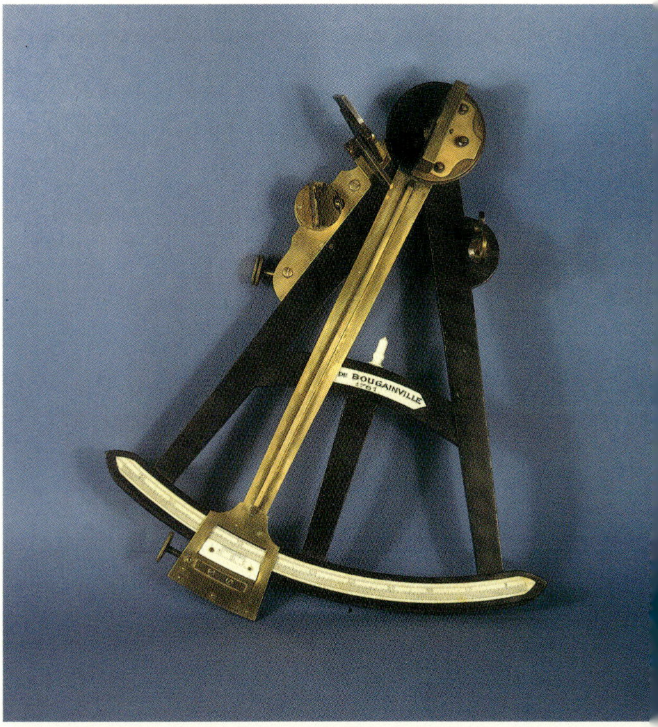

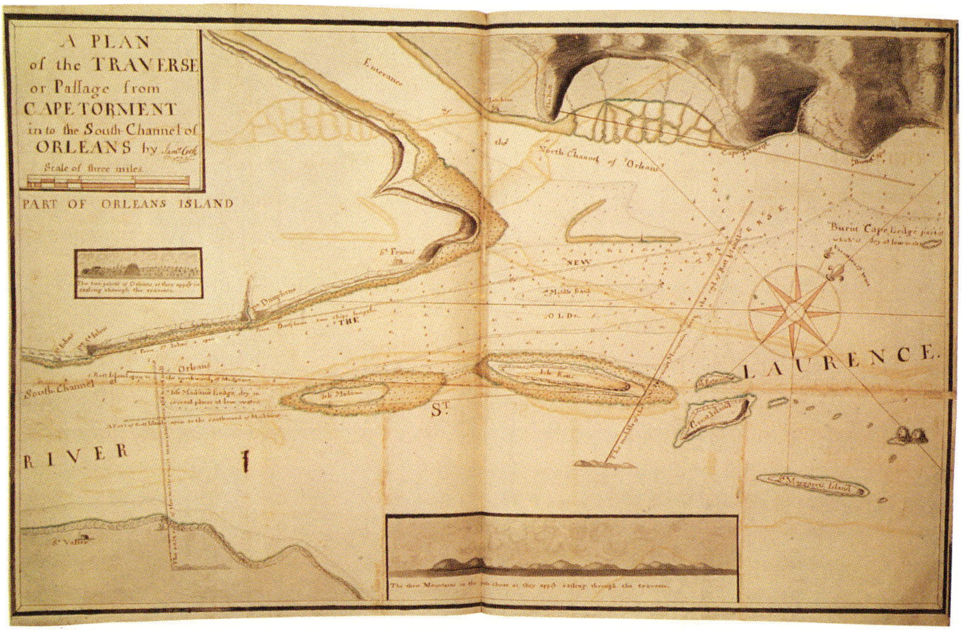

Abb. 27: Eine frühe kartographische Arbeit von James Cook. Sie zeigt die als unpassierbar geltende »Traverse« des St.-Lorenz-Stromes bei Quebec. Die Präzision der Vermessung trug Cook die Aufmerksamkeit des Befehlshabers, Lord Colville, ein.

Abb. 28: Die »Endeavour«, mit der James Cook seine erste Reise unternahm, war ein ehemaliges Kohlentransportschiff.

Abb. 29: James Cook (1728–1779), nach einem 1776 entstandenen Gemälde von Nathaniel Dance. Die Seekarte auf Cooks Knie weist ihn als bedeutenden Entdecker und Kartographen aus.

Abb. 30: Holzglobus von Johann Schöner aus dem Jahre 1520. Dieser zweitälteste, vollständig erhaltene bekannte Globus stammt aus Bamberg. Afrika und Asien sind schon verhältnismäßig exakt abgebildet. Südlich vom afrikanischen Kontinent vermutet der Maler einen weiteren, der nicht wie die Antarktis mit Eis überzogen ist.

Jetzt zeigte Cook einen Charakterzug, der ihn später bis an die Grenzen der Welt bringen sollte: Unbeirrbarkeit! Er war entschlossen, sein Leben auf dem Meer zu verbringen und machte sich mit großem Eifer daran, den Seemannsberuf von Grund auf zu erlernen. Neun Jahre lang segelte er entlang den nur ungenau vermessenen Nordseeküsten Englands und durchlief dabei die verschiedenen Rangstufen des Seemannsberufs. Er war fleißig und besaß gesunden Menschenverstand. So brachte er sich selbst Lotsenkunde, Navigation, Vermessungswesen und Astronomie bei! Neun Jahre brauchte er, um sich durch die Mannschaftshierarchie vom Matrosen zum Offizier der Handelsflotte hinaufzuarbeiten. Im Frühjahr 1755 wurde ihm ein erstes Kommando angeboten, eine Brigg aus Whitby, die im Ostseehandel eingesetzt war. Cook aber lehnte ab; er wollte Marineoffizier werden! Dies war bei seinem Herkommen aus den unteren Volksschichten ein großes Ziel. So trat er am 17. Juni 1755 als Vollmatrose in die Königliche Marine ein.

Cooks erster Eindruck von der Marine muß schockierend gewesen sein. Über die Verhältnisse auf Cooks erstem Schiff, der *Eagle* mit sechzig Geschützen, berichtet Admiral Muir: *»Die einzige Luftzufuhr erfolgte durch die Geschützpforten und die Luken, die bei schlechtem Wetter geschlossen wurden. Das Schiff leckte stark, das Bilgenwasser stank ekelerregend, dieser Geruch drang durch das ganze Schiff. ... Die sanitären Einrichtungen bestanden in einem freien Raum an der Hieling des Bugspriets, wo die Männer mit Sprühwasser überschüttet wurden, und die Exkremente blieben am Bug kleben, bis eine schwere See sie abwusch. Kein Wunder, daß die Sterblichkeitsziffer auf Marschfahrten, selbst in Heimatgewässern, immer entsetzlich hoch war.«*

Solche Verhältnisse waren im 18. Jahrhundert eher die Regel als die Ausnahme. Cook ertrug sie jahrelang; es ist ein Wunder, daß er nicht abstumpfte, im Gegenteil! Hier liegt wohl der Grund für die fast fanatischen Maßnahmen, die er, als er ein eigenes Kommando hatte, ergriff, um seine Mannschaft gesund zu erhalten. Nicht viele Kapitäne der Kriegsmarine jener Zeit hatten den »Vorzug« gehabt, aus eigenem Erleben Erfahrungen über das Leben des Mannschaftsstandes zu sammeln.

Aber vorläufig blieb Cook nichts übrig, als die menschenunwürdigen Verhältnisse zu ertragen. Seinen Vorgesetzten wurde bald klar, daß der Vollmatrose Cook aus besonderem Holz geschnitzt war; seine Beförderungen kamen mit schöner Regelmäßigkeit: zum Maat, zum Untersteuermann, zum Deckoffizier. An seinem 29. Geburtstag, dem 27. Oktober 1757, wurde er zum Obersteuermann auf der *Pembroke* ernannt, die ebenfalls sechzig Geschütze hatte und unter dem Kommando von Kapitän Simcoe stand. Ein paar Tage später wurde die *Pembroke* nach dem Sankt-Lorenz-Strom beordert. Dort, auf einer der schwierigsten Wasserstraßen der Welt, entdeckte James Cook seine Berufung: die Seevermessung.

In den amerikanischen Kolonien tobte ein Krieg zwischen Frankreich und England um die Interessenssphären beider Länder. Cooks erste Vermessungsarbeit führte dazu, daß die Briten Quebec einnahmen. Die französischen Verteidiger von Quebec stützten sich darauf, daß ein Teil des St.-Lorenz-Stroms, der die Traverse genannt wurde, als unpassierbar für Kriegsschiffe galt, denn eine stürmischere und mit Felsen übersätere Wasserstraße ließe sich kaum finden. In den Wochen vor dem Angriff vermaßen und loteten Cook und *Bissett,* der Obersteuermann der *Stirling Castle,* die Traverse und markierten sie mit Bojen, daß die gesamte britische Flotte nachts unbehelligt hindurchfahren konnte. Cooks Arbeit trug ihm die Aufmerksamkeit des Befehlshabers, *Lord Colville,* ein, der so beeindruckt von der Bojenmarkierung der Durchfahrt war, daß er nach Beendigung der Kämpfe dafür sorgte, daß Cook als *Meistervermesser* an Bord der *Northumberland,* des Flaggschiffs der Nordamerikaflotte, blieb.

Mehrere Jahre arbeitete er mit größter Genauigkeit an der Aufnahme des St.-Lorenz-Stromes und der Küste von Neuschottland. 1762 konnte Colville an die Admiralität schreiben, *»daß nach meiner Erfahrung Mr. Cook durch sein Genie und seine Fähigkeit gut geeignet ist für diese Arbeit und für größere Unternehmen dieser Art«.* Cook, der Seemann, wurde berühmt. 1762 verwendete er seinen sechswöchigen Urlaub dazu, sich zu verheiraten. Aber in den siebzehn Jahren, die er noch zu leben hatte, sollte er nicht viel Zeit an Land verbringen.

Nach dem St.-Lorenz-Strom nahm Cook die Küste von Neufundland auf; seine Karten wurden so genau, daß sie noch heute von den dortigen Lotsen benutzt werden können. In Ermangelung einer genau gehenden Uhr errechnete er mit Hilfe einer Sonnenfinsternis exakt die geographische Länge des Cookfelsens an der neufundländischen Küste; die Originalität dieser Berechnungen veranlaßte Colville, sie an die Royal Society zu schicken. Das hatte wichtige Folgen! Denn als die Society ein paar Jahre später eine Expedition ausrüsten wollte, um den Venusdurchgang zu beobachten, dachte sie sofort an Cook.

So kam es, daß Leutnant zur See James Cook 1768 auf die Bark *Endeavour* kommandiert wurde. Das Schiff hatte 368 Tonnen und war von der Admiralität eigens für diese Reise nach dem Süden gekauft worden. Auch die *Endeavour* war ein ehemaliger Kohletransporter, man hatte sie aber für die vorgesehene Expedition innen renoviert und gegen die tropischen Bohrwürmer mit einer mit Nägeln beschlagenen zweiten Außenhaut versehen. Cooks offizieller Auftrag lautete, *»von einem Platz südlich des Äquators, der für geeignet gehalten* *wird ..., den Durchgang des Planeten Venus durch die Sonnenscheibe am 3. Juni 1769 zu beobachten«.* Aber in Wirklichkeit ging es um viel mehr. Denn abgesehen von den Wissenschaftlern der Royal Society und ihrer umfangreichen Ausrüstung, hatte die *Endeavour* auch versiegelte und höchst geheime Befehle an Bord. Darin wurde Cook angewiesen, nach der Beobachtung des Venusdurchgangs *»den großen Südkontinent zu suchen, seine Lage und anderer derartiger Länder, die sie vielleicht entdecken, genau zu beobachten, sie zu vermessen und Karten von denjenigen anzufertigen, die wichtig zu sein scheinen, und sie im Namen Seiner Majestät in Besitz zu nehmen«.*

Zweihundertfünfzig Jahre waren vergangen, seit Magellan das *Mar Pacifico* zum erstenmal überquert hatte. Und immer noch war der große Ozean ein Rätsel, sein Umfang wurde nur ungefähr geschätzt, seine Geheimnisse waren noch keineswegs entschleiert. Etwa ein Dutzend Entdecker hatten ihn überquert, aber sie waren meist auf ein und derselben Route gesegelt, und zwar von Ost nach West entlang dem Wendekreis des Krebses oder von West nach Ost entlang dem Wendekreis des Steinbocks. Alles, was zwischen diesen Routen und nördlich und südlich von ihnen lag, war jungfräuliches Gewässer. Australien war zwar bekannt, der Niederländer *Tasman*[1] hatte es 1642 teilweise umsegelt – aber noch immer hielt sich der Mythos von einem weiteren großen Südkontinent, und sehr verschwommen waren weiterhin die Umrisse von Australien.

Der Grund, warum der Pazifik nicht genauer erforscht worden war, lag in seiner Größe. Die riesige Wasserfläche – größer als alle Länder der Welt zusammengenommen – stellte die Entdeckungsreisenden des 16. bis 18. Jahrhunderts vor zwei fast unüberwindliche Probleme. Das eine war ein nautisches, das andere ein medizinisches und hygienisches Problem.

Um die Mitte des 18. Jahrhunderts vermochten Schiffe auf See ihre geographische Breite ausreichend genau zu berechnen, aber die geographische Länge war immer noch weitgehend eine Sache des Ratens; *Harrison* hatte seine H4 erst 1761 fertiggestellt.[2] Dann verging noch einige Zeit, bis der Chronometer an Bord der britischen Marine seinen festen Platz einnahm. Und ohne genaue Längenfeststellung war es schwierig, ein in einem Ozean neu gesichtetes Land aufzunehmen und genau in eine Karte einzutragen. Man hat vielfach behauptet, daß Cooks kartographische Aufnahme des Pazifiks durch die Erfindung des Sextanten und des Chronometers möglich wurde. Aber das stimmt nur teilweise; auf seiner ersten Reise hatte Cook keinen Chronometer an Bord, und doch war er imstande, ganz Neuseeland und die Ostküste Australiens mit äußerster Genauigkeit zu orten und aufzuzeichnen. Frühere Entdecker waren mehr daran interessiert, Reichtümer zu erwerben oder heidnische Seelen für die Kirche zu retten. Bei Cook war es mehr seinem forschenden Charakter als

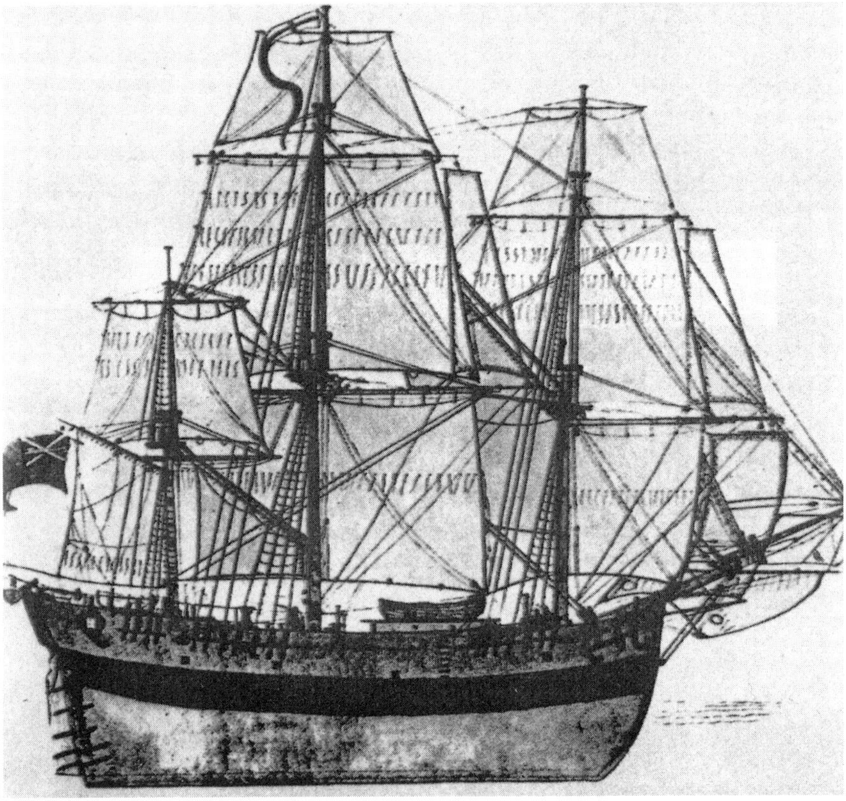

Zeitgenössische Darstellung der »Endeavour«, mit der James Cook 1768–71 seine erste Südsee-Expedition nach Tahiti, Neuseeland und Australien unternahm.

seinen Instrumenten zuzuschreiben, daß er mit Problemen fertig wurde, an denen seine Vorgänger gescheitert waren.

Das zweite Problem war der Skorbut! Diese Mangelkrankheit bricht bei ungenügender Gemüse- und Obstversorgung nach vier bis sechs Wochen aus; sie beginnt mit Hautblässe, Mattigkeit und Apathie, zeigt in fortgeschrittenem Zustand Störungen der Herztätigkeit, Lockerungen und Ausfallen der Zähne bei geschwollenem Zahnfleisch, führt schließlich zu Blutungen, Hautverfärbungen und zum qualvollen Tode. Die Krankheit verschwindet rasch, wenn hohe Gaben Vitamin C mit der Ernährung zugeführt werden. Skorbut war zweihundertfünfzig Jahre lang das Haupthindernis für die Erforschung des Pazifiks gewesen. Denn Schiffsbesatzungen, die von den kürzesten und schnellsten Routen abwichen, gingen zugrunde. Bei ihrer Kost und Hygiene konnten sie nicht Wochen und Monate auf See zubringen, ohne häufig zu landen, um sich neu zu verproviantieren. In den riesigen Weiten des Pazifiks war es normal, daß die Hälfte der Besatzung starb, und eine Todesrate von 75 Prozent war nicht ungewöhnlich. So ging zum Beispiel *Anson*[3] im Jahre 1740 mit 961 Mann Besatzung auf eine Reise um die Welt; als er die Insel-Gruppe *Juan Fernandez* im Südpazifik erreichte, waren 621 Mann tot. *»Keine Feder kann das elende Leben auf unseren Schiffen beschreiben«*, hieß es in einem erschütternden Bericht von einer anderen Reise aus dem Jahre 1722. *»Gott allein weiß, wie wir gelitten haben. Unsere Fahrzeuge stanken nach Krankheit und Tod. Die Kranken jammerten und klagten ohne Unterlaß, und ihr Schreien hätte Steine erweichen können. Einige waren so ausgemergelt, daß sie wie wandelnde Leichname aussahen und der Tod sie ausblies wie Kerzen. Andere wurden ganz dick und aufgeblasen wie Ballons; diese litten so an Dysenterie, daß sie nur Blut ausschieden, außer zwei oder drei Tage vor ihrem Tod, dann waren ihre Exkremente wie grauer Schwefel – und das war ein sicheres Zeichen, daß ihre Stunde geschlagen hatte. Alle waren von großer Melancholie befallen. ... Auch diejenigen, die nicht so sehr krank waren, wie ich zum Beispiel, waren sehr geschwächt. Meine Zähne waren locker geworden, das Zahnfleisch daumendick geschwollen, und mein ganzer Körper war mit haselnußgroßen roten, gelben, grünen und blauen Beulen bedeckt.«*

Kein Wunder, daß mit dieser Gefahr vor Augen die Schiffe im Pazifik sich beeilten, die bekannten Routen so schnell wie möglich hinter sich zu bringen. Aber Cook vermochte auf seinen drei Pazifikreisen immer wieder kreuz und quer über dieses Riesenmeer zu segeln, ohne daß Krankheiten ausbrachen. Dank den Experimenten von zwei Ärzten, *Lind* und *Pringle*, war der Wert von Gemüse als Skorbut verhütendes Mittel allmählich erkannt worden; die *Endeavour* hatte über 7000 Pfund Sauerkraut als Vitamin-C-Spender an Bord. Der gute Gesundheitszustand auf der *Endeavour* ist aber nicht allein der Kost zuzuschreiben, weil Cook das Sauerkraut oft auch gekocht servieren ließ. Er ist weitgehend Cook selbst als Verdienst anzurechnen. Denn Cook sorgte für seine Leute in einer Weise, die in den Annalen der Entdeckung einmalig dasteht; die Maßnahmen, die er ergriff, um die Mannschaft gesund zu erhalten, waren revolutionär. Er hatte drei Mann auf Wache statt der üblichen zwei; er verlangte, daß jeder Mann wenigstens ein kaltes Bad am Tag nahm, selbst in der Antarktis; Hängematten wurden täglich, Kleider und Bettsachen zweimal wöchentlich zum Lüften an Deck gebracht; jede Woche wurde das Schiff *»mit einer Mischung von Essig und Schießpulver ausgeräuchert«*, der Pumpenpott[4] wurde regelmäßig desinfiziert und die Kochkessel mußten täglich gescheuert werden; die Verpflegung wurde genauestens überwacht; ein sorgfältig ausgearbeiteter Dienstplan sorgte dafür, daß es keinen Müßiggang gab, und Cook selbst inspizierte oft jeden einzelnen Teil des Schiffes. Zuerst herrschte einige Unzufriedenheit wegen dieses strengen Dienstes: *»Bei Mr. Cook ist jeden Tag Sonntag«*,[5] beklagte sich ein Matrose, aber später sollten sich diese Maßnahmen als richtig erweisen.

Es war Ende August, als die *Endeavour* endlich von Plymouth aus unter Segel ging. Der erste Teil der Reise verlief ereignislos – abgesehen von den geschilderten Neuerungen, die Cook an Bord einführte und an die sich die Besatzung zuerst gewöhnen mußte. In Madeira und dann wieder in Rio wurden die Vorräte ergänzt, und Anfang Dezember näherte sich die *Endeavour* Kap Horn. Die Besatzung landete auf Staten Island vor der Ostspitze der *Tierra del Fuego*, wo man Löffelkraut sammelte, sich über die 37 Meter langen Fasern des Löffeltangs wunderte, die Le-Maire-Straße kartographisch aufnahm und feststellte, daß die Eingeborenen *»ein so bemitleidenswerter Menschenschlag sind, wie es heute auf der Erde einen geben mag«* – eine Ansicht, die ein Jahrhundert später Darwin teilte.

Dann ging es weiter zum Pazifik, den sie Ende Januar 1769 erreichten. Auch die Überquerung des Pazifik verlief so ereignislos wie die des Atlantiks. Er brauchte 127 Tage von *Kap Horn* bis *Tahiti*, wo der Venusdurchgang beobachtet werden sollte. Das war viel länger als die 90 Tage, die man damals als die äußerste Zeitspanne ansah, die ein Schiff auf See verbringen könnte, ohne daß an Bord Skorbut ausbrach. Als die *Endeavour* in Matavai Bay Anker warf, war nicht ein einziges Besatzungsmitglied krank oder krank gewesen. Die Überfahrt bewies, daß Schiffe ohne gesundheitsschädliche Folgen für die Besatzung monatelang auf hoher See und weit entfernt vom Land bleiben konnten.

Drei Monate verbrachten sie auf Tahiti. Sie richteten ein Observatorium ein und beobachteten am 3. Juni mit äußerster Exaktheit den Venusdurchgang. Die Eingeborenen erwiesen sich als freundlich, für den puritanischen Cook als zu freundlich! *»Die jungen Mädchen«*, schrieb der brave Mann aus Yorkshire, *»tanzen, wenn sich nur acht oder zehn von ihnen zusammenfinden, einen sehr unziemlichen Tanz, den sie ›Timorodee‹*[6] *nennen; dazu singen sie höchst unanständige Lieder und vollführen unanständige Gebärden, worin sie von frühester Kindheit an unterwiesen werden.«* Die Eingeborenen waren schön: graziös, erstaunlich hellhäutig und manche sogar hellhaarig. Sie besaßen alle die verhältnismäßig seltene Blutgruppe A.

Die Eingeborenen, die innerhalb eines von Neuseeland, Hawaii und den Osterinseln begrenzten Dreiecks leben, sind unter dem Namen Polynesier bekannt. Sie alle sind hellhäutig und haben alle dieselbe Blutgruppe; sie sprechen eine gemeinsame Sprache, haben gemeinsame Götter und eine gemeinsame

Kultur; sie sind eine Rasse für sich, und es besteht keine Ähnlichkeit mit den benachbarten Melanesiern, Chinesen oder Indern. Anthropologen vertreten heute die Ansicht, daß sich die Polynesier vor etwa 1500 Jahren auf ihren Inseln angesiedelt haben; nicht viel früher, denn sonst hätten sich Sprache und Gebräuche inzwischen gewandelt, aber auch nicht viel später, weil viele Familien ihre Vorfahren bis ins 5. Jahrhundert zurückverfolgen können und wissen, daß sie dort ansässig waren.

Eine Zeitlang wurde die Theorie vertreten, sie seien aus Indonesien ausgewandert, und von Insel zu Insel ostwärts vorgedrungen, bis sie schließlich durch einen 4000 Meilen breiten Ozean zum Stehen gebracht wurden. Aber die Polynesier konnten kaum aus dem Westen gekommen sein, weder aus Indonesien noch aus Melanesien; denn sie besitzen keines der Merkmale jener Völker: weder sind ihre Gesichter flach, noch ist ihre Haut gelb; sie brauen keinen Palmwein und bauen keinen Reis an; auch die Betelnuß ist unbekannt. Alle diese Besonderheiten sind in der ganzen übrigen Südsee bekannt – nur nicht innerhalb des genannten Dreiecks. Aber wenn die Polynesier nicht aus dem Westen gekommen sind, woher kamen sie dann? Etwa aus dem Osten, über 4000 Meilen offenes Meer?

Thor Heyerdahl[7] hat mit seinem Floß *Kon-Tiki* bewiesen, daß eine solche Fahrt möglich ist. Wir sollten daran denken, daß zu ungefähr der gleichen Zeit irische Coracles den Atlantik überquerten – und auf dem Atlantik gibt es nicht die immer gleichen günstigen Winde und Strömungen wie auf dem Südostpazifik. Vom norwegischen Ethnologen *Erland Nordenskjöld* gibt es eine Aufstellung von 49 Kulturfaktoren, die sowohl in Südamerika und in Polynesien vorkommen; die Parallelen sind zu ähnlich, um auf Zufälligkeiten zu beruhen. Die Rechenschnüre der Inkas, die als *Quipus* bekannt sind, entsprechen den Knotenschnüren der Polynesier für astronomische Messungen. Bei beiden Völkern findet man Muschelschalen, Panflöten, Federkopfschmuck und Ponchos; sie brauen ein berauschendes Getränk von derselben Art; ihre Angelhaken, Netze und Paddel sind fast gleich; auch ihre Kalender zeigen dieselben Eigentümlichkeiten. Auf den westlichen Inseln des Pazifiks gibt es nur Baumwolle von der Art der Alten Welt, in Polynesien nur von der Art der Neuen Welt. Wie gelangten die Baumwollsamen der Neuen Welt nach Polynesien? Vögel hätten sie nicht dorthin bringen können, denn sie rühren Baumwollsamen nicht an; auch die Ozeanströmungen können es nicht gewesen sein, denn die Chromosomen werden durch Salzwasser zerstört. Der Schluß ist naheliegend, wenn auch nicht vollständig bewiesen: Die Baumwollsamen sind von Amerika durch Menschen nach Polynesien eingeführt worden, die in Booten fuhren!

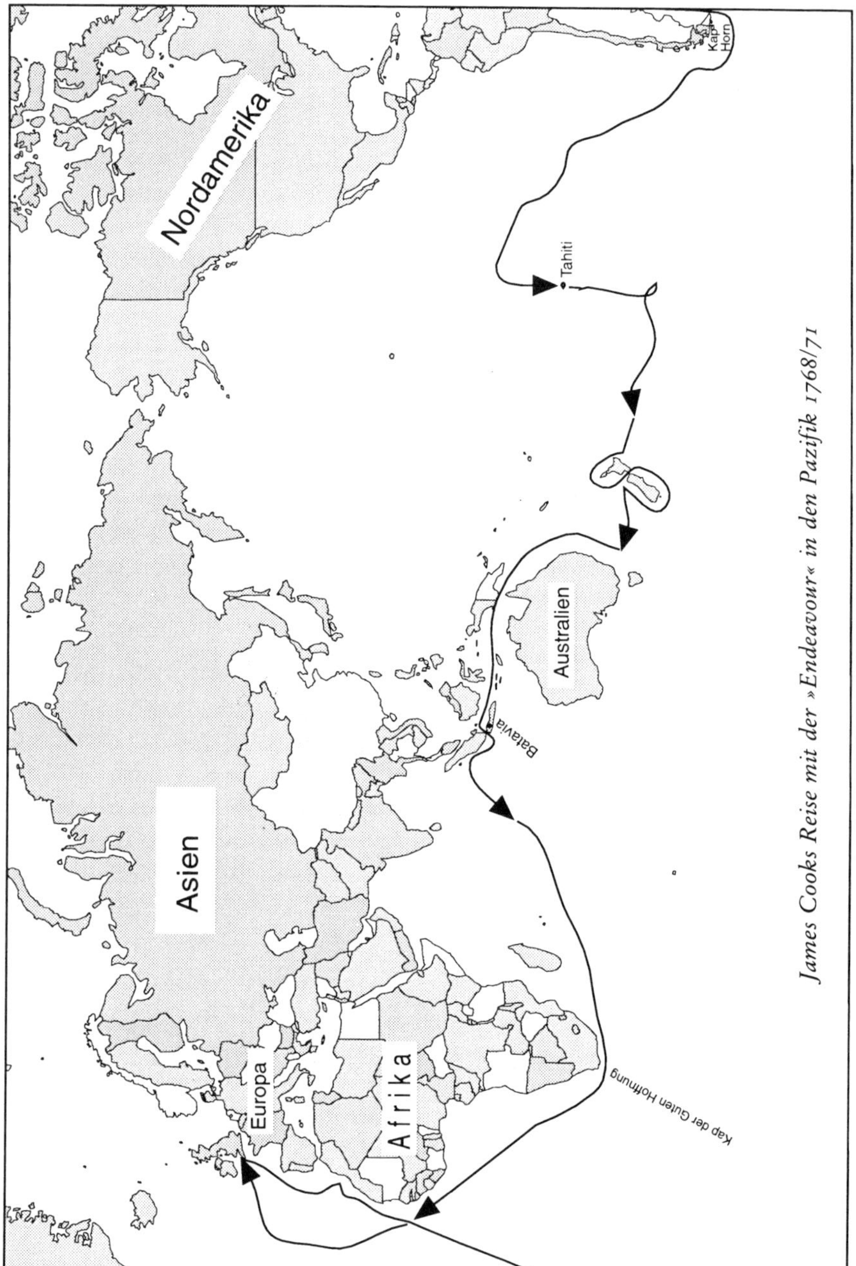

James Cooks Reise mit der »Endeavour« in den Pazifik 1768/71

Cook erwähnt mehrmals, daß die Eingeborenen in Polynesien süße Kartoffeln anbauten. Aber die Kartoffel ist eine aus Amerika stammende Pflanze und war im 18. Jahrhundert in *Eurasien*[8] noch nicht weit verbreitet. Aber Cook fand sie 1769 in Neuseeland schon vor. Sie kann nicht zufällig angeschwemmt worden sein, weil auch sie vom Meerwasser in wenigen Stunden zerstört wird. Wiederum scheint nur eine Schlußfolgerung möglich zu sein: sie ist mit Booten hierhergekommen. Es kann auch kaum ein Zufall sein, daß die süße Kartoffel in Neuseeland und in Peru unter demselben Namen *Kumara* bekannt ist.

Cook verließ Tahiti am 14. Juli 1769. Sein offizieller Auftrag, die Beobachtung des Venusdurchgangs, war erfüllt, aber der geheime und wichtigere Teil seiner Order, die Suche nach *Terra Australis Incognita,* lag noch vor ihm. Die *Endeavour* kreuzte mit Südkurs friedlich zwischen Inseln, die Cook zu Ehren der Royal Society *Gesellschaftsinseln* nannte. Häufig wurden neue Inseln gesichtet und freundliche Beziehungen zu den Eingeborenen hergestellt. Woche um Woche blieben sie auf Südkurs, allmählich wurde es kälter, der Wind stärker und die See unruhiger. Angesichts der kräftigen, von Süden heranrollenden Dünung, kam Cook immer mehr zu der Überzeugung, daß die *Terra Australis* ein Mythos wäre. Er segelte noch ein gutes Stück über den in seinen Instruktionen als Südgrenze angegebenen Breitengrad hinaus, ehe er Kurs nach Westnordwest auf Neuseeland nahm.

Der Holländer Tasman hatte hundert Jahre vor Cook auch Neuseeland gesichtet; aber niemand war seither hierher gekommen, um die Insel zu vermessen oder um festzustellen, ob es sich überhaupt um eine Insel oder um einen Teil des sagenhaften Südlandes handelte. Einen Monat lang blieben sie auf dem neuen Kurs, nur selten hatte sich ein Schiff so lange in unbekannten Gewässern aufgehalten, und die Besatzung erfreute sich immer noch der besten Gesundheit. Dann, am 7. Oktober, erblickten sie Land am westlichen Horizont.

Cook verbrachte sechs Monate vor der Küste Neuseelands, unterbrochen von kurzen Landaufenthalten; in dieser Zeit nahm er die Küste mit seiner bekannten Genauigkeit auf. Als er eintraf, war Neuseeland ein zusammenhangloser Küstenstreifen,[9] bei der Abreise der *Endeavour* waren die Hauptmerkmale der Inseln auf seiner Karte genau und detailliert eingetragen. Dabei ist die neuseeländische Küste steil und buchtenreich mit einem fruchtbaren und schon damals dichtbesiedelten Hinterland – bevölkert von der tapferen und kriegerischen Rasse der Maoris. Die Maoris waren völlig furchtlos, von sprichwörtlicher Kampfeslust beseelt – und sie klauten wie die Raben. Als die Pinasse der *Endeavour* an Land setzte, um Wasser zu holen, stahlen die Maoris das Boot, und als Cook versuchte, sein Boot wieder zurückzubekommen, verteidigten die Eingeborenen ihre Beute so heftig, daß Cook über die Köpfe der Maoris schießen lassen mußte, um seine Männer zu schützen.

Aber sie waren auch großzügig und hatten ein entwickeltes Gefühl für Fairneß, so daß sich – nach anfänglichem Mißtrauen und einigen Scharmützeln – die Beziehungen zu den »weißen Kobolden« normalisierten. Bald verkauften die Maoris der *Endeavour* frisches Gemüse und Obst, und viele von ihnen kamen zu Besuchen an Bord. Ein Maorihäuptling hinterließ folgenden köstlichen Bericht über einen solchen Besuch, der zudem einen Hinweis auf Cooks Charakter gibt:

»Wir drei saßen auf dem Deck des Schiffes, wo uns die Kobolde anstarrten, mit der Hand das Haar auf unseren Köpfen streichelten, und beim Reden viel Geschnatter machten. Es gab einen überragenden Mann auf dem Schiff. Wir sahen an seinem vornehmen Auftreten, daß er ein Häuptling war. Er sprach selten, nahm aber unsere Waffen in die Hand, tätschelte unsere Wangen und streichelte uns sanft über den Kopf. Wir waren noch nicht lange an Bord gewesen, als dieser Häuptling eine Rede hielt. Er nahm etwas Holzkohle und malte Zeichen auf das Deck, zeigte auf die Küste und sah dann unsere Krieger an. Einer von uns sagte: ›Er fragt nach der Form unseren Landes‹, dann stand er auf, nahm die Holzkohle und zeichnete die Umrisse von Ika-a-Maui.[10] *… Nach einer Weile kam der Kobold-Häuptling dorthin, wo meine Gefährten und ich saßen, streckte die Hand aus und hielt uns einen Nagel hin. Meine Gefährten fürchteten sich und saßen schweigend da; aber ich nahm den Nagel. Meine Gefährten sagten: ›Dieser Mann ist ein Häuptling, man sieht das an seiner Freundlichkeit. Denn es heißt doch: E hore te tino tangate e ngaro i te tokomaho‹.«*[11]

Am 4. November ankerten sie in einer Bucht auf der Halbinsel Coromandel, um den Merkurdurchgang zu beobachten; dadurch war es Cook möglich, ihre Länge genau zu bestimmen. Dann ging es weiter nordwärts. Als sich Cook gegen Ende des Jahres der Nordspitze Neuseelands näherte, geriet er in eine Reihe von Sommerstürmen. Sie brauchten dreiundzwanzig Tage, um fünfzig Meilen voranzukreuzen. Die Winde, die die Segel der *Endeavour* zerfetzten und ihr Takelwerk zerstörten, fügten zur gleichen Zeit einem anderen Schiff noch schwereren Schaden zu, das sich aus entgegengesetzter Richtung dem Nordkap näherte: der *Jean Baptiste* unter dem Kommando des *Chevallier de Surville.* Aber was für ein Unterschied bestand zwischen beiden Schiffen. Die *Endeavour* hatte ihre Laderäume voll mit frischem und ausgewogenem Proviant und ihre Besatzung war gesund! Die *Jean Baptiste* litt bittere Not, die Besatzung war an Skorbut erkrankt und sie hatten kaum noch genug Leute, um die Segel zu bedienen. Aber es war die *Endeavour*, die fast ein Jahr länger auf

See gewesen war. Am 16. Dezember fuhren die beiden Schiffe in ungefähr dreißig Seemeilen Entfernung aneinander vorbei; dann vergrößerte sich langsam ihr Abstand: das eine fuhr in die Vergessenheit, das andere wurde unsterblich!

Das neue Jahr brachte besseres Wetter; vor achterlichem Wind lief Cook an der Westküste der Nordinsel entlang und legte vierhundert Meilen in vierzehn Tagen zurück. Am 15. Januar hielten sie Ausschau nach einem Landeplatz, wo sie neue Vorräte an Bord nehmen und die Sturmschäden am Schiff beseitigen könnten. Sie segelten in eine große Bucht und fanden eine kleine windgeschützte Seitenbucht von seltener Schönheit mit leicht abfallenden Ufern, spiegelglattem, fischreichem Wasser und mit einem bewaldeten Hinterland: *Königin-Charlotte-Sund* taufte Cook diesen Platz. In dieser reizvollen Umgebung wurde die *Endeavour* an Land gezogen und drei Wochen lang gründlich geputzt und überholt. Der Schiffsrumpf wurde gereinigt, von allen Entenmuscheln und dem Algenbewuchs befreit, unter der Wasserlinie neu verpecht und oberhalb frisch gestrichen; der Schmied stellte seine Esse auf und machte sich daran, die Ruderpinne und andere Eisenteile nachzuschweißen; die Böttcher dichteten und säuberten die Wasserfässer; alle nassen Sachen wurden zum Trocknen in die Sonne gelegt – an einem abseitigen, gut bewachten Platz auch das feuchte Schießpulver; aus dem Wald wurde Holz geholt; die Segel wurden geflickt und beschädigte Taue neu gespleißt. Die Maoris brachten Unmengen Fisch und frisches Gemüse, ein reger Tauschhandel entwickelte sich.

Während die Besatzung mit alledem beschäftigt war, machte Cook eine wichtige Entdeckung. Auf Erkundigungsfahrten mit der Pinasse stellte er fest, daß das, was er zuerst für eine große Bucht gehalten hatte, in Wirklichkeit eine Meerenge war, eine zwanzig Meilen breite Wasserstraße, die die nördliche Insel Neuseelands von der südlichen trennt. Und sobald die *Endeavour* überholt war, nahm er als erstes diese Meerenge auf, die seinen Namen trägt: die *Cook-Straße.*

Die Durchfahrt erwies sich als ziemlich schwierig; Wind und starke Gezeitenströme hätten die *Endeavour* fast auf die Klippen getrieben. Aber am 8. Februar war Cook wieder in offenem Gewässer. Dann umsegelten sie in nur sechs Wochen die Südinsel und kartographierten auch diese; aber Cooks Aufnahme war hier weniger präzise als im Norden, denn er hielt sich aus Gründen der Vorsicht weiter von der Küste ab. So hielt er irrtümlich die Halbinsel Banks für eine Insel und die Stewart-Insel für eine Halbinsel. Wieder in der Nähe des Königin-Charlotte-Sundes angekommen, ergänzten sie nochmals ihre Wasser- und Gemüsevorräte. Dann rief Cook seine Offiziere zusammen, um mit ihnen über die Weiterfahrt zu beraten. Sie waren jetzt einundzwanzig Monate unterwegs; sie hatten den Venusdurchgang beobachtet; sie hatten nichts vom großen

Südkontinent gefunden; Neuseeland war zuverlässig und präzise kartographisch aufgenommen. Sie haben alles getan, was man billigerweise von ihnen erwarten konnte. Aber die Besatzung war gesund, das Schiff in gutem Zustand und Cooks Verlangen, *»so weit zu fahren, wie ein Mensch nur fahren kann«*, war noch nicht gestillt. So überredete er seine Leute, auf einer bisher unerforschten Route in die Heimat zurückzukehren. In seinem Tagebuch berichtete er, wie es zu diesem Entschluß kam.

»Als ich am Abend zurückkehrte, war Wasser und so weiter an Bord und das Schiff startbereit; da war ich nunmehr entschlossen, dieses Land endgültig zu verlassen.... Ich beriet daher mit den Offizieren über die beste Art, dies durchzuführen. Über Kap Horn zurückzukehren war am meisten nach meinem Wunsche, weil wir auf diesem Wege imstande wären, das Vorhandensein oder Nichtvorhandensein eines Südkontinents zu erweisen, der immer noch zweifelhaft bleibt. Doch um Sicherheit darüber zu erlangen, hätten wir mitten im tiefsten Winter hohe Breiten aufsuchen müssen, der Zustand des Schiffs konnte aber für ein solches Unternehmen keinesfalls als ausreichend gelten. Aus dem gleichen Grunde standen wir davon ab, geradeswegs zum Kap der Guten Hoffnung zu segeln, zumal da keine irgendwie bedeutende Entdeckung auf dieser Strecke zu erhoffen war. Es wurde daher beschlossen, auf folgendem Wege über Ostindien zurückzukehren: nach dem Verlassen dieser Küste nach Westen zu steuern, bis wir auf die Ostküste Neuhollands[12] stoßen würden, dann der Richtung der Küste nach Norden zu folgen oder wohin sie uns sonst führen würde, bis wir ihr nördlichstes Ende erreichten, und wenn das unausführbar sein sollte, den Versuch zu machen, das Land oder die Inseln anzulaufen, die de Quiros[13] entdeckt hatte. Mit solchen Absichten gingen wir bei Tagesanbruch unter Segel und hatten den Vorteil einer frischen Brise aus Südosten.«

Die von Cook ausgewählte Route für die Heimreise kommt uns heute überaus vernünftig vor, aber nach den Maßstäben des 18. Jahrhunderts gehörte ein großes Maß an Selbstvertrauen dazu. Cook wußte indes, was er tat. Gesundheit und Moral seiner Besatzung waren so gut, daß die Aussicht auf einen weiteren Sprung ins Unbekannte wenig Schrecken für ihn hatte. Zum erstenmal in der Geschichte der Seefahrt konnte ein Mensch für sich in Anspruch nehmen, daß er sich auf der Weite des Ozeans wie zu Hause fühlte. So nahm die *Endeavour* unverdrossen Kurs nach Westen.

Der gute Gesundheitszustand war nicht ohne große Anstrengungen von Cooks Seite erreicht worden; Inspektionen, Ausräucherungen und Desinfektionen wurden in der einundneunzigsten Woche in der Tasman-See ebenso gründlich ausgeführt wie in der ersten Woche auf dem Atlantik. Zuerst war es einigermaßen schwierig gewesen, die Leute davon zu überzeugen, daß mageres

Fleisch und Sauerkraut eine zweckmäßigere Kost seien als die gewohnten Rationen von fettem Schweinefleisch, Butter und Schiffszwieback. Ein Matrose wurde einmal mit zwölf Schlägen bestraft, weil er sein Fleisch nicht essen wollte; auch hatte sich die Mannschaft beklagt, von den *»schädlichen Gemüsen«* bekäme man Blähungen. Aber Cook hatte sich als guter Psychologe erwiesen: er erhöhte die Rationen des verhaßten Sauerkrauts für die Offiziere, was dazu führte, daß die Leute bald mehr Sauerkraut verlangten, *»denn es ist allgemein die natürliche Veranlagung des Seemannes, daß, was man ihm auch außer der Regel geben möge – und sei es noch so sehr zu seinem Vorteil –, keinen Anklang findet, und man wird nichts als Murren gegen den hören, der es erfunden hat; aber sobald sie sehen, daß ihre Vorgesetzten es wertschätzen, wird es das Beste von der Welt und der Erfinder ein Ehrenmann.«*

Ohne Cooks Hygienemaßnahmen und einen gesunden Speisezettel wäre seine Mannschaft einundzwanzig Monate nach der Abfahrt von England nicht in der Verfassung gewesen, noch die australische Küste zu erforschen. Sie sichteten diese Küste etwa auf halbem Wege zwischen Sidney und Melbourne im Morgengrauen des 21. April: Die ersten weißen Menschen der Geschichte kamen in ein Land, von dem Quiros vor hundertfünfzig Jahren geträumt und das er fast gefunden hätte und dessen südlichere Küste Tasman hundertachtundzwanzig Jahre vor ihnen von Ferne erblickte. Ihr erster Eindruck war, das Land sei *»sehr freundlich und vielversprechend, durch Hügel, Höhenzüge, Ebenen und Täler mannigfach gegliedert und mit einigen kleinen Lichtungen, doch größtenteils ganz und gar mit Wald bedeckt«*.

Die *Endeavour* hielt sich dicht am Ufer und folgte der Küstenlinie nach Norden. Durch sein Fernrohr konnte Cook den Rauch von den Feuern der Eingeborenen sehen, und einmal auch die Ureinwohner selbst. Er wollte landen, aber das war mehrere Tage lang nicht möglich wegen *»einer schweren See von Südosten, die gegen das Land rollte und alles sehr hoch aufwühlte«*. Aber am 29. April 1770 ließ er seine Boote im Schutz der *Botany Bay* zu Wasser. Zwei nackte Wilde widersetzten sich seiner Landung und schwenkten gegen die fremden Eindringlinge drohend ihre Speere. Jeder Versuch, freundschaftliche Beziehungen aufzunehmen, wurden zurückgewiesen, auch Musketenschüsse in die Luft hatten keine Wirkung. Selbst als einer der Eingeborenen am Bein verwundet wurde, wollte er immer noch nicht klein beigeben. Schließlich traf ihn eine Kugel auch noch am Arm, worauf sich die mutigen Verteidiger in den Wald zurückzogen. Trotz gutem Willen nach friedlichen Beziehungen erzwangen die Weißen mit der Überlegenheit ihrer Waffen auch in diesem letzten Freiraum naturnah lebender Kulturen ihren Zutritt: die ersten Europäer setzten ihren Fuß auf die Ostküste Australiens.

Cook fand das Land erfreulich und stellte mit prophetischem Blick fest, daß der Boden geeignet zu sein schien für Getreideanbau und Schafzucht. *Banks,* ein mitreisender Botaniker, war noch begeisterter; er hielt Australien für *»höchst faszinierend, eine wirkliche Fundgrube seltsamer Pflanzen und Insekten«.* Allein an der Botany Bay sammelte er über zweihundert Arten; er war auch der erste Mensch, der erkannte, wie einzigartig und anders die australische Flora und Fauna sind. Nach einer Woche setzten sie ihre Fahrt nach Norden fort. Das Wetter war schön, die See ruhig, die unbekannte Küste war gleichförmig und friedlich. Aber gegen Ende Mai kamen sie in Gewässer, die heute als die gefährlichsten der Welt gelten: die Felsen und die sich stets verlagernden Untiefen und Seichtwasser des *Großen Barriere-Riffs.* Es erstreckt sich auf über 1200 Meilen entlang der Nordostküste Australiens; die größten zusammenhängenden Korallenbauten der Welt, steil vom Meeresgrund emporragend, auf der Seite zum Ozean eine unglaubliche Buntheit von Farben und Meerestieren, auf der Landseite in einer Unzahl von Inseln, Felsen und neuen Korallenbänken sich fortsetzend. Als Cook vor zweihundertfünfundzwanzig Jahren vorsichtig in diese Gefahrenwelt hineinsegelte, wurde sein seemännisches Können auf eine harte Probe gestellt. Mit einer Pinasse voraus, die lotete, und einem Matrosen am Bug der *Endeavour*, der ständig am Senkblei arbeitete, tastete sich die Bark durch die Riffe und Seichtwasser vor. Zwei Wochen lang ging mit Glück und Können alles gut, aber am späten Abend des 11. Juni entgingen sie knapp dem Untergang. Cooks Tagebuchbericht ist betont sachlich:

»Während wir unter dem Vorteil eines günstigen Windes und einer klaren mondhellen Nacht von 6 bis 9 Uhr hinausfuhren, vertiefte sich unser Wasser von 14 auf 21 Faden,[14] *fiel aber dann auf einmal auf 12, 10 und 8 Faden. Jetzt hatte ich jedermann auf seinem Posten, um vor Anker zu kommen, hatte aber kein Glück. Da wir nämlich wieder tieferes Wasser bekamen, fürchtete ich beim Weiterfahren keine Gefahr. Vor 10 Uhr hatten wir 20 und 21 Faden, und dabei blieb es bis wenige Minuten vor 11, wo wir 17 hatten, und ehe der Mann am Senkblei einen neuen Wurf tun konnte, lief das Schiff auf und saß fest. Augenblicklich zogen wir alle Segel ein, ließen die Boote hinab und loteten rings um das Schiff. Wir waren auf die Südostecke eines Korallenriffs gelaufen. Hinten fand ich am meisten Wasser, warf daher vom Steuerborddeck einen Anker aus und ließ mit sehr großer Anspannung aufwinden. Aber es nützte nichts, das Schiff saß vollständig fest. Wir machten uns an die Arbeit, es so sehr wie möglich zu erleichtern – das einzige noch übrige Mittel, um es loszubekommen. Um 10 Uhr morgens bei, wie wir meinten, hohem Wasserstand,*[15] *versuchten wir es, ohne Erfolg, abzuschleppen, obwohl wir 40 bis 50 Tonnen Gewicht – unsere*

Kanonen, Eisen- und Steinballast, verdorbene Vorräte und so weiter – über Bord geworfen hatten. ... Die ganze Zeit zog das Schiff wenig oder gar kein Wasser. Aber als das Wasser fiel, begann das Schiff so viel Wasser zu ziehen, wie zwei Pumpen herausschaffen konnten. Mittags lag es mit 3 oder 4 Planken Krängung nach Steuerbord. ... Glücklicherweise hatten wir wenig Wind, gutes Wetter und glatte See die ganzen 24 Stunden über. ... Inzwischen war es 5 Uhr nachmittags, die Flut begann zu steigen, und das Leck vergrößerte sich, so daß wir die dritte Pumpe ansetzen mußten. Um 9 Uhr richtete sich das Schiff auf. Aber sofort gewann das Leck die Oberhand über die Pumpen. Das war ein beängstigender und ich möchte sagen schrecklicher Umstand. Er drohte uns mit augenblicklicher Vernichtung, sobald das Schiff flott war. Ich beschloß jedoch, alles aufs Spiel zu setzen und es abzuschleppen. Dementsprechend setzte ich so viele Leute, wie bei den Pumpen entbehrt werden konnten, an Gangspill und Ankerwinde, und 20 Minuten nach 10 wurde das Schiff flott, und wir schleppten es in tiefes Wasser, wobei wir jetzt 4 Fuß Wasser im Schiffsraum hatten.«

Mit übermenschlicher Anstrengung verhinderten sie, daß die *Endeavour* unterging, nachdem sie vom Riff losgekommen war. Am Pumpen *»beteiligte sich jedermann, der Kapitän, Mr. Banks und die Offiziere nicht ausgenommen, und alle wurden nach einer Viertelstunde abgelöst«*. Ein besonderes Verdienst kam dem *Midshipman Munkhouse* zu, der das Leck mit Hilfe eines Segels und eines Breies aus Wolle und Werg dichtete. So wurde das Wasser in Schach gehalten; die *Endeavour* quälte sich mühsam ans Ufer und wurde nach einer bänglichen Suche nicht weit von dem heutigen Cooktown auf den Strand gesetzt. Erst als sie das Schiff an Land gewarpt, abgestützt und den Schiffsboden freigelegt hatten, sahen sie, was sie gerettet hatte. Ein vom Riff losgerissenes großes Korallenstück hatte sich in dem Loch festgeklemmt. Cook hatte Glück gehabt und die Besatzung hatte sich großartig verhalten.

Sie brauchten sieben Wochen, um die *Endeavour* zu reparieren. Das Unterwasserschiff war stark beschädigt; auch wurde das Schiff bei der Gelegenheit innen und außen gescheuert und neu gestrichen. Frisches Gemüse, Schildkröten- und Känguruhfleisch wurde an Bord genommen; diesmal war das Fleisch besonders willkommen, denn abgesehen von ein paar Vögeln hatte seit zwölf Monaten ausschließlich Gemüse und Fisch auf dem Speisezettel gestanden.

Am 4. August waren die Reparaturen beendet, und die *Endeavour* setzte ihren Weg nach Norden fort. Aber tagelang kam sie nur wenig voran, denn zwischen dem Festland und dem Riff waren die Segelverhältnisse äußerst schwierig. Cook wollte nicht noch einmal Schiffbruch riskieren; er hielt sich auf der weiteren Fahrt um Australien dicht unter der Küste und gelangte schließlich zu der ersehnten Meeresstraße: als er am 23. August 1770 um den

Die Beobachtung des Kimmabstandes mit dem von John Hadley (1682–1744) erfundenen Spiegeloktanten, dem Vorläufer des Sextanten.

nördlichsten Punkt der Halbinsel Kap York herumfuhr, sah er im Westen nichts als offenes Meer! Der erfahrene Seemann erkannte an Wind und Wellen und am plötzlichen Einsetzen des leichten Südwestpassats, daß sie sich dem Bereich des Indischen Ozeans näherten. *»Und das«*, schrieb Cook, *»bereitete mir nicht geringe Befriedigung, weil die Anstrengungen und Gefahren der Reise ihrem Ende zugingen und weil ich zu beweisen vermochte, daß Neuholland und Neuguinea zwei getrennte Länder oder Inseln sind, was bis zum heutigen Tage bei den Geographen ein zweifelhafter Punkt gewesen war.«*

Am 10. Oktober warf die *Endeavour* Anker vor *Batavia*, dem ersten zivilisierten Hafen, den sie anlief, als sie vor zweiundzwanzig Monaten Rio verlassen hatte. Cook schickte sofort alle Journale, Tagebücher und Karten an die Admiralität. In der Einleitung zu seinem Begleitbrief schrieb er bescheiden: *»Die auf dieser Reise gemachten Entdeckungen sind nicht sehr groß«*, und er schloß mit den Worten: *»Um den Offizieren und Mannschaften Gerechtigkeit widerfahren zu lassen, möchte ich sagen, daß sie alle Anstrengungen und Gefahren der Reise vergnügt und munter überstanden haben, und es erfüllt mich mit Befriedigung, daß ich während der ganzen Fahrt nicht einen einzigen Mann durch Krankheit verloren habe.«*

Doch dann ereignete sich eine Tragödie: In den nächsten vier Monaten starb ein Drittel seiner Mannschaft! Sie hatten den Skorbut auf der langen Fahrt im Pazifik verhindert, um nun dem Fieber und der Dysenterie des malariaverseuchten Ostindiens zum Opfer zu fallen. Gegen dieses Übel hatte Cook keine

Medizin. Als die *Endeavour* nach einer Reise von zweieinhalb Jahren – im 18. Jahrhundert eine unglaublich lange Zeit – England im April 1771 wieder erreichte, war ihre Besatzung von vierundneunzig auf sechsundfünfzig Mann zusammengeschrumpft: ein trauriges Finale für eine Expedition, die im übrigen von ungewöhnlichem Glück und Erfolg gekrönt war.

Cook unternahm noch zwei weitere Reisen in den Pazifik; er hatte von jetzt an stets Chronometer und Sextant mit an Bord! Seine zweite Reise begann im Juli 1772 und dauerte drei Jahre und achtzehn Tage; sie führte ihn mit der Dreimastbark *Resolution* ums Kap der Guten Hoffnung an die Eisgrenze der Antarktis, dann um die Südküste Australiens wiederum nach Neuseeland und weiter in die Unendlichkeit des Pazifiks bis nach Tahiti, sie besuchten die Tonga-Inseln und stießen auf die geheimnisvollen Osterinseln, deren Rätsel um die siebzehn Meter hohen Steinfiguren bis heute ungelöst sind. Am 12. Juli 1776 begann Cook seine dritte Reise, wiederum mit der bewährten *Resolution*. Diesmal entdeckte er die Gruppe der *Hawaii-Inseln*, segelte dann nach Nordosten an die Küste Nordamerikas, wo sie von den Indianern Pelze gegen die Kälte einhandelten, folgten dann der kanadischen Küste nordwärts und begegneten zum erstenmal Eskimos, die ihnen sehr feindlich entgegentraten. Nach der Durchquerung der Beringstraße mußten sie vor der äußersten Spitze Sibiriens wegen drei Meter hoher Eiswälle umkehren. Die *Resolution* kehrte nach Hawaii zurück und ging in der *Kealakekua-Bay* vor Anker, wo der Tod auf ihn wartete.

Er segelte insgesamt mehr als 200 000 Meilen oder neunmal um die Erde. Sein Werk und sein beispielgebendes Vorbild sind über alle Zeiten bewunderungswürdig. Man hat ihn häufig als hart und humorlos geschildert, als einen Mann, der eher Bewunderung als Liebe einflößte. Aber eine solche Einschätzung wird ihm nicht gerecht; denn seine wesentlichsten Charaktereigenschaften waren Zurückhaltung und Menschlichkeit. Diese Zurückhaltung wurde durch die Umstände seiner Karriere verstärkt: Es war für einen Mann des 18. Jahrhunderts schwierig, die ganze Hierarchie der Klassen zu durchlaufen und die Freunde, die man dabei erwirbt, auch zu behalten. Hinzu kommt, daß ein Schiffskapitän notgedrungen einsam ist, denn die Befehlsverantwortung ist eine Last, die ihm niemand abnehmen kann. Seine Menschlichkeit aber zeigt sich in seinen Taten, angefangen bei seiner Fürsorge für seine Mannschaft bis zu der ungewöhnlichen Rücksichtnahme, die er für einen Mann seiner Zeit den fremden Völkern gegenüber erwies. Er starb im Alter von fünfzig Jahren, als sein Lebenswerk vollendet war, erdolcht auf dem schönen weißen Strand von Hawaii. Als er fiel, rief er seinen Leuten zu, nicht auf die Eingeborenen zu schießen, die im Begriff standen, ihn zu töten.

26. KAPITEL

Der letzte Ozean

Die Entschleierung der Arktis

Wenn man heute die schnelle Eroberung des Weltraums mit jener der Erde vergleicht, so muß man feststellen, daß die Welt dem Menschen lange nicht »untertan« war. Ob sie es überhaupt sein soll, wie der biblische Auftrag über Jahrtausende hinweg lautet, bleibe dahingestellt. Weiße Flecken auf den Landkarten deuteten jahrelang an, daß auf der Weltkugel etliche unerforschte Gebiete existierten, die noch von keines »zivilisierten« Menschen Fuß durchstreift und noch von keines »gebildeten« Menschen Hand vermessen worden ist. Kein Wunder, daß es viele Abenteurer und Pioniere gab, die das ehrgeizige Ziel hatten, als erste aus eigenem Augenschein von dort zu berichten. Zu einer der denkwürdigsten Eroberungen der Erde – aus friedlicher Sicht – gestaltete sich die Bezwingung des Nordpols, die am 6. April 1909, also erst in diesem Jahrhundert, gelang. Aber der Kampf um den Scheitelpunkt der Erde begann schon in alter Zeit.

Die vielen Expeditionen, welche mit der Absicht unternommen wurden, den Nordpol zu erreichen oder ihm möglichst nahe zu kommen und die um den Pol gelegenen Länder und Meere zu erforschen, schrieben alle ihre eigenen Kapitel, bei denen es aber an ähnlichen Rahmenbedingungen und Schicksalsschlägen nicht mangelte.

Zwei andere wichtige Antriebe, nämlich die Suche nach den *Nördöstlichen Durchfahrten,* die die Seewege zwischen dem Atlantik und dem Pazifik deutlich verkürzen, müssen hier erwähnt werden. Die *Nordöstliche Durchfahrt* (Nordostpassage) längs der Nordküste Eurasiens im Bereich der polaren Randmeere wurde vergeblich von Willem Barents, Vitus Bering, Henry Hudson und anderen gesucht, doch erst 1878–80 gelang es *A. E. von Nordenskjöld,* über die rund 3500 Seemeilen lange Route von Spitzbergen über die Ostsibirische See bis zur Beringstraße vorzustoßen.

Seit 1967 ist die Nordostpassage, die im Sommer für 2 bis 3 Monate befahrbar ist, als internationale Schiffahrtslinie freigegeben. Etwas früher konnte die

Nordwestliche Durchfahrt (Nordwestpassage) nachgewiesen werden: 1850–53 bezwang Sir *R.J. McClure* die seit dem frühen 15. Jh. ergebnislos gesuchte Verbindung vom Atlantik nördlich des nordamerikanischen Festlandes durch das arktische Archipel zum Pazifik. Aber die Nordwestpassage ist kaum eisfrei und als Schiffahrtslinie nicht zu gebrauchen.

Es würde zu weit führen und wäre auch ein Ding der Unmöglichkeit, all die mit der Nordpol-Erforschung zusammenhängenden Ereignisse und Gegebenheiten hier erwähnen zu wollen. Lediglich die markantesten Daten sollen in Erinnerung gerufen werden. Die ersten Nordland-Reisen der Wikinger galten der Suche nach neuen Lebensräumen, die sich aber bald auch zu Raubzügen der skandinavischen Seefahrer entwickelten. Die Ansiedlung der Wikinger auf Grönland seit 982 brachten den Menschen erste Erfahrungen mit arktischen Verhältnissen. Um das Jahr 1000 betrat *Leif*, der Sohn Eriks des Roten, als erster Europäer die von ihm Helluland und Vinland genannten Küsten Amerikas, also das heutige Labrador und Neuschottland. Den Ansiedlungen war keine Dauerhaftigkeit beschieden; die hartnäckigen Feindseligkeiten der einheimischen Indianerstämme ließen die Wikinger nicht zur Ruhe kommen, so daß sie sich vom neuen Kontinent wieder zurückziehen mußten. Amerika blieb noch fast 500 Jahre unentdeckt.

In der folgenden Zeit wurden immer wieder Vorstöße nach Norden unternommen. Im Jahr 1266 fand eine *Entdeckungsfahrt der Dänen* an der Westküste Grönlands entlang nordwärts über den 76. Breitengrad hinaus statt. Aber die damalige Technik und die verwendeten Baustoffe, vor allem Holz, waren der unbarmherzigen Natur der Arktis nicht gewachsen. Das Unternehmen scheiterte ebenso, wie die mehr als 300 Jahre später schon besser ausgerüstete, vom Niederländer *Willem Barents* geleitete Expedition auf der Suche nach der Nordostpassage. Sein tragisches Schicksal schreckte andere Forscher nicht ab. Der englische Seefahrer *Henry Hudson* drang auf der Suche nach einer kürzeren Seeverbindung durch das Nordpolarmeer nach China 1607 bis 1611 zwischen Spitzbergen und Novaja Semlja nordwärts vor, wurde aber beim 81. Breitengrad von unüberwindlichen Eismassen aufgehalten. Er entdeckte und erkundete auch den Hudson-River und die Chesapeake-Bay, wo sich heute die Stadt Baltimore befindet. Hudson wurde 1611 mit seinem Sohn und sieben Gefährten von der meuternden Mannschaft ausgesetzt und blieb verschollen. 1612 bis 1616 führte sein Landsmann *William Baffin* mehrere Expeditionen auf der Suche nach der Nordwestpassage durch, entdeckte das Baffinmeer sowie den Lancaster–, Jones- und Smith-Sound, und erreichte im Baffinmeer die geographische Breite von 77° 45′ N, die im amerikanischen Nordmeer über 200 Jahre nicht überschritten werden sollte.

Erst die Dampfschiffahrt und die damit verbundene robustere Technik des Schiffsbaus brachte eine entscheidende Wende bei der Eroberung des Nordpols. 1879 brach das zum Eisbrecher umgebaute amerikanische Forschungsschiff *Jeanette* unter dem Kommando von *G. W. De Long* von San Franzisko zu einer Reise in die Arktis auf. Die zweijährige Reise endete tragisch und war nach den Maßstäben der Zeit ein Mißerfolg. Das Schiff geriet im Polarmeer in den unbarmherzigen Würgegriff des Packeises und wurde buchstäblich unter den Füßen der Besatzung zermahlen. Sie versuchten sich, mit unzulänglichen Vorräten versehen, in Sicherheit zu bringen und zur sibirischen Küste durchzukämpfen. Aber einer nach dem anderen starb in der Kälte und an den unvorstellbaren Strapazen. Als letzte De Long und zwei seiner Gefährten an der Lena-Mündung in Sibirien – am 140. Tag nach dem Untergang der *Jeanette*. In vielerlei Hinsicht ähnelte ihr tragisches Schicksal dem der Barents'schen Expedition, die dreihundert Jahre früher und nur wenige hundert Meilen entfernt scheiterte.

Und doch war der Untergang der *Jeanette* noch nicht ihr Ende! Im Polarstrom drifteten Wrackteile und Ausrüstungsgegenstände von Schiff und Mannschaft langsam über das Nördliche Eismeer auf die andere Seite der Welt und wurden drei Jahre später, im Sommer 1884, an die Südküste Grönlands gespült. Das sind über 3000 Meilen – so weit wie Kolumbus von Spanien bis Kuba zurückgelegt hatte! Der dänische Steuerverwalter auf Grönland, *Carl Lytzen*, der das Treibgut untersucht und identifiziert hatte, schrieb darüber einen Artikel für die dänische *Geographische Zeitschrift*, der 1885 beachtliches Aufsehen erregte.

Der junge Norweger *Fridtjof Nansen*, der den Artikel zu Gesicht bekam, faßte nach der Lektüre sofort den Plan, die Polarströmung zur *»Entschleierung des Nordpols«* auszunutzen. Die Fachwelt lachte ihn aus, weil man von der Unmöglichkeit des Vorhabens überzeugt war. Vorher unternahm Nansen 1888 noch eine erste Arktis-Expedition, in der er als Erster Grönland von Osten nach Westen auf *Schneeschuhen*[1] durchquerte und die falschen Vorstellungen widerlegte, daß es im Innern Grönlands grüne Weiden gäbe. Fünf Jahre später konnte er an Bord seines berühmt gewordenen Schiffes *Fram* gehen, um sich im Treibeis mit der Strömung nach Norden, wenn möglich bis zum Nordpol, treiben zu lassen. Die *Fram* war ein unvergleichliches Schiff; von *Colin Archer* speziell für arktische Verhältnisse gebaut. Am 18. Juli 1893 lichtete man in Nordnorwegen die Anker und ging auf Kurs Nowaja Semlja und die Barentssee. Ihr Ziel waren die Neusibirischen Inseln, wo die *Jeanette* gestrandet war. Aber schon am 11. September, in 78° N und noch ein paar Hundert Meilen vor dem Ziel, wurden sie vom Eis eingeholt und die *Fram* fror ein: die längste

Entdeckungsfahrt der Geschichte begann! Das Eis – und damit die *Fram* – driftete tatsächlich langsam zu den Neusibirischen Inseln und von dort – auf unsteten Kursen und wie die Wrackteile der *Jeanette* – in Richtung Grönland. Drei Jahre dauerte die Odyssee! Nansen vermerkte in seinem Tagebuch:

»Als das Eis dicker wurde, verwandelten wir unser Schiff, so gut wir konnten, allmählich in ein behagliches Winterquartier. Das Steuerruder wurde in die Höhe geholt, damit es nicht durch Eispressungen zermalmt wurde. Auch mit der Maschine hatten wir ziemlich viel Arbeit; die einzelnen Teile wurden herausgenommen, geölt und versorgt. Im Raum machten wir Platz für eine Tischlerwerkstatt, die Schmiede war anfänglich auf Deck und später auf dem Eise. Die Klempnerarbeiten wurden meist im Kartenzimmer, die Schuhmacher–, Segel- und verschiedene andere Arbeiten im Salon vorgenommen. Alle diese Beschäftigungen wurden während der Dauer der Expedition mit Lust und Liebe ausgeführt. Von den empfindlichsten Instrumenten bis herab zu den Holzschuhen und Axtstielen gab es nichts, das nicht an Bord der ›Fram‹ gemacht werden konnte. Es gab immer etwas, was uns beschäftigte.« Sie druckten eine eigene Bordzeitung, jagten Polarbären und feierten jeden Geburtstag und Feiertag. Die Fram war auch das erste Schiff, daß mit der Belastung der Eispressung fertig wurde: *»Mit stetigem Druck schob sich das Eis heran, jedoch mußte es unter uns durchgehen, und wir wurden langsam in die Höhe gehoben. Das Schiff erzitterte unter ungeheurem Getöse. Die Pressungen wiederholten sich ab und zu den ganzen Nachmittag, und immer wieder wurde die ›Fram‹ mehrere Meter angehoben. Aber dann konnte das Eis sie nicht länger tragen und brach unter ihr entzwei.«*

Während der drei Jahre wurde die *Fram* viele Male so stark beansprucht, wie kein Schiff zuvor, aber sie war auch großartig entworfen und konstruiert. Doch trotz der relativen Geborgenheit, die die *Fram* der Besatzung bot, war die Reise strapaziös und ein ewiger Kampf gegen Einerlei und Enge. Um Weihnachten 1894 erkannte Nansen, daß die *Fram* mehr nach Westen als nach Norden driftete. Er übergab das Kommando seinem Stellvertreter *Sverdrup* und versuchte, mit einem Begleiter auf einem Hundeschlitten nach Norden und zum Pol vorzustoßen. Er kam weiter nach Norden voran als je ein Mensch vorher, konnte den Pol aber – wie alle seine Vorgänger – wegen der unaussprechlichen Strapazen in der unendlichen Eiswüste auch nicht erreichen. Die *Fram* gelangte bis auf die Höhe von 86° N; auch das blieb noch auf Jahre hinaus das beste Ergebnis. Und beide, Nansen und sein Schiff, wurden gerettet. Nansen und sein Gefährte stießen auf Franz-Josef-Land auf eine britische Expedition unter *Jackson,* der sie nach Norwegen brachte; die *Fram* lief eine Woche später in den Hafen von Tromsö ein! Das hehre Ziel, den Nordpol, haben sie

Fridtjof Nansen in einer Darstellung aus dem Jahre 1888.

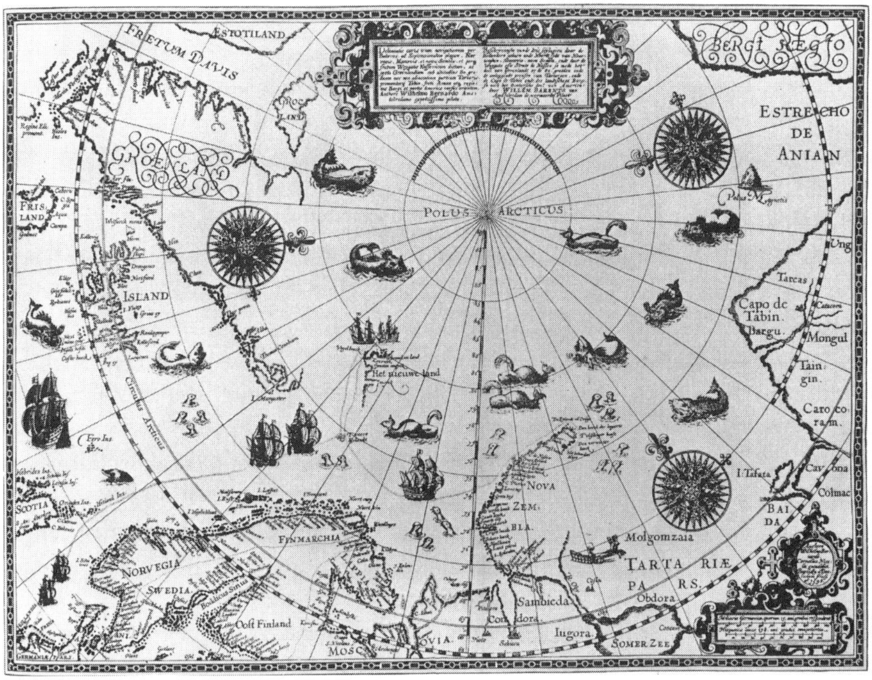

Darstellung der Nordpolregion aus dem Jahre 1594 von Willem Barents, der auch ein hervorragender Kartograph war (siehe auch das 22. Kapitel).

nicht erreicht. Doch Nansen erbrachte eine große wissenschaftliche Leistung, nämlich die Erforschung des innerarktischen Tiefseebeckens und löste damit das Rätsel der ostwestlichen Eisströmung im Nordpolarmeer. Nansen machte später eine Diplomatenkarriere. 1922 erhielt er den Friedensnobelpreis wegen seiner Verdienste um staatenlose Flüchtlinge; er starb 1930 im Alter von 69 Jahren.

Seine Forschungsergebnisse lösten eine Welle weiterer Anläufe zum *»Sturm auf den Pol«* aus. Man spürte, daß man ihn bald erreichen würde; ein Wettlauf um den Ruhm, der Erste zu sein, war die Folge. 1894 bis 1897 weilte der Engländer Fred Jackson drei Jahre auf Franz-Josef-Land, stellte dessen Ausdehnung nach Norden und Westen fest und gelangte zu Lande bis 81° 20′ N. Der vorgesehene Vorstoß zum Pol mußte aber aufgegeben werden. Ruhmsucht verleitete wohl auch zum vereinzelten Einsatz riskanter Mittel: Im Jahre 1897 versuchte auch der Schwede August Andree den Nordpol zu erobern, und zwar auf die damals sensationellste Weise, nämlich mit Hilfe eines Gasballons.

Das kühne Experiment endete mit einer Katastrophe; die Vereisung des Ballons drückte ihn aufs Meer hinab. Andree und seine Begleiter retteten sich auf ein treibendes Eisfeld, das erst 33 Jahre später mit den Leichen, Tagebüchern und Instrumenten wieder aufgefunden wurde. Ebensowenig hat 1900 die Expedition des Prinzen Ludwig von Savoyen, Herzog der Abruzzen, den Pol bezwungen, doch konnte ein Kapitän Cagny von der Nordküste von Franz-Josef-Land aus auf einer 104 Tage dauernden Schlittenfahrt die höchste bisher erreichte geographische Breite (86° 33' N) gewinnen. Der Grund all dieser Mißerfolge: man war technisch noch zu wenig gerüstet, um den extremen Bedingungen der Zentralarktis zu genügen.

Im Jahre 1909 war es dann endlich so weit, daß der Nordpol seinen Widerstand aufgeben mußte. Der amerikanische Marine-Ingenieur *Robert Peary*, der auf mehreren Forschungsreisen in der Arktis Erfahrungen sammeln konnte, brach von Grönland zum Nordpol auf. Dank seiner äußerst sorgfältig organisierten Expedition erreichte er am 6. April 1909 mit seinem Freund *Tenson und vier Eskimos* den geheimnisumwitterten Punkt auf dem Globus, der Jahrtausende hindurch in eisig-weißer Einsamkeit für die Menschen unerreichbar war. Es war ein unvergeßlicher »Sieg über die extreme Natur«.

Dazu gibt es aber noch eine andere Version: am 1. September 1909 berichtete der US-Forscher *Frederick Albert Cook* nach Washington: *»Ich erreichte den Nordpol am 21. April 1908.«* Das wäre ein Jahr vor Peary! Aber die Welt glaubte ihm nicht. Lexika führten lange Zeit hindurch Peary als Entdecker des Nordpols an, und Generationen von Schülern haben es so gelernt. Indessen brachten die Nachforschungen der letzten zwanzig Jahre gewichtiges Beweismaterial zugunsten Cooks zutage und die Wissenschaft hält Cooks Darstellung heute nicht mehr für ausgeschlossen (aber auch nicht für gesichert).

Heute reisen wir viel einfacher und bequemer in die Welt des ewigen Eises. Die Entwicklung des Weltluftverkehrs schritt seit Beginn des Flugzeitalters schnell voran. Zwar leitete der italienische General und Polarforscher *Nobile* 1928 mit seinem Luftschiff *Italia* eine Nordpolexpedition, die mit einem Drama endete (Absturz). Sie kostete auch dem zu Hilfe eilenden ersten *Südpolbezwinger Amundsen* das Leben. Aber besonders die Indienststellung der Düsenverkehrsmaschinen hat die Überquerung der Weltkugel an jedem Ort möglich gemacht. So ist es heute nichts Außerordentliches mehr, wenn auch der Nordpol im Linienverkehr überflogen wird. Die Passagiere in den weichen Sesseln und bei wohliger Wärme können sich kaum ein Bild darüber machen, was früher, 10 000 Meter unter ihnen, Dramatisches geschehen ist ...

Auch unter Wasser, mit U-Booten, haben sich die modernen Pioniere einen Weg zum Nordpol gebahnt. Am 3. August 1958 unterquerte das amerikanische Atom-U-Boot *Nautilus* auf einer riskanten Abenteuerfahrt erstmals die ewige Eisdecke des Nordpols. Zwanzig Jahre später bahnte sich der russische Eisbrecher *Arktika* seinen Weg zum Pol, bis zu fünf Meter dicke Eisschollen aufbrechend. Kurz vorher war der erste Alleingang zum Pol dem Japaner *Naomi Uemura* gelungen, der am 1. Mai 1978 als erster Mensch den Nordpol im Alleingang erreichte. Der 1000-km-Treck durch die Arktis bis zum Nordpol dürfte wohl eine der größten Leistungen hinsichtlich körperlicher Anstrengung, Durchhaltewillen, Entbehrungen, Klimabeeinflussung und Einsamkeit gewesen sein, die ein Mensch *aus Ruhmsucht* vollbringen konnte.

SCHLUSSWORT

Die Welt ist entdeckt

Ein Rest Ungewißheit bleibt

W*enn man de Längde so korrect könnte hebben als de Brede, so wäre de Kunst van de Seevaert vollenkommen«*, schrieb 1655 Johann Tangermann im *»Wechwyser tho de Kunst der Seevaerdt«*. Zweihundertfünfzig Jahre später, am Beginn des 20. Jahrhunderts, war dieser Wunsch erfüllt. Die Welt war entdeckt, die Navigation entwickelt! Weiße Flecken auf den Karten der Erde gab es nur noch an den Polkappen. Weiterentwicklungen in der Navigation – Kreiselkompaß, Staudruckmesser für die Schiffsgeschwindigkeit, Funkpeilung, Hyperbel- und Satellitennavigation sowie Radar – bauten auf vorhandenem Wissen auf und wurden mit dem Einsatz von elektrischem Strom an Bord von Schiffen möglich. Die Kette der Verbesserungen wird nicht enden. Aber Entdeckungsfahrten, die durch eine vorausgegangene Erfindung oder Neuentwicklung in der nautischen Navigation möglich wurden, gibt es nicht mehr!

In den meisten Kapiteln sind Europäer die Hauptakteure. Das ist kein Zufall: Europa ist die geographische Region, welche der Welt den Stempel der heute gültigen oder angestrebten Lebensform aufgedrückt hat, ob man das politisch, kulturell oder wirtschaftlich-ökonomisch betrachtet. Daran ändert auch die starke wirtschaftliche Macht USA nichts. Europa ist der Kontinent, der seine Rolle in der Welt stets dominant gelebt hat und der auch heute die Kraft hat, sich den Veränderungen in der Welt zu stellen.

Unsere Reise in die Vergangenheit geht zu Ende; die Leserinnen und Leser haben die Niederlagen und Triumphe berühmter Entdecker miterlebt, vermißten vielleicht auch die Geschichte manch anderer Entdeckung. Die Lotung als nautisches Navigationsverfahren wurde z. B. nur flüchtig erwähnt, obwohl sie eine der ältesten und auch eine der wichtigsten Navigationsmethoden ist. Aber vielleicht erscheint sie uns gerade deshalb heute so selbstverständlich. Die Entwicklung des Sextanten vom Davisquadrant über den Hadleyschen Spiegeloktant bis zum heute gebräuchlichen Beobachtungsgerät soll einer späteren Darstellung an anderer Stelle vorbehalten bleiben. Und doch hat dieses Buch über wichtige *Augenblicke in der Geschichte der Seefahrt* berichtet. Augenblicke, die etwas bewirkt haben oder die zur Folge hatten, daß die Menschheit in ihrem Wissen weiter vorankam. Und wenn auch – besonders bei der Schilderung antiker Expeditionen – manchmal zur Hypothese und Mutmaßung zurückgegriffen wurde, dann sind die Argumente hierfür zumindest diskutierbar. Man kommt bei dieser »archäologischen« Arbeit (verfälschte historische Quellen, unsichere Literaturstellen, Sagen und Mutmaßungen, wie sie z. B. um Pytheas und Brendan kreisen) nicht darum herum, Gewesenes, Wahrscheinliches noch einmal zu erfinden! Zu den Werkzeugen gehörte daher das *Vergrößerungsglas* vereinzelter Hinweise und das Kombinationsvermögen des Detektivs. In diesem Sinne kann das Buch nicht vollständig sein; ein Rest an Ungewißheit bleibt.

Der Autor dankt herzlich allen Personen, die ihn während der acht Jahre dauernden Arbeit an diesem Buch unterstützt haben und ihn zum Weitermachen ermunterten, vor allem:

Lilian Bouquet Eberle, die einen Teil des Stoffs gesichtet und mir zu diesem Buch geraten hat;

Peter Kunz, der mir bei der Bildauswahl maßgeblich behilflich war;

Stefan Milla von der TA-Media AG, der mir die Herstellung der graphischen Karten ermöglichte;

den Herausgebern der Zeitschriften »Seemeile« (Hombrechtikon, Schweiz) und »an Bord« (Bremen) für die Vorabdrucke einiger gekürzter Kapitel;
sowie bei allen Freunden, Kollegen und Bekannten, die mir in irgendeiner Form behilflich waren, speziell auch jenen, welche mir mit ihren Übersetzungsarbeiten in Englisch, Französisch, Italienisch und Spanisch bei der Urhebersuche des Bildmaterials halfen.

Besonderen Dank schulde ich dem Verlag Josef Knecht in Frankfurt am Main für die behutsam-einfühlsame Lektoratsbearbeitung. Nicht zuletzt aber bedanke ich mich bei meiner Frau Cäthy, meiner unermüdlichen Mitarbeiterin und ehrlichsten Kritikerin.

Lachen am Zürichsee, im März 1995 — *Bernhard Kay*

Anhang

Zeittafel

vor Christus:	
zirka 3000	Erste Schiffsreisen der Ägypter.
um 2350	Erste Reisen der Ägypter nach Punt.
zirka 1800	Ahmes, ägyptischer Mathematiker, schreibt den »Papyrus Rhind« über die Meßbarkeit der Dinge.
1483–1480	Hatschepsuts Punt-Expedition unter Nehsi.
um 1250	Seereise der Argonauten unter Jason nach Kolchis.
zirka 1100	Frühester chinesischer Landkompaß.
zirka 700	Homer schreibt seine Epen »Ilias« und »Odyssee«.
zirka 600	Thales mißt die Pyramiden.
600–597	Die Phönizier umsegeln Afrika.
zirka 500	Mondkalender der Babylonier.
484–430	Herodot von Halikarnassos, Historiker, bereist und beschreibt die Alte Welt.
um 325	Euklid entwickelt die Grundlagen der Geometrie.
310–304	Pytheas segelt nach Britannien und findet »Thule«.
um 270	Aristarch von Samos schätzt die Entfernung Erde–Mond.
um 235	Eratosthenes berechnet den Erdumfang.
um 200	Archimedes von Syrakus berechnet die Kreiszahl »Pi«.
um 140	Hipparch von Nizäa erstellt den ersten Katalog von 1080 Fixsternen.
46	Kalenderreform durch Julius Cäsar.
nach Christus:	
1./2. Jh.	Pax Romana; Römer und Araber segeln nach Indien.
zirka 60	Der Periplus des Erithräischen Meeres entsteht.
zirka 100–160	Claudius Ptolemäus, alexandrinischer Astronom, Mathematiker und Geograph, beeinflußt die spätere abendländische Weltvorstellung von der Erde als Scheibe.
um 500	Der irische Mönch Brendan segelt nach Westen (die »Navigatio Sancti Brendani Abbatis« entsteht erst um 870).

600–900	Die Wikinger dringen über die Nord- und Ostsee vor, besiedeln die Shetland- und Orkney-Inseln und dringen bis Island vor.
800–900	Entstehung der Geschichten um Sindbad den Seefahrer.
982	Erik der Rote entdeckt und besiedelt Grönland.
um 1000	Die Wikinger unter Leif Eriksson segeln nach Amerika.
um 1050	Auf chinesischen Schiffen taucht der Kompaß auf; chinesische Dschunken segeln bis zur Küste Afrikas.
um 1200	Der Kompaß gelangt ins Mittelmeer. Erste Portulankarten tauchen auf.
1241	Tatareneinfall in Osteuropa.
1271–1292	China-Reise Marco Polos.
um 1300	Entwicklung des Schiffskompaß durch Flavio Gioja (?).
1394–1460	Prinz Heinrich von Portugal, der »Seefahrer«, Promotor der portugiesischen Seeherrschaft.
1433	Die Chinesen schließen ihre Märkte vor den Fremden.
1434	Gil Eanes segelt über Kap Bojador hinaus und macht den Weg nach Indien frei.
1450	Reger Handel der Portugiesen an der Guinea-Küste.
1488	Bartholomäus Dias, portugiesischer Seefahrer, umrundet das Kap der Guten Hoffnung.
1451–1506	Christoph Kolumbus, genuesischer Seefahrer in spanischen Diensten, gelangt 1492 nach Amerika, glaubt aber, in Indien zu sein.
1454–1512	Amerigo Vespucci, italienischer Seefahrer und Entdecker in portugiesischen und spanischen Diensten, erkannte, daß Amerika ein neuer Kontinent ist.
1459–1507	Martin Behaim, deutscher Kartograph und Forschungsreisender, Schöpfer eines bedeutenden Erdglobus.
1468–1524	Vasco da Gama, portugiesischer Seefahrer, erster Vizekönig der portugiesischen Besitzungen in Vorderindien.
zirka 1470	Johannes Müller (Regiomontanus) erfindet den Jakobsstab.
1480–1521	Ferdinand Magellan, portugiesischer Seefahrer in spanischen Diensten, segelte als erster auf dem westlichen Seeweg nach Indien. Sein Schiff »Victoria« umrundete als erstes Segelschiff die Weltkugel.
1494	Vertrag von Tordesillas.
1512	Erste Taschenuhr von Peter Henlein in Nürnberg (»Nürnberger Ei«).

1512–1594	Gerhard Kremer, genannt »Mercator«, Schöpfer der winkelgenauen und maßtreuen Karten.
1521	Erste Erwähnung der Logge durch Antonio Pigafetta.
ca. 1540–1596	Francis Drake, englischer Freibeuter im Dienste der Krone und Mitbegründer der britischen Seeherrschaft, umsegelte als erster Engländer die Erde.
1550–1597	Willem Barents, niederländischer Seefahrer, suchte erfolglos die Nordöstliche Durchfahrt über die Arktis nach China.
1565–1614	Fernandez de Quiros, spanischer Seefahrer, versuchte zweimal Australien zu finden.
1582	Reform des Julianischen Kalenders durch Papst Gregor XIII.
1599	Erste gedruckte Mercatorkarte von Edward Wright.
1603–1659	Abel Janzoon Tasman, niederländischer Seefahrer, entdeckte Australien, Tasmanien sowie die Tonga- und Fidschi-Inseln.
1680–1741	Vitus Bering, dänischer Seeoffizier in russischen Diensten, entdeckte die nördliche Durchfahrt zwischen Sibirien und Alaska.
1697–1762	Lord George Anson, britischer Seeheld und Admiral, Reformator der englischen Marine.
1729–1779	James Cook, britischer Seeoffizier und Kartograph, Erforscher des Pazifik.
1761	John Harrison stellte den ersten brauchbaren Seechronometer fertig.
1800–1862	James Clark Ross, britischer Admiral und Polarforscher, entdeckte 1831 den nördlichen Magnetpol, 1839–43 Leiter einer Südpol-Expedition.
1861–1930	Fridjof Nansen, norwegischer Polarforscher.
1985	Das amerikanische Atom-U-Boot »Nautilus« erreichte auf Tauchfahrt unter dem Polareis den Nordpol.

Verwendete Literatur

Bartholomäus, Karl: »Navigation im Altertum«; in: Schiff und Zeit, Heft 10, 1979.

Behrmann, Walter: »Über die niederdeutschen Seebücher im 15. und 16. Jahrhundert«; in: Mitteilungen der Geographischen Gesellschaft Hamburg, Bd. 21, 1906.

Boorstin, J. D.: »Die Entdecker«; Birkhäuser Verlag Berlin/Boston/Stuttgart, 1985.

Bourne, William: »A Regiment for the Sea«; 3. Edition, London 1592.

Breusing, Arthur: »Die Catena a Poppa bei Pigafetta und die Logge«; in: Zeitschrift der Gesellschaft für Erdkunde, Berlin, Jg. 4, 1869.

Breusing, Arthur: »Der Jakobsstab als Hilfsmittel geographischer Ortsbestimmung«; in: Zeitschrift der Gesellschaft für Erdkunde, Berlin, Jg. 4, 1869.

Breusing, Arthur: »Flavio Gioja und der Schiffskompaß«; in: Zeitschrift der Gesellschaft für Erdkunde, Berlin, Jg. 4, 1869.

Breusing, Arthur: »Regiomontanus, Martin Behaim und der Jakobsstab«; in: Zeitschrift der Gesellschaft für Erdkunde, Berlin, Jg. 4, 1869.

Brumbacher, Stefan: »Astronomy in Ancient China«; in: Swissair Gazette 9/1983.

Cook, James: »Entdeckungsfahrten im Pazifik«; hrsg. von Dr. A. Grenfell Price, Horst Erdmann Verlag, Tübingen, o. J.

Davis, Philipp J., und Hersch, R.: »Erfahrung Mathematik«; aus dem Amerikanischen von Jeanette Zehnder; Birkhäuser Verlag, Basel, 1985.

Freiesleben, H. C.: »Geschichte der Navigation«; Steiner Verlag, Wiesbaden, 1978.

Günther, Siegmund: »Über die Genesis der nautischen Kartenprojektion G. Mercators«; in: Festschrift zur Feier des 50jährigen Bestehens des Naturwissenschaftlichen Vereins zu Krefeld, Krefeld 1908.

Hafner, German: »Prominente der Antike. Kulturgeschichte in Porträts«; Goldmann 1988.

Heinsius, Paul: »Das Schiff der Hansischen Frühzeit«; Weimar, 1956.

Heyerdahl, Thor: »Kon-Tiki. Ein Floß treibt über den Pazifik«; aus dem Norwegischen von Karl Jettmar; Ullstein Verlag, Berlin, 1980.

Hogben, Lancelot: »Mathematik für alle«; Büchergilde Gutenberg, Frankfurt/Wien/Zürich, o. J.

Humble, Richard: »Die Entdecker«; Time Life, Amsterdam, 1979.

Humboldt, Alexander von: »Entwurf einer physikalischen Weltbeschreibung«; Auszug aus Kosmos, Stuttgart und Tübingen, 1845–1862.

Jobé, Joseph: »Der Segelschiffe große Zeit«; Verlag Delius Klasing, Bielefeld, 1988.

Karlson, Paul: »Zauber der Zahlen«; Verlag Ullstein, Berlin, 1954 und 1965.

Kolumbus, Christoph: »Bericht über die Reise«; Auszug aus: Das Tagebuch des Christoph Kolumbus, hrsg. von F. W. Förster, Verlag Fredebeul & Koenen, Essen, o. J.

Madariaga, Salvador de: »Kolumbus«; Titel des Originals: Vida del Muy Magnifico Señor Don Cristóbal Colón; aus dem Spanischen übersetzt von Raymond Bérenger, Scherz Verlag, Bern/München/Wien, 1989.

McGowan, Alan (Text), und van de Meer, Ron (Design): »Segelschiffe. Modelle aus alter Zeit«; mit Illustrationen von B. Svensson, für deutschsprachige Leser bearbeitet von Dr. D. Ellmers, Mondo-Verlag, Vevey (Suisse), 1987.
Meyers Großes Taschenlexikon in 24 Bänden; Mannheim, 1981.
Neue Zürcher Zeitung Nr. 290/1984: »Requiem auf die mechanische Uhr. Zur Geschichte einer technischen Glanzleistung«.
Pigafetta, Antonio: »Die erste Reise um die Erde«; Thienemann-Verlag, Stuttgart, 1968.
Pilaar, J. C.: »Handleiding tot de Stuurmannskunst«; Band I, Amsterdam, 1847.
Reader's Digest Weltatlas, 3. Auflage, Stuttgart/Zürich/Wien, 1979.
Renault, Gilbert: »Die Karavellen Christi«; aus dem Französischen von S. Berger, Hamburg, o. J.
Schäfer, Dietrich: »Die deutsche Hanse«; Leipzig, 1925.
Schomburg, Hans: »Iberische Steuermannskunst im Entdeckungszeitalter«; in: Geographischer Anzeiger, Jg. 45, 1944.
Schück, Albert: »Der Kompaß«, Hamburg, 1911/1915.
Severin, Tim: »Auf den Spuren der Argonauten«; Econ-Verlag, Düsseldorf/Wien/New York, 1987.
Severin, Tim: »Auf den Spuren Sindbads von Arabien nach China. Eines der letzten Abenteuer unserer Zeit«; Hoffmann & Campe (Maritim), Hamburg, 1983.
Severin, Tim: »Tausend Jahre vor Kolumbus. Die Reisen des irischen Mönchs Brendan«; Hoffmann & Campe, Hamburg, 1983.
Steller, Georg Wilhelm: »Topographische und physikalische Beschreibung der Beringinsel«, in: Neue Nordische Beyträge zur physikalischen und geographischen Erd- und Völkerbeschreibung, Naturgeschichte und Ökonomie, Zweyter Band, St. Petersburg und Leipzig, bey Johann Zacharias Logan, 1781.
Temming, Rolf L.: »Geschichte der Seefahrt«; Georg Westermann Verlag, Braunschweig, 1974.
»The Voyage of Saint Brendan«; Journey to the Promised Land; Navigatio Sancti Brendani Abbatis, translated by John J. O'Meara; The Dolmen Press, Mountrath, Portlaoise, Ireland, 1981.
Veer, Gerrit de: »Barent's Three Voyages in the Arctic«; Hakluyt Société, o. J.
Wagner, Hermann: »Edward Wrights Seekarte für die Azorenfahrt vom Jahre 1589«; in: Petermanns Mitteilungen, Jahrgang 61, 1915.
Wagner, Hermann: »Das Rätsel der Kompaßkarten im Lichte der Gesamtentwicklung der Seekarten«; in: Verhandlungen des XI. Deutschen Geographentages in Bremen, 1895.
Waxell, Sven: »Die Brücke nach Amerika. Die Entdeckungsfahrt des Vitus Bering 1733–1743. Reisebericht seines Ersten Offiziers«; Walter Verlag AG, Olten, 1968.
Weill, Gustav (Herausgeber): »1001 Nacht. Märchen für Erwachsene«; Übersetzung von Irene van Dreeken; Xenos-Verlag, Hamburg, 1982.
Wernick, R.: »Die Wikinger«; Time-Life, Amsterdam, 1980.
Wirz, Hans: »Die Schiffe der Völker. Traum, Geschichte, Technik«; Walter-Verlag AG, Olten, o. J.
Zimmerling, Dieter: »Die Hanse«; Econ Verlag, Düsseldorf, 1976.
Zimmermann, Heinrich: »Reise um die Welt mit Capitain Cook«; hrsg. von Hans Bender, Edition Erdmann Verlags-GmbH, Tübingen, o. J.

Verzeichnis der Abbildungen

Sollten in diesem Buch Illustrationen aufgenommen worden sein, deren Autoren noch Schutzrechte genießen und deren Quellen hier nicht nachgewiesen werden, so bitten wir die Inhaber dieser Rechte, sich mit dem Verlag in Verbindung zu setzen.
Alle schwarz-weiß Abbildungen sind mit Seitenziffern aufgeführt; die farbigen Abbildungen werden durch die Abkürzung Abb. 1, 2, usw. gekennzeichnet.

Academy of Sciences, St. Petersburg: Abb. 5. Bayerische Staatsbibliothek, München: S. 169. The Beinecke Rare Book, New Haven, CT: Abb. 21. Biblioteca Colombina, Sevilla: Abb. 14. Biblioteche Estense Universitaria, Modena, Abb. 18. Bibliothèque Nationale, Paris: Abb. 4, 6, 11. British Library, London: Abb. 15, 16. Chambre de Commerce, Marseille: Abb. 10. Constable Publishers: S. 36, 68, 108, 183, 295. Det Kongelige Bibliotek, Kobenhavn: S. 200. Deutsches Museum, München: S. 13. Eyre & Spottiswood Printers Ltd., London: S. 81, 86. J. G. Ferguson Publishing Company, Chicago: S. 254; Abb. 8, 27. Forum Verlag, Stockholm: S. 143, 149. Franz Steiner Verlag, Stuttgart, vormals Wiesbaden: S. 128, 288. Germanisches Nationalmuseum, Nürnberg: Abb. 12, 19, 30. Hakluyt Society, c/o The Map Library, London: S. 230, 236. Hamlyn Publishing Ltd., London: S. 215. Hannish Hamilton Ltd., GB: S. 47, 49, 59. Herzog-August-Bibliothek, Wolfenbüttel: (Geogr.) S. 177. Hoffmann – La Roche, Basel: Abb. 1, S. 216. Bernhard Kay, Lachen Schweiz: S. 26, 99, 114, 116, 245. Kiepenheuer & Witsch Verlag, Köln: S. 28, 40/41, 73, 117, 257, 259 (aus: »Mathematik für alle« von Lancelot Hogben, © 1953 by Verlag Kiepenheuer & Witsch, Köln). Mansell Publishing Ltd., London: S. 19, 179. Museo de America, Madrid: Abb. 13. Mondo S. A. Editions, Vevey: S. 123. Musée de la Marine, Paris: Abb. 20, 24. Museo Nacional, Sevilla: S. 191. Museo Naval, Museo Maritimo, Sevilla: Abb. 22. National Library of Australia, Canberra: S. 276; Abb. 28. Nat. Maritime Museum Greenwich, London: Abb. 7, 29. Preußischer Kulturbesitz, Berlin: Abb. 17. S. 238, 239. Fernand Rausser, Bolligen, Schweiz: Abb. 23, 25, 26. Riksarkivet, Oslo: Abb. 9. Seemeile, Hombrechtikon, Schweiz: S. 203. Jean-Bernard Siegfried, La Chaux-de-Fonds, Schweiz: S. 261. Stadt- und Universitätsbibliothek, Frankfurt am Main: S. 158, 161. G. Stellers, Halle, Saale: S. 253. Swissair Gazette, Zürich: S. 120, 121. TA-Media AG, Zürich: S. 50, 57, 62, 66, 79, 88, 98, 110, 173, 189, 219, 232, 240, 280. Ullstein Verlag GmbH, Berlin: S. 31, 32, 35, 70, 156, 248. Universitätsbibliothek Heidelberg Cod. Pal. Germ. 60: Abb. 2, 3. Unwin Hyman Collins Ltd., London: S. 171, 207, 234. Vikingeskibshallen, Roskilde, Dänemark: S. 109.

Anmerkungen

Vorwort

1 Plato (Platon), 427–348 v. Chr., griechischer Philosoph, Schüler des Sokrates, kannte Euklid und Pythagoras, hinterließ viele Schriften zu Ethik und Moral. Der Auflösung der gesellschaftlichen und politischen Traditionen stellte er die »Idee des Guten« gegenüber, die den Mißbrauch von Wissen und Macht verhindern soll. Er setzte als erster beim Menschen, der ein Gewissen hat, eine Seele voraus. Platos Denken wirkt im Abendland bis heute nach; er inspirierte das sittliche Empfinden des frühen Christentums.
2 Francis Drake, ca. 1540 bis 1596, englischer Admiral und Seeheld, umsegelte als erster Engländer 1577 bis 1580 die Erde, bekämpfte als Freibeuter zahlreiche spanische Schiffe und verhinderte 1588 den Angriff der spanischen Armada auf England. 1580 wurde ihm der Adelstitel Sir verliehen.
3 Siehe das 7. Kapitel.
4 Euklid, griechischer Mathematiker, um 325 v. Chr., war der erste Leiter der Alexandrinischen Schule. Er entdeckte mit erstaunlichem Scharfsinn eine Reihe von Grundannahmen, sogenannte »Axiome«, auf denen die Mathematik noch heute aufgebaut ist. Euklid entwickelte u. a. die Lehre vom rechtwinkligen Dreieck, der Trigonometrie. Dieses Teilgebiet der Mathematik dient der Berechnung von ebenen und sphärischen Dreiecken und ist das Fundament der Erd- und Himmelsvermessung. Sein Lehrbuch »Elemente« war über 2000 Jahre lang Grundlage des Geometrieunterrichts (siehe auch das 7. Kapitel).
5 Landratte = seemännische Umgangssprache, ironisch für Nichtseemann.

1. Kapitel: Von der Bronzezeit zur Neuzeit

1 Siehe das 9. Kapitel.
2 Siehe das 10. Kapitel.
3 Periplus: antike Routenbeschreibung für Schiffsführer; siehe auch das 8. Kapitel.
4 Siehe das 17. Kapitel.
5 Apostelgeschichte 27, 11–20; 27–32; 39–44.
6 Das Rettungsboot wurde nachgeschleppt und drohte zu sinken. Es mußte deshalb auf Deck gehievt werden.
7 Der Seemann nennt dieses Treibenlassen »Lenzen vor Topp und Takel«.
8 Natürlich auf Befehl des Hauptmanns, damit den Matrosen die Flucht unmöglich wurde.
9 Die Soldaten hafteten mit ihrem Leben dafür, daß kein Gefangener entfloh.
10 Siehe hierzu auch das 21. Kapitel: »Das erste Schiff, das die Welt umsegelte«.
11 Die 39 Meter lange »Fram« war vom legendären Schiffsbauer Colin Archer in dessen charakteristischer Bauweise aus Eichenholz gebaut und mit einer Eisenhaut überzogen worden. Das Schiff befindet sich heute im Schiffahrtsmuseum in Oslo.
12 Abgesehen vom Atom-U-Boot »Nautilus«, welches 1958 das polare Eismeer unter Wasser durchquerte (die Nautilus erreichte am 3. August 1958 – unter der Eisdecke fahrend – den Nordpol), sowie dem sowjetischen Atomeisbrecher »Arktika«, fast auf den Tag genau

20 Jahre später. Noch einmal 12 Jahre danach erreichte die »Rossija« den Pol mit Passagieren an Bord.

13 H. O.-Tafeln dienen der Feststellung des Höhenwinkels eines Gestirns. Ephemeriden sind nautische Jahrbücher für die Berechnung der Orts- und Weltzeit-Stundenwinkel sowie der Deklinationen von Sonne, Mond, Planeten und einiger Fixsterne.

2. Kapitel: Worauf Seefahrt beruht

1 Ahmes (Ahmose), ägypt. Mathematiker (?), zirka 18./17. Jahrhundert v. Chr., schrieb nach noch älteren Vorlagen den sogenannten Papyrus Rhind, die wichtigste Quelle für die frühägyptische Mathematik.

2 Thales von Milet, ca. 625–547 v. Chr., griechischer Philosoph und Mathematiker, gilt seit dem 5. Jahrhundert als erster der Sieben Weisen. Thales löste sich schon von der Vorstellung, der Kosmos sei mythischen Ursprungs, sondern nahm das Wasser als Seinsgrund an. Sein geometrischer Lehrsatz zur Berechnung von Dreiecken war bereits den Babyloniern bekannt (Satz des Thales).

3 Pythagoras von Samos, zirka 570 bis 480 v. Chr., griechischer Philosoph, gründete in Kroton (Italien) die religiös-politische Lebensgemeinschaft der Pythagoreer. Die Grundidee dieses Bundes war es, daß der Welt eine mathematische Ordnung zugrundeliege und das Ziel des Menschen im Nachvollzug der göttlichen Weltordnung bestehe. »Wissen« galt als Grundlage des politischen Handelns und wurde geheimgehalten. Der sogenannte »Satz des Pythagoras« beruht auf Erkenntnissen der vorgriechischen Mathematik.

4 Zu Euklid siehe Fußnote 4 im Vorwort.

5 Isaac Newton, 1643–1727, englischer Mathematiker, Physiker und Astronom. Studierte als Bauernsohn an der Universität Cambridge und wurde dort ab 1669, erst 26 Jahre alt, zum Professor für Mathematik berufen. Ab 1672 Mitglied der berühmten »Royal Society« war er ab 1689 auch Mitglied des englischen Parlaments. Sein Ruhm als Begründer der theoretischen Physik und der exakten Naturwissenschaft geht auf sein 1666 gefundenes Gravitationsgesetz, auf seine Studien zur Bewegung der Himmelskörper, auf seine Forschungen zur Materie des Lichts sowie auf weitere intensive Studien auf den Gebieten Chemie und Theologie zurück. Newton gehörte schon zu seinen Lebzeiten zu den berühmtesten Männern der Welt; 1705 wurde er in den Adelsstand erhoben (»Sir«).

6 Nikolaus Kopernikus, 1473–1543, Domherr in Frauenburg und (privater) Astronom; verwarf das geozentrische System (Erde als Mittelpunkt) und griff auf die Idee des Aristarch zurück, die Sonne als ruhende Mitte des Planetensystems anzunehmen (heliozentrisches System). In seinem Hauptwerk »De revolutionibus orbis coelestium libri VI« beschrieb er die Kreisbewegungen der Himmelskörper.

7 Gravitationsgesetz: die Isaac Newton zugeschriebene Lehre von der Anziehungskraft der Körper; Gravitation ist die Kraft, die mehrere Körper aufgrund ihrer Masse aufeinander ausüben. Die Gravitation (»Schwerkraft«) der Erde sorgt z. B. dafür, daß der Mond in einer berechenbaren Bahn um die Erde kreist und nicht im Universum verschwindet.

8 Optische Gesetze: die Lehre vom Sehen und vom Licht. Aus antiken Ansätzen des Euklid und Ptolemäus entwickelten W. Snellius 1621 und René Descartes 1629 die »Grundlagen der geometrischen Optik«; ihre Erkenntnisse führten zur Erfindung des Fernrohrs und des Mikroskops sowie zur Entdeckung der wellenförmigen Fortbewegung des Lichtes durch Isaac Newton.

3. Kapitel: Jenseits der Morgenröte

1 Instrument zur Messung der Schiffsgeschwindigkeit.
2 Eine keltische Barden-Dichtung erzählt die Geschichte vom »Zug nach Britannien«: Als die Griechen Troja erobert hatten, entkam eine Gruppe Trojaner unter Äneas dem Gemetzel und floh nach Italien. Sein Urenkel Brutus fuhr mit einer Schar Gleichgesinnter zu Schiff durch die »Säulen des Herakles« (Straße von Gibraltar) und gelangte nach Britannien. Sie eroberten diese Insel und gründeten eine Stadt Trinovatum (Neu-Troja); nach der römischen Invasion entwickelte sich daraus das Militärlager Londinium, das heutige London.

4. Kapitel: Erste historische Seereise

1 Am Wind: bestmöglichster Winkel, um »gegen den Wind« zu kreuzen.
2 Achterlicher Wind: der Wind fällt in einem größeren Winkel als 90 Grad zum Schiffskurs ein. Raumer Kurs: der Wind kommt schräg von hinten. Vorwindkurs: der Wind kommt genau von hinten.

5. Kapitel: Glanzzeit der Phönizier

1 Siehe Fußnote 6 im Kapitel 17.
2 Kyrene, lat. Cyrene, Hauptstadt der Cyrenaika, heute Schahhat in Libyen; gegründet 631 v. Chr. Zu Eratosthenes siehe auch das 7. Kapitel: »Sonne im Brunnenschacht«.
3 Auf das Weltbild des Claudius Ptolemäus und seinen Einfluß auf die abendländische Geographie wird im 20. Kapitel eingegangen.
4 Herodot von Halikarnassos, 484–430 v. Chr., Sohn des Lyxes, griechischer Reisender und Geschichtsschreiber. Seine Reisen führten ihn in den Orient, nach Ägypten, Mesopotamien und in den gesamten Mittelmeerraum; Herodot hat umfangreiche und oft sehr detaillierte Beschreibungen vom Leben der besuchten Völker sowie der politischen, gesellschaftlichen und geographischen Strukturen der Länder hinterlassen. Er lebte später in Athen, wo er dem Staatsmann Perikles und dem Tragödiendichter Sophokles nahestand. Sein bedeutendes literarisches Geschichtswerk hat vor allem die Auseinandersetzung der Griechen mit der Welt der »Barbaren« zum Inhalt. Sein Einfluß auf das Weltbild der Antike war sehr groß, da er schon zu seinen Lebzeiten verehrt und hoch geschätzt wurde.
5 Xenophon, zirka 430 bis zirka 354 v. Chr., griechischer Staatsmann und Schriftsteller aus Athen, Schüler des Sokrates, nahm zuerst an mehreren Feldzügen teil, zuletzt auf der Seite der Spartaner – der »Erbfeinde« Athens –, und wurde deshalb aus Athen verbannt. Xenophons fruchtbares schriftstellerisches Werk umfaßt Schriften zur griechischen Geschichte, zur Philosophie des Sokrates, über den Staat der Spartaner, zu den Staatsfinanzen, über Erziehung und Reitkunst.
6 Seemannschaft: Sammelbezeichnung für die Erfahrungen, Kenntnisse und Fertigkeiten eines Seemannes, die ihn befähigen, mit jeder Situation auf See fertig zu werden. Im engeren Sinne gehören Manöver aller Art, Knoten und Spleißen, das Verhalten bei Seenot und die sichere Schiffsführung dazu.
7 Etmal: Dauer eines astronomischen Tages sowie die in diesen 24 Stunden zurückgelegte Distanz in Seemeilen.

6. Kapitel: Ans Ende der antiken Welt

1 Gnomon, senkrecht stehender Schattenstab; antikes astronomisches Meßinstrument, Vorläufer der Sonnenuhr. Mit einem Gnomon konnte aus der Mittagsschattenlänge nach der Methode des Thales die Sonnenhöhe und die geographische Breite errechnet werden. Derartige Leistungen verdienen noch heute unsere Bewunderung (vgl. auch 12. Kapitel).
2 »auf Legerwall«, gefährliche Lage eines Schiffes vor einer Küste, auf die ein auflandiger Wind bläst und die damit der Brandung ausgesetzt ist.
3 Zitiert nach Plinius der Ältere, 23 bis 79 n. Chr.
4 Zitiert nach Strabo, 63 v. Chr. bis 28 n. Chr.
5 Vergleiche das 11. Kapitel: »Schiffahrt über Breitenkreise«.
6 Suiones: Sammelbezeichnung für die Germanen.

7. Kapitel: Sonne im Brunnenschacht

1 Ptolemäus I. Soter (»der Retter«) ist nicht zu verwechseln mit Claudius Ptolemäus, dem Geographen, von dem schon im 5. Kapitel die Rede war und auf den im 20. Kapitel noch näher eingegangen wird.
2 Archimedes von Syrakus, zirka 285 bis 212 v. Chr., bedeutender griechischer Mathematiker und Physiker, ersetzte die statische Denkweise in der Mathematik durch eine dynamische Betrachtung und leistete große Grundlagenarbeit. So berechnete er erstmals den Inhalt von krummlinig begrenzten Flächen und einen Näherungswert der Kreiszahl »Pi«, entdeckte das Hebelgesetz und das hydrostatische Prinzip (Auftrieb der Körper in Flüssigkeit, die Grundlage der spezifischen Gewichte), konstruierte zahlreiche Maschinen (Wasserschnecke, Flaschenzug). Archimedes wurde bei der Eroberung von Syrakus von einem römischen Soldaten bei der Lösung eines Rechenproblems erschlagen.
3 Syene, heute Assuan in Oberägypten.
4 Die Erde hat keine reine Kugelform, sondern ist ein abgeplatteter Rotationsellipsoid (»Geoid«). Neuere geodätische Satellitenmessungen haben einen »mittleren« Erdradius von 6378 km ergeben, was einem Erdumfang von 40074 km am Äquator entspricht. Eratosthenes hatte auf dieser Berechnungsmethode eine Fehlerquote von 0,82 Prozent. – Andere Quellen, z. B. Boorstin, geben den Schattenwinkel des Obelisken in Alexandria mit 7 Grad 14 Minuten an und rechnen griechische Stadien zu je 1850 Meter; der Erdumfang ergäbe dann 46037 km und wäre um 14,8 Prozent zu hoch.
5 Siehe Fußnote 4 im Vorwort.

8. Kapitel: Römischer Indienhandel

1 Adoptivsohn Caesars, 63 v. Chr. bis 14 n. Chr., röm. Kaiser von 30 v. Chr. bis 14 n. Chr.
2 Dhau, arabisches Segelschiff mit einem großen Lateinersegel; ähnliche Schiffe sind heute noch auf dem Nil anzutreffen.
3 Die Schiffe der Araber, Anm. d. Verf.
4 Indischer Ozean.
5 Chryse; historisches Reich auf der Halbinsel Malakka, dem heutigen Gliedstaat von Malaysia; im 7. Jahrhundert wurde Chryse durch kriegerische Ereignisse ins indonesische Großreich Sriwijaja integriert.

9. Kapitel: Nach Amerika und zurück

1 Krängung: Neigung eines Schiffes um seine Längsachse, die durch eine Krängungskraft hervorgerufen wird, z. B. Winddruck im Segel oder Seegang, aber auch durch falsches Stauen der Fracht.
2 nach John J. O'Meara: The Voyage of Saint Brendan.
3 Lenzen: In das Schiff eingedrungenes Wasser herauspumpen. Die Mönche werden wohl geschöpft haben.
4 Jan Mayen, zu Norwegen gehörende Insel im Nordatlantik, vulkanisch (bis 2277 m), heute wichtige Funk–, Wetter- und Radarstation.
5 Homer, griechischer Dichter des 8. Jahrhunderts vor Christus, aus der Gegend von Smyrna, Schöpfer der großen klassischen Epen »Ilias« und »Odyssee«.
6 Zitiert nach D. O'Donoghue.
7 Martin Behaim, geb. Nürnberg am 6. 10. 1459, gestorben Lissabon am 29. 7. 1507, von Beruf Kaufmann, wurde jedoch zum bedeutenden Kartographen und Forschungsreisenden. Als Begleiter des Portugiesen Diego Cao kreuzte er 1482 als erster bekannter Europäer den Äquator und gelangte bis nach Namibia. 1492 schuf er einen berühmten Erdglobus, in dem die afrikanische Westküste schon sehr genau, Amerika aber noch nicht eingetragen ist.

10. Kapitel: Seefahrt unter dem Halbmond

1 Erstes Buch Könige, Kapitel 10.
2 Siehe das 8. Kapitel: »Der Peryplus des Erythräischen Meeres«.
3 Aus »Tausendundeine Nacht«, nach der Originalübersetzung der Breslauer Ausgabe 1843 von Dr. G. Weil, Füllhorn-Verlag, Stuttgart, 1982.
4 Das heutige Basra.
5 Severin, Tim: »Auf den Spuren Sindbads von Arabien«; Hoffmann & Campe Verlag, Hamburg 1983.
6 Gangspill: Drehbare, meist auf dem vorderen Schiffsteil montierte vertikale Vorrichtung zum Einholen der Ankerkette. Die Matrosen gehen dabei im Kreis.
7 Spitzgatt: eine spitz auslaufende Heckform, die sich besonders bei von hinten anlaufenden Wellen bewährt hat.
8 Basar.
9 Kehlig gesprochen: »Michrad«.
10 Goa.
11 An der Malabarküste, wo seit den Zeiten der Phönizier Pfeffer eingehandelt wurde.
12 Comorin an der Südspitze des indischen Subkontinents.
13 Sri Lanka.
14 Karweelbauweise: Die Holzplanken des Schiffsrumpfes stoßen stumpf aneinander und ergeben so eine glatte Außenrumpffläche (im Gegensatz zur Klinkerbauweise, bei der die Planken überlappen).
15 Abu Abdallah Ibn Batuta, geboren in Tanger 1304, gestorben in Marokko 1377, arabischer Forschungsreisender; besuchte u. a. Rußland, Mesopotamien, Indien, China, Sumatra, war in Spanien und kam in Afrika bis zum Handelsplatz Timbuktu im heutigen Mali. Batuta hinterließ umfangreiche Beschreibungen seiner Reisen.

11. Kapitel: Navigation der Wikinger

1 Buch der Landnahme, in dem die Wikinger ihre Kolonisationsunternehmungen detailliert beschrieben haben.
2 Klinkerbauweise: Schiffsplanken, die sich dachziegelartig überlappen.
3 Rahsegel: viereckiges Segel, das an einem Querholz (Rah) befestigt ist; ein Rahsegel ist bei achterlichen Winden vorteilhaft.
4 Eskimo bedeutet »Rohfleischesser«. Die Eskimos bezeichnen sich selber als Inuit, d.h. »Mensch«.
5 Azimut = Standlinie oder »rechtweisende Peilung« eines Gestirns, vom Beobachter aus gesehen. Während die Standlinie zum Polarstern immer nach Norden weist, verändert sich das Azimut der Sonne ständig. Auf der Nordhalbkugel der Erde geht die Sonne im Osten (in zirka 90 Grad) auf, wandert dann über Süd (180 Grad) nach Westen (zirka 270 Grad, wo sie untergeht.
6 d.h. die Länge des Stabes soll bei gestrecktem Arm den sichtbaren Raum zwischen der Kimm und dem Sonnenunterrand ausfüllen.

12. Kapitel: Das Reich der Mitte

1 Der Kaiser.
2 Die Deklination.
3 Ort südlich Loyang; das Observatorium wurde 1276 n. Chr. erbaut.
4 Siehe hierzu auch das 13. Kapitel.
5 In Europa hat man erst seit dem 15. Jahrhundert begonnen, Dreimaster in Serie zu bauen.
6 Bilge: Tiefste Stelle im Schiffsrumpf über dem Kiel, wo sich das verschmutzte Leck- und Spritzwasser sammelt, das durch eine Bilgepumpe »gelenzt« (entleert) wird.
7 Marco Polo (1254–1324), venezianischer Reisender, begleitete 1271–1275 seinen Vater und seinen Onkel auf der Reise nach Zentralasien und Nordchina an den Hof des Mongolenkaisers Khublai Khan. Er errang das Vertrauen des Kaisers, der ihn bis 1292 mit verschiedenen staatspolitischen Missionen betraute, die er mit diplomatischem Geschick und ehrenvollen Erfolgen erledigte. Marco Polo kehrte 1292–1295 über Sumatra, Vorderindien und Konstantinopel nach Venedig zurück. 1298 geriet er bei kriegerischen Auseinandersetzungen in genuesische Gefangenschaft, wo er den Bericht seiner Reisen einem Mitgefangenen diktierte. Der Bericht wurde damals häufig angezweifelt, weil seine Schilderungen das Vorstellungsvermögen Europas in vieler Hinsicht überstiegen. Er erwies sich später aber – abgesehen von Fehlern bei den Entfernungsangaben – als richtig.

13. Kapitel: Die Entwicklung des Schiffskompass'

1 Gemeint ist der Polarstern.
2 Zu deutsch: »Den Seeleuten gab erst Amalfi einen brauchbaren Kompaß«, Übersetzung nach Breusing, Flavio Gioja und der Schiffskompaß, Berlin 1869.
3 Einwohner von Amalfi.
4 M. A. Baudraud, Lexicon Geographicum, Paris 1670.

5 Nach Albert Schück, Die Kompaß-Sage in Europa, in: Das Ausland, Jg. 65 (1892, ohne Ort).
6 Odyssee 295. Gesang.
7 Englisch »compass card« (auch »point graduated card«); Niederländisch »kompasroos«; Dänisch »kompasrose«; aber Französisch »rose des vents«; Spanisch »rosa dos vientos«; Portugiesisch »rosa dos ventos«.
8 »Nord zu Ost«; aus Gründen der Internationalität wird anstelle von O für Ost der Buchstabe E für das Englische East verwendet. Damit sind auch Verwechslungen mit der Ziffer Null ausgeschaltet.
9 Mißweisungswert und jährliche Änderung sowie der Einfluß des durch Eisenteile hervorgerufenen Schiffsmagnetfelds.

14. Kapitel: Der Untergang der Galeeren

1 Die Lateinertakelung ist von den frühen Kulturen am Roten Meer und Persischen Golf entwickelt worden und eine der ältesten Besegelungen überhaupt. Das dreieckige Segel ist an einer leicht gebogenen Spiere befestigt, die an der Leeseite des Mastes geführt wird. Lateinersegel sind oft überdimensional groß und schwierig zu reffen (Vorläufer des Gaffelsegels).
2 Artilleriegeschütze.
3 Sprietsegel: viereckiges Segel, das an Mast und Baum befestigt und gehalten wird (heute noch üblich bei der »Optimist«-Jolle).

15. Kapitel: Der Siegeszug der Kogge

1 Zitiert nach: D. Zimmerling, Die Hanse.
2 Schonen: Historische Provinz in Südschweden.
3 »Städte der deutschen Hanse.«
4 Hulk: während der Hansezeit ein den Koggen ähnliches, aber kleineres einmastiges Frachtschiff mit Rahsegel und manchmal leichter Bewaffnung. Ab 15. Jh. Bezeichnung für eine größere Form der Kogge, bis zu drei Masten mit Rah- und Lateinsegel.
5 Achtersteven: der hintere, das Boot abschließende Bauteil.
6 Als »Last« galt die Menge, die ein zweispänniger Wagen befördern konnte. Die Danziger Roggenlast hatte etwa 2000 kg. Handelte es sich um Flüssiggut, wurde in Weinfässern (»tons«) gemessen, was der halben Danziger Roggenlast entsprach.
7 Treideln: ein Schiff von Zugtieren oder Menschen auf einem »Leinpfad« am Ufer des Gewässers entlangziehen.
8 Livland: Landschaft zwischen dem Rigaischen Meerbusen, der Düna und dem Peipus-See, gehörte damals zum Fürstentum Nowgorod, heute Rußland.
9 Lotspeise: Talg, den man in die Vertiefung am unteren Ende des Lotkörpers eindrückt. Wird das Handlot auf den Meeresboden aufgesetzt, bleibt daran eine Bodenprobe haften: Ton, Sand, feiner Kies usw.

16. Kapitel: Die Anfänge der Astronavigation

1 Siehe das 5. Kapitel.
2 Siehe das 7. Kapitel.
3 Weltzeit: früher GMT (Greenwich Mean Time), heute UTC (Universal Time Coordinated), Zeit der Sternwarte von Greenwich, durch die der Nullmeridian verläuft.
4 Lokalzeit: LMT (Local Mean Time). Der Globus ist in 12 östliche und in 12 westliche Zeitzonen unterteilt, jede von 15 Grad Breite, wobei sich die vom Nullmeridian beherrschte Zeitzone von 7½ Grad E bis 7½ Grad W erstreckt. Die LMT unterscheidet sich von der UTC (GMT) um den in »Zeit« verwandelten geographischen Längenunterschied zwischen dem Nullmeridian und dem Beobachtermeridian. Ein Weltzeittag dauert von 0 bis 24 Uhr in der Greenwich-Zeitzone, während der LMT-Tag von der jeweiligen Zeitzone bestimmt wird. – Zum Problem der geographischen Länge siehe das 24. Kapitel.
5 Aristarch von Samos, ca. 310 bis ca. 230 v. Chr., griechischer Astronom, gilt als antiker Vorläufer des Kopernikus; von seinem Werk ist die Abhandlung »Über die Größen und Abstände von Sonne und Mond« erhalten.
6 Hipparchos von Nizäa, ca. 190 bis ca. 125 v. Chr., bedeutender griechischer Astronom und Geograph, verfaßte zahlreiche grundlegende Schriften, erfand vermutlich das Astrolabium, erstellte den ersten Katalog von 1080 (nach anderen Quellen 850) Fixsternen. Die Auswertung selbst erlebter und früherer Finsternisse und Äquinoktien führten ihn u. a. zur Entdeckung der Präzession der Erdachse, zu den verschiedenen Längen der Jahreszeiten (durch die ungleichmässige Bewegung der Sonne) sowie zum Nachweis der exakten Länge des synodischen Monats (d. i. der für die Zeitrechnung zugrundegelegte Mond-Monat).
7 Homer, Odyssee: »Abreise von der Insel der Calypso«; siehe auch das 20. Kapitel.
8 Zu Heinrich siehe auch das 17. Kapitel.
9 Vasco da Gama, Graf von Vidiqueira, 1468–1524, portugiesischer Seefahrer, umsegelte 1497 das Kap der Guten Hoffnung und gelangte 1498 über Malindi zum bedeutenden Gewürzumschlagplatz Calicut an der Malabarküste in Vorderindien. 1499 kehrte er nach Portugal zurück und begründete auf einer zweiten Reise mit 20 Schiffen und einer starken Streitmacht als Vizekönig die portugiesische Vormachtstellung im Indischen Ozean.
10 Siehe Fußnote 7 im 9. Kapitel.
11 Einwohner Mallorcas.

17. Kapitel: Das Ende des Mittelalters

1 Ein Faden = 6 Fuß (1,83 Meter).
2 Zur Segeleigenschaft der Dhaus siehe auch das 8. Kapitel »Der Periplus des Erythräischen Meeres« sowie das 10. Kapitel »Sindbad vom Meer«.
3 Siehe Fußnote 7 im 12. Kapitel.
4 Dasselbe Schiff wie im vorhergehenden Jahr.
5 Die Kompaßrose.
6 Bartholomäus Dias, geb. ca. 1450, portugiesischer Seefahrer, drang im Auftrag König Johann II. auf der Suche nach dem Seeweg nach Indien an der afrikanischen Westküste nach Süden vor und umrundete 1488 in einem Sturm – 13 Tage mit gerefften Segeln vor dem Wind segelnd – ohne es zu wissen die Südspitze Afrikas, die er »Kap der Stürme« nannte, und landete am 3. Februar in der nordöstlich des Kaps gelegenen Mossel Bay. Auf

seiner Rückfahrt taufte er das Kap in »Kap der Guten Hoffnung« um, weil nun Hoffnung bestand, Indien zu erreichen. Dias ging 1500 auf dem Indischen Ozean, unterwegs nach Indien, mit seinem Schiff unter.

18. Kapitel: Kurs und Fahrt

1 Gissung: Schätzung des Schiffsstandorts aufgrund vermuteter oder wahrscheinlicher Unterlagen.

2 »Wenn man nach dem Auslaufen (aus dem Hafen) der Küste entlang oder von einem Land zum andern segelt und wenn man weiß, wie groß die Entfernung zwischen zwei Orten ist, und wenn bekannt ist, daß wenig Strom setzt, so soll man feststellen (Achtung haben, aufpassen), in welcher Zeit man auf diese Art (in solchem Fortgang) wieviele Meilen segelt.«

3 Segeln am Wind = so »hoch« wie möglich gegen den Wind segeln oder kreuzen.

4 Im Original wird von der »ampolleta« gesprochen, d.h. durch die Sanduhr geleitet.

5 Pedro de Medina, Arte de navegar, Valladolid 1545.

6 Siehe auch das 21. Kapitel.

7 »Secondo la misura che vacefamo del viaggio colla catena a poppa, noi percorrevamo da 60 in 70 leghe al giorna«; nach: Carlo Amoretti, Primo viaggio intorno al globo, Milano 1800.

8 Hahnepot (Plattdeutsch: »Hahnenpfote«) = an drei Punkten befestigt.

9 Ein englischer Fuß = zirka 31 cm; 50 englische Fuß entsprechen somit 30 Meridiantertien bzw. dem 120. Teil einer Seemeile (1852 Meter).

19. Kapitel: Christoph Kolumbus

1 Japan.

2 Portolanos: frühe Seekarten; vgl. hierzu das 20. Kapitel.

3 Siehe Fußnote 6 im 17. Kapitel.

4 Zu Ptolemäus siehe das 20. Kapitel.

5 Gemeint ist Marokko.

6 Kolumbus sprach von sich selber in der dritten Person.

7 Die Richtigkeit von Kolumbus' Beobachtung hat sich seitdem vollkommen bestätigt.

8 Gedruckt 1493.

9 Amerigo Vespucci, geboren in Florenz am 9. März 1454, gestorben in Sevilla am 22. Februar 1512, italienischer Seefahrer und Entdecker, unternahm 1497 bis 1504 in portugiesischen, später spanischen Diensten mehrere Reisen in mittel- und südamerikanische Küstengebiete und erkannte als erster, daß die neuentdeckten Länder einem besonderen, zusammenhängenden Erdteil angehören.

10 1494 ist zwischen Portugal und Spanien der Vertrag von Tordesillas abgeschlossen worden, der aufgrund eines Schiedsspruchs von Papst Alexander VI. die Besitz- und Entdekkungsräume abgrenzte. Spanien und Portugal vereinbarten eine 400 Leguas (1200 Seemeilen) westlich der Kapverdischen Inseln in Nord-Süd-Richtung verlaufende Demarkationslinie. Spanien wurden die westlich, Portugal die östlich davon liegenden Länder zugesprochen. Der Vertrag von Tordesillas gehört bis heute zu den berühmten Verträgen der Geschichte; er hielt die Spanier von den portugiesischen Interessen in

Afrika fern und gab ihnen in Amerika, mit Ausnahme vom portugiesischen Brasilien, für einige Zeit freie Hand. Tatsächlich wurde mehrmals ein Krieg zwischen den beiden Vertragsstaaten verhindert, doch die übrigen Seemächte – England, Frankreich und die Niederlande – fühlten sich verständlicherweise nicht an diese »Weltaufteilung« gebunden.

20. Kapitel: Die Geographie der Meere

1 Seekarten veralten schnell! Da die Sicherheit der Seefahrt aber nicht zuletzt von zuverlässigen Karten abhängt, müssen die Veränderungen an Tonnen, Leuchtfeuern und andere neue Erkenntnisse (z. B. Veränderungen am Geröllgeschiebe vor Flußmündungen oder das Wandern von Sandbänken) in die Seekarten aufgenommen werden. Die staatlichen Seekarten-Institute geben jährliche Berichtigungspausen auf Transparentpapier heraus, auf denen die Ergänzungen und Korrekturen verzeichnet sind. Die Berichtigung erfolgt, indem die Pause auf die Seekarte gelegt und das zu berichtigende Objekt mit einem Kugelschreiber auf die Karte übertragen wird.
2 Homer, Die Reisen des Odysseus: Abreise von der Insel der Kalypso.
3 Siehe auch das 8. Kapitel »Der Periplus des Erithräischen Meeres«.
4 Vergleiche die Kurzbiographie im 16. Kapitel, Fußnote 6.
5 Ein Grad entspricht 60 Seemeilen oder zirka 111 Kilometer.
6 Ezechiel 5, 5.

21. Kapitel: Ferdinand Magellan

1 Molukken, indonesische Inselgruppe im Osten des malaiischen Archipels zwischen Celebes und Neuguinea; seit alters her Hauptlieferanten der begehrten Gewürze. Die Inseln wurden 1511 portugiesisch und konnten sich der spanischen Bedrängung erwehren, mußten aber ab 1599 vor den Niederländern kapitulieren, die dann bis 1863 das Gewürzmonopol innehatten.
2 Der spanische Name für Kolumbus.
3 Siehe Fußnote 10 im 19. Kapitel.
4 Vasco Nuñez de Balboa, 1475–1519, spanischer Konquistador und Entdecker, überquerte 1513 die Enge von Panama und stieß am 29. September 1513 auf den Pazifik, den er »Südsee« nannte.
5 Besegelbare Beiboote mit Schratsegeln und 6 bis 8 Ruderbänken.
6 Der Name der Stadt Montevideo in der La-Plata-Mündung geht angeblich auf einen Ausruf eines Matrosen zurück: »Ich sehe Berge!«.
7 Die San Antonio, die Victoria und die Conception.
8 Man hat nie wieder von ihnen gehört.
9 »Meer des Friedens«.

22. Kapitel: Tod im ewigen Eis

1 Das niederländische Parlament.
2 Ungefähr in der Höhe von Nowaja Semlja.
3 d. h. es vergingen zwei Stunden, denn die Sanduhr mußte viermal umgedreht werden.
4 Das niederländische Wort für Tier heißt »Beest«.

23. Kapitel: Der russische Beitrag

1 Twer, 1931 bis 1993 Kalinin, 400 000 Einwohner.
2 Tobolsk, westsibirische Stadt am Irtysch, 66 000 Einwohner.
3 Zirka 100 Kilometer (1 dt. Meile = 7 km).
4 Jenisseisk, Stadt am Jenissei in Zentralsibirien, 20 000 Einwohner, Ausgangspunkt für die Erschließung Ostsibiriens.
5 Werst: altes russisches Längenmaß, 1066,8 Meter.
6 Ochotskisches Meer: durch die Halbinsel Kamtschatka und den Inselbogen der Kurilen vom Pazifik getrenntes Randmeer vor der Südostküste Sibiriens, von Oktober bis April meist mit Eis oder Treibeis bedeckt.
7 Ski.
8 Gaffelsegel: Viereckiges Segel, dessen Unterkante an einem Rundholz am Mast (»Baum«) befestigt ist, während die Oberkante durch einen schräg nach oben laufenden »Gaffelbaum« gehalten wird.
9 Ein Faden: 6 Fuß = 1,83 Meter.
10 Kabellänge: 100 Faden oder 1/10 Seemeile = 185,2 Meter.

24. Kapitel: Die Bestimmung der geographischen Länge

1 Siehe das 20. Kapitel: »Was liegt hinter dem Horizont?«
2 Vergleiche das 7. Kapitel: »Die Größe der Welt«.
3 Vergleiche das 11. Kapitel: »Schiffahrt über Breitenkreise«.
4 21 600 Seemeilen Erdumfang geteilt durch 24 h = 900 sm/h (1667 km/Std). 1 Seemeile = 1852 Meter.
5 Dieser »Augenblick« dauert zirka 4 Minuten, in denen die Sonne scheinbar auf ihrem höchsten Stand zu verharren scheint.
6 Die Abkürzungen bedeuten: h = Stunden, ' = Minuten, " = Sekunden. Kalendermäßig dauert ein Tag 24 Stunden. Durch den ellipsenförmigen Jahresumlauf der Erde um die Sonne ist die Dauer der Tage aber nicht gleichmäßig; der »wahre Sonnentag« ist z. B. Mitte Februar mit +14' 20"« am längsten, anfangs November mit −16' 25"« am kürzesten. Man »denkt« sich deshalb einen »mittleren Sonnenlauf«, der diese Ungleichheiten egalisiert. Im April, Juni, September und Dezember sind beide Zeitmaße – der wahre und der mittlere Sonnentag – identisch.
7 Im Mittel 900 Seemeilen bzw. 1667 km breit.
8 »Sekundengenau« ist wörtlich zu nehmen, weil während eines Zeitfehlers von 4 Sekunden die Sonne bereits wieder 1 Seemeile weitergewandert ist.
9 Der Ortszeit-Mittag konnte früher mit Hilfe einer Sonnenuhr leicht ermittelt und auf die Kirchturmuhr übertragen werden.
10 UTC = Universal Time Coordinated, früher Greenwich-Zeit bzw. GMT = Greenwich Mean Time. (Siehe auch unter »Weltzeit« im 16. Kapitel.)
11 Außer derjenigen, die die Lage des Mondes in seiner Stellung zur Sonne und Erde ausnutzte; aber das Verfahren war kompliziert und nur wenigen Seefahrern geläufig.
12 Zu diesem Thema siehe auch das 13. Kapitel: »Das Koppeln der Distanz«.

25. Kapitel: Captain Cook

1 Abel Janszoon Tasman, ca. 1603 bis 1659, niederländischer Seefahrer, bereiste ab 1633 zwanzig Jahre lang den Indischen Ozean, umsegelte 1642 West- und Südaustralien ohne an Land zu gehen (er nannte das Land »Neu-Holland«) und entdeckte Van-Diemens-Land (welches nach seinem Tode zu seinen Ehren in Tasmanien umgetauft wurde), 1643 die Tonga-Inseln und die Fidschi-Inseln. Nach ihm ist auch ein Meeresteil im südwestlichen Pazifik benannt, die Tasmansee.

2 Siehe das 24. Kapitel zur Geschichte des Seechronometers.

3 Lord George Anson, 1697 bis 1762, britischer Admiral, segelte auf einer vierjährigen Kaperfahrt gegen Spanien von 1740 bis 1744 um die Welt und erbeutete im Pazifik ein spanisches Schatzschiff, das 400 000 Pfund Prisengeld brachte. 1747 errang er einen triumphalen Seesieg über die Franzosen unter Admiral Jonquière bei Kap Finisterre und wurde dafür zum Baronet erhoben. Anson setzte neue Berufsmaßstäbe und hatte großen Anteil an umfassenden Reformen der englischen Admiralität und Flotte. Inspiriert vom Vorbild der siegreichen preußischen Armee Friedrich des Großen machte er aus dem desolaten Räuberhaufen – den die Marine bis dahin darstellte – eine disziplinierte Truppe. Cooks straffe Schiffsführung entsprach diesem neuen Selbstverständnis der Marine.

4 »Pumpenpott«, »Pumpensumpf«, »Bilge«: tiefster Punkt im Schiffsrumpf, wo das Leckwasser und Abwasser zusammenfließt, das mit der Bilgepumpe »gelenzt«, d. h. über Bord gepumpt wird.

5 Das heißt: Kapitänsrundgang mit Inspektion.

6 Vermutlich eine phonetische Übertragung von te ai moro iti: Scheinkopulation.

7 Thor Heyerdahl, geb. 1914, schwedischer Völkerkundler, fuhr 1947 auf seinem Balsaholzfloß »Kon-Tiki« in 97 Tagen von Callao an der peruanischen Pazifikküste über den Ozean nach Tahiti, um seine These von der Herkunft der polynesischen Kultur aus Altperu nachzuweisen. Er hat darüber ein spannendes Buch geschrieben.

8 Eurasien: die Landmasse von Europa und Asien zusammengenommen.

9 Nur die Westküste war teilweise und höchst ungenau bekannt.

10 Die Nordinsel, aber da wußte Cook noch nicht, daß Neuseeland aus zwei großen Inseln besteht; er hielt die Zeichnung als eine Darstellung ganz Neuseelands.

11 »Ein Mann von edlem Geblüt geht nicht in der Menge unter!«

12 Australiens; siehe Fußnote 1 in diesem Kapitel.

13 Fernandez de Quiros, 1565–1614, spanischer Entdecker, segelte im Auftrag von König Philipp III. von Spanien und auf Empfehlung von Papst Clemens VIII. zweimal (1595–97 und 1605–06) vom spanischen Peru über den Pazifik nach Westen, »das große Land südlich des Mar Pacifico« zu suchen. Quiros durchfuhr die Torres-Straße zwischen Australien und Neuguinea, entdeckte etliche Inseln und gelangte zu den Philippinen, ohne Australien gefunden zu haben.

14 Ein Faden = 1,83 Meter.

15 Vor der australischen Küste steigt die Flut tags weniger hoch als nachts; Cook beobachtete diese Tatsache als erster anläßlich seiner Havarie.

26. Kapitel: Der Wettlauf zum Nordpol

1 Schneeschuh, Schneeteller: unter dem Fuß zu befestigendes Gerät der Eskimos und Indianer zur Fortbewegung auf Schnee; verhinderte das Einsinken, Vorläufer der Skis.

Personen- und Sachregister

Eine Zahl in Klammern nach der Seitenzahl weist auf die Fußnote innerhalb des Kapitels hin. Beispiel: 309 (1.11) bedeutet Seite 309, 1. Kapitel, Fußnote 11.